高等职业教育新形态一体化教材

高职院校
新生入学教育教程

主　编　郑柏松　熊楚舒　李　宁

副主编　汤　城　刘　洋　张朋生　兰子奇

　　　　史智鹏　刘国峰　崔现强

参　编　陈胜红　焦爱新　程　朗　朱元锋

　　　　吴　冬　许文彬

高等教育出版社·北京

内容提要

　　本书是黄冈职业技术学院新生入学教育教材。全书内容包括：初识大学、价值引领、安全教育、遵纪守法、文明礼仪、校情略览以及人文黄冈。全书引经据典、内容翔实，能够有效帮助大学新生认知大学生活。

　　本书可作为高职高专院校入学教育参考教材，也可供相关学生学习阅读。

图书在版编目（ＣＩＰ）数据

　　高职院校新生入学教育教程／郑柏松，熊楚舒，李宁主编. --北京：高等教育出版社，2020.10（2022.7 重印）
　　ISBN 978-7-04-054838-9

　　Ⅰ. ①高… Ⅱ. ①郑… ②熊… ③李… Ⅲ. ①大学生-入学教育-高等职业教育-教材 Ⅳ. ① G645.5

　　中国版本图书馆 CIP 数据核字（2020）第 142354 号

策划编辑	蒙红莉	责任编辑	王　博	封面设计	李小璐	版式设计 杨　树
插图绘制	李沛蓉	责任校对	刘丽娴	责任印制	刘思涵	

出版发行	高等教育出版社	网　　址	http：//www. hep. edu. cn
社　　址	北京市西城区德外大街 4 号		http：//www. hep. com. cn
邮政编码	100120	网上订购	http：//www. hepmall. com. cn
印　　刷	北京汇林印务有限公司		http：//www. hepmall. com
开　　本	787mm×1092mm　1/16		http：//www. hepmall. cn
印　　张	19.5		
字　　数	440 千字	版　　次	2020年10月第 1 版
购书热线	010 - 58581118	印　　次	2022年7月第 4 次印刷
咨询电话	400 - 810 - 0598	定　　价	38.10 元

本书如有缺页、倒页、脱页等质量问题，请到所购图书销售部门联系调换
版权所有　侵权必究
物 料 号　54838-00

前　　言

　　大学入学教育是大学的启蒙教育，旨在帮助刚刚从中学毕业的青年学生认识大学、认识自我、认识社会，从而引导大学新生以积极的心态和进取的精神迎接新的生活。因此，入学教育是整个大学教育的基础。

　　入学教育的内容十分广泛，只有抓住重点、聚焦热点、破解难点，才能增强其针对性和有效性。为此，我们结合黄冈职业技术学院的实际情况和高等职业院校学生的特点，组织编写了《高职院校新生入学教育教程》一书，作为新生入学教育的指导教程。

　　全书共分七章，立足立德树人这一基本任务，围绕促进学生转变、服务学生成长、引导学生成才这条主线，分别介绍了初识大学、价值引领、安全教育、遵纪守法、文明礼仪、校情略览、人文黄冈七个部分的内容。旨在引导大学生了解并适应新的大学学习生活，树立奋斗目标，帮助大学生把握思政素质、文明修身、安全法纪等多方面的基本要求，熟悉校情、了解学校及地区特色文化，提升自身的人文科学素养，为成为高素质技术技能型人才打下基础。

　　本书案例丰富，结合学生需求，建设了大量多媒体教学素材，以二维码链接形式融入教材，具有较强的可读性和针对性，能够帮助新生迅速认识大学，理解大学时光的黄金价值，为自身成才之路创造良好的开端。

　　在本书的编写过程中，我们博采众长，参阅了国内外有关论著和文章，吸收了不少精辟的观点和见解，在此向这些论著和文章的作者表示衷心的感谢。

　　郑柏松、熊楚舒、李宁担任本书主编，汤城、刘洋、张朋生、兰子奇、史智鹏、刘国峰、崔现强担任本书副主编，参加编写的人员还有陈胜红、焦爱新、程朗、朱元锋、吴冬、许文彬。

　　由于编者水平有限，书中难免存在不足之处，恳请专家学者和广大读者批评指正。

编　者

2020 年 6 月

目　　录

第一章

初 识 大 学

経过十几年的寒窗苦读，伴着辛勤的汗水，带着多彩的梦想，各位新同学跨进了大学的校门。在欢欣喜悦的同时，我们更应该思考几个问题：大学是什么？为什么要上大学？大学的学习和生活是怎样的？大学这几年，我们应该如何度过？

第一节　大学的内涵与功能

大学是人类文明发展到一定阶段的必然产物，从它诞生到现在已有上千年的历史。最初，大学主要是在德国、英国等国家最早发展起来的。西方的"现代大学"开始于 19 世纪初，是指启蒙运动以后、经过理性主义思潮改造、以德国的柏林大学为代表的新型大学。一般认为，1809 年德国柏林大学的创立标志着现代意义上的大学的诞生。而中国近代大学的起源是北洋大学堂，当年中国在甲午海战中惨败后，变法之声顿起，天津中西学堂改办为北洋大学堂，标志着中国近代第一所大学诞生。

一、大学的内涵

"大学"一词是从拉丁语"universitas"派生而来的，大致意思是"教师和学者的社区"。大学的教学层次通常分为两种类型，分别是研究生和本专科；其中研究生包括硕士研究生和博士研究生两个层次，本专科分为本科和专科两个层次。教学方式主要分为全日制和非全日制两种。关于大学的内涵，不同的人有不同的说法。

"大学不仅仅是知识的加工厂，还是一个以传统经久不衰的价值观为基础的复杂的机构""大学不仅是知识的守望者，也是价值观、传统和社会文化的守护神""大学不只在于教育和发现，也在于向现存秩序发出挑战并促其改革"。

——杜德斯达（曾任密西根大学校长）

大学"是一个传授普遍知识的地方""理智训练以及大学教育的真正而且充分的目的不是学问或学识，而是建立在知识基础之上的思想或理智，抑或可称之为哲学体

2

系""大学教育是通过一种伟大而平凡的手段去实现一个伟大而平凡的目的"。

——约翰·亨利·纽曼（曾任都柏林天主教大学校长）

"大学者，研究高深学问也。大学者，囊括大典，网罗众家之学府也。"

——蔡元培（曾任北京大学校长）

"就其所在地言之，大学俨然为一方教化之重镇，而就其声教所暨者言之，则充其极可以为国家文化之中心，可以为国际思潮交流与朝宗之汇点""所谓大学者，非谓大楼之谓也，有大师之谓也"。

——梅贻琦（曾任清华大学校长）

"真正的大学，即作为科学团体的大学，仅仅体现于哲学院中""唤起科学的观念，并循此观念进入其选定的知识领域，使其能够本能地用科学的目光看待一切知识；不是孤立地，而是在相互的联系中探索具体的现象，不使之须史脱离与知识整体和全体的关联；学会在思维中运用科学的基本法则，并进而养成独立研究、发现和阐述问题的能力"，总之，"并非通常意义上的学习，而是认知"。

——施莱尔马赫（曾任柏林大学校长）

"现代大学好似一本百科全书""大学所要解决的是思辨的问题"，大学作为象征"在于它们不断地在我们眼前呈现作为对人类最高能力持久的信任的教育机构时所体现出来的永久价值""真正的大学精神，也就是纯粹为了研究对象而研究的精神""大学统一的原则是为真理而真理"。

——赫钦斯（曾任芝加哥大学校长）

大学是研究和传授科学的殿堂，是教育新人成长的世界，是个体之间富有生命的交往，是学术勃发的世界。

——雅斯贝尔斯（德国著名的存在主义哲学家、心理学家和高等教育思想家）

综上所述，大学泛指实施高等教育的学校，是一种功能独特的文化机构，是与社会的经济和政治机构既相互关联又鼎足而立的传承、研究、融合和创新高深学术的高等学府。它不仅是人类文化发展到一定阶段的产物，还在长期办学实践的基础上，经过历史的积淀、自身的努力和外部环境的影响，逐步形成了一种独特的大学文化。

二、大学的功能

顾名思义，大学功能是指大学所应发挥的作用，也就是说明大学能做什么的问题。大学功能不是一成不变的，而是随着时代的变化而不断充实，由单一功能向多元功能扩展的过程。从大学的发展历程可以发现，每一次大学功能的变化都伴随着生产力的变革，并推动着科学和技术的发展。从大学的历史演变过程可以看到，大学功能和组织形式是一个历史的、动态的过程。自1088年意大利的波罗尼亚大学开创了人类高等教育的先河以来，在长达七百多年的时间里，大学的功能都是单一的：只是培养职场人士，人们将这种功能称为"培养人才"。1810 年诞生于德国的洪堡大学第一次将科学研究与教书育人并列，使大学具有了第二大功能，即"科学研究"。20 世纪 30 年代，美国的威斯康星大学的范海斯最早将服务社会作为大学的新功能，并把教授服务社会的能力纳入评判标准，使大学从社会边缘进入到了社会中心，大学因此获得了既是社会进步引领者又是社会发展助推器的双重角色，"服务社会"便成了大学的第三大功能。20 世纪 60 年代以后，大学又增加了"文化和思想引领"的功能。进入新世纪，随着大家越来越关注人类的共同发展，大学的功能进一步扩大，大学之间的国际科技合作与人文交流越来越多、越来越重要，大学逐渐成为民间外交的主要渠道之一。

（一）人才培养

人才培养是高等学校的基本职能。现代大学制度延绵 800 多年，其间受到皇室、教会等各种力量的影响，经历了深刻的变革。但大学作为教师和学生学习共同体的本质没有变，培养人才始终是大学的首要功能。

长期以来，我国大学教育遵循马克思主义关于人的全面发展的理论，确立了大学工作的核心是通过教育促进学生全面发展。近年来，我国高等教育在如何培养人才上进行了不懈探索，借鉴发达国家的有益经验，逐渐摆脱了传统、单一的精英教育模式，实现了精英教育和大众教育并重的目标，人才培养的内涵更加丰富。

（二）科学研究

发展科学，是高等学校的重要社会职能。教学与科研相结合的着眼点是培养有创新精神的高级专门人才。高校把科研引入大学教学过程是培养大学生科研能力、创新精神、开拓精神的重要措施。钱伟长曾经说过："你不教课，就不是教师；你不搞科研，就不是好老师。"大学教师不同于一般的教师，他的工作不是简单地把已有的知识传授给学生，而是要在知识传授中培养学生的科学态度、科学精神，促进学生创新能力的发展，这就需要科研来支撑。

科学研究是教师成长的必经之路。培养创新型人才是高校的历史使命和根本任务，这也是科学研究和学科建设的主要目的所在。要培养高素质的人才，首先要培养一批具有较高科研能力的"研究型"教师。教师通过科学研究、多出成果、多出精品，才能准确地把握学科发展方向，在自己所研究的领域处于领先地位，并将自己的研究成果用于教学实践，以提高教学效果和质量。

科学研究活动有利于培养学生的创新思维、创新能力。高等教育不仅是向学生传授现有的知识，进行知识积累，更重要的是培养学生的创新精神和实践能力。教师通过科学研究可以带领学生进入学术前沿地带，激发学生的求知欲和创新精神，对学生进行研究方法、研究习惯和研究能力的训练，培养人才的创新品质。大学教师的授课不仅要向学生传授知识，更重要的是讲精髓，指点学生如何去获取知识，激发学生自主学习、研究性学习和创造性学习。科研与教学相结合的研究型学习不仅改变了教学方式和教学内容，而且改变了传统的师生关系，使教师主导的课堂成为师生共同探究的场所，教师成为学生学习的促进者、合作者，学生既学到了知识，又训练了创新思维，从而培养了研究能力和创新能力。

科研活动有利于形成良好的学术氛围和学习氛围。良好的学术氛围和学习氛围建设离不开科学研究活动，创新型人才的培养需要科研活动的浸润。在科研活动中，高校通过经常举办各种国际国内学术报告会、研讨会、科研成果展览等活动，为师生提供更加广阔的学习、交流空间，各种学术思想、观点交相辉映，启迪智慧，形成浓厚的学术氛围，以充分地调动广大学生的学习积极性、主动性。

（三）服务社会

高等学校直接为社会服务的职能，不仅是社会的客观需要，也符合高等学校自身发展的逻辑。当前高等学校服务社会的功能不外乎两个方面：一是为社会输送人才；二是科技成果的社会转化。

高校向社会输送人才是高校服务社会最直接、最广泛的方式，也是现代大学的基本功能。高校向社会输送人才主要体现在向各行各业输送从事相关业务的合格毕业生和向各科研院所输送研究生两个方面。对于高校向各行各业输送业务人才来说，目前存在的一个问题是，即便是在学校表现优秀的毕业生，在走上工作岗位之后也会出现难以应付业务需要的窘境，从而使很多用人单位质疑大学毕业生的工作能力，这是制约高校学生就业的一个重要因素。究其原因，除了大学生自身能力有限外，还与很多高校因科研力量薄弱而导致研究型教学的缺失有直接关系。研究型教学的缺失，将直接导致学生缺乏科学的思维方式，使学生在工作中遇到各种实际问题时，难以做到用已有的理论知识去解决现实工作中遇到的问题。可以说，科学研究的相对薄弱成了高校向社会输送各类合格人才的一个重大制约因素。要从根本上提升高校服务社会的能力，需要尽可能增加对高校的科研投入，提升高校的科研实力，将科学研究的前沿领域尽可能推广到广大学生群体之中，让更多的学生有机会融入前沿科学研究当中，充分培养和训练学生的实际思维能力，使之掌握用理论知识解决实际问题的方法和本领。

高校科技成果的转化是高校服务社会的另一个重要内容。高校科技成果转化就是利用高校本身所具有的人才和科研资源优势把高校科研成果及时转化为技术，并将其推广、应用到企业中，使其产品化、规模化。积极开展科技成果转化和产业化工作，是高校推动国家技术创新的重要环节，对促进国家高新技术产业化具有重要的推动作用，是高校服务社会的重要体现。高校科技成果的社会转化，是高校科学研究的直接结果，要提高高校科技成果的社会转化就必须加强高校的科学研究工作。高等学校应当采取各种方式同社会进行广泛的联系，尽可能帮助社会解决在发展中遇到的种种理论和实际问题。比如与生产单位联合搞科研，进行技术指导，担任工厂企业的顾问，举办培训班或业余学校，为社会承担继续教育的任务等。高等学校直接为社会服务的形式和内容是多种多样的，根据不同科类和不同专业的特点，各就所长。这就需要高校积极创造条件，搞好社会服务工作。

（四）文化传承创新

文化是一个民族的灵魂和血脉，是一个民族的集体记忆和精神家园，是一个民族走向全球化进程中的名片、身份证和识别码，体现了民族的认同感、归属感，反映了民族的生命力、凝聚力。

大学是一个国家的精神高地，是文化传承与创新的战略资源。从古代的稷下学宫，到中世纪的修道院，再到现代大学，没有教育，尤其是没有高等教育，就没有民族文化的传承与发展。近代大学教育不仅为科学技术和文化繁荣提供基础理论和思想资源，而且往往是近代科学技术和文化变革的直接策源地。大学历来以人才培养、科技创新、社会进步和文化繁荣为己任。"大学之道，在明明德，在新民，在止于至善。"大学只有明其德，求至善，才能造就一代又一代的"新民"，大学正是通过"明德""正道"和"求善"引领和示范一个民族文化基础的形成。文化的纽带是知识，大学是知识共同体，大学的全部活动以知识为连结。大学的教学是传播知识，大学的科研是创新知识，大学的社会服务是运用知识，大学的图书情报是收藏和处理知识，大学的国际交流是交换知识。

任何一种优秀文化传统，只有与时俱进，不断扬弃与更新，才能永葆青春与活力。当今世界激烈的综合国力竞争，不仅包括经济实力、科技实力、国防实力等方面的竞争，也包括文化方面的竞争。继承和发展本民族文化的优良传统，同时实现文化的与时俱进和开拓创新，是关系民族前途和命运的重大问题。中华文明的内在发展动力，在于它的刚健有力，在于它的开放包容，在于它的变革创新。在这里，悠悠古韵与勃勃生机是有机结合的，文化传承与文化创新是内在统一的。传承是基础，创新是生命，两者不可偏废。对此，我们必须始终保持清醒的认识。

人类已经进入了 21 世纪，如何应对全球化的冲击，如何在激烈的文化竞争中生存与发展，核心是文化创新。创新是一个民族进步的灵魂，是一个国家兴旺发达的不竭动力，也是一种文化生生不息的源头活水。即使是优秀的文化传统，也需要适应时代的需要，实现现代化的创造性转化，同时融入民主精神、科学精神、市场精神、法治精神、竞争精神、公平精神等新理念。譬如树木，非岁岁有新芽苗长，则其枯槁可立待；譬如井然，非时时有新泉喷涌，则其干枯有时也。只有永远保持创新的精神，才能谱写新时代民族文化的新篇章，赋予其新的内涵和活力。

（五）国际交流合作

经济全球化已经成为当今世界经济发展的主要趋势，并且使世界各国政治、经济、文化、科技、教育等领域的联系日益密切，世界进入了"牵一发而动全身"的历史发展阶段。教育与经济历来有特殊的相互依存、相互制约的关系，当经济全球化已成为现实和必然的时候，势必对教育产生深刻而广泛的影响。伴随着经济全球化的发展，高等教育必然会走向国际化。20 世纪 90 年代以来，高等教育国际化成了教育发展的热点问题。可以说，经济全球化直接推动了高等教育的国际交流与合作，而高等教育国际交流与合作又进一步推动了世界经济一体化和全球化。

中国高校注重发挥国际合作与交流职能，一是大学自身发展的迫切需要。"闭门造车、闭关锁校"，不可能建设"双一流""双高"院校。只有通过有效的国际交流与合作，将自己置身于国际高等教育的大格局中，才能真正使中国高等教育以一流的办学水平和鲜

6

明的办学特色屹立于世界民族之林。二是国家发展的迫切需要。在倡导构建人类命运共同体、促进全球治理体系变革中，大学发挥着不可替代的作用。大学是我国国际交流与合作的有生力量。全方位的合作与交流，可以进一步提高我国的国际影响力、感召力、塑造力，这是大学肩负的责任和使命。发挥高校国际交流合作职能，促进高等教育创新发展，根本在于坚持以人才培养为中心，"培养大批具有国际视野、通晓国际规则、能够参与国际事务与国际竞争的国际化人才"。这不仅需要高校积极主动地与世界各地高校和其他机构组织进行教育、学术、文化交流与合作，更需要高校自觉树立服务国家、贡献世界的使命，通过综合改革探索具有中国特色的发展道路和符合国际标准的现代大学制度。

总之，对于大学来说，人才培养是核心，科学研究是做好人才培养工作的前提条件，人才培养是服务社会、传承和创新文化的直接表现。

科学研究、服务社会、文化传承创新、国际合作交流应该围绕人才培养而开展，人才培养要通过科学研究、服务社会、文化传承创新、国际合作交流来实现。

第二节　高职教育的特点及就读高职的理由

高等职业教育是我国高等教育的一个新类型。高等职业教育的产生，加速了我国高等教育的发展，对我国整个民族素质的提高和综合国力的发展起到了巨大的推动作用。当前，党和国家把大力发展高等职业教育作为一项重大的战略决策加以实施。《国家职业教育改革实施方案》和《关于实施中国特色高水平高职学校和专业建设计划的意见》的公布实施，为新时代高职教育发展提出了要求，指明了方向。

拓展资料

一、什么是高等职业教育

高等职业教育具有高等教育和职业教育的双重属性，是职业教育体系的主体，是高素质技术技能人才的主要供给途径，是教育发展中的一个重要类型，肩负着为经济社会建设与发展培养人才的使命；同时，高等职业教育也是我国职业教育体系中的高层次教育，包括专科层次、本科层次、研究生层次的职业教育。职业专科教育的主要任务是培养能良好地胜任目前工作并具有较强职业迁移能力的高素质技术技能人才。职业专科教育的学生毕业后可以升入职业本科教育继续学习，同时也拥有升入普通本科教育继续学习的机会。职业本科教育是培养具有复杂实际问题解决能力、审辨式思维能力、创新能力的专家型技术技能人才的职业教育。该层次职业教育在我国尚处于发展阶段，但它是我国职业教育发展的重要方向。

二、高等职业教育的基本特征

（一）培养目标的职业定向性

所谓培养目标，就是通过高职教育把受教育者培养成为什么样的人。培养目标规定了对受教育者培养的方向、规格与内涵，是高职教育实践活动的出发点，也是检验高职教育实践活动是否富有成效的标准。高等职业教育培养目标具有明确的职业定向性，是一种具有明确职业价值取向和职业特征的高等教育，它培养的不是"通才"，而是具有综合职业能力、胜任某一具体岗位的专才，是能够适应生产、建设、管理、服务第一线需要的，德、智、体、美、劳全面发展的高级技术技能专门人才。高等职业教育人才培养目标需满足以下的要求：使学生获得就业谋生所必需的岗位技术能力与职业素质；使学生具备一生职业发展与迁移所必需的相对完整的某一专业技术领域的知识、能力与素质结构；尽可能在人文素质、思维方法及终身学习能力等方面，为学生成就其人生的事业打好一定的基础。

（二）办学形式的开放性

面向市场、以就业为导向，实行"产教融合、校企合作、工学结合、知行合一"的育人模式，决定着高职院校不可能关门办学，开放办学是高等职业教育发展的必由之路。高等职业教育办学形式的开放性应表现为教育观念的开放、教育过程的开放、教育方式的开放和教学资源建设的开放。高职院校在具体办学实践中，应向行业企业开放、向社会开放、向国际开放、向全体学习者开放，深化产教融合、校企合作、校校合作、国际交流，实现学校全方位、人才培养全过程的开放，这样才能促进高职院校高质量发展。

（三）专业设置的灵活性

以就业为导向，是职业教育的定位，更是高等职业教育的核心问题。经济全球化、社会信息化的今天，科学技术飞速发展，知识经济已见端倪，产业结构急剧变化，新技术、新工艺不断涌现，职业岗位不断更新，这就要求专业设置必须跟上时代的步伐，及时调整，及时更新，旧中求新，稳中求活。因此，高等职业教育要时刻关注市场的变化，面对不断变化的新形势和新特点，在充分调研和论证的基础上，灵活调整专业设置，培养出市场所需要的各类人才。

（四）课程建设的针对性

课程建设是专业建设的核心，是人才培养工作的基石，直接影响人才培养目标的实现。高等职业教育课程目标的设定应面向整个职业，要把增强学生的职业适应能力和应变能力作为课程目标的基本要素，突出课程的针对性、实用性、先进性和就业岗位群的适应性。课程的目标要明确地瞄准职业，与就业目标对接，为学生毕业上岗提供良好的条件，帮助学生实现零距离上岗。课程建设必须围绕职业能力这个核心，以专业技术应用能力和岗位工作技能为主线，对课程进行优化衔接、定向选择、有机整合和合理排序。重视教学内容的选取、教学方法和手段的改进，融"教、学、做"为一体，强化学生能力的培养，重视教学模式的改革，切实做到以工作过程为目的的需要开发课程体系，按模块化、综合化构建课程体系，以项目教学、任务驱动为手段开展课堂教学，按照层层分解的职业岗位能力要素选取教学内容等。

（五）教育教学的实践性

实践教学与理论教学并重，是高等职业教育与普通高等教育的主要区别，是高等职业教育的人才培养目标在教学计划和教学活动中的具体体现。高等职业教育为了实现其培养目标，在教学内容、教学过程、教学手段、教学方式上突破了普通高等教育的模式，凸显了教学的实践性。高等职业教育教学以岗位需要、实践操作为目的，使受教育者和培训的对象能熟练地掌握特定职业所需要的技术技能，掌握技术原理、熟练技术操作，具有较强的动手能力。因此，高等职业教育的教学内容以应用技术为重点，围绕实践组织教学内容。教学内容突出基础理论知识的应用和实践能力的培养，基础理论课教学以必需、够用为度，专业课教学则重点突出针对性和应用性。

（六）师资队伍的"双师型"

高等职业教育具有"高等"和"职业"双重属性，建设"双师型"的师资队伍是职业院校的办学特点所决定的，也是办好高等职业院校的基本条件。职业教育师资队伍构成的鲜明特色，一是从教师个体而言，专业教师不仅要具备扎实的理论知识和较高的教学水平，还要具有较强的专业实践能力和丰富的实际工作经验；二是从教师队伍整体而言，要有结构比例适当的理论和实践课教师团队。高职院校要走校企挂钩、校所挂钩、与市场相结合的路子，"内培外聘"，多渠道、多方法不断扩大"双师型"教师队伍，增加实践型、技能型教师的比例。同时，要根据每个学校、每个专业、每个教师的具体情况，合理安排教师队伍学历层次和理论素质的进阶提高，为高等职业教育的健康发展提供强有力的保证。

（七）毕业生的"双证书"

"双证书"即学历证书、职业技能等级证书。学历证书全面反映学校教育的人才培养质量，在国家人力资源开发中起着不可或缺的基础性作用；职业技能等级证书是毕业生、社会成员职业技能水平的凭证，反映职业活动和个人职业生涯发展所需要的综合能力。《国家职业教育改革实施方案》提到，"要进一步发挥好学历证书作用，夯实学生可持续发展基础，鼓励职业院校学生在获得学历证书的同时，积极取得多类职业技能等级证书，拓展就业创业本领，缓解结构性就业矛盾"。实行职业资格证书制度，能大大提高职业教育学生的就业竞争力。目前我国经济建设中缺乏大量适应一线岗位工作的中高级技术应用型人才，特别是掌握高新技术并具备较强实践能力的复合型人才和中高级技能型人才。有人将职业资格证书称为"就业绿卡"，因为职业资格证书反映的是特定职业的实际工作标准和规范，以及从事这种职业所达到的实际能力水平，职业资格证书的出现填补了市场人才需求与高校人才培养之间的"空洞"，大学生们不再因为没有所谓的"相关工作经验"而被企业拒之门外，取得职业资格证书的毕业生普遍受到用人单位的青睐。目前，职业资格证书制度在很多高职院校都已经开始实施。

（八）服务面向的区域性

高职院校大部分是地方院校，是地方经济发展的产物。因此，为地方经济建设和社会发展作贡献则成了其不可推卸的责任。高等职业教育要以就业为导向，紧紧围绕地方经济建设需要，找到地方经济社会发展与学校办学目标的结合点，培养服务于地方经济发展需要的高级应用型人才，形成地方经济、科技、教育之间相互促进的良性循环。高职院校应抓住全球化浪潮中区域经济崛起的机会及国家政策的优势，积极调整自己的战略定位，立足局域经济的实际需要，强化与当地政府、行业企业的对接。以发展区域经济为根本目标，深入研究区域经济发展对人才、技术和服务的需求，真正融入地方区域经济发展的整体规划之中，实现高职教育区域化，提升高职教育内涵，并最终实现高职教育的持续发展。

三、就读高等职业教育的几大理由

（一）高职教育面向大多数人

我国从高等教育的精英化阶段走向大众化，连续几年的高校扩招，最大的增长点是高等职业教育。高职教育目前占据整个高等教育的半壁江山，是多数青年学生的归属。因此，发展高职院校是满足人们日益增长的对高等教育的需求，是提高全民族科技文化素质、提升每个家庭受教育水平、促进广大青年成才的战略措施。

（二）高职教育充满活力和潜力

世界各国无不把职业教育作为国家发展战略，因为它直接为经济社会服务，我国从中央到地方，也越来越重视和关注高职的发展。高职院校面向市场、以就业为导向，实行"产教融合、校企合作、工学结合、知行合一"的育人模式，开拓与创新空间大，高职学生"下得去、用得上、留得住、干得好"，深受用人单位的欢迎。当前，国家正在大力实施的普通高校的"双一流"建设和高职院校的"双高计划"，必然会给高职院校带来飞跃发展。

（三）高职专业走俏、就业形势好

就业状况是风向标，高就业率必然带来吸引力。学校品牌、优势专业、人才质量都是用人单位所看重的，高职专业设置贴近企业需求，以"宽、浅、新、实"为培养新方向，特别是一些新型交叉专业已成为就业市场的宠儿。"入学就有工作、毕业即能就业"，就业好拉动生源好，进而促进学校发展好，这一过程逐渐形成良性循环。

（四）用人导向由重学历向重能力转变

随着时代的发展，越来越多的用人单位对录用人才由重学历向重能力转变。中国制造迈向"中国智造"甚至"中国创造"，在这个转变过程中，需要更多的高素质劳动者和技术技能人才，而当下高素质技术技能人才和大国工匠缺口很大。《国家职业教育改革实施方案》明确规定："支持技术技能人才凭技能提升待遇，鼓励企业职务职级晋升和工资分配向关键岗位、生产一线岗位和紧缺急需的高层次、高技能人才倾斜。""国务院人力资源社会保障行政部门会同有关部门，适时组织清理调整对技术技能人才的歧视政策，推动形成人人皆可成才、人人尽展其才的良好环境"，等等。因此，"学而优则仕""读书毕业为了坐办公室""职业教育低人一等"等传统观念已经过时了。在德国，大师傅没有失业的，博士却有无业的；职业教育学技术、学技能，学历和职业资格证书并举，很多青年凭借一技之长实现人生价值，三百六十行人才荟萃、繁星璀璨，这也是一大部分高职院校就业率高于普通本科高校的原因之一。

（五）高职教育为"人人出彩"提供了更多机会

最适合自己的就是最好的，大众化教育要求教育多样化，这与市场上人才结构的多元化要求也是一致的。多元智能理论说明，每个人都有优势领域和兴趣倾向，高分数要求的一流大学或热门专业，不一定适合自己，职业性、技术性、操作性强的职业技术院校，恰好是许多青年所爱。正如习近平总书记强调的，"职业教育是国民教育体系和人力资源开发的重要组成部分，是广大青年打开通往成功成才大门的重要途径，肩负着培养多样化人才、传承技术技能、促进就业创业的重要职责，必须高度重视、加快发展""要树立正确人才观，培育和践行社会主义核心价值观，着力提高人才培养质量，弘扬劳动光荣、技能宝贵、创造伟大的时代风尚，营造人人皆可成才、人人尽展其才的良好环境，努力培养数以亿计的高素质劳动者和技术技能人才""努力让每个人都有人生出彩的机会"。职业教育肩负着培养多样化人才、传承技术技能、促进就业创业的重要职责，为"人人出彩"提供了更多可能。

拓展资料

第三节　大学阶段对大学生的重要意义

曾子在《大学》一书中说："大学之道，在明明德，在亲民，在止于至善。"朱熹直接注解："大学者，大人之学也。"我们期待的大学是具有超越政治权利、商业利益的独立的学术和人文精神的场所。如同我们历来的教育传统，我们期待大学能够培养出真正的知识分子，能够将知识分子"为天地立心，为生民立命，为往圣继绝学，为万世开太平"的人生追求代代传承、发扬光大。因此，大学是追求知识的殿堂，是传播真理的阵地，是培养人才的摇篮。它应该具备人文思想的内涵，兼容并蓄的精神，乃至知行并重的教育。

因此，大学阶段是人一生中最重要的时期，它为将来人生奠定着目标方向、事业基础，也对一个人的感情生活、文化涵养起着至关重要的作用。具体而言，大学教育对青年大学生的重要意义主要体现在以下几个方面。

一、大学阶段是青年大学生人生格局形成的关键时期

"格局"就是指一个人的志向、眼界和心胸。"格局决定结局、态度决定高度。"心有多远，未来就有多远；格局有多大，事业就有多大。我们常说"海阔凭鱼跃，天高任鸟飞"，意思是人的格局越大，志向就越大、胸怀就越大、追求的事业也就会越大。大学生在高校生活，少则三到四年，多则九到十年，由于知识的积累、阅历的丰富、交往的拓展，同学们对人生的思考和探索更加深入，特别是从现实出发，联系社会实际去思考社会和人生，确立自己人生目标的探索更加积极，因此，大学阶段是青年大学生人生格局形成的关键时期。习近平总书记指出："青年的价值取向决定了未来整个社会的价值取向，而青年又处在价值观形成和确立的时期，抓好这一时期的价值观养成十分重要。这就像穿衣服扣扣子一样，如果第一粒扣子扣错了，剩余的扣子都会扣错。人生的扣子从一开始就要扣好。"迈入大学后，同学们首先要规划为之奋斗一生的志向。不同的志向，就会有不同的结果。只有确立了某种志向后，才能将自己锁定在这个志向上，有计划地向着这个方向迈进，不断实现自我，不断超越自我。但是只有志向还不够，还得拥有为实现志向、理想而奋斗的精神和力量。这种精神力量是认识深化、情感深化和意志深化的融合与统一，就是我们常说的信念。著名文学家苏东坡说过："古之立大事者，不惟有超世之才，亦必有坚忍不拔之志。"人生的道路是漫长的，在追求成功的路上不可能处处鸟语花香，一帆风顺，遇到始料未及的困难、挫折甚至磨难，都是正常的事。如果没有坚定的信念，人就会退缩却步，就会前功尽弃，就会一事无成。作为当代青年，我们一定要养大德、行大道、立大志、成大器，自觉践行习近平总书记提出的"爱国、励志、求真、力行"的谆谆教诲，做一名"有理想、有本领、有担当"的新时代弄潮儿。

二、大学阶段是青年大学生学习知识技能的黄金时期

知识改变命运，技能成就未来。大学为青年大学生学习知识技能提供了优越的环境和条件。首先，大学可以接触到当代的学科（专业）前沿。大学集中了众多的专家、学者和技术技能大师，他们精通本专业的基础理论，了解最新的科学技术成果，具有丰富的科研、教学经验和实践应用技能；其次，大学具备系统专业的教学资源、现代化的图书馆和先进的实验实训设备，在老师的指导下，大学生通过系统的教学活动和严格的科学训练，可以尽早地接触实际，尽快地接近专业的前沿，在短时间内系统准确地掌握最新的知识和技能，使自己的能力尤其是创新创造能力得到显著提高；再次，以社会实践、社团活动、文娱体育、系列讲座等为主要形式的第二课堂也是学生掌握知识和培养能力的主要环节。诺贝尔奖获得者中，95%以上都受过各种专业教育。我国两院院士中，绝大多数受过高等

12

教育。《中国科学家传略词典》收录的 435 名现代科学家中，受过高等教育的有 417 名，占总数的 95.9%。所以，同学们要是希望人生有所建树的话，必须珍惜在校的学习机会。大学生正处于学习科学知识和技能的黄金时期，"学如弓弩，才如箭镞，识以领之，方能中鹄"。大学生既要惜时如金、孜孜不倦，以韦编三绝、悬梁刺股的毅力，以凿壁借光、囊萤映雪的劲头，下一番心无旁骛、静谧自怡的功夫，又要突出主干、择其精要，做到又博又专、越博越专；既打牢扎实基础，又及时更新知识；既刻苦钻研理论知识，又积极掌握实践技能；既向书本学，又向实践学、向群众学；既向传统学，又向现代学，努力成为兼收并蓄、融会贯通、本领高强、德智体美劳全面发展的优秀人才。概言之，大学生应把学习作为首要任务，要下得苦功夫，求得真学问，掌握真本领，把学习作为一种精神追求、一种生活方式，树立"梦想从学习开始、事业靠本领成就"的观念，让勤奋学习成为青春远航的动力，让增长本领成为青春搏击的能量。

三、大学阶段是青年大学生身心健康成长的最佳时期

"道路千万条，健康第一条。"大学生正处于成年人的过渡时期，从生理上讲，大学生的身高、体重等继续发育，内脏器官趋于成熟，精力旺盛，情感日益丰富。随着大脑的发育，辩证思维能力和创新思维能力都得到发展和提高，记忆能力进入最佳状态。随着生理的发展，大学生的心理状态也呈现出一些新的特点：一是独立性明显增强，但自立能力较差。自我意识的强化，标志着一个人正在走向成熟，大学生希望显示自己的才华，乐于独立思考问题。但由于经验不足，涉世不深，做事容易主观武断，脱离实际。二是富有理想，但有一定的盲目性。大学生对知识充满渴望，对社会问题高度关注，对人生发展满怀憧憬，但由于思想不成熟，思维方式偏激，往往容易被流行的思潮左右，产生思想上的困惑。三是情感丰富，但波动性大，自我控制能力差。在学习生活中，遇顺境就可能沾沾自喜，遇逆境就可能悲观失望。这些都表明大学生还处在个性尚不稳定的阶段，需要不断完善才能走向成熟。大学阶段正是帮助我们青年学生身心健康成长的最佳时期，身体是每个人追求梦想、奋斗拼搏的最大资本，拥有强健的体魄，才能以充沛的精力完成学业；拥有健全的人格，才意味着大学生在人生最重要的阶段完成了自我的蜕变。相比身体上的健康，心智的成熟同样重要。许多同学是第一次离开父母独立生活，这是一个锻炼意志、培养独立精神的最好时机。在这个过程中或许会遇到困难和挫折，但最终能学会如何与他人相处，学会在集体中发挥个人智慧，学会在父母的庇护之外独立解决困难，最终成长为一名心理强大、经得起风浪的新时代青年。大学生要"走下网络、走出宿舍、走向操场"，充分利用课余时间多到田径场上挥洒汗水，让锻炼成为一种习惯、成为一种自觉，在锻炼中，增强体质，磨炼意志，做一名身心强健的人。

四、大学阶段是青年大学生积累人脉资源的基础时期

大学是个人才聚集、知识密集、精神营养丰富的地方，来自四面八方、有着各种文化

背景、生活体验与经历的学生汇集在一起，年轻人相互交往且相互学习，为每一个学习者提供发现不同的交往伙伴的机会，这是一个人成长中极为宝贵的财富，这个阶段是人生中获取能量、积累资源的重要基础时期。因此大学生在校期间应该兼收并蓄，广泛寻求与老师、同学、校友之间的互动交流机会，从而既获得一面面立体的镜子，清晰地认清自己、完善自我，又获得各类精神营养的滋润；更为自己今后的人生奠定一个极富价值的人脉资源。由于大学师生间、同学间没有根本的利益冲突，此阶段结下的师生情、同学谊纯洁真诚，同学间比中小学生的感情更牢固，师生间比社会上的关系更纯朴。"质朴的师生情、纯洁的同学谊"，以致毕业后的每次相聚也总是恍如昨日，彼此亲切有加，相互之间的信任绝非其他社会关系所能比拟的。毕业后，无论何时何地，大学生都有可能获得来自老师和同学的鼓励、帮助与安慰。比如：很多大公司的崛起，都是一帮同学共同努力的结果；很多人的成功，都是因为有一群志同道合的同学……因此，大学的老师和同学，将是人生旅途中的宝贵财富。

五、大学阶段是青年大学生培育人文素养的有利时期

人文素养是指人所具有的人文知识和由这些知识内化成的人文精神，具体表现为人的文化品位、审美情趣、心理素质、人生态度、道德修养等丰富的精神世界。人文素养是一个人外在精神面貌和内在精神气质的综合表现，也是一个现代人文明程度的综合体现。有着丰厚的人文素养的人，兴趣广泛、心理健康、情趣高雅、感情丰富、豁达自信、谈吐文明，追求较高的生活和工作品位，有着十分丰富的精神世界。他们始终保持勃勃的生机和活力，充满着工作的热情，洋溢着生命的激情，闪耀着人性的魅力。而一些缺乏人文素养的人可能过多地去大吃大喝、攀比享受，甚至是沉湎于黄、赌、毒，这是低层次的感官享受。有的人即使是一身名牌、百般装扮，也不能掩盖本身人文素养的缺失。

加强大学生人文素养培养，是现阶段我国高等教育的重要内容。人文素养教育的课程教学、丰富多彩的校园活动，格调高雅的大学环境、图书馆内不计其数的藏书，形式多样的讲座、教师队伍的榜样示范，等等，在潜移默化中熏陶和影响着大学生，进而使其提升自身的人文素养。

第四节　适应大学新环境

一、了解大学与中学的区别

经过高考的洗礼，同学们步入了向往已久的象牙塔。相较中学而言，大学是一个全新的环境，需要尽快转变角色并规划好自己的发展目标，享受美好的大学时光。与中学相

14

比，大学在生活环境、人际交往、学习方式、评价体系等方面都存在诸多不同。

（一）大学生活环境

对于大学新生来说，离开熟悉的生活、学习环境，离开父母每日的叮咛、呵护，离开曾经熟悉的老师和同学的指导和帮助，踏入一个全新的环境，难免心中会有几分激动，也会有几分忐忑。尽快熟悉并适应新环境是走进大学的首要任务，能否快速适应新环境决定了大学新生能否在这个环境中自如地生活、学习。

1. 尽快熟悉大学生活

首先，要尽快熟悉校园的"地形"。例如，了解学院教室、实训室、老师办公室、图书馆、寝室、超市、食堂等的位置，这样，在办理各种手续、解决各种问题时就会更顺利、更节省时间。

其次，要逐步了解学校的"文化"。例如，校史馆、名人馆、红色文化长廊，甚至包括学校的路牌、名言警句、警示标语等，这些是学校几十年办学历史沉淀凝练的办学理念、校园文化。

另外，要尽早适应寝室的"群居"生活。大学独立生活的背后，是一帮个性不同、背景不同的个体组成的集体生活。要做好集体生活的思想准备，相互扶持和理解，培养当代大学生必要的集体主义精神。

我们要大胆地走出去，不要拘谨，积极主动地向他人寻求帮助，尽量少走弯路，学会自立、自强，尽早熟悉大学生活。

2. 合理安排课余时间

大学校园的课余生活丰富多彩。除了日常的教学活动之外，还有各种各样的讲座、讨论会、学术报告、文娱活动、社团活动、志愿服务活动等。

大学的课余时间很多，而且这些时间基本是由自己来控制的，如果完全按照兴趣来选择，随意性太大，很难有效地利用学校的有利环境和资源。

我们要对大学有一个基本的规划，对自己在近期内的活动有一个理智的分析和安排。了解自己的长远目标是什么，自己最迫切需要的是什么，各种活动对自己发展的意义又有多大……合理地安排好课余时间，打造一个科学健康的生活方式。

（二）大学人际交往

在大学阶段，学习的不单单是知识，还有各种各样的技能，包括与人交往的技巧。假如同学们很难适应寝室的"群居"生活，经常产生摩擦，处理不好人际关系就会很容易影响到学业和今后的发展。

1. 构建良好的师生关系

老师是学生频繁接触的主要人群，但是由于高等教育的特点，大学和中学有明显区别，最主要的区别是师生彼此之间交流的时间较少。大学生应当主动拉近与老师之间的距离，学习老师解决问题的方法，利用网络平台获得更多的交流机会，适当邀请老师参加一些自己的活动，建立起良师益友的终身关系。

2. 建立纯洁的同学情谊

宿舍是大学生活的基本单位，对大学新生们来说，在未来的几年里，如何和那些来自五湖四海的同学相处是一个很重要的问题。

（1）要学会包容别人。"群居"生活，就必须包容别人的生活方式。如果别人的生活方式有碍于你的生活，就需要委婉地提出意见，并适当地进行自我调整（如调整作息时间等）。

（2）主动交往。在平时的生活中，要主动与同学打招呼，主动帮助别人。此外，要主动去做些公共事务，以增加同学们对你的好感。

（3）讲究技巧。在与同学相处时应坦诚相待，但在给同学提意见时，必须动脑筋、讲方法、讲时机、讲场合。

3. 良好的人际关系能促进自我的心理健康

和谐的人际关系既是大学生心理健康不可缺少的条件，也是大学生获得心理健康的重要途径。大学生在人际交往过程中要注意面子心理、冲动心理、自负自卑、嫉妒憎恨等心理状态，要坚持平等原则、宽容原则、诚信原则、互助原则，处理好同学间的竞争与友谊的关系，培养自己的良好气质，构建和谐的同学朋友关系网。

（三）大学学习方式

大学学习是一种与未来职业需要直接挂钩的、层次更高的、需要进一步发挥积极主动精神的学习。与中学学习相比，无论在学习任务、学习内容还是学习方式上都发生了很大的变化。

1. 学习任务不同

中小学的学习任务是学习各种科学文化的基础知识，主要是为升学做准备。大学则是以培养各类高级专门人才为目标，既要学习专业知识，又要掌握专门的技能，与社会需要紧密地结合在一起，使其具有很强的实践性和针对性。

2. 学习内容不同

大学的学习是一种专业性很强的学习过程，但这些课程都紧紧围绕一个中心，也就是为培养专门人才服务的。此外，大学还根据培养专门人才的要求，开设大量的选修课、专题讲座、实验、实习及社会调查等许多反映现代科学技术发展的新知识和新内容的课程。

同学们会更直接地感觉到学习的内容多了、老师管得少了、讲课讲得快了，等等，没有了督导员似的中学老师跟前跟后、督促学习，没有了父母一刻不停地唠叨学习，没有了铺天盖地的作业练习。"放羊式"的大学学习方式可能会让很多新生一时间无法适应，其实从现在开始，同学们就要学会自己管自己。

（四）大学评价体系

在中学里，学习成绩的好坏一直是学生评价的重要标准。然而，在"高手如云"的大学生集体中，可能由于学习方法或心理压力的问题，一些大学新生原来的优势不复存在。

其实，刚刚跨入校门的大学新生就像一名运动员，可能在省队里面是第一名，进了国家队就变成第三名、第四名了。但是能进国家队，本身就足以说明他是一名优秀运动员。所以，适当地降低对自己的期望值，接受"不完美"的自己，放松捆绑自己精神的绳索，你就会以开朗的心情投入大学生活，从而得到丰富多彩的人生。

在大学里，评价人的标准并非是单一的学习成绩，能力特长更是实际生活中衡量一个人素质水平的重要因素。比如，一个大学生知识面很宽，或者社会交往能力很强，或者能歌善舞，或者有体育专长，都将有助于其获得教师同学的认可。

二、尽快适应大学新环境

刚刚跨入大学校门的新生，梦想成真，激情奔放，豪情满怀，学校里一切都是新鲜的，所有这些使之兴奋得彻夜难眠。兴奋之余，想请新生朋友们回答一个简单的问题：你现在是什么人，将来又是什么人？

大学新生朋友要回答这个问题似乎很简单，我现在是大学生，大学毕业以后，我是一个符合社会需要的建设者。

那如果再问，是不是你一进大学校园就是大学生呢？表面上看，称谓上是对的，可实质上却不完全是，还存在着由中学生向大学生的角色转换问题。谁转换得快、适应得早，谁就发展得快。

（一）调整心态，迎接独立长大

1. 追求自立，学会独立

大学生处在由未成年向成年过渡的特殊时期，在大学这个由学校向社会过渡的特殊场所，追求自立、学会独立是必须做到的。独立性是广义上的，既包括了日常生活行为的自主安排，也包括学业的自主规划以及心理状态的自我调整。比如：思想独立，遇事有自己的想法，视条件而定，不一定要表达出来，但一定不能盲目跟风；生活独立，有良好的生活习惯，能够解决生活中的基本问题，而不是什么事都需要人指导。

学习独立，能够有自己的学习安排，学习一些课外知识，而不是整天无所事事；金钱独立，这个视具体消费水平定，有时间应出去做份兼职之类的，至少不能无节制地挥霍金钱。不要再妄想完全依靠父母的帮助，清楚明白地告诉自己要学会独立，自己的事自己做。不要嫌学校的条件不好或不够好，不要嫌日常管理太苛刻，做好自己才是最重要的。

2. 学会调节，保持健康心理

在入学适应期间，由于各种各样的变化和压力，大学生会遇到各种各样难以解决的问题，容易产生心理上的紧张和压抑，甚至是心理矛盾、冲突和问题，产生大量的消极情绪，需要大学生学会处理和缓解各种压力，进行自我心理调节，摆脱不良心理。主要方法有以下几种：

（1）合理宣泄。这是最为常用的一种方法。当人的情绪处于压抑状态时，应合理宣泄，以缓解消极情绪，恢复正常的情绪状态。具体方法有找人倾诉、畅快地大哭一场、在旷野中大声喊叫、拳击沙袋、到运动场上参加各种体育运动等。等不良情绪宣泄出来后，人们会有一种释放感、轻松感，思维也会变得更灵活、更开阔。

（2）活动转移。头脑中常常有一个较强的"兴奋灶"，当出现不良情绪时，如果此时能建立一个新的"兴奋灶"，使注意力得以转移，就可以排忧解愁。活动转移是指苦闷烦恼时，出去散步，听音乐，看电影，安排紧张的活动或学习等，避开引起不良情绪的事件或人。

（3）改变认知。心理学家艾利斯认为人的情绪困扰并不是由诱发事件引起的，而是由对事件的非理性解释与评价引起的。如果改变了非理性观念，调整对诱发事件的认知，消极情绪就会消除。例如，如果对考试不理想的解释是自身能力差水平低所致，就会引发自卑自怨的情绪反应。如果认为并不是自己水平低，而有其他客观因素，情绪困扰就会减轻。因此，改变非理性认知就会有"退一步海阔天空"之感。

（4）积极暗示。通过内部语言或文字的形成激励自己，鞭策自己奋发向上，或用词语暗示自己"制怒"和控制自己。

（5）善于遗忘。不要总是将一切淤积于自己的心中，而要学会遗弃掉不愉快的人和事。

（6）学会放松。当紧张、抑郁、焦虑时，还应学会科学的放松方法，利用肌肉放松法或深呼吸放松法，将自己从不良情绪中解脱出来。

如果运用以上这些方法调节自我都不奏效，应当寻求心理咨询的帮助，从学校心理咨询老师那里获得解决问题的方法或指导，以免陷入心理障碍之中。

（二）遵守规矩，履行权利与义务

没有规矩，不成方圆。规矩是指一个人行事的标准、法则或习惯。规矩的建立要遵循规律，同时又保障规律的运作和发展。规律是客观存在的，是不以人们的意志为转移的，但人们能通过实践去认识它、利用它。把握规律，弄清规矩是新生缩短适应期的有效途径和方法。

1. 把握大学规律，顺应时代要求

从中学生到大学生的转换是人生中的一次大跨度转换。但有的新生不以为然，甚至认为：从中学到大学，学生生活的主旋律是学习，始终都是在教室、宿舍、图书馆之间转动，同时，课余之后，也有班会、生活会、运动会等，怎么会有如此之大的角色适应和转换呢？其实，新生的这种质疑，在学生中已被无数正反事例所回答。刚进校时，同专业、同年级、同班同学的学习成绩都差不多，又在同样的学习环境、学习条件下求学深造，由同样的教师传授相同的知识，在同一个校园里感受同样的学习氛围，在同样的管理模式下遵守同样的行为规范，为什么一年后、两年后或是三年后，学生的学习成绩、动手能力、创新意识、社会交往等各方面的综合素质会出现特别大的差异呢？这个除了先天生理、心理因素及在校努力程度的影响外，重要的问题就是从中学生到大学生角色转变的快慢不同。转变得快，心态调整得及时，大学的生活便充实和圆满；反之，种种遗憾和不愉快就产生了。有的同学在总结经验教训时感叹道：若当初知道今日之结果，绝不会如此度过

"当初"。所以大学新生要理解角色转变的重要性和必要性，尽快适应大学的学习规律、独立生活规律和人际交往规律。

2. 弄清大学规矩，避免大的失误

2017 年 9 月 1 日，修订后的《普通高等学校学生管理规定》全面实施，这个规定是各高校制订本校学生管理规定的依据，规定了学生的权利和义务，是学校和学生的行为准则。

学生在校期间依法享有下列权利：参加学校教育教学计划安排的各项活动，使用学校提供的教育教学资源，参加社会实践、志愿服务、勤工助学、文娱体育及科技文化创新等活动，获得就业创业指导和服务；申请奖学金、助学金及助学贷款；在思想品德、学业成绩等方面获得科学、公正评价，完成学校规定学业后获得相应的学历证书、学位证书；在校内组织、参加学生团体，以适当方式参与学校管理，对学校与学生权益相关事务享有知情权、参与权、表达权和监督权；对学校给予的处理或者处分有异议，向学校、教育行政部门提出申诉，对学校、教职员工侵犯其人身权、财产权等合法权益的行为，提出申诉或者依法提起诉讼；法律、法规及学校章程规定的其他权利。

学生在校期间依法履行下列义务：遵守宪法和法律、法规；遵守学校章程和规章制度；恪守学术道德，完成规定学业；按规定缴纳学费及有关费用，履行获得贷学金及助学金的相应义务；遵守学生行为规范，尊敬师长，养成良好的思想品德和行为习惯；法律、法规及学校章程规定的其他义务。

同时规定学生有下列情形之一，学校可予退学处理：学业成绩未达到学校要求或者在学校规定的学习年限内未完成学业的；休学、保留学籍期满，在学校规定期限内未提出复学申请或者申请复学经复查不合格的；根据学校指定医院诊断，患有疾病或者意外伤残不能继续在校学习的；未经批准连续两周未参加学校规定的教学活动的；超过学校规定期限未注册而又未履行暂缓注册手续的；学校规定的不能完成学业、应予退学的其他情形。

（三）学会取舍，量力而行

学得多，就一定好吗？大学新生一进校就提出这个问题，似乎有些不近情理。其实这个问题恰恰具有针对性。它是针对有些新生进入大学以后求知欲强，什么都想学，而得到的东西反而少的现象提出的。

1. "取"与"舍"的辩证关系

新生从进校开始，就要懂得"取"与"舍"的辩证关系，这不仅对大学生涯里的学习有用，而且对走向社会以后的人生发展也有用。"取"是一种本事，"舍"是一门哲学。没有能力的人取不走，没有悟性的人舍不得。"取"什么，怎样"取"，这是一个方法论的问题，在决定"取"的时候，同时就决定了"舍"。

2. 量力而行，遵循规律

大学是一个知识的海洋，学科门类齐全，要学什么有什么，各类活动不仅种类多，而且频率也高，想参加什么活动，就有什么活动。面对如此多的知识和活动，自己如何"取"与"舍"呢？

（1）明确上大学的主要任务。《普通高等学校学生管理规定》要求学生在校必须完成学校规定的学业后才能获得相应的学历证书。学生进校后的第一要务就是学好规定的课程及参与各种实践活动，并取得学分，否则就不能获得相应的学历证书。

（2）根据自己的兴趣与爱好有选择地参加活动。大学的各种活动是校园文化的组成部分，可以活跃校园文化生活，提高学生的兴趣，增长学生的知识，锻炼学生的组织能力。

参加各种活动的原则：① 根据学习情况而定，是否学有余力，如果主要任务完成不了，就应该集中精力完成规定的学习任务，少参加活动。② 根据自己的兴趣与爱好而定，尽量选择有兴趣的项目参加，让自己学在其中、乐在其中。③ 根据活动的参与程度而定。活动有组织者和参与者，活动的组织者与参与者付出的精力不一样，收获也不一样。组织者的活动不能多，最多一学期搞一次大的活动，因为每一次大的活动都需要精心策划，花费大量时间。参与者投入的时间少，可以多选择几种活动，其目的以交流信息、广交朋友为主。

（3）根据自己的能力参加学生干部的竞选。学生干部是大学生中的骨干分子，必须具备一定的政治能力、组织能力、表率能力、管理能力等。要求参选学生要有热心为同学服务的愿望、宽广的胸怀，能容纳各种不同意见，任劳任怨；要求协调好人际关系，尊重人、理解人、关心人，与同学打成一片；要求学习成绩较好，能在学生中树立起自己的威信；要求严于律己、宽以待人，能够体谅同学、理解同学、帮助同学，这样工作才有群众基础。

大学新生要参加学生干部竞选，首先需考虑自己的素质能否满足以上工作要求，否则，自己工作起来就会感到力不从心。

第五节　大学新目标

一、新起点，新目标

站在大学的新起点，青年学生应该努力的方向可以概括为：一个目标、两种精神、三种意识、四个学会、五个转变、六"自"秘诀。

（一）一个目标

哈佛大学有一个十分著名的关于目标对人生影响的跟踪调查。对象是一群智力、学历、环境等条件都差不多的年轻人，调查结果发现：27%的人，没有目标；60%的人，目标模糊；10%的人，有清晰但比较短期的目标；3%的人，有清晰且长期的目标。

25年的跟踪研究结果显示，他们的生活状况及分布现象十分有意思。

那些占 3% 有清晰且长期目标者，25 年来几乎都不曾更改过自我的人生目标。25 年来他们都朝着同一个方向不懈地努力，他们几乎都成了社会各界的顶尖成功人士，他们中不乏白手创业者、行业精英、社会精英。

那些占 10% 有清晰短期目标者，大都生活在社会的中上层。他们的共同特点是，那些短期目标不断被达成，生活状态稳步上升，成为各行各业不可或缺的专业人士。如医生、律师、工程师、高级主管，等等。

那些占 60% 的模糊目标者，几乎都生活在社会的中下层面，他们能安稳地生活与工作，但都没有什么突出的成绩。

剩下 27% 那些没有目标者，几乎都生活在社会的最底层。他们生活都过得很不如意，常常失业，靠社会救济，并且常常都在抱怨他人、抱怨社会、抱怨世界。

调查者因此得出结论：目标决定人生，目标对人生有巨大的导向性作用。成功，在一开始仅仅是自我的一个选取。你选取什么样的目标，就会有什么样的成就，也就会有什么样的人生。

一个没有目标的人就像一艘没有舵的船，永远漂流不定，只会到达失望、失败和沮丧的海滩。经过艰苦的拼搏，伴着辛勤的汗水，带着多彩的梦想，大学新生终于跨进了大学校门。"上大学对人生发展意味着什么呢？""为什么要上大学？""上大学的目的是什么？""大学阶段该怎样度过？"这类问题在跨进大学校门之时就应认真思考。

有的同学会说，上大学是为了就业，是为了找一份好工作。其实，不管能否考上大学，为了生存，每个人都会就业，都会有一份工作。就业，绝不是上大学的目的，如果仅仅是为了就业，大可不必上大学。之所以上大学，是因为上大学后就业的起点不一样，就业的层次不一样，就业的质量不一样，就业以后的发展后劲不一样，将来对国家和社会的贡献不一样。

对于绝大多数同学来说，上大学最直接的目的就是学习知识，培养素质与能力，为将来成为社会有用之才做好准备。上大学不是人生的目标，而是实现人生目标的一条途径。

（二）两种精神

1. 主动精神

我们先来看一个案例，了解一下什么是主动精神及其对一个人职业生涯发展的影响。

张三和李四同时受雇于一家店铺，他们拿同样的薪水。一段时间后，张三青云直上，又是升值又是加薪，而李四仍在原地踏步。李四不满意老板的"不公正待遇"，终于有一天他到老板那儿发牢骚。老板交待他去办一件事。

"李四，你到集市去看看今天有什么卖的。"老板说。一会儿工夫，李四回来向老板汇报："今天集市只有一个农民拉了一车土豆在卖。""有多少？"老板又问。

李四又跑到集市上，回来告诉老板："一共 40 袋土豆。""价格呢？"老板继续问他。"您没有让我打听价格呀？"李四委屈地申辩。

于是老板把张三叫来，吩咐他说："张三，你现在到集市上去看看今天有什么卖的。"张三很快就从集市回来向老板汇报说："今天集市上只有一个农民在卖土豆，一共40袋，价格是两角五分钱一斤。我看了一下，这些土豆的质量不错，价格也便宜，于是顺便带回来一个让您看看。"

张三边说边从提包里拿出一个土豆。"我想这么便宜的土豆一定可以赚钱，根据我们以往的销量，40袋土豆在一个星期左右就可以全部卖掉。所以我把那个农民也带来了，他现在正在外面等您回话呢。"

这时老板转向了李四，说："现在你知道为什么张三的薪水比你高了吧？"

从一出生直至上大学，在我们的生活和学习中，总是会有人不断地告诉我们应该做什么，不应该做什么，由此造成了我们的被动性思维。当需要我们主动地为同学或老师排忧解难的时候，我们没有挺身而出；当需要自己做决定的时候，我们总是寄希望于父母或老师告诉自己应该怎么做。社会更需要主动做事的人，主动做事自然回报更多。

2. 团队精神

一个人只有把自己融入集体中，方能最大限度地实现个人价值，绽放出绚丽灿烂的人生。在这个极具挑战的竞争年代，大学生要实现自身价值，谋求成功，就必须在大学里培养团队精神。美国前总统约翰·肯尼迪曾说："前进的最佳方式是与别人一道前进。"那种只想个人"冒尖"、不善于与人合作的人，很难做出大成绩，即使取得一时的成功，也不能持续发展。而那些善于与人沟通、善于与同事合作的人在团队中往往更能够充分地实现个人的价值，取得成就的机会就更大。

（三）三种意识

1. 独立负责意识

人生的发展就是一个从身体独立、行为独立、人格独立、思想独立、经济独立到社会独立的过程，大学阶段是一个人人格独立、思想独立的重要时期，大学生必须完成这个发展任务。《中国青年报》曾经报道过这样一个故事：有一个高中生学习成绩十分优异，但从小生活在溺爱的环境中。高考时，他考上了名牌大学。然而，多年的衣来伸手、饭来张口的生活使他缺少独立生活的能力。在学校里，他的生活不能自理，不会到食堂打饭、不会洗衣服，只能不停地向家里诉苦。结果，到校不到半个月，他就偷偷跑回家，再也不肯到学校去了。他的父母也没有办法，只好让他退学。像上述主人公一样，缺乏生活自理能力的大学生在大学校园内可能并不是少数。这样的大学生即使读完大学，也根本不可能在社会上立足，更别提为社会做出什么贡献了。不能自理的人，不仅会成为家庭的负担，而且还会成为社会的累赘。刚跨进大学校园的大学生要自立必先自理，自理是自信的前提，自理能力也是一种最基本的能力。

自立是指个体从自己过去依赖的事物中独立出来，自己行动、自己做主、自己判断，对自己的承诺和行为负责的过程。自立贯穿于我们的整个人生，可分为身体自立、行动自立、心理自立、经济自立和社会自立。身体自立是指个体无须扶助就能直立行走；行动自立是指个体具备生活自理能力，如会自己洗脸、刷牙、洗衣服等；心理自立是指个体能独立思考，独立判断，自己做决定；经济自立是指不依赖父母或他人的经济援助而能独立生存；社会自立是指能够按照社会规定的行为规范、责任和义务开展行动。

学会自立是个人实现人格独立和开创事业的前提条件。因此，在大学阶段，我们应该树立自立意识，培养自立能力。香港富豪李嘉诚的儿子李泽楷在美国留学的时候，他不仅不带保姆，反而自己打工挣零花钱。他缺钱吗？不是，他主要是要培养自己的自立精神。因为只有具备自立精神，将来才有可能开创自己的事业。因此，不管家庭经济情况如何，我们作为一个成年人，从入校开始就要树立自立意识。一个人只有学会了自立，才能赢得职业生涯的发展与成功。

一位企业家曾经讲过这样一个故事：有个人来他公司应聘，经过交谈，他觉得那个人其实并不合适他们公司的工作。因此，他很客气地和那个人道别。那个人从椅子上站起来的时候，手指不小心被椅子上凸出来的钉子划了一下。那人顺手拿起老板桌子上的镇尺，把跳出来的钉子砸了进去，然后和老板道别。就在这一刻，老板突然改变主意，他留下了这个人。"我知道在业务上他也许未必适合我们公司，但他的责任心的确令我非常欣赏，把事情交给这样的人我会很放心。"

责任心是一种习惯性行为，也是衡量一个人成熟与否的重要标准。梁启超说过：凡属于我受过他好处的人，我对于他便有了责任；凡属于我应该做的事，而且力量能够做到的，我对于这件事便有了责任；凡属于我自己打主意要做的一件事，便是现在的自己与将来的自己立了一种契约，便是自己对于自己加了一层责任。责任感对于一个人来说是极其重要的，是一个优秀的人必备的品质，敬业精神也源自当事人的强烈责任感。

一个缺乏责任心的人，在学习、工作、生活中就会寻找各种各样的借口，告诉别人自己做不了某事或做不好某事的理由。比如迟到了，就寻找"路上塞车""时间搞错了"的理由。如果我们有心去找，所有事情都可以找到无数条"合情合理、冠冕堂皇"的理由。但是，一个人借口找得越多，离成功就越远。正如著名职业生涯规划师程社明所说："人生成功从职业生涯发展开始，职业生涯发展从做好本职工作开始，做好本职工作从对结果负责开始，对事情结果负责从找自己的错开始。一件事情没有干成时，总是寻找推卸责任的理由，理由找得越多，就离发现客观规律越远。谁将责任推得干干净净，谁就与成功绝缘了。"责任心是一个人对待生活和工作的态度，需要我们从身边小事做起，"勿以善小而不为"。

2. 职业规划意识

大学是人生中最宝贵的时光，更是职业生涯的重要时期。掌握职业生涯规划的知识和方法，合理规划好大学的时光，不仅能够大大提高大学生的就业竞争力，而且还能够帮助大学生科学选择职业发展道路，进而在未来的职业生涯中获得成功。

据统计，目前约70%的大学生对未来缺乏合理规划，对自我和社会缺乏足够的认知，其结果是就业竞争力不强，就业的盲目性比较大，难以实现人尽其才和人职匹配。就业后的离职率比较高这种状况不仅不利于大学生未来的职业发展，更是人力资本的浪费。

3. 行为主体意识

从大学的第一天开始，大学生就必须从被动转换向主动。要想成为自己未来的主人，必须积极地管理自己的学业和未来，因为没有人比你更在乎你自己的工作和生活。"让大学生活对自己有价值"，是你的责任。许多同学快毕业时才开始做人生和职业规划，而一个主动的学生应该从进入大学时就开始规划自己的未来。

积极主动的第一步是要有积极的态度。积极规划自己的人生目标，追寻兴趣并尝试新的知识和领域。纳粹德国集中营的一位幸存者维克托·弗兰克曾说过："在任何特定的环境中，人们还有一种最后的自由，就是选择自己的态度。"

积极主动的第二步是对自己的一切负责，勇敢面对人生。不要把不确定的或困难的事情一味地搁置起来。比如说，一些同学认为英语重要，但学校不考试就不学英语。我们必须认识到，不去解决也是一种决定，不做决定也是一种决定，这样的"解决"和"决定"可能使你丧失宝贵的机会。

积极主动的第三步是要做好充分的准备。事事用心，事事尽力；不要等机遇上门，要把握机遇，创造机遇。

积极主动的第四步是"以终为始"，积极地规划大学生活。任何规划都将成为你某个阶段的终点，也将成为你下一个起点，而你的志向和兴趣将为你提供方向和动力。如果不知道自己的志向和兴趣，你应该马上做一个发觉志向和兴趣的计划；如果不知道毕业后要做什么，你应该马上制订一个尝试新领域的计划；如果不知道自己最欠缺什么，你应该马上写一份简历，找你的老师、朋友打分，或自己审阅，看看哪里需要改进；如果毕业后想进入某个公司工作，你应该收集该公司的招聘广告，以便和你自己的履历对比，看自己还欠缺哪些经验。只有认真制定、管理、评估和调整自己的人生规划，你才会离自己的目标越来越近。

（四）四个学会

1. 学会学习

学会学习首先更新学习观念。"一旦观念出了问题，不管你多么有知识、多么有能力，都失去了意义。""改变世界之前，需要改变的是你自己。是观念，而不是环境在决定你的命运。"《观念决定命运》一书的作者张首富如是说。作为以发展和改造自己为根本任务的学习活动，一个人的学习观念对其学习活动产生着重要影响。陈旧落伍的学习观会对我们的学习活动产生消极的、不利于自身发展的影响。

今天，我们正处在知识经济时代，在这样一个飞速发展的社会，学习贯穿人的一生（既指它的时间长度，也指它的各个方面）。新的社会形势要求我们树立新的学习观念。作为新世纪的大学生，我们应该顺应时代要求，树立现代学习观念，用新的学习观念指导自身的大学学习和未来的学习活动。

（1）自主学习观。在我国传统高等教育模式下，大多数学生学什么专业、学什么课程、使用什么教材、谁是任课老师，都是由学校安排的。这样的安排在大学校园里问题似乎不大，但是就业以后，为了适应市场经济对人力资源的配置要求，就应该充分培养自己学习的自主性和自觉性。今天，很多大学实行开放式选课、学习、管理，给学生更多的学习自主权。学生学什么、怎么学、学习好与差，完全靠自己，责任也在自己。自主从大学开始，有的人在大学成为"浪子"，有的人在大学变成"书虫"，有的人在大学练就"平台"，关键要形成自主学习观和科学思维方法。

走上工作岗位后，自动、自发地学习非常重要。一个人只能将在大学所学到的部分知识运用到工作实践中，更多的知识需要我们结合工作实际进一步学习。特别是在这样一个知识经济时代，科技已经成为第一生产力，谁拥有知识及运用知识的能力，谁就能够在竞争日益激烈的社会中取得持续的竞争优势。而知识的获得要靠后天的学习，特别是要靠自主学习。缺乏动力，没有学习自主性，即使头脑再聪明，在学习上也不可能有更大的收获。"要我学→我要学→我会学→我学会→我学好→我成才"，从学习的角度诠释了一个人的成才过程。

（2）创造学习观。大学的一个职能是向受教育者传播知识。然而，作为处在不断创新的知识经济时代的大学生，仅仅作为知识的接收器已经不能适应社会发展的需要。社会要求我们不仅能够主动地去学习已有的知识，而且还要作为知识的创造者，在学习和工作中做一个具有创新精神、创造能力的人。培养创新能力，首先要有创新意识。因此，在学习知识或解决问题时，不要总是死守一种思维模式，不要让自己成为课本或经验的奴隶。只有在学习中敢于创新，善于从全新的角度思考问题，我们潜在的思考能力、创造能力和学习能力才能被真正地激发出来。

（3）终身学习观。现实生活中，人们常常认为，一个人念完小学、中学、大学、研究生，从就业那一天起，他的学习历程便结束了。这是一种非常传统的狭隘的学习观念。这种学习观在知识和社会发展相对缓慢的社会，其消极影响不会显现。然而，在这样一个知识大爆炸、社会发展日新月异的时代，其消极作用就日益凸显，必然要被终身学习观取代。美国前总统克林顿从整个社会的角度说道："终身教育是知识经济的成功之本。"就个人职业生涯而言，大学里传授的知识对一个人的职业生涯发展是非常有限的。大学里传授的知识是为我们初次进入职场，相对于那些无法接受高等教育的人提供一个较高的起点。新的时代要求我们将终身学习的观念贯穿于整个职业生涯中。我们只有在整个职业生涯中不断地学习，不断地补充新的知识，才能适应不断变化的世界，才不至于被快速发展的时代抛弃。以前我们常说"活到老，学到老"，而现在我们只有"学到老"，才能"活得好"。

（4）全方位学习观。从时间上来说，我们不仅要建立终身学习观，而且从空间上来说，我们还要建立全方位学习观。全方位学习观包括在学校中学习、在工作中学习和在生活中学习。

谷歌公司（Google）前中国区总裁李开复在哥伦比亚大学任助教时，曾有位中国留学生家长向他抱怨说："你们大学里到底在教些什么？我孩子读完了计算机系大二，居然连VisiCalc（石灰粉，1977 年推出的第一款电子表格办公软件）都不会用！"李开复当时回答道："电脑的发展日新月异，我们不能保证大学里所教的任何一项技术在五年以后仍然管用，我们也不能保证学生可以学会每一种技术和工具。我们能保证的是，你的孩子将学会思考，并掌握学习的方法。这样，无论五年以后出现什么样的新技术或新工具，你的孩子都能游刃有余。"

大学不是"职业培训场"，而是一个让学生学会适应社会、适应不同工作岗位的平台。在大学期间，学习专业知识固然重要，但更重要的还是要学习独立思考、解决问题的方法，掌握自修之道。只有这样，大学毕业生才能跟上瞬息万变的未来世界。许多同学可能总是抱怨老师教得不好、懂得不多、学校的课程安排也不合理，"与其诅咒黑暗，不如点亮蜡烛"。大学生不应该只会跟在老师的身后亦步亦趋，而应当主动走在老师的前面，培养自己的自学能力。

大学生与中学生在掌握知识方面是有区别的。中学生在学习知识时更多的是追求"记住"知识，而大学生应当要求自己"理解"知识并提出问题，面对一个知识点，我们应当多问几个"为什么"。一旦真正理解了理论或方法的来龙去脉，我们就能举一反三地学习其他知识，解决其他问题，甚至达到无师自通的境界。

2. 学会做事

大学阶段还有一个非常重要的任务就是充分利用大学里的优质资源，培养自己的多种能力，最终学会做事。在大学阶段，完成以下几件事情将会有助于培养我们做事的本领。

（1）培养专业能力。专业能力是从事专门工作所必须具备的能力。专业能力的获得主要靠专业学习，专业教育也是我国高等院校人才培养的主要方式。在培养专业能力问题上，我们应该注意以下两个问题："学什么"与"学成什么"。"学什么"指专业名称的问题，而"学成什么"指专业的问题。有的同学可能会错误地认为，学一个就业前景好的热门专业，将来肯定就能找到一份出色的工作。心存这种想法的同学简单地将专业名称与专业能力等同起来，学习一个专业不会让我们自动拥有从事与该专业相关工作的能力。现实社会中，我们也常常听说非专业的毕业生"抢"走了专业毕业生的工作岗位，原因就在于，用人单位更注重专业背后的专业能力。

有的同学可能因为没有机会进入自己感兴趣的专业学习，就怨天尤人、自怨自艾，甚至是自暴自弃。这样的人事业观太狭窄，没有看到培养专业能力途径的多样性。除了进入自己感兴趣的专业进行系统的学习之外，其实我们还有其他很多的选择。比如，有目的地辅修、选修感兴趣专业的课程，向相关专业人士请教等。

能力是以知识为基础，专业能力是以专业基础知识为基础。在大学期间，我们一定要学好专业要求的基础课程。因为在科技发展日新月异的今天，应用领域里很多曾经的高深技术都会被新的技术或工具取代，只有对专业基础知识的学习才可以受用终身。而且，如果没有打下好的专业基础，我们也很难真正理解高深的应用技术。

（2）学会使用办公软件。只要留心一下，无论走到什么工作场所，都会看到工作人员的桌上摆放着一台计算机，工作人员在计算机前敲敲打打处理各种工作，这就是现在的办公情形。如今，随着计算机的普及，以计算机为核心的办公自动化在工作中被广泛地推广，办公自动化也大大提高了我们的工作效率。因此，无论是否是计算机专业的学生，学会使用办公软件都是必需的。微软公司的 Microsoft Office 是人们广泛使用的办公软件。其中的 Word、Excel 和 PowerPoint 是人们使用最多的文字处理、电子表格制作和电子文稿演示工具。学会使用 Word 可以提高我们的写作速度，使我们的写作过程清晰明了，并可以帮助我们对自己的文章进行编辑、校对和修改。"一幅图能代替千言万语"，通过使用

Excel，我们可以制作出各种各样的图（如柱形图、饼图）和表格来显示数字之间的关系；Excel 还有一个非常重要的功能，它可以对数据进行一些简单的统计分析（虽然简单，但是非常实用），进而形成图表。通过使用 PowerPoint 演示文稿来进行演说，不仅可以让受众有听觉信息，而且还有视觉感受，从而使我们的演说更加出色。

（3）学会收集信息并处理信息。现代社会是一个信息社会，没有必要的信息，我们就无法顺利地开展学习和工作。因此懂得如何收集信息对于任何学习和工作而言都是至关重要的。一位企业家认为，信息是谋求发展的关键，他这样写道："要么去狩猎，要么被猎取。我们大部分的成就都源于自身拥有被人需要的信息。"在大学阶段，学会收集信息对于我们做出合理的职业生涯规划，自主地开展学习活动是非常有帮助的。学会利用图书馆、电子数据库、互联网、问卷调查以及信息采访等途径，都会有助于提高我们信息收集的能力。

（4）培养写作能力。随着科技的进步和工作节奏的加快，书面沟通在当今社会中的作用越来越明显，任何行业都需要运用书面沟通来进行公务往来。对个人而言，随着职务级别的上升，书面沟通也变得越来越重要。因为，一个想法如果只能停留在口头上，那么它的影响范围仅限于说话的对象。但是，一页清晰明了的备忘录会在很大范围内被传阅，甚至会一代传一代。要形成良好的书面沟通，沟通者必须尽可能地选修一些要求学生写日志、计划书和评估报告等以论文形式结课的课程。认认真真地完成这些课程，会有助于提高自己的写作能力。另外，有些大学还专门开设应用文写作，这样的课程对于培养专业的写作技能帮助非常大。总之，无论学习什么专业都需要我们具备良好的写作能力。大学也为我们提供了培养写作能力的机会。

（5）提高英语水平。中国正走向世界，在英语成为国际通用语言的情况下，能够用英语进行沟通已成为高素质国际化人才必备的一项本领。由于受到应试教育的影响，长期以来我们学习英语只是为了考试（即把英语当成知识来学习），由此造成我们懂得的英语知识很多，可就是不能"张口"。提高英语会话水平的根本是要学以致用，不能只"学"不"用"。大学为英语"学以致用"提供了许多便利条件，现在有很多在中国大学学习的外国人，他们中的不少人为了学中文，很愿意与中国学生对话、交流，这是很好的学习机会。此外，不要把学英语当作"苦差事"，完全可以用有趣的方法进行学习。例如，可以多听一些名人的对话或演讲，多看一些小说、戏剧甚至漫画。看英文电影也是一种很好的英语学习方式。看英文电影时，最好先在有字幕的时候看一遍，然后在不加字幕的情况下再看一遍，仅靠耳朵去听。听英文广播是很好的练习英文听力的方法，每天最好能抽出半小时到一个小时的时间收听英文广播，并尽量理解其中的内容。在互联网上也有许多互动式的英文学习网站，大家可以在网站上用游戏、自我测试、双语阅读等方式提升英语会话水平。总之，勇于实践、持之以恒是提高英语会话水平的必由之路。

3. 学会交往

人际关系是一种社会资源。《礼记·学记》中讲道："独学而无友，则孤陋而寡闻。"孔子说道："三人行，必有我师焉。"生活在我们周围的每个人，事实上都可以成为我们学习的对象，关键在于拥有一颗学习的心。比如，与学识渊博的人交往，可以学到更多的知识；与积极乐观的人交往，可以培养自己积极向上的人生观；与脚踏实地的人交往，可以培养自己踏实稳健的工作作风；与诚实守信的人交往，可以培养自己抵御说谎诱惑的能力。人际交往更是人与人之间传递信息的快速通道，也是人们处理信息的有效途径。处于对外开放中的我们，一定要注意增强人际交往的能力。

在大学新生的人际关系中，问题最多的还是同学之间的关系。由于大学同学来自不同的地域和不同的家庭，他们在思想观念、价值标准、生活方式、生活习惯等方面都存在着明显的差异，在遇到实际问题时往往容易发生冲突。差异是客观存在的，每个大学新生都必须面对它、接受它。

首先要学会承认各自不同的生活习惯和价值体系。如果你接受与别人生活在一起，你就得连同他的生活方式一起接受。如果别人的生活方式有碍于你的生活，你需要委婉地提出意见，并适当地进行自我调整。

要想处理好同学之间的关系，还要做到"对人宽，对己严"，切忌以自我为中心。在平时的生活中，做到"三主动"：首先要主动和同学交流；其次要主动帮助别人，在帮助别人的时候，不要过于计较别人能不能、会不会报答你；最后还要主动去做一些公共的工作，以增加同学对你的好感。在给同学提意见的时候，必须动脑筋，讲究方法和技巧。比如，同宿舍的人爱彻夜卧谈，影响了大家的休息，直接提意见制止他们难以奏效，那么可以委婉地表达自己的意见，并相应地调节自己的计划。

4. 学会做人

做人是人们在人际交往中所表现出来的对人、对事的原则和态度。著名教育专家孙晓云在《教育的秘诀是真爱》中指出："教育的核心是学会做人。"作为受教育者的大学生，在大学学习的过程中最重要的是学会做人。科学家最新研究发现，在人生事业成功的要素中，智商约占20%，而情商约占80%。有的科学家形象地说："靠智商上大学，靠情商找工作和获得晋升。""学会做人"是大学阶段又一个主要任务。失败的做人，总是导致失败的学业和失败的事业。只有学会了做人，才可能使自己成人，学业及事业才能成功。

"学会做人"是一个既现实又深奥的话题，学校里没有"如何做人"的教材，也没有开设"如何做人"的课程。如何学会做人，是我们应该长期用心思考的问题。在日常的学习和生活中，我们应该做一个有心人，从老师、同学、朋友言行中去分析、去体会：在面对同一件事上，别人为什么处理得比我好？从中我应该吸取什么？"学会做人"是逐渐积累的过程，它不仅是大学阶段的主要任务，也是整个职业生涯发展过程中的重要方面。统一集团创始人高清愿先生说："学问好不如做事好，做事好不如做人好。"这充分说明"学会做人"在职业生涯发展中的重要性。"学会做人"，归根结底是要做一个善良、正直、诚实、认真与人格健全的人。

（五）五个转变

1. 角色的转变

大学生与中学生担任的校内角色不同。中学时，不少人是在校内或班上担任一定职务、受人尊重的学习尖子；而在人才荟萃的大学校园里，他们中的大多数成为不担任任何职位的普通学生。大学新生须适应这种由天之骄子到默默无闻、由高材生到一般学生的转变。此外，大学生与中学生所承担的社会角色也不同，中学生的心理和思想正在发展中，职业方向和社会角色不够确定，而大学生的职业方向基本确定，社会地位有了较大的提高，社会对大学生的期望和要求标准要比中学生高得多。因此，大学新生要实现从中学生到大学生这种社会角色的转变，就要处处用大学生的标准严格要求自己，既要学会做事又要学会做人。

2. 奋斗目标的转变

大学是人生成才、成就事业的一个新起点。古人云："有志者，事竟成。"大学生应根据学校教学的客观现实和自己的实际情况，制定出个人在学业、思想道德、心理发育等素质培养方面的奋斗目标和行动方略，以增强进取的动力，为创造大学阶段的人生辉煌打下良好的基础。

3. 思维方式的转变

与中学相比，大学的生活节奏快、活动空间大、结交的人多。面对这些环境条件的变化，大学新生的思维方式要做到由"非成人化"向"成人化"的转变。在思考、处理问题时，要做到辩证全面不要唯心片面，要远见务实而不要目光短浅；对人生重要问题的选择要深思熟虑，三思而后行，不要盲目冲动或感情用事，要加强道德和法制观念，做事要考虑后果。

4. 生活方式的转变

在中学时，有些生活琐事可以依靠父母亲友的帮助；进入大学之后，衣食住行等个人生活都需要由自己处理安排，自主、自立、自律是大学生活的主旋律。大学生应适应这些生活方式的变化，自主而合理地处理好个人的学习和生活问题，注意培养独立生活的能力，要自觉遵守学校的规章制度和作息时间，养成良好的生活习惯，要积极参加学校、班级组织的文体和第二课堂活动。

5. 交往方式的转变

中学生大多在家乡就读，同学间充满乡音乡情，而大学生来自全国各地，其语言、个性、生活习惯有较大差异，这就要求交往方式要有所转变。要加快以"自我"为中心的转变，在班级里要多关心他人，在宿舍里要相互礼让。要提倡主动交往，相互尊重，相互关心，为人要诚恳热情，"待人宽，律己严""大事讲原则，小事讲风格"。还要消除交往中的羞怯情绪，培养交谈中的"说"与"听"的技能。注意提高个人修养水平，养成良好的行为习惯，培养全方位的交际能力和处事艺术。

（六）六"自"秘诀

大学是青年人成才的新起点，也是人生发展历程的转折点。如何尽快适应大学生活，对于新生来说尤为重要。因此，大学生在校期间应注意做到六"自"。

1. 生活上自立

在中学时代，学生多在家乡附近就读，衣食住行大都依靠父母、亲友的照顾，个人不必操心。而到了大学则完全不同，远离亲人，诸如看病、购物、洗衣服、生活消费开支等许多生活琐事无不靠自己安排，这就要求大学生必须学会在生活上自立。大学生活是丰富多彩的，应该做到有效地学习、有序地生活、有益地娱乐、有心地交往、有度地消费。生活是成才的基础，大学新生要克服过去处处依赖别人的心理，学会有条理地安排自己的生活，学会理财。培养独立生活的能力，做好自己的后勤部长。生活自立和自理是人类生存发展的基本需要，也是大学生活的第一课，作为大学新生一定要过好这一关。

2. 学习上自觉

相对中学而言，大学的课程多、教学进度快、课程难度大、生活节奏快，但是学习氛围还是比较宽松的，大学的管理也比中学要松得多，又没有升学的压力，因此，学习上的自觉性显得尤为重要，要学会安排自己的时间。大学中很多时间是留给自己掌握的，要把预习、做作业、锻炼身体、娱乐以及休息的时间安排好，要管得住自己。有些新生到了大学后有松懈情绪，认为可以好好玩一玩，不必一开始就搞得那么紧张。这种想法是错误的。勤能补拙是良训，一分辛苦一分才。搞好大学的学习一定要勤奋和刻苦，力戒浮躁、懒惰、自我满足和功利主义，不要想投机取巧走捷径，只有拥有真才实学，才能提高将来就业和创业的实力。

3. 道德上自律

《资治通鉴》上讲："德者，才之帅也……君子挟才以为善，小人挟才以为恶。"道德素质是一个人素质的基础，也是做人的根本。改革开放以来，大学与社会的联系日益密切，同时大学自身也是一个小社会，社会上许多不良的东西也会渗透到大学中来，容易使思想道德可塑性较强的大学生受到不良诱惑。大学生要自觉加强道德修养，要从一点一滴的小事做起，不要随心所欲、放纵自己，要坚持"吾日三省吾身"的道德修养原则，加强道德上的自律，堂堂正正地做人。

4. 心理上自强自信

心理素质也可称为情绪智商或者非智力因素，是一个人成才的精神支柱。在青年人成才的过程中，良好的心理素质是必不可少的。正确的、乐观的人生态度，稳定的情绪、良好的意志品质是大学生良好心理素质的基础。大学生要圆满地完成自己的学业，必须要自信自强，要相信自己的能力，善于参与，敢于竞争，勇于吃苦耐劳，克服自身的弱点，善于战胜和超越自我，做生活和学习的强者。面对困难和挫折，要以平和的心态接受，以积极的态度去克服，而不要怨天尤人，更不要自暴自弃。

5. 交往上自尊自爱

大学生的人际交往是十分广泛的，在校内要与老师、同学、朋友交往，在校外与社会方方面面的人打交道。而与人交往的基础是自尊和尊人。著名画家徐悲鸿说过："人不可有傲气，但不可无傲骨。"因此，大学生交往既要善交友、广交友、交好友，又要讲究做人的道德，把握交往的原则，力求做到自尊自爱，光明磊落。要学会用平等的态度对待自己和他人。有的同学恃才傲物，不屑与其他同学交流；而有的同学觉得能力较差，不敢与他人交流，有这两种想法或倾向的同学会失去很多机会。

6. 正确认识和评价自我

上大学之后，每个人都会面临对自己进行重新评价的问题。有一个说法叫作"大学生的相对平庸化"，是指在上大学之前出类拔萃、优秀的个体，上了大学之后，发现自己变得很平庸，不像以前那么突出了。主要有两个方面的原因：一是比较团体的改变。原来在中学几百个同学中是优秀的，到了大学，比较对象的范围扩大到成千上万的佼佼者。因此，成绩相对"平庸"也较为正常。二是比较的内容越来越广泛，不仅包括学习成绩，还有体育、文艺修养、组织能力等。

二、大学三年各有千秋

"学好一年管三年，学好三年管四十年"，可见大一与大学三年的重要性。大学毕业时的求职材料不仅仅是获得面试机会的推销册、通行证，更是毕业生大学三年学习、生活、工作经历的写照。上大学不仅仅是为了谋一份工作，为了谋一个职位，而是要最终实现事业有成。大学期间的成败与日后的职业发展、人生成败息息相关。

（一）大一——确立学习目标

进入大学并不是大学生的最终目的，大学对于我们只不过是步入职业生涯前的充电加油场所而已，每个人最终要走出校园去实现自己的梦想。然而，许多在校大学生并不在意自己以后会做什么，也不清楚自己能够做什么，更没有考虑过筹划自己的未来，"一切等毕业后再说"。直到临近毕业就业时才感慨："如果重上一次大学，从大一开始就规划自己的职业生涯……"好在这"一声叹息"已越来越引起大一新生的关注。

简而言之，筹划自己的未来就是规划自己的职业生涯，而规划职业生涯包括规划近、中、长期的职业目标，培养实现目标所需的能力和条件以及根据个性、兴趣、人格特点、专业能力和社会需求调整自己的计划和目标。具体来说可以分为以下几步：

第一，规划职业的第一步是全面审视自己，正确评价自己，知道自己的兴趣和能力、价值观和理想、优势和劣势。在大学期间挖掘出真正令自己感兴趣的领域，从而确定自己的职业方向。

第二，为自己的规划目标设计几种方案，研究每个方案所需要的能力和条件。当然，任何一种方案都应该根据自己的专业特点而设计。因此如何基于自己的专业进行职业规划，是每个大一新生应该认真思考的问题。了解专业特点以及各专业主要面向的职业领域，是规划目标设计的前提。在明确自己想干、能干的专业领域的同时，依据社会需求确定最佳方案。

第三，了解各个职业目标的具体要求，拟订具体的执行计划，并根据社会需求调整方案和计划，以适应职业发展的需要。

第四，参加与自己的职业目标相关的实习，增强自己的能力，培养自己对职业规划的直观了解。

（二）大二——夯实基础做储备

内容：认真学习学业课程，提升综合素质。

实践：利用寒暑假或课余时间，多与企业联系沟通，充分参加实习、兼职工作。

现状：很多同学意识松弛，总觉得大学还有一年，疏于准备。

（三）大三——求职技巧、大决战

九月：了解就业政策，关注就业形势；参加就业指导讲座，学习求职技巧；分析自我优势，明确就业意愿；登录各大人才网站，填写个人简历，制作各类自荐材料。

十月：关注校内外网站、报刊、人才市场的就业信息；明确求职目标，了解目标单位的招聘时间表，制定自己的求职时间表；参加招聘宣讲会，与用人单位双向交流，递交自荐材料。

十一月：合理安排时间，积极参加各类校园招聘会；从院系领取"毕业生就业协议书"；关注各类招聘网站，搜集就业信息，递交求职资料；有选择地参加校外大型招聘会，参加国家公务员报名、选拔。

十二月：继续关注就业信息，时刻做好笔试、面试的准备；与用人单位建立就业意向，选择合适的单位签约，并到系里登记。

次年一月、二月：利用寒暑假参加家乡及目标城市的招聘会；实地考察意向单位，参加单位实习工作；参加各省市组织的"选调生"的报名和选拔；参加大学生入伍登记。

次年三月至五月：还未签约的同学应根据就业市场现状调整目标，确定签约意向；及时签约并到系里登记。

次年六月：办理离校手续，领取"毕业证""毕业就业报到证""学籍档案"，到工作单位报到。或参加专升本考试、入伍从军。

现状：很多人到了大三还站在专升本、就业的路口观望，面对就业岗位犹豫不决。

大学生活是多姿多彩的，但也需要我们去努力把握和深入体会。有人说："平凡的大学生有着相同的平凡，而不平凡的大学生却有着各自的辉煌。"你可以选择平凡，但却不可以选择平庸。大学生在校期间，如果你过着"醉生梦死"的生活：上课时，不是发呆、睡觉、就是玩手机；课余生活只有吃零食、看剧、沉迷游戏；图书馆里没有你的身影，运动场你更是从不迈进去……那将是 2017 年《人民日报》、团中央媒体痛批那样：沉睡中的大学生，你不失业，天理难容！

大学三年短暂而宝贵，今天你们选择什么样的大学生活，将决定你们三年后的人生如何。生活从不眷顾因循守旧、满足现状者，从不等待不思进取、坐享其成者，而是将更多机遇留给善于创新和勇于奋斗的人们。"风华正茂聚今朝，年少有为正当时""青春因梦想而绽放，人生因奋斗而芬芳"。希望大学生们珍惜风华正茂的青春年华，珍惜大学生活的流金岁月，在伟大新时代书写大学生活的美好篇章，在实现中国梦的伟大实践中创造精彩人生！

第二章

价 值 引 领

第一节　社会主义核心价值观提出的重大意义

2012 年 11 月，党的十八大正式提出，要"倡导富强、民主、文明、和谐，倡导自由、平等、公正、法治，倡导爱国、敬业、诚信、友善，积极培育社会主义核心价值观"，分别从国家、社会和个人三个层面高度概括和凝练出社会主义核心价值观的基本内容，回答了我们要建设什么样的国家、建设什么样的社会、培育什么样的公民的重大问题，弘扬了主旋律，凝聚了社会主流价值取向和价值共识。2013年 12 月，中共中央办公厅印发了《关于培育和践行社会主义核心价值观的意见》，就培育和践行社会主义核心价值观的重要意义、指导思想、基本原则、主要要求、具体措施以及组织领导作出全面的战略部署。社会主义核心价值观的提出，引起了全党、全社会的巨大反响和共鸣，乃至在海外也产生了一定的影响。社会主义核心价值观的凝练和提出，具有重大的理论意义、现实意义和深远的历史意义。

拓展资料

一、社会主义核心价值观体现了中国特色社会主义的本质

社会主义核心价值观是中国共产党人和中国人民在继承优秀传统文化，借鉴人类文明优秀成果，特别是在革命、建设、改革中逐步形成和发展起来的价值观念和价值追求，反映了社会主义制度的本质属性和价值取向。中国特色社会主义是社会主义核心价值观的实践基础，社会主义核心价值观是中国特色社会主义的价值目标，对坚持和发展中国特色社会主义具有重要的导向作用。党的十八大提出"三个倡导"，是中国特色社会主义在国家、社会、公民层面的价值反映，凝聚了人民群众的价值追求。倡导富强、民主、文明、和谐，体现中国特色社会主义现代化的价值目标，激励人民实现"两个一百年"的奋斗目标，实现中华民族伟大复兴的中国梦。倡导自由、平等、公正、法治，体现了以人为本、执政为民、民主法治、依法治国，是社会发展的价值导向。倡导爱国、敬业、诚信、友善，体现了中华民族传统美德与社会主义道德的统一，是每个公民应当自觉遵循的道德

准则。"三个倡导"反映现阶段全国人民价值认同的"最大公约数",是社会主义核心价值观的基本内容。社会主义核心价值观体现了我们党的文化自觉与自信,适应了时代进步和社会发展的需要,与中国特色社会主义发展要求相契合,与中华优秀传统文化和人类文明优秀成果相衔接,是坚持和发展中国特色社会主义不可偏离的根本价值追求。

二、社会主义核心价值观是全党全国各族人民团结奋斗的共同思想道德基础

共同思想道德基础,是一个政党、一个国家、一个民族赖以存在和发展的根本前提。经过新中国成立 70 余年特别是改革开放 40 年的不懈奋斗,我国站在了一个新的历史起点上。这既是一个发展机遇期,也是一个矛盾凸显期,人们的思维方式、生活方式、价值观念都发生了深刻变化。任何一个社会都存在多种多样的价值观念和价值取向,要把全社会意志和力量凝聚起来,必须有一套与经济基础和政治制度相适应才能形成广泛社会共识的核心价值观。我国无论是全面建成小康社会、实现"两个一百年"的奋斗目标,还是面对多样化的社会思潮、多样化的价值判断、多样化的利益诉求,都需要积极培育和践行社会主义核心价值观,凝聚价值共识、汇聚中国力量。坚持和发展中国特色社会主义需要充分发挥社会主义核心价值观的评价与导向作用、整合与规范功能,增强民族凝聚力、向心力,巩固全党全国人民团结奋斗的共同思想基础,激励和引导广大干部群众万众一心加油干,越是艰险越向前,为实现社会主义现代化和中华民族伟大复兴而顽强奋斗、艰苦奋斗、不懈奋斗。因此,社会思潮越是纷繁复杂,越需要用社会主义核心价值观引领多样化社会意识。我们要从巩固全党全国各族人民团结奋斗的共同思想基础、巩固党的执政地位的战略高度,持续加强社会主义核心价值观建设,形成既统一思想又解放思想、既弘扬主旋律又包容多样的生动局面。

三、社会主义核心价值观是推进全面深化改革的强大正能量

社会主义核心价值观有助于凝神聚气、凝聚共识促改革。社会主义核心价值观的凝练和提出,正值中国的发展进入新阶段、改革进入攻坚期和深水区的关键时刻。如今人们的利益格局、社会分层、价值观念、生活和工作方式等,都呈现出多元多样易变的特点。不同的利益群体,不同的地区和部门,不同的行业,乃至不同的个体,由于在改革进程中所处的地位和所获的利益的不同,他们对改革的评判、期望和态度各有迥异。如何整合多元的思想、价值和分歧,最大限度地凝聚改革的共识,形成最大的合力,共同促进全面深化改革,无疑,社会主义核心价值观的凝练和提出,正是应对这一重大时代课题的战略布局。社会主义核心价值观的基本内容,分别从国家层面、社会层面和个人层面,为改革开放和中国特色社会主义指引了价值目标、价值取向和价值原则。以通俗、易记、易懂的语言,迅速传播到社会各界和广大人民群众中去,以此统摄纷繁复杂的社会意识,整合喧嚣多元的价值秩序,形成全面深化改革的强大的精神纽带和精神动力。十八届三中全会制定了未来改革的宏伟蓝图,全会决定强调促进社会公平正义,使改革发展的成果更多更公平

地惠及全体人民，社会主义核心价值观的公平导向，以及人民至上、共同富裕等理念将更加彰显。大力培育和弘扬社会主义核心价值观，加快构建充分反映中国特色、民族特性、时代特征的价值体系，形成充分体现崇尚法治、维护权利、注重程序、科学规范等现代治理理念的价值体系，顺利推进国家治理体系和治理能力现代化。培育和践行社会主义核心价值观，必将进一步凝聚改革的力量、实现改革的红利。

四、社会主义核心价值观是社会和谐的价值支撑

中国特色社会主义进入新时代，这是我国新的历史方位。此时，我国正面临复杂多变的国际形势和十分艰巨的国内改革攻坚，国际多元价值交融和利益冲突的外部挑战，伴随着全球化、网络化、数字化、信息化、市场经济、商业社会、消费社会、咨询社会的发展，人们思想活动和价值判断的独立性、选择性、差异性和多样性进一步增强。这就迫切需要我们尊重差异、包容多样，坚持重在建设的方针，用交流、疏导、讨论、说服的方法解决思想认识问题，求同存异，共商、共建、共享，把不同阶层不同人群凝聚起来，在尊重差异中扩大社会认同，在包容多样中形成思想共识，从而汇聚成促进社会和谐的强大合力。社会主义核心价值观所具有的先进性与开放性统一的特点，将有利于进一步解放思想，以开放包容的时代风气化解社会矛盾、激发社会活力、维护社会公正、保持社会稳定、促进社会和谐、实现百姓福祉。中国特色社会主义事业蓬勃发展的事实，以及创造出的世界奇迹，有力地证明了中国社会主义道路是适合中国发展和实现民族复兴的道路，是继承、发展和创新科学社会主义的典范，是人类社会进步历程中一枝独秀的风景。

五、社会主义核心价值观是增强文化自信、提升国家文化软实力的内核

文化是民族的血脉，是人民的精神家园，是国家和民族的软实力。现代国家的竞争，是包括经济、政治、军事、科技、文化、教育等综合国力的竞争。其中，由经济、科技、军事实力等表现出来的"硬实力"和以文化和意识形态吸引力体现出来的"软实力"相辅相成，是现代国家真正强大的两根支柱。而且，在今天这个全球化和信息时代，"文化软实力"在综合国力竞争中的地位和作用更加凸显。实践表明，只有物质文明和精神文明统筹兼顾、协调发展，国家物质力量和精神力量在发展改革中不断提升，全国各族人民物质生活和精神生活在发展改革中不断丰富，中国特色社会主义才能顺利向前推进。文化软实力，是指与经济力、军事力、科技力相对应的，通过文化载体和文化方式表现的影响和能力。软实力的实质是文化魅力，基本特点是靠自身的吸引力发挥作用，而不是通过强制力发挥作用，是"同化的力量"和"感化的作用"。价值观是文化的内核，社会主义核心价值观是文化软实力的关键，没有社会主义核心价值观，文化建设就失去了魂，没有了方向和引领。我们要牢牢把握社会主义核心价值观这个关键，大力弘扬具有中国风格、中国气派和中国特色的优秀文化，不断增强中华文化的民族性、包容性、时代性和开放性，增强中华文化的穿透力、吸引力、感染力、生命力，使中华文化更加多姿多彩，使中华文

36

化不断发扬光大，使中华文化在历史长河中历久弥新。我们提出社会主义核心价值观，把涉及国家、社会、公民的价值要求融为一体，既继承中华优秀传统文化，吸收世界文明有益成果，又体现了社会主义本质要求。随着我国走近世界舞台中央，中华文化影响力大幅提升，国际社会目光前所未有地聚焦中国。因此，社会主义核心价值观不仅会增强中华民族优秀文化的认同感，增强我们的文化自信和自觉，而且会大大拓展当代中国先进文化在世界的影响力，不断提升国家的"文化软实力"。

总之，社会主义核心价值观作为主流价值共识，其倡导的价值理念具有强大的道义力量、昭示的前进方向契合中国人民的美好愿景，对我们铸牢理想信念、坚守价值追求、聚合磅礴之力有重大意义，对巩固全党全国各族人民团结奋斗的共同思想道德基础，推进国家治理体系和治理能力现代化，汇聚科学发展的强大力量、应对各种挑战与风险，引领社会思潮、凝聚社会共识，增进文化自信、提高国家文化软实力，培养担当民族复兴大任的时代新人等都具有非常重要作用。

第二节 国家层面的价值目标

"富强、民主、文明、和谐"，是我国社会主义现代化国家的建设目标，也是从价值目标层面对社会主义核心价值观基本理念的凝练，在社会主义核心价值观中居于最高层次，对其他层次的价值理念具有统领作用。

一、富强：社会主义现代化建设的价值目标

富强即国富民强，是社会主义现代化国家经济建设的必然要求，是中华民族梦寐以求的美好夙愿，也是国家繁荣昌盛、人民幸福安康的物质基础。

 **典型案例**

案例 1

为中华之崛起而读书

12 岁那年，周恩来离开了家乡，来到了东北。当时的东北，是帝国主义列强在华争夺的焦点。他在沈阳下了车，前来接他的伯父指着一片繁华、热闹的地方，对他说："没事可不要到那个地方去玩啊！"

"为什么？"周恩来不解地问。

"那是外国租界地，惹出麻烦来可就糟了，没处说理去！"

"那又是为什么呢?"周恩来打破砂锅问到底。

"为什么? 中华不振啊!"伯父叹了口气,没有再说什么。

辛亥革命爆发后,周恩来剪去辫子,广泛阅读进步书籍,他读光复会领袖章太炎的书和同盟会的杂志,读康有为、梁启超的文章。无论是章太炎难懂的古体文,还是梁启超的近体文,周恩来都认真阅读,勤于思考。虽然进步刊物的思想侧重各有不同,但朴素爱国的道理是一脉相承的,报国强国之志在他心底燃起了火苗。周恩来的眼界随着阅读拓宽,思想得到升华,对事物有了自己独特的理解。所以,当其他同学还从未想过为什么要念书时,年仅12岁的周恩来做出了令全班师生震撼的发言:"为中华之崛起而读书。"

案例 2

隐姓埋名 30 载造核潜艇

黄旭华,男,1924年2月24日出生于广东省汕尾市海丰县田墘镇,中国第一代核动力潜艇研制创始人之一,被誉为"中国核潜艇之父"。

1958年,我国批准核潜艇工程立项。那时中苏关系尚处于蜜月期,依靠苏联提供部分技术资料,是当初考虑的措施之一。1959年,苏联提出中断对中国若干重要项目的援助,对中国施加压力。毛泽东听后发誓:"核潜艇——一万年也要搞出来。"曾有过几年仿制苏式常规潜艇经历又毕业于上海交大造船系的黄旭华被选中参研。

30多年中,8个兄弟姐妹都不知道黄旭华搞核潜艇,父亲临终时也不知他是干什么的,母亲从63岁盼到93岁才见到儿子一面。

核潜艇是集核电站、导弹发射场和海底城市于一体的尖端工程。中国的核潜艇研制工作是从一个核潜艇玩具模型一步一步开始的。

为研制核潜艇,新婚不久的黄旭华告别妻子来到试验基地。后来他把家安在了小岛上。为了艇上千万台设备,上百公里长的电缆、管道,他要联络全国24个省市的2000多家科研单位,工程复杂。那时没有计算机,他和同事用算盘和计算尺演算出成千上万个数据。

1964年,黄旭华终于带领团队研制出我国第一艘核潜艇,使中国成为世界上第五个拥有核潜艇的国家。

1988年,核潜艇按设计极限在南海作深潜试验。黄旭华亲自下潜300米,是世界上核潜艇总设计师亲自下水做深潜试验的第一人。

黄旭华曾先后多次获得国家科学技术进步特等奖,全国科学大会奖等,并获"全国道德模范""最美奋斗者"等荣誉称号,2019年9月,国家主席习近平签署主席令,授予黄旭华"共和国勋章"。2020年1月,他荣获国家最高科学技术奖,他为国防事业、为我国核潜艇事业的发展做出了重要贡献。

案例点评

> 　　少年周恩来耳闻目睹中国人在外国租界，受洋人欺凌却无处说理的事，周围的人都敢怒不敢言，从中深刻体会到伯父说的"中华不振"的含义，从而立志"为中华之崛起而读书"。这表现了少年周恩来的博大胸襟和远大志向，怀爱国情、树报国志、践报国行，这是当代中国青年应有的价值追寻和行动自觉。
>
> 　　黄旭华隐姓埋名30年，带领我国一批科研人员刻苦攻坚，打造出承载着中华民族强国梦、强军梦的国之重器，让中国人有了一柄不再受人威胁的"利剑"。他的人生，就像深海中的核潜艇——无声，却有无尽的力量。

案例提示

> 　　富强是中华民族的千年夙愿，一代又一代的勤劳的中华儿女发愤图强、励精图治，创造了一个又一个的辉煌盛世。当代大学生读书的目的是什么？学习知识又是为了什么？目光短浅者，看重的乃是个人利益，为的是书中的"黄金屋""颜如玉"而奋斗，单为自己人着想。目光远大之人，则担负着国家富强的重任。我们要像周恩来那样"为中华之崛起而读书"、像黄旭华那样为了祖国强大奉献自己的毕生精力。所以请记住：为国家之富强而读书，努力成为勇立时代潮头的奋进者、开拓者、奉献者。

　　二、民主：社会主义始终高扬的旗帜

　　民主是人类社会的美好诉求。我们追求的民主是人民民主，其实质和核心是人民当家做主。它是社会主义的生命，也是创造人民美好幸福生活的政治保障。社会主义民主，又称"无产阶级民主""人民民主"，是指在社会主义条件下，全体人民在共同享有对生产资料的不同形式的所有权、支配权的基础上，享有管理国家的最高权力，是社会绝大多数人的民主，最高类型的民主。

 典型案例

案例1

民主革命战士：闻一多

　　1922年，闻一多远渡重洋留学美国，他的行囊里装的是薄薄的一本杜甫诗集。美国的发达他看在眼里，中国的贫穷和战乱他刻在心里。在家书中，他说："一个有思想的中国青年，留居美国的滋味，非笔墨所能形容。"

在美国，有的中国同学去理发，却因为是有色人种，门都没进去，告到法院虽然胜诉，可是店老板还是要求中国学生只能偷偷地来理发。毕业典礼上，惯例是男女生成对上前接受毕业文凭，但六个中国男生只能自己结成三对走向讲台，因为没有美国女生愿意和他们站在一起。

每每耳闻目睹这些事，闻一多都会痛苦地折断手中的笔。当时的中国，军阀混战，民不聊生。他知道，很多不忍卒读的话语，都可以用来形容祖国的苦难，但他写下的诗句却是："我要赞美我祖国的花，我要赞美我如花的祖国。"

有人说："国家是腐败的，到处丑恶，不值得爱。"闻一多痛心地反驳道："不对，只要是你的祖国，再丑、再恶，也要爱它。"他常把自己的诗寄给国内的朋友们，也常常提醒道："不要误会我想的是狭义的家，我所想的是中国的山川，中国的草木，中国的鸟兽，中国的屋宇，中国的人。"

案例 2

人民代表大会制度的活化石——申纪兰

申纪兰，女，汉族，中共党员，1929 年 12 月生，山西平顺人，山西省平顺县西沟村党总支副书记。她很平凡，是中国千千万万妇女中的普通一员，也是黄土地上生养的亿万农民之一；她也很不平凡，作为一名全国人大代表，她一直在努力地为自己代表的妇女和农民争取权益，倡导并推动"男女同工同酬"写入宪法。与共和国一起成长的她，不仅是全国人民代表大会制度的见证者，更是唯一一位出席从第一届到第十三届全国人民代表大会的人大代表，被称为"人民代表大会制度的活化石"。申纪兰说，她是一个平平凡凡的农民，能当一届人大代表就了不得了，没想到连续当了十三届。作为人民代表大会的见证人，内心拥护的事，她就赞成，不拥护的，她就不投票。

在申纪兰家里，有两面照片墙，在那些照片里，中华人民共和国人民代表大会制度发展的伟大历程和宏伟图景徐徐展开。看着定格在照片中的历史，我们可以感受到人民当家作主那震撼人心的澎湃力量，那是源自中国特色社会主义制度、属于中国人民的民主的力量。

案例点评

从民主斗士闻一多为争取民主的努力，普通农民代表申纪兰履行民主权利的事迹，充分说明我国社会主义民主是维护人民根本利益的最广泛、最真实、最管用的民主。在社会主义社会里，国家权力属于人民，人民当家作主，管理国家，管理经济，享有政

40

治、经济、文化教育等广泛权利和自由，并且有法律和物质的切实保障。可以说，社会主义民主是人类历史上新的更高类型的民主，而中国特色社会主义民主更是具有鲜明特色和独特优势，实现了对西式民主的超越。

案例提示

大学生是国家的未来和希望，是中国特色社会主义事业的建设者与接班人，我们要肩负起这一重任，就必须全面了解社会主义民主的内涵与特征，正确认识中国特色社会主义民主的重要优势，大力宣传社会主义民主，树立起符合时代要求的大学生社会主义民主观念。作为新时代大学生，要立足中国国情，勇担时代重任，直面挑战风险，为实现中华民族伟大复兴贡献力量，做好历史"接棒人"。

三、文明：社会主义的重要特征

文明是社会进步的重要标志，也是社会主义现代化国家的重要特征。它是社会主义现代化国家文化建设的应有状态，是面向现代化、面向世界、面向未来的，是民族的、科学的、大众的社会主义文化的概括，是实现中华民族伟大复兴的重要支撑。在社会主义核心价值观中，"文明"集中体现着社会主义先进文化的前进方向和社会主义精神文明的价值追求。弘扬和践行社会主义文明观，必须自觉遵循文化建设规律，既要吸取古今中外一切文明成果的有益成分，更要立足于中国特色社会主义伟大实践，使文化建设与国家建设同向、与时代进步同行、与实践发展同步。

典型案例

案例 1

人民的勤务员——雷锋

拓展资料

从 1961 年开始，雷锋经常应邀去外地作报告，他出差机会多了，为人民服务的机会就多了，人们流传着这样一句话："雷锋出差一千里，好事做了一火车。"

一次雷锋外出在沈阳车站换车的时候，一出检票口，发现一群人围看一个背着小孩的中年妇女，原来这位妇女从山东去吉林看丈夫，车票和钱丢了。雷锋用自己的津贴费买了一张去吉林的火车票塞到大嫂手里，大嫂含着眼泪说："大兄弟，你叫什么名字，是哪个单位的？"雷锋说："我叫解放军，就住在中国。"

五月的一天，雷锋冒雨要去沈阳，他为了赶早车，早晨5点多就起来，带了几个干馒头就披上雨衣上路了。路上，看见一位妇女背着一个小孩，手还领着一个小女孩也正艰难地向车站走去。雷锋脱下身上的雨衣披在大嫂身上，又抱起小女孩陪他们一起来到车站。上车后，雷锋见小女孩冷得发抖，又把自己的贴身线衣脱下来给她穿上，雷锋估计她早上也没吃饭，就把自己带的馒头给她们吃。火车到了沈阳，天还在下雨，雷锋又一直把她们送到家里。那位妇女感激地说："同志，我可怎么感谢你呀！"

雷锋从安东回来，又在沈阳转车。他背起背包，过地下道时，看见一位白发苍苍的老大娘，拄着棍，背了个大包袱，很吃力地一步步迈着，雷锋走上前去问道："大娘，你到哪去？"老人上气不接下气地说："俺从关内来，到抚顺去看儿子呀！"雷锋一听跟自己同路，立刻把大包袱接过来，手扶着老人说："走，大娘，我送你到抚顺。"老人感动地一口一个好孩子地夸他。

进了车厢，他给大娘找了座位，自己就站在旁边，掏出刚买来的面包，塞了一个在大娘手里，老大娘往外推着说："孩子，俺不饿，你吃吧！""别客气，大娘，吃吧！先垫垫饥。""孩子"这个亲热的称呼，给了雷锋很大的感触，他觉得就像母亲叫着自己小名似的那样亲切。他在老人身边，和老人唠开了家常。老人说，她儿子是工人，出来好几年了。她是第一次来，不知道住在什么地方哩。说着，掏出一封信，雷锋接过一看，上面的地址他也不知道，但他知道老人找儿子的急切心情，就说："大娘，你放心，我一定帮助你找到他。"雷锋说到做到，到了抚顺，背起老人的包袱，搀扶着老人，东打听，西打听，找了两个多小时，才找到老人的儿子。

过年的时候，战友们愉快地在一起搞些各种文娱活动。雷锋和大家在俱乐部打了一阵乒乓球，就想到每逢年节，服务和运输部门是最忙的时候，这些地方是多么需要人帮忙啊。他放下球拍，叫上同班的几个同志，一起请假后直奔附近的瓢儿屯车站，这个帮着打扫候车室，那个给旅客倒水，雷锋把全班都带动起来了。雷锋就是选择永不停息地，全心全意地为人民做好事，难怪人们一见到为人民做好事的人就想起雷锋。因为他是我们的好榜样！

案例 2

盘点校园不文明现象，你"有幸"入围吗？

在大学，校园和谐文化和文明风尚很大程度上与大学生们的文明行为息息相关，每所大学或多或少都存在一些不文明现象。有时一个不经意之举，在你尚未察觉的时候就已经产生了影响，给他人造成了困扰。盘点如下不文明现象，你是否"有幸"入围？

1. 教室不文明现象

（1）在课桌上乱写乱画，在墙壁上涂鸦，踩脚印。

（2）上课玩手机，或者看小说，或者睡觉，或者聊天喧闹。

（3）迟到、早退、逃课。

（4）考试作弊、互相抄袭作业。

（5）在教室内吃饭且把垃圾留在教室。

……

2. 图书馆不文明现象

（1）在图书馆藏书上乱勾乱画。

（2）在图书馆将看过的图书乱放，不还原。

（3）撕掉图书的条形码、磁条后，将图书馆的书不通过正常借书手续带出图书馆。

（4）抢占座位。

（5）占用图书馆空间资源取暖、乘凉、睡觉，甚至把图书馆当成茶馆。

……

3. 寝室不文明现象

（1）"顺手牵羊"贪占小便宜，如：偷手机或其他物品。

（2）不打扫卫生，不遵守作息时间，在寝室内大声喧哗、接打电话、唱歌。

（3）开长明灯，放长流水，使用学校明文禁止的大功率电器。

（4）在寝室聚众打麻将、斗地主等赌博行为。

（5）翻墙（窗）外出。

……

4. 餐厅不文明现象

（1）浪费饭菜。

（2）买饭不排队，就餐先占位。

（3）饭后不收拾餐盘。

（4）恋爱中的男女互相喂饭。

（5）别人在吃饭，他（她）在那里吐痰、挖鼻子、摸脚，等等。

……

5. 网络不文明现象

（1）通宵泡网吧，夜不归宿。

（2）沉迷于网络游戏、聊天，网络赌博，非法网贷。

（3）不正当"网恋""网骗"。

（4）制作、传播病毒和"流氓"软件，恶意攻击网络。

（5）浏览不文明、不健康的网站，在网络上发布或传播不实信息。

……

6. 其他不文明现象

（1）穿着与大学生身份不符，衣冠不整，不勤洗衣物。

（2）打架斗殴、酗酒闹事，讲粗话骂人。

（3）践踏花草、随地吐痰、乱扔垃圾、乱贴广告。

（4）校园里骑车横冲直撞。

（5）男女生不正当交往。
……

案例点评

　　雷锋精神永远不过时，"赠人玫瑰，手有余香"。志愿服务是现代社会文明进步的重要标志，是加强精神文明建设、培育和践行社会主义核心价值观的重要内容。广大青年学生要弘扬"雷锋精神"，争做新时代志愿服务践行者，在把温暖带给社会的同时，传递爱心，传播文明，使"奉献、友爱、互助、进步"的志愿服务精神逐渐成为社会新风尚。

　　大学不文明现象盘点，说明细节彰显文明，文明与不文明也许只有一线之隔，很多时候我们都是徘徊在文明与不文明的边缘。作为一个当代大学生，杜绝不文明行为是我们的责任。只有大学校园这块土地成为文明的地方，我们的社会才能得到净化。古人曾说过："勿以恶小而为之，勿以善小而不为。惟贤惟德，能服于人。"校园文明无小事，你我的一言一行都可能对集体造成重大影响。当代大学生是祖国未来的栋梁，高校的文明一定程度上引领着整个社会的文明。

案例提示

　　文明从国家层面来讲，是指国家发展的状态，即国家创造的物质财富与精神财富的总和，我们熟悉的物质文明、精神文明、政治文明、生态文明，都包含于国家发展的状态之中。从社会层面来讲，文明是社会秩序的确立。从个人的层面来讲，文明则是指人们的素质和修养。我国经济社会要保持发展的良好势头，为物质文明、政治文明、精神文明和生态文明建设提供坚实的基础，必须从改善每个人的修养做起，使国民成为文明的人。文明素质是评价大学生的一个重要标志，大学生应该注重文明礼仪养成教育，积极加入志愿者服务行列，成为崇德向善社会风尚的重要力量，成为文明的倡导者、宣传者、实践者。

四、和谐：中国特色社会主义的本质属性

　　和谐是中华传统文化的基本理念，天人合一、协和万邦、和而不同，和谐蕴含了中国人的生存智慧，体现着中国人的精神基因，也昭示着中国人的社会理想。我们倡导的和谐，是人与人、人与社会、人与自然的有机统一。和谐的中国，是民主与法治相统一、公

平与效率相统一、活力与秩序相统一、人与自然相统一的社会主义国家。和谐的中国，秉持世界持久的和平理想，心系人类繁荣的共同命运，担当永续发展的历史责任。

 典型案例

案例 1

六尺巷的故事

　　清朝康熙年间有个大学士名叫张英，一天张英收到家信，说家人为了争三尺宽的宅基地，与邻居发生纠纷，要他利用职权疏通关系，打赢这场官司。张英阅信后坦然一笑，挥笔写了一封信，并附诗一首：千里来书只为墙，让他三尺又何妨？万里长城今犹在，不见当年秦始皇。家人接信后，让出三尺宅基地。邻居见了，也主动相让，结果成了六尺巷。这个化干戈为玉帛的故事流传至今。

拓展资料　　　"六尺巷"由此而来。这条巷子现存于安徽省安庆市桐城市，作为中国文化的遗产，是中华民族和睦谦让美德的见证。

案例 2

"枫桥经验"——基层社会治理的典范

　　20 世纪 60 年代初，浙江省绍兴市诸暨县（现诸暨市）枫桥镇干部群众创造了"发动和依靠群众，坚持矛盾不上交，就地解决。实现捕人少，治安好"的"枫桥经验"，为此，1963 年毛泽东主席就曾亲笔批示"要各地仿效，经过试点，推广去做"。从此，"枫桥经验"传遍了大江南北，成为全国政法战线一个脍炙人口的典型。"枫桥经验"诞生之初，其目标是"捕人少、治安好"。后来，逐渐过渡到"小事不出村、大事不出镇、矛盾不上交"的目标。之后，"枫桥经验"得到不断发展，从基层预防化解矛盾模式向基层社会治理模式转变，从群防群治向构建自治、法治、德治相融合的基层社会治理机制转变，从以人防、物防、技防为主的"三防"向建立健全人防、物防、技防、心防"四防并举"的社会风险防控体系转变，从传统方式向"传统方式+智慧治理"转变，从"小治安"向"大平安"转变，打造"枫桥经验"升级版，形成了具有鲜明时代特色的"党政动手，依靠群众，预防纠纷，化解矛盾，维护稳定，促进发展"的枫桥新经验，成为新时期把党的群众路线坚持好、贯彻好的典范。

 **案例点评**

　　礼让、和睦是中华民族的传统美德，心胸宽广、放眼远处、包容谦让的人无论在何时都是受人尊敬的。"六尺巷"的故事流传至今，是因为人们敬佩张英的胸襟气度，张

英在涉及自己家人切身利益的时候，没有利用手中权势压服对方，而是以高远的眼光、开阔的心态劝说家人退让为先，其高风亮节令人佩服。它让后人懂得了谦让不仅是美德，更是人际关系的调节器。

"枫桥经验"作为一种历久弥新的经验做法，在基层社会治理提供了可供借鉴的两大经验：一是，抓早、抓小、抓源头，注重从源头上管控、防治；二是，协同发力、齐抓共管，注重统筹、发动各种力量。"枫桥经验"是基层社会治理模式的样板，是推进和谐社会建设的成功案例。

案例提示

构建和谐社会是一个系统工程，它贯穿于建设中国特色社会主义的始终，是一个不断化解矛盾的长期历史过程。只有每个公民都成为"和谐分子"，整个社会才能成为和谐社会；只有每个中国人的梦想都如愿实现，中华民族伟大复兴的"中国梦"才能最终实现。作为一位公民，我们则要从自己做起、从现在做起，积极融入构建和谐社会的实践中，逐步实现人自身和谐、人际关系和谐、人与社会关系和谐、人与自然之间和谐。实现"两个一百年"奋斗目标和中华民族伟大复兴的中国梦，需要我们积极培育和践行和谐价值观，追求和谐，崇尚和谐，建设和谐中国。

第三节　社会层面的价值取向

"自由、平等、公正、法治"，是对美好社会的生动表述，也是从社会层面对社会主义核心价值观基本理念的凝练。它反映了中国特色社会主义的基本属性，是我们党矢志不渝、长期实践的核心价值理念。

一、自由：社会主义的价值理想

自由是指人的意志自由、存在和发展的自由，是人类社会的美好向往，是马克思主义追求的社会价值目标，也是社会主义的内在逻辑和根本遵循。自由是改革和发展的源头活水，是完善社会主义市场经济体制的必然要求。倡导和促进自由的实现，是推进中国特色社会主义建设的应有之意。

案例1

《囚歌》中的自由

1941年1月"皖南事变"后，新四军叶挺军长不幸被俘，开始了长达五年零四个月的铁窗生涯。五年多里，蒋介石使用了种种方式，企图软化叶挺将军。但无论是"上饶请宴"，还是"恩施优遇"，无论是"封官加冕"，还是"骨肉的感化"，都丝毫动摇不了叶挺的志向。在重庆红炉厂蒋家院子囚禁期间，他挥笔写下了著名的《囚歌》：

为人进出的门紧锁着，

为狗爬出的洞敞开着，

一个声音高叫着，

爬出来呵！给你自由！

我渴望自由，但也深知道，

人的躯体哪能由狗的洞子里爬出！

我只期望着，那一天，

地下的火冲腾，

把这活棺材和我一起烧掉，

我应该在烈火和热血中得到永生！

案例2

网络言论不能随心所欲

从过去的论坛、贴吧，到现在的微博、微信、微视频，网络越来越发达，人人都是"键盘侠"，纷纷在"舞刀弄枪"。但是总有一部分人，发表言论随心所欲，玩得太过火，结果惹火烧身！

2019年3月21日，江苏盐城市响水县陈家港镇天嘉宜化工有限公司化学储罐发生爆炸事故，一条"18名消防员因吸入大量致癌气体而牺牲"的消息引发网民关注。据相关报道，"他们冒着熊熊烈火，冲进去了满是有毒气体的工厂，不幸的是，经历了两小时的战斗，消防员们陆续被有毒气体所吞噬……截至北京时间3月22日12点30分，已有18名消防员不幸遇难，愿逝者安息"。3月24日晚，盐城网警对"18名消防员牺牲"的消息进行辟谣。警方通报指出，事故发生后，史某某(男,21岁,山西人)在网络发帖称"18名消防员因吸入大量致癌气体而牺牲"，编造虚假信息，混淆视听，扰乱公共秩序，因涉嫌犯罪，已被公安机关依法采取刑事强制措施。

✎ 案例点评

　　《囚歌》一诗是叶挺将军对于生命、自由和尊严之辩证关系的悲壮思考，每一句都具有厚重的份量。"为人进出的门紧锁着，为狗爬出的洞敞开着"，《囚歌》的开始，叶挺将军以形象的语言把囚禁在牢狱里的受难者的自由与尊严相分离的境况直陈出来。一方面，反动当局绝对不允许被囚者以自由之身保有人的节操和尊严；另一方面，他们又千方百计诱惑受难者以尊严的丧失换取行动的开阔空间。随后的"爬出来吧，给你自由"这寥寥八个字，把法西斯分子的骄狂、阴险、狰狞的嘴脸活脱脱地勾画了出来。然而，革命者所渴求的自由从来就不以屈尊为代价，更不会以奴颜婢膝去换得所谓的"自由"。士可杀不可辱，这早已是自古以来志士仁人们律己的法则。"我渴望自由，但我深知道，人的躯体哪能从狗的洞子爬出！"将军高傲地拒绝着反动派的诱惑。自由诚可贵，然而，失去了尊严的自由，又怎能俯就？

　　"网络言论不能随心所欲"充分说明，自由不是绝对的，个人的自由不能违反国家的宪法和法律，不能损害他人。自由意味着责任，也意味着自律，你有多大的自由，你就有多大的责任。德国哲学家康德说，自由不是你想做什么就做什么，而是不想做什么能不做什么。自由是对各种规律的掌握。越是掌握了自然的规律、社会的规律、人自身的规律，就越自由。孔夫子说他到了七十岁时才"从心所欲，不逾矩"，意思是只有了丰富的人生阅历后，才可能既驰骋心灵的自由，又不逾越规矩和法度。

❓ 案例提示

　　马克思主义鲜明指出，实现人的自由全面发展，是社会主义的理想价值追求和共产主义的价值本质。人的自由全面发展是一个逐步实现的长期过程，受到生产力和生产关系、经济基础和上层建筑等各方面因素的影响和作用。在现实生活中，我们既要理直气壮、旗帜鲜明地大力倡导"自由"，追求"自由"，又必须从我国社会主义初级阶段这个基本国情和最大实际出发，做到倡导"自由"和追求"自由"同我国经济社会发展阶段相适应，同生产力发展水平相适应，同生产关系变革相适应。

　　二、平等：社会主义制度的基本原则

　　平等是指人们平等享有社会权益，平等履行社会义务，追求经济、政治、文化、社会、生态权利的平等享有。"人人相亲，人人平等，天下为公，是谓大同"出自清朝思想家康有为，意思是人和人之间相互亲近，人人平等，天下为大家所共有，达到一种理想的社会。平等是社会主义的本质要求。大力倡导平等价值，促进平等目标的实现，对于推进中国特色社会主义事业有着重要意义。

 典型案例

案例1

越石父追求平等

齐国的相国晏子出使晋国完成公务以后，在返国途中，路过赵国的中牟，远远地瞧见有一个人头戴破毡帽，身穿反皮衣，正从背上卸下一捆柴草，停在路边歇息。走近一看，晏子觉得此人的神态、气质、举止都不像个粗野之人，为什么会落到如此寒碜的地步呢？于是，晏子让车停止前行，并亲自下车询问："你是谁？是怎么到这儿来的？"

那人如实相告："我是齐国的越石父，三年前被卖到赵国的中牟，给人家当奴仆，失去了人身自由。"

晏子又问："那么，我可以用钱物把你赎出来吗？"

越石父说："当然可以。"

于是，晏子就用自己车左侧的一匹马作代价，赎出了越石父，并同他一道回到了齐国。

晏子到家以后，没有跟越石父告别，就一个人下车径直进屋去了。这件事使越石父十分生气，他要求与晏子绝交。晏子百思不得其解，派人出来对越石父说："晏子过去与你并不相识，你在赵国当了三年奴仆，是晏子将你赎了回来，使你重新获得了自由。应该说晏子对你已经很不错了，为什么你这么快就要与晏子绝交呢？"

越石父回答说："一个自尊而且有真才实学的人，受到不知底细的人的轻慢，是不必生气的；可是，他如果得不到知书识礼的朋友的平等相待，他必然会愤怒！任何人都不能自以为对别人有恩，就可以不尊重对方；同样，一个人也不必因受惠而卑躬屈膝，丧失尊严。晏子用自己的财产赎我出来，是他的好意。可是，他在回国的途中，一直没有给我让座，我以为这不过是一时的疏忽，没有计较；现在他到家了，却只管自己进屋，竟连招呼也不跟我打一声，这不说明他依然在把我当奴仆看待吗？因此，我还是去做我的奴仆好，请晏子再次把我卖了吧！"

晏子听了越石父的这番话，赶紧出来对越石父施礼道歉。他诚恳地说："我在中牟时只是看到了您不俗的外表，现在才真正发现了您非凡的气节和高贵的内心。请您原谅我的过失，不要弃我而去，行吗？"从此，晏子将越石父尊为上宾，以礼相待，渐渐地，两人成了相知甚深的好朋友。

案例 2

这个规矩不能有

彭德怀是中国人民解放军的著名将领。1956 年，他担任国务院副总理、国防部部长等职务，很多人亲切称呼他"彭总"。

一天，听说北海公园很热闹，游人很多，彭总很高兴："好，今天我们也去看看。"

警卫人员按照有关规定，把首长到北海公园的事情报告给了有关部门。傍晚，彭总穿着便衣，叫汽车停在离公园还有一条街的地方。他走到公园门口，发现门口立着一块大牌子，上面写着两个字："休息。"几个干部模样的人和公安人员早已在门口等着。

彭总进门走了几步就停了下来，问警卫人员："你们搞的什么鬼？"

警卫人员也是第一次跟彭总逛公园，心里也很纳闷："怎么公园里看不到几个人游人哟？"见彭总发怒，他想辩解一下，就说："牌子上不是写着'休息'吗？"

"休息？休息为什么叫我们进来？"彭总冲着所有的工作人员说，"你们说，是不是你们把群众赶跑了？"

公安人员回答，他们是奉了上级指示，闭园接待首长的。

"为什么要这样做？这么大一个公园，我们来了，别人就不能来？这个规矩不能有！"彭总返身走出了公园。

案例点评

晏子与越石父的交往故事，充分说明人与人之间要平等交往。为别人做了好事时，不能自恃有功，傲慢无礼；受人恩惠的人，也不应谦卑过度，丧失尊严。谁都有帮助别人的机会，谁也会遇到需要别人帮助的难题，只有大家真诚相处，平等相待，人与人之间才会温暖、和谐。

彭德怀元帅拒绝闭园接待首长，与人民群众平等。人与人之间有智力、能力和职务上的差别，但没有高低贵贱之分，在人格上都是平等的。中国共产党之所以能够获得人民的拥护，就是因为让百姓们感受到了平等，体会到了社会地位的提升。在现代中国，平等的观念更是融入了社会生活的各个方面，推动着国家的进步。

案例提示

平等是现代社会的基本特征，是衡量人类文明进步的重要标准，也是人类向往的理想价值。社会主义所倡导的平等不仅要求在政治、法律的层面实现人的平等权利，而且要求在经济领域里建立生产资料公有制，实现实质的结果平等，使人民共同分享社会发展的成果。大学生在日常的生活和学习中，需要认识到人和人之间的平等性，要尊重身边的同学，对所有同学平等对待，养成良好的道德品质，培养正确的人生观和价值观。同时，大学生在生活中需要理性地看待社会中的不公平现象，正确地认识到平等在生活中的重要性，将平等作为目标和追求，懂得实现平等的过程并不是一帆风顺的，需要生产力发展到一定程度才能实现真正意义上的平等。大学生要明确自身是促进社会平等发展的重要力量，努力提高自身的平等意识。

三、公正：社会主义的基本价值取向

公正，即社会公平正义，公正是指按照一定的社会标准和正当的秩序合理地待人处事，是制度、体系和组织的重要理念。公正包含公民参与经济、政治和社会其他生活的机会公平、过程公平和结果分配公平。公正是社会主义的本质体现，是构建和谐社会和实现科学发展的必要前提。促进社会公正，是全面深化改革的出发点和落脚点，也是中国特色社会主义的内在要求。

典型案例

案例 1

孙中山用人"唯才能是称"

1912 年 1 月，"中华民国"成立，孙中山当选为临时大总统。这时，一些亲戚和私交很深的朋友纷纷找上门来，要求他给安排个政府职务。但孙中山始终坚持用人"唯才能是称"的原则，绝不滥用私交。

孙中山的大哥孙眉是个著名的华侨资本家。当初由于家中贫寒，孙眉几乎没有念过书。他 18 岁去檀香山当雇工，经过艰苦的拼搏，逐渐积累资财，成了雇工 1 000 多人、拥有两万多亩土地的牧场主。孙眉有了钱，就供给孙中山在檀香山和香港上学的一切费用，并且在孙中山的影响下，最早参加了革命团体兴中会。后来革命遇到挫折、经费发生困难时，孙眉毅然卖掉牧场，赞助孙中山领导的革命。他对革命是有贡献的，因而广东的父老绅商推举孙眉出任都督，掌管全省的军政大权，建议孙中山委任。

孙中山对于自己的大哥是很了解的。他认为大哥会经商做生意，但不擅长搞政治活动。孙眉虽然和自己手足情深，对革命也有过贡献，可这些都不能成为当官的资本。因此，他经过反复考虑就没有签发让孙眉当广东都督的委任状，还致函广东各界团体和各个报馆，加以谢绝。同时也给大哥写了封信说明理由，婉言劝阻。

孙眉知道自己的弟弟竟然不同意自己出任都督，心里非常生气，所以 1912 年 5 月，当孙中山回到广东家乡视察时，就当面质问弟弟：

"广东各界推举我当都督，你是大总统，只要下个委任状就可以了，可你为什么

不同意呀?"

孙中山回答说:"我当总统是要为天下百姓做事,因此用人只能'唯才能是称',尤其是对于自己的亲朋,应当要求得更严格些。"

"可我不但是你的大哥,而且还数次献出巨款支援革命,到后来把在檀香山的家产都卖了,所得钱款都充作革命经费,我也回乡做了小买卖。我为革命办了这么多事,难道你就忘了吗?"孙眉还有些不服气地说。

孙中山很深沉地想了一会儿,慢慢地回答说:"你对革命有贡献,为革命做了许多好事,这我永远也不会忘记,国家也不会忘记。可是现在,担任都督管理一个省是需要有政治才干的,不能因为你对革命有功,又是我唯一的亲哥哥,就让我委任你做都督。这么做,对国家不利,对你也不好。所以我建议你还是去干自己熟悉的本行,全力以赴地兴办实业。这么做,既能为国家出力,也能为民众造福,该有多好呀!"

孙眉听了这一番话,觉得句句在理。于是兄弟二人越谈越兴奋,一直谈到深夜也不肯休息。

案例 2

新中国反腐第一案

在新中国成立之初,共产党高级干部刘青山、张子善二人在治理潮白河、海河、永定河、大清河等工程中,利用职权,不顾国法党纪,不管人民疾苦,盗窃机场建筑款、救灾粮、治河款、干部家属救济粮、地方粮及剥削克扣民工工资、骗取银行贷款等共达171亿6 272万元(按当时的币制标准和市场物价指数,171亿元可以购买将近一吨黄金)。刘张二人贪污受贿、挪用公款在社会上造成极其恶劣的影响。毛泽东主席本着公平正义的原则,要求判处他们两个人死刑,当时许多领导干部找到毛主席求情,但毛主席的回答是:"在我们党刚刚夺取政权之时不能公平正义地处罚贪污受贿的行为,那么与腐败的国民党政府有什么区别!对共产党员的干部更要严格执行。"

1952 年 2 月 10 日,公审刘青山、张子善大会在河北保定举行,2 万余人参加了大会。河北省人民法院遵照中央人民政府最高人民法院的命令,组成临时法庭,对刘青山、张子善予以公审和宣判。公审大会后,河北省人民法院报请最高人民法院批准,依法判处二人死刑,立即执行,并没收其本人全部财产。

案例点评

孙中山一扫封建专制下用人唯亲的陋习,坚持"唯才能是称",否决了一些革命党人推荐其长兄孙眉出任广东都督的提案,做到了官吏选拔的公平正义。在当今中国,促进社会公平正义是大势所趋、民心所向,也是党和国家未来工作的重中之重。

处死刘青山、张子善，被誉为新中国反腐第一大案，这件事说明，公平正义、公正执法是中国共产党领导下社会主义国家法治建设与实施的一条根本性原则。正是中国共产党这种不徇私情、严惩腐败的决心和行动，赢得了老百姓的衷心拥戴和世人的无限钦佩，极大地提高了中国共产党的威望。

🔍 案例提示 ▶

公正作为一种社会价值，要求我们当代大学生要培养一种正确的、符合主流价值观的公正观，首先要理性地看待公正问题和不公正的现象，真正的公正并不是满足个人的私利，而是满足大部分成员的利益。任何国家都会面临各种各样的不公正问题，因为绝对的公正是不存在的，当面临不公正问题时，我们不能逃避，而要以积极的心态去应对，为自己成熟的公正观奠定基础。其次要提高自己的辨别和分析能力，辨别哪些价值观是先进的、科学的、符合主流社会的，哪些是庸俗的、腐朽的、不科学的，并自觉地抵制拜金主义、极端个人主义等庸俗的、腐朽的、不科学的价值观，拥护先进的、科学的价值观，从而逐渐形成正确的公正观。

四、法治：现代社会治理的基本方式

法治是治国理政的基本方式，依法治国是社会主义民主政治的基本要求。它通过法制建设来维护和保障公民的根本利益，是实现自由平等、公平正义的可靠保障。党的十八大报告提出，要全面推进依法治国，加快建设社会主义法治国家。倡导和推进法治建设，对发展中国特色社会主义事业有重要意义。党的十九届四中全会审议通过的《中共中央关于坚持和完善中国特色社会主义制度、推进国家治理体系和治理能力现代化若干重大问题的决定》，全面回答了在我国国家制度和国家治理体系上应该坚持和巩固什么、完善和发展什么等重大政治问题，这是一篇马克思主义的纲领性文献，也是一篇马克思主义的政治宣言书。

⭐ 典型案例 ▶

案例 1

狄仁杰公正护法

公元 676 年，狄仁杰被任命为大理寺负责人。大理寺是当时中央的审判机关。他到

任第一年，便处理了大量的积压案件，涉及一万七千多人，无论被判处有罪还是无罪，没有一个当事人不服的。狄仁杰明察善断，循律准确，一时声名鹊起，成为朝野推崇备至的断案如神的大法官。

为了维护当时的法律制度，狄仁杰甚至敢于犯颜直谏。这年秋天，一个叫权善才的将军误砍了昭陵上的柏树。唐高宗勃然大怒，准备严惩权善才。狄仁杰上书皇帝，说明按律令应该免去权善才的职位，但高宗认为免职的处罚太轻了，下令立即处死权善才。狄仁杰坚持说此人罪不当死。高宗生气了，板着脸说："权善才砍了昭陵上的树，是陷我于不孝，必须杀他！"大臣们一看皇帝生气了，都用眼色示意狄仁杰别再说了。狄仁杰却依然据法力争道："哪有所犯的并非死罪，就下令判处死刑的呢？如果刑法这样没常规，岂不是让天下百姓手足无措吗？……现在陛下为了昭陵的一棵柏树就要杀掉一位将军，那千年以后，人们会把陛下看成是什么样的皇帝呢？这就是臣不敢奉陛下的命令杀权善才的原因，臣不能陷陛下于无道啊！"高宗听了，觉得有理，便收回成命，免了权善才的死罪。

当时有一个叫王立本的大臣，仗着皇帝的宠信，滥用职权，干了不少坏事，朝廷的大臣们敢怒不敢言。狄仁杰上奏高宗，指明此人罪行严重，应交给大理寺审理。高宗要狄仁杰看在王立本还算个人才的分上，破例宽恕他。狄仁杰回复道："国家就算再缺乏人才，也不缺他一个王立本吧？陛下为什么要包庇罪人而破坏王法呢？如果陛下坚持这样做，那就把臣流放到荒无人烟的边疆去吧，日后，也好让忠心报国者引以为戒。"高宗听了这话，无言以对。王立本终于被判刑，朝廷的风气由此大为好转。

公元 688 年，武则天令宰相张光辅率兵三十万去平息豫州叛乱。叛军本是乌合之众，听说朝廷派兵来了，便作鸟兽散了。豫州官民出城迎接朝廷的军队。但张光辅却不分青红皂白，示意部下屠杀无辜百姓。之后，又以查寻叛党为名，四处抄家掠物，滥捕滥杀。一时间冤狱四起，受害者不计其数。这时，狄仁杰奉武则天之命，赴豫州任刺史之职。到了豫州，他看到哀鸿遍野，无辜而受牵连的人极多，内心非常不安。于是，一面下令给那些死囚开释刑具，一面秘密上书武则天，奏明原案的"讹误"，请求武则天怜悯。武则天深知狄仁杰为人刚正，相信所奏属实，于是下诏改死刑为流放。当这些被流放的人途经狄仁杰曾经治理过的宁州时，当地的老百姓告诉他们："是狄大人救了你们的命啊！"这些人方才知道事情的真相。于是，他们来到宁州百姓为狄仁杰立的德政碑下痛哭。到了流放地后，大家又集资立碑，颂扬狄仁杰的功德。

狄仁杰当了宰相后，辅国安邦，深为武则天倚重。他病故后，武则天悲声叹息，宣布废朝三日，以示哀悼。

案例 2

网络不是法外之地

2018 年 5 月 28 日凌晨，吉林松原发生了 5.7 级地震，灾情牵动了全国网友的心。

然而，就在这一天，却有人借地震大肆辱骂东北同胞，被全国网民网络追查。当天下午，警方即查明发帖网民为伏某某，女，江阴人。伏某某因涉嫌寻衅滋事罪被江阴市公安局依法刑事拘留。

审查中，伏某某交代，其根本没想到自身言论会造成如此恶劣的影响，尽管在第一时间将帖文删除，但她还是收到了大量网民的声讨，最终等待她的将是法律的严惩。

案例点评

狄仁杰刚正廉明、执法不阿，把法治精神当作主心骨，是知法、懂法、守法、护法的执法者。他一生只服从事实，只服从法律，一是一、二是二，不偏不倚，不枉不纵，铁面无私，秉公执法，在上承贞观之治、下启开元盛世的武则天时代，作出了卓越的贡献。

《网络不是法外之地》这篇文章告诉我们，网络是个虚拟的空间，但网络空间从不是"法外之地"，网络江湖亦不是"丛林世界"。依法治理网络空间，不仅是维护社会和谐稳定、维护公民合法权益，促进互联网空间健康、有序发展的必然之举，更符合亿万网民的共同心声和共同利益。法治的真谛，在于全体人民的真诚信仰和忠实践行。民众的法治信仰和法治观念，是依法治国的内在动力，更是法治中国的精神支撑。

案例提示

"法治"是一种治国理念或治国方略，强调法律的权威性和普适性，其基本内涵在于，将法律作为治理国家和社会的最高准则，任何人和机构都不得凌驾于法律之上。"法治"是实现自由平等、公平正义，国家长治久安、社会安定有序、人民安居乐业的重要保障。让法治成为信仰，让信仰成为力量。中国先哲说："徒善不足以为政，徒法不足以自行。"西方哲人说："一切法律中最重要的法律，既不是刻在大理石上，也不是刻在铜表上，而是铭刻在公民的内心里。"这一切都指出了人心和观念在法治进程中不可忽视的作用。"坚持全面依法治国"是党的十九大报告提出的重大论断，中共中央、国务院印发的《新时代公民道德建设实施纲要》强调要"发挥法治对道德建设的保障和促进作用""以法治的力量引导人们向上向善"。我们大学生要培育法治思维、树立法治观念，主动学法、尊法、用法，做全面依法治国的积极宣扬者、积极推动者、积极引领者。

第四节　公民层面的价值准则

"爱国、敬业、诚信、友善"，是公民基本道德规范，是从个人行为层面对社会主义核心价值观基本理念的凝练。它覆盖社会道德生活的各个领域，是公民必须恪守的基本道德准则，也是评价公民道德行为选择的基本价值标准。

一、爱国：民族精神的核心

爱国主义是中华民族民族精神最稳定的文化基因。范仲淹的"先天下之忧而忧，后天下之乐而乐"，陆游的"位卑未敢忘忧国"，文天祥的"人生自古谁无死，留取丹心照汗青"，顾炎武的"天下兴亡，匹夫有责"，林则徐的"苟利国家生死以，岂因祸福避趋之"等名人名言激励着一代又一代中华儿女。自古以来，舍身为国者荣，卖国求荣者耻，一直都是国人普遍认可的道德标准。时至今日，经过数千年的沉淀，特别是百年来反帝自强斗争的洗礼，爱国主义已经内化成了中华民族精神的核心，筑牢了实现中国梦的精神支柱，汇聚了无数中华儿女的奋斗目标。

 典型案例

案例1

艰难回国路

1949 年当第一面五星红旗在天安门广场上徐徐升起时，远在美国的钱学森深为新中国的成立而高兴，他的心中萌发起一个强烈的愿望：早日回到祖国，用自己的专长为国家建设服务。于是他向美国海军次长金布尔说明，他准备立即动身回国。金布尔听后大为震惊，他立即给司法部打电话说："无论如何都不要让钱学森回国。他太有价值了，在任何情况下都抵得上 3 至 5 个师的兵力，我宁可毙了他，也不要放他回中国。"此时，钱学森是美国麻省理工最年轻的终身教授、加州理工学院教授、美国喷气动力实验室主任，已经是颇具国际声望的科学家。美国国防部认为钱学森太有价值了，因此千方百计地阻挠他回国。于是莫须有的罪名接踵而至，钱学森被捕入狱，度过了 14 天炼狱般的生活。

拓展资料

后来，迫于舆论压力，美国当局不得不将钱学森释放，但仍对其行动进行监视和限制。出狱后的钱学森仍无人身自由，在美国羁绊达 5 年之久。联邦调查局和移民局为查清钱学森是否是共产党员，还多次举行所谓的"听证会"。检察官在一连串例行提问后，突然问钱学森忠于什么样的国家政府。

钱学森略做思考，回答说："我是中国人，当然忠于中国人民。所以我忠心于对中国人民有好处的政府，也就敌视对中国人民有害的任何政府。"检察官穷追不舍，"你现在要求回中国，那么你会用你的知识去帮助共产党政权吗？"钱学森毫不示弱，他说："知识是我个人的财产，我有权要给谁就给谁。"

面对美方的蓄意阻挠，钱学森不仅没有削弱回国的信心，反而更加坚定了报国的信念。因为他一直相信，自己一定能够回到祖国。在这五年多的时间里，全家人一夕三惊，经常搬家。钱学森的夫人蒋英回忆说："我们总是在身边放好三只轻便的箱子，天天准备随时获准搭机回国。"也就在这期间，钱学森完成了 30 万字的《工程控制论》一书，一举奠定了他作为工程控制论开山鼻祖的历史地位。1955 年 6 月的一天，钱学森摆脱了特务的监视，在寄给比利时亲戚的信中，巧妙地在香烟纸上写了一封信，并顺利地转到了周总理的手里。1955 年中美大使级会谈进行，中国大使按照周总理的要求，以钱学森要求回国的这封信为依据，迫使美国政府允许钱学森回国。

1955 年 9 月 17 日，钱学森与他的夫人以及两个孩子乘坐美国"克利夫兰总统号"邮船，离开了洛杉矶，终于回到了祖国的怀抱。他来到天安门广场，兴奋地说："我相信我一定能回来，现在终于回来了！"

钱学森回国后，为我国导弹和航天事业做出了巨大贡献，被人们称为"中国导弹之父""中国航天之父""火箭之王"，他的丰功伟绩让世人瞩目。作为科学家，钱学森感动了整个中国。这不仅仅是因为他成就斐然、贡献卓越，更是因为他的博大胸襟和爱国情怀。

案例 2

把一生奉献给国家和人民的好书记

杨善洲，男，汉族，1927 年 1 月生，云南施甸人。1951 年 5 月参加工作，1952 年 11 月入党，原任保山地委书记，1988 年退休，2010 年 10 月 10 日因病逝世。杨善洲同志从事革命工作近 40 年，曾担任保山地委领导，两袖清风，清廉履职，忘我工作，一心为民，为了兑现自己当初"为当地群众做一点实事不要任何报酬"的承诺，退休后，他主动放弃进省城安享晚年的机会，扎根大亮山，义务植树造林，一干就是 22 年，建成面积 5.6 万亩、价值 3 亿元的林场，且将林场无偿上交给国家。

流传于滇西保山市施甸县的民谣："杨善洲，杨善洲，老牛拉车不回头，当官一场手空空，退休又钻山沟沟；二十多年绿荒山，拼了老命建林场，创造资产几个亿，分文不取乐悠悠。"杨善洲用他的一生，自觉实践共产党人的人生价值和道德追求。

杨善洲退休后，获得"全国绿化十大标兵""全国绿化奖章""全国老有所为先进个人"等众多荣誉，被誉为"活着的孔繁森"。他还是 2011 年全国道德模范候选人、2011 年感动中国十大人物获奖者。2018 年 12 月，党中央、国务院授予杨善洲同志"改革先锋"称号，并获评不忘初心、奉献一生的退休干部楷模。2019 年 9 月 25 日，杨善洲获得"最美奋斗者"荣誉称号。

拓展资料

📝 **案例点评** ▶

"在他心里，国为重，家为轻，科学最重，名利最轻。5 年归国路，10 年两弹成。开创祖国航天，他是先行人，披荆斩棘，把智慧锻造成阶梯，留给后来的攀登者。他是知识的宝藏，是科学的旗帜，是中华民族知识分子的典范。"这是 2007 年"感动中国人物"组委会给予钱学森的颁奖词，也是他一生的真实写照。

"绿了荒山，白了头发，他志在造福百姓；老骥伏枥，意气风发，他心向未来。清廉，自上任时起；奉献，直到最后一天。六十年里的一切作为，就是为了不辜负人民的期望。"这就是一心为国为民的杨善洲。

💡 **案例提示** ▶

爱国主义是人们对于"生于斯、长于斯、衣食于斯"的祖国的一种神圣感情，是人们对于自己民族的一种强烈的责任感和使命感，是感召和激励整个中华民族的一面永不褪色的旗帜。在漫长的历史上，爱国主义一直激励着中华儿女为祖国的独立、统一、进步和繁荣而英勇奋斗。

习近平总书记强调："爱国，是人世间最深层、最持久的情感，是一个人立德之源、立功之本。孙中山先生说，做人最大的事情，'就是要知道怎么样爱国'。我们常讲，做人要有气节、要有人格。气节也好，人格也好，爱国是第一位的。我们是中华儿女，要了解中华民族历史，秉承中华文化基因，有民族自豪感和文化自信心。要时时想到国家，处处想到人民，做到'利于国者爱之，害于国者恶之'。爱国，不能停留在口号上，而是要把自己的理想同祖国的前途、把自己的人生同民族的命运紧密联系在一起，扎根人民，奉献国家。"

2013 年 11 月 30 日人民网发布的《没有了祖国你将什么都不是》这篇文章值得我们深思。爱国之心，中国人就应该有。永远记住，国家好，民族好，大家才好。

二、敬业：职业道德的灵魂

爱岗敬业，忠于职守是中华民族的传统美德。敬业是对公民职业行为准则的价值评价，要求公民要具有积极向上的劳动态度和艰苦奋斗的精神，忠于职守、精益求精、服务社会，充分体现现代主义职业精神。《礼记》讲人成长时要"一年视离经辨志，三年视敬业乐群"，认为青年学习要达到的第二个阶段就是要学会敬业。古人云，"不积跬步，无

58 以至千里""业精于勤，荒于嬉；行成于思，毁于随"。时至今日，在当代社会，热爱与敬重自己的工作和事业，已经成为职业道德的灵魂，是公民应当遵循的基本价值规范之一。

案例1

生命最后一分钟的职业操守

大连市公交汽车联运公司 702 路 422 号双层巴士司机黄志全，在行车途中突然心脏病发作。他在生命的最后一分钟，强忍着自己的痛苦，做了三件事：把车缓缓停在马路边，并用生命的最后力气拉下了手动刹车闸；把汽控车门打开，让乘客依次安全地下了车；将发动机熄灭了，确保了车和乘客、行人的安全。黄志全极其艰难地做完了这三件事，然后才趴在方向盘上停止了呼吸……终年 45 岁。就这样，一名普通而平凡的公交司机，在自己生命最后一分钟里所做的也许并不是惊天动地的三件事，却让现场许多人哭了。至今，人们都记住了黄志全的名字。

案例2

践行工匠精神的杰出代表——许振超

许振超，男，汉族，中共党员，1950 年 1 月生，山东荣成人，初中毕业，青岛港前湾集装箱码头有限责任公司固机高级经理，他是第十一、十二、十三届全国人大代表，第十一、十二届全国人大常委会委员，全国总工会兼职副主席，荣获"全国五一劳动奖章""全国优秀共产党员""全国劳动模范""全国道德模范"等荣誉称号。2009 年当选"100 位新中国成立以来感动中国人物"。2018 年 12 月，党中央、国务院授予许振超同志"改革先锋"称号，颁授改革先锋奖章。2019 年 9 月，许振超获"最美奋斗者"个人称号。

30 多年来，许振超以"干就干一流，争就争第一"的精神，立足本职，务实创新，干一行、爱一行、精一行。他自学成才，苦练技术，他的认识很朴素：我当不了科学家，但可以有一身的"绝活儿"，这些"绝活"可以使我成为一名能工巧匠，这是时代和港口所需要的。就是凭借着这样的一种信念，他练就了"一钩准""一钩净""无声响操作"等绝活，并作为模范带出了"王啸飞燕""显新穿针""刘洋神绳"等一大批具有社会影响的工作品牌。他带领团队按照"泊位、船时、单机"三大效率的标准要求，深入开展比安全质量、比效率、比管理、比作风的"四比"活动，先后 8 次刷新集装箱装卸世界纪录，"振超效率"名扬四海，"10 小时保班"服务品牌享誉世界航运市场。近年来，他积极响应国家节能减排的号召，组织实施了轮胎吊"油改电"技术改造，填补了这一技术的国际空白，年节约资金 3 000 万元以上，噪音和尾气污染降低近零。他是一位学习型、创新型、充分掌握现代技能的新时期优秀产业工人。他爱岗敬业，不仅自己大胆进行技术创新，练就了高强的本领，还带出了一支"技术精、作风硬、效率高"的优秀团队。在他的带领下，团队开发完成了"集装箱岸边智能指挥系统"，在世界集装箱码头率先实现集装箱作业"无人桥板头"，完成了业界首创"无动力自动摘锁垫"项目，打造了"48 小时泊位预报、24 小时确保"的服务品牌。

拓展资料

 案例点评

　　黄志全这位平凡的汽车司机，在他生命的最后一分钟做出的不平凡举动令人感动、令人敬佩！作为一名普通的公交车司机，他在生命的最后时刻依然没有忘记一名公交车司机的职责，用行动诠释了爱岗敬业、忠于职守和责任担当的真正含义，同时也告诉我们，一个人若有了责任心，无论他在什么岗位，都能成为受人尊敬一个品质高尚的人。

　　许振超被誉为践行工匠精神的杰出代表，是新时期中国技术技能人才的楷模。"振超精神"的实质是敬业、创新、团队。只有初中文化程度的他，在青岛港成为人尽皆知的"许大拿"，在工作中创造出的"振超工作法"更是为青岛港提速发展提供了宝贵经验。在许振超看来，之所以能把工作做到极致，都是得益于工匠精神与创新精神。"三百六十行，行行出状元"，"我当不了科学家，但可以有一身的'绝活儿'，这些'绝活'可以使我成为一名能工巧匠"的想法就是工匠精神的体现。许振超的成功对高职院校学生应有极大的启发。

案例提示

　　敬业，就是要求我们每个人敬重自己的职业，培育强烈的责任心与使命感，要求我们每个人都爱岗、尽责、专注、钻研和奉献。用最简单的话来说，就是眼光要长远，工作要勤奋，勤奋要持续。党的十八大报告所倡导的社会主义核心价值观中，敬业是针对公民个人行为的重要价值要求，是实现中国梦的动力之源。具体地说，就是要求公民"干一行、爱一行、专一行"，努力成为本行业的行家里手。在当代，中华民族要实现伟大复兴的梦想，同样需要艰苦奋斗，需要勤奋敬业，需要拼搏奉献。2018 年 5 月，习近平在北京大学师生座谈会上的讲话中指出："广大青年要培养奋斗精神，做到理想坚定，信念执着，不怕困难，勇于开拓，顽强拼搏，永不气馁。幸福都是奋斗出来的，奋斗本身就是一种幸福。每个青年都应该珍惜这个伟大时代，做新时代的奋斗者。""每一项事业，不论大小，都是靠脚踏实地、一点一滴干出来的。'道虽迩，不行不至；

60

事虽小，不为不成.' 这是永恒的道理。做人做事，最怕的就是只说不做，眼高手低。不论学习还是工作，都要面向实际、深入实践，实践出真知；都要严谨务实，一分耕耘一分收获，苦干实干。广大青年要努力成为有理想、有学问、有才干的实干家，在新时代干出一番事业。"有这样一句话：不爱岗就会下岗，不敬业就会失业！爱岗敬业就是要做好自己的本职工作，将一点一滴的小事做好，将一分一秒的时间抓牢。从现在做起，从点滴的小事做起，做一个爱岗敬业的人！

三、诚信：公民道德的基石

诚实守信是人类千百年传承下来的优良道德品质。"诚"，就是诚实无欺、诚实做人、诚实做事、实事求是；"信"，即有信用、讲信誉、守信义、不虚假。"一言九鼎""一诺千金""君子一言，驷马难追""人而无信，不知其可""精诚所至，金石为开"等都是关于诚信的名言警句。诚信既是个人道德的基石，又是社会正常运行不可或缺的条件。诚信缺失的个人将失去他人的认可，诚信缺失的社会将失去人与人之间正常关系的支撑。在中国特色社会主义制度下，必须倡导诚信的价值观念，构建诚信为本的信义准则。

典型案例

案例1

信 义 兄 弟

2009 年 2 月 10 日凌晨，南兰高速上发生重大车祸。谁也没想到，这起车祸却牵出一个感天动地的故事：为抢在大雪封路前给已回汉的民工发工钱，武汉市黄陂区建筑商孙水林连夜从天津驾车回家，一家五口不幸在车祸中遇难。为替哥哥完成遗愿，弟弟孙东林在大年三十前一天，将 33.6 万元工钱发到 60 多名民工手上。

50 岁的孙水林在北京做工程，2 月 9 日，孙水林从北京工地回到天津，原定与暂住在天津的家人和弟弟孙东林聚一天再回武汉，但他查看天气预报了解到，此后几天，天津至武汉沿线的高速公路，部分地区可能因雨雪封路。他决定赶在封路前，赶回武汉，给民工发放工钱。春节前发放工钱，是他对民工的承诺。而此时，先期回汉的民工也正渴盼着孙水林回来。当晚，孙水林提取 26 万元现金，带着妻子和三个儿女出发了。次日凌晨，他驾车驶至南兰高速开封市陇海铁路桥段时，由于路面结冰，发生重大车祸，20 多辆车追尾，孙水林一家五口遇难。

2 月 10 日早上，孙东林打电话回家，发现哥哥仍未到家。预感不妙的孙东林开车沿途查找，结果在河南兰考县人民医院太平间发现了哥哥及家人的遗体。由于哥哥的后事处理尚需时日，沉浸在巨大悲痛中的孙东林和家人商量决定，先替哥哥完成遗愿。除夕前一天，孙东林拿出哥哥遗留在事故车中的 26 万元，又从银行提取自己的 6.6 万元，加上母亲拿出的 1 万元养老钱，发放到了 60 多名民工手上。

"哥哥离世后，账单多已不在，我也不知道该给每个民工发多少钱。我们让民工们凭着良心领工钱，大家说多少钱，我们就给多少钱！"孙东林说。

新年不欠旧年薪，今生不欠来生债，孙氏兄弟 20 年坚守一个不变的承诺，孙东林一家践行着这个承诺。2010 年孙水林、孙东林被评为全国道德模范，被人们赞为"信义兄弟"。

拓展资料

案例 2

五百万大奖　千万个惊叹

2002 年 8 月 30 日，广东省茂名市的一个小小彩票，一位在彩票售票点工作的姑娘林海燕接受一位老顾客电话订购彩票，而顾客没有及时去取彩票，无巧不成书，恰恰是这张彩票中了 500 万元大奖。结果这位姑娘在巨额的金钱面前毫不动心，主动将彩票送还了这位顾客。

后来，广东省体彩中心授予林海燕的售票点"诚实守信模范网点"称号，茂名体育局、化州市人民政府授予林海燕"诚实守信模范青年""诚实守信先进个人"称号。

✎ 案例点评 ▶

诚信大于天、诺言比金贵。二十年来，孙水林用时间证明着诚信，在他罹难之后，弟弟孙东林继续用实际行动兑现了哥哥当初的承诺。新年不欠旧年薪，今生不欠来生债，孙氏兄弟在这个乍暖还寒的季节里，给我们带来的温馨、感动和震撼，为我们这个社会培植了一方道德沃土。

彩票有个显著特点——不记名、不挂失、不流通，落在谁的手里就属于谁，彩票中心只认彩票不认人，而且订购彩票的那位顾客在电话投注时尚未付一分钱，因此这笔交易还没成立，彩票的所有权还是属于林海燕，所以林海燕当时只要手里有这张中奖彩票，就能领走这 518 万元。面对这张能领取 518 万元巨款的彩票，林海燕毅然选择了诚信做人，这是多么难能可贵！

❓ 案例提示 ▶

人无诚信不立、家无诚信不和、业无诚信不兴、国无诚信不强。诚信和道义，是做人做事的基本准则，也是构建和谐社会的重要基础，实现科学发展的必备要素。一个良性的社会，应该通过一系列规则和制度，让守信义者得人心，让得人心者得财富。这样，善行义举才会有强大的依托，守信义的人才会越来越多。诚信对一个人的重要性就好比如健康，缺之不可，是人生不可多得的一笔财富。"诚"与"信"就是支撑起"人"字的撇和捺，没有它你的人生就失去了支点，你就根本无法很好地立足于社会。诚信是立国、立人之根本，是古代君子必备的四德"忠、孝、信、义"之一，可见诚信之于人的重要性。

四、友善：社会和谐的润滑剂

友善是一朵花，它绽放时，世界香气四溢。友善是人们和睦相处的一种道德行为，能使人们之间互相尊重、互相关心、互相帮助，努力形成社会主义的新型人际关系。友善的公民关系推动了和谐社会关系的构建，因此友善也成为公民的核心价值规范之一。

 典型案例

案例 1

邓小平：用宽容幽默化解翻译失误

1988 年 1 月 20 日上午，时年 84 岁高龄的邓小平在人民大会堂福建厅会见来访的 48 岁的挪威首相格罗·哈莱姆·布伦特兰夫人。会谈中，邓小平对布伦特兰夫人说："我今年 84 岁，该退休了……"

当时担任翻译的是刚刚从北京外国语学院毕业的傅莹，她一不留神，竟将 84 岁译成了 48 岁。在场的副外长周南听出了这一错误，当即告诉了邓小平。邓小平听后，不但没有批评傅莹，反而开怀大笑，他幽默地说道："好呀，我有返老还童术，竟然一下子与布伦特兰夫人一样年轻喽。"

面对重要外交场合的一次翻译失误，邓小平并没有丝毫怪罪年轻的翻译，而是选择了用宽容和幽默化解这一小小的"差错"。他的言语间体现了对这一"弄巧成拙"的"开心不已"，因为自己变得与布伦特兰夫人"一样年轻"。

案例 2

帮助别人快乐自己的"郭傻子"

"别人都叫我'郭傻子'，问我为什么这样做，我告诉他们，帮助别人，快乐自己！"相信不少人看过这则公益广告，其中的"郭傻子"名叫郭明义。

郭明义生于 1958 年，辽宁鞍山人。他 1977 年参军，1980 年入党，1982 年复员到齐大山铁矿工作，先后任矿用大型生产汽车驾驶员、车间团支部书记、矿党委宣传部干事、车间统计员兼人事员、英文翻译等。几十年来，他每天提前两个小时上班，15年累计义务献工15 000多个小时，相当于多了5年的工作时间；20年无偿献血，累计献血6万毫升，相当于自身总血量的10倍；用自己微薄的工资先后为希望工程、身边工友和灾区群众累计捐款十几万元，先后资助180多名特困生；花三年时间为一个素不相识的白血病患儿寻找合适的配型；他8次发起捐献造血干细胞倡议，号召了1 700多名矿业职工的积极参与。2010年以来，他发起的希望工程捐资助学活动，已有2 800多名矿业职工参与，资助特困生1 000多名，捐款近40万元……尽管家徒四壁，他将自己及家人的物质享受降到最低标准，但他却发自内心地快乐地做着每一件他认为有意义的好事……郭明义把做好事当作自己的使命，从不以善小而不为，眼里总是能够发现不如他的人，需要他帮助的人！他用自己的真诚善举温暖着身边的人，感化着千千万万的人！帮助别人，关心别人，对他而言就是最快乐的事。他的事迹感动了许多人，被誉为"雷锋传人"。

拓展资料

案例点评

　　在社会主义核心价值观中，友善是公民维系良好人际关系和社会关系的基本道德规范。无论身处哪个阶层、从事哪个行业，友善都是公民应当积极倡导的基础性的价值理念。常言道："良言一句三冬暖，恶语伤人六月寒。"友善的态度，宽厚的胸怀，可以增进陌生人之间的感情。与人友善、互帮互助是构建和谐人际关系的润滑剂，正如《爱的奉献》这首歌的歌词"只要人人都献出一点爱，世界将变成美好的人间"！

案例提示

　　社会主义核心价值观倡导的友善，是建设和谐家园，实现民族梦想的重要精神条件和价值支撑。友善就是人与人的和谐友好、互相尊重、互相关心、互相帮助。要做到真正的友善，就需要我们对人要善、对事要善、对物要善、对己要善。友善是公民优秀的个人品质，是构建和谐人际关系和社会道德关系的道德纽带，更是维护健康良好社会秩序的伦理基础。

第五节　大学生要自觉践行社会主义核心价值观

　　"凿井者，起于三寸之坎，以就万仞之深。"青年要从现在做起、从自己做起，使社

64

会主义核心价值观成为自己的基本遵循，并身体力行大力将其推广到全社会去，努力在实现中国梦的伟大实践中创造自己的精彩人生。

广大青年树立和培育社会主义核心价值观，要在以下几点上下功夫。

一、要勤学，下得苦功夫，求得真学问

知识是树立核心价值观的重要基础。古希腊哲学家说："知识即美德。"我国古人说："非学无以广才，非志无以成学。"大学的青春时光，人生只有一次，应该好好珍惜。为学之要贵在勤奋、贵在钻研、贵在有恒。鲁迅先生说过："哪里有天才，我是把别人喝咖啡的工夫都用在工作上的。"大学阶段，"恰同学少年，风华正茂"，有老师指点，有同学切磋，有浩瀚的书籍引路，可以心无旁骛求知问学。此时不努力，更待何时？要勤于学习、敏于求知，注重把所学知识内化于心，形成自己的见解，既要专攻博览，又要关心国家、关心人民、关心世界，学会担当社会责任。

二、要修德，加强道德修养，注重道德实践

"德者，本也。"蔡元培先生说过："若无德，则虽体魄智力发达，适足助其为恶，无益也。"道德之于个人、之于社会，都具有基础性意义，做人做事第一位的是崇德修身。这就是我们的用人标准为什么是德才兼备、以德为先，因为德是首要、是方向，一个人只有明大德、守公德、严私德，其才方能用得其所。修德，既要立意高远，又要立足平实。要立志报效祖国、服务人民，这是大德，养大德者方可成大业。同时，还得从做好小事、管好小节开始起步，"见善则迁，有过则改"，踏踏实实修好公德、私德，学会劳动、学会勤俭、学会感恩、学会助人、学会谦让、学会宽容、学会自省、学会自律。

三、要明辨，善于明辨是非，善于决断选择

"学而不思则罔，思而不学则殆。"是非明，方向清，路子正，人们付出的辛劳才能结出果实。面对世界的深刻复杂变化，面对信息时代各种思潮的相互激荡，面对纷繁多变、鱼龙混杂、泥沙俱下的社会现象，面对学业、情感、职业选择等多方面的考量，一时有些疑惑、彷徨、失落，是正常的人生经历。关键是要学会思考、善于分析、正确抉择，做到稳重自持、从容自信、坚定自励。要树立正确的世界观、人生观、价值观，掌握了这把总钥匙，再来看看社会万象、人生历程，一切是非、正误、主次，一切真假、善恶、美丑，自然就洞若观火、清澈明了，自然就能作出正确判断、作出正确选择。正所谓"千淘万漉虽辛苦，吹尽狂沙始到金"。

四、要笃实，扎扎实实干事，踏踏实实做人

道不可坐论，德不能空谈。于实处用力，从知行合一上下功夫，核心价值观才能内化为人们的精神追求，外化为人们的自觉行动。《礼记》中说："博学之，审问之，慎思之，明辨之，笃行之。"有人说："圣人是肯做工夫的庸人，庸人是不肯做工夫的圣人。"青年有着大好机遇，关键是要迈稳步子、夯实根基、久久为功。心浮气躁，朝三暮四，学一门丢一门，干一行弃一行，无论为学还是创业，都是最忌讳的。"天下难事，必作于易；天下大事，必作于细。"成功的背后，永远是艰辛努力。青年要把艰苦环境作为磨炼自己的机遇，把小事当作大事干，一步一个脚印往前走。滴水可以穿石。只要坚忍不拔、百折不挠，成功就一定在前方等你。

核心价值观的养成绝非一日之功，要坚持由易到难、由近及远，努力把核心价值观的要求变成日常的行为准则，进而形成自觉奉行的信念理念。不要顺利的时候，看山是山、看水是水，一遇挫折，就怀疑动摇，看山不是山、看水不是水了。无论什么时候，我们都要坚守在中华大地上形成和发展起来的社会主义核心价值观，在时代大潮中建功立业，成就自己的宝贵人生。

第三章

安 全 教 育

作为新时代大学生，生命安全和身体健康永远要放在第一位。新时期危及大学生生命财产安全的意外事故和恶性案件时有发生，给家庭、学校和社会蒙上了阴影，令人震惊和痛惜。大学生的安全问题已成为社会各界关注的焦点。

第一节 消 防 安 全

火灾无情，它是威胁人类安全的重要灾害之一。一旦发生火灾，不但会造成人员的伤亡及财产的损失，还会造成重大的社会影响。那么，在日常生活中要掌握哪些防火知识呢？

拓展资料

 典型案例

案例1

小烟头大危害

某高校男生张某离开宿舍外出，但他并不知道危险正随着他的离去而临近。上午9点左右，几位同学发现张某宿舍内冒出浓烟，迅速报火警，并大声喊叫："起火了，起火了，宿舍起火了！"后来，消防官兵及时赶到并扑灭了大火。张某宿舍内的床铺、桌子、衣服、书箱等悉数被烧，直接经济损失1万余元。公安消防部门勘察火灾现场时发现，张某床边的地板炭化严重，为起火点。张某承认着火点处放置的是他的旅行包，早上起床他在床上抽了一支烟，烟头没有掐灭，顺手丢进了放在旅行包上用塑料杯做成的"烟灰缸"内，没有被掐灭的小烟头烧穿了塑料杯，进而引燃旅行包。

案例 2

41 名学生殒命莫斯科

某日凌晨 1 时 17 分，正是夜深人静之时，一场突如其来的特大火灾毫不留情地在俄罗斯莫斯科人民友谊大学一留学生楼发生了。大火在短短的 3 个小时就将一幢 5 层大楼吞噬。由于火势迅猛，从睡梦中惊醒的学生们纷纷跳窗逃生。火灾中，有 41 名学生或被火烧死，或窒息而死，或摔伤致死，还有近 180 名学生受伤，其中有不少是中国留学生。消息传出，举世震惊。据俄罗斯官方消息，这起震惊世界的火灾事故，是由于用电不当导致电线短路引发的。

案例 3

使用"热得快"引发重大事故

某大学一间学生宿舍发生火灾，4 名学生从 6 楼宿舍阳台跳下逃生，当场死亡。宿舍火灾缘起于寝室里使用"热得快"导致电器故障并将周围可燃物引燃。

案例 4

高校女大学生酒精炉做饭被烧伤

某高校一大学生在宿舍使用酒精炉煮东西吃时，酒精炉突然发生爆裂，燃烧的酒精将该学生头部及胳膊等处烧伤。据目击者介绍，酒精炉发生爆裂后，火苗飞溅到该女生的头部、脸部、胳膊等处，致其头发被烧着，脸部、胳膊等处也被烧伤。事发后，闻讯赶来的同学把火扑灭。

📝 案例点评

从以上火灾案例看出，火灾发生的原因主要是大学生防火安全意识淡薄，严重忽视学校的防火安全制度，造成火灾事故，危害了公共安全。"隐患险于明火，防范胜于救灾，责任重于泰山。"责任，是一个国家一个民族生存发展的"根"。同样如此，一个没有责任感的人是不可能有所作为的。青年，尤其是大学生，是国家的未来和希望。保护国家、群众和公共财产的安全，保护他人和自身的安全，已成为当代大学生的神圣权利和义务。了解、学习和掌握防火知识，协助学校做好防火工作，减少和杜绝火灾的发生，保障安全，是实现上述权利和义务的重要方面。如果火灾不断，危及人身和财产安全，大学生怎么能完成大学期间的学习任务，继而担当起建设祖国的重任呢？因而，学习、掌握一些防火、灭火的基本道理和常识，对于维护国家、学校和同学们个人的安全，是十分必要的。

案例提示

（一）高校发生火灾的原因

1. 使用明火不慎引起火灾

学校客观上存在着学生人数多、居住密度高、电路老化等现状。校园火灾大多是部分学生消防安全意识淡薄、违反学校管理规定及缺乏基本的消防安全常识而造成的。

（1）违章点蜡烛。一般高校都有规定，学生宿舍晚上实行统一断电熄灯，但个别学生在熄灯后，在床铺上点蜡烛看书，导致烛火引燃寝具造成火灾。

（2）违章点蚊香。点燃的蚊香温度可达 700℃ 左右，而布匹的燃点为 200℃，纸张燃点为 130℃，若这类可燃物品靠近点燃的蚊香，极易引起燃烧。

（3）违章吸烟。烟头的表面温度为 200~300℃，中心温度为 700~800℃，一般可燃物的燃点大多低于烟头表面温度，极易引起火灾。因此，学生在宿舍、教室、实验室、图书馆、防火重点部位及其他公共场所都不应吸烟。

（4）违章使用灶具。个别学生图省事、方便，使用煤油炉、酒精炉，而酒精（乙醇）是一种极易燃液体，其闪点为 12.78℃，最易引燃浓度为 7.1%，如使用不当易引起火灾事故。

（5）违章烧废物。有的学生在宿舍内烧废纸等物，若靠近蚊帐、衣被等可燃物，易引起火灾。

（6）树林草坪违章用火。如在树林草坪吸烟、玩火、野炊、烧荒，都可能引发火灾。因秋季树林地面有较多落叶、松子球和枯草，冬季草坪枯萎、天气干燥，一遇火种极易引发火灾。

2. 电器引发火灾

电器引发火灾，除少数是设备上的原因外，大多数是人为因素造成的。

（1）违章用电。高校建筑物的供电线路、供电设备，都是按照实际使用情况设计的，在宿舍内使用大功率电器，如热得快、电炉、电饭锅、电吹风、电热水瓶、电热毯、取暖器等，会使供电线路过载发热，加速线路老化而起火。违章加粗熔断丝或用铁丝、铜丝代替熔断丝，会造成线路超负荷，线路短路时不能熔断，引起线路燃烧；违章乱拉乱接电线，容易损伤线路绝缘层，引起线路短路和触电事故。因此，学生要遵守学校规定，不在学生宿舍使用大功率电器、加粗熔断丝、乱拉乱接等违章用电，避免火灾的发生。

（2）使用电器不当。如一天到晚使用电器，从不关电源；充电器长时间充电，又被衣被覆盖，散热不良，也能引起燃烧；电器、电线紧贴棉被或蚊帐；接近 60W 以上的灯泡靠近纸等可燃物，长时间烘烤易起火。使用交直流两用不带交流开关的录音机，总以为录音机开关已关，实质上交流电还在工作，关的只是直流电而已，电源变压器长时间在工作，使变压器的绝缘能力下降，变压器聚热引起燃烧。

（3）使用劣质电器。使用质量不合格的电线、插座、充电器、电池等。

3. 违反实验室操作规程引发火灾

学生在实验中使火用电或操作危险物品时，若违反规程规定，也会引起火灾。如有电感的实验设备在使用时用物品覆盖在散热孔上，使设备聚热，导致设备燃烧；用火时，周围的可燃物未清理完，火星飞到可燃物上引起燃烧；化学实验时，将相互抵触的化学试剂混在一起，实验温度过高或操作不当，也能引起火灾事故。

（二）火灾的预防

广大学生要认真学习并贯彻消防法规，自觉遵守消防安全管理规定，预防火灾发生。

1. 学生宿舍防火

在宿舍，学生应自觉遵守宿舍安全管理规定，做到"十不准"：

（1）不准私拉乱接电线、使用劣质电器。

（2）不准使用电炉、电热杯、热得快、电饭煲、电热毯等电器(使用台灯、充电器、计算机等电器要注意发热部位的散热)。

（3）不准卧床吸烟和乱扔烟头。

（4）不准在宿舍点蜡烛。

（5）不准在宿舍焚烧杂物。

（6）不准存放携带易燃易爆物品。

（7）不准使用煤炉、煤油炉、液化器灶具、酒精炉等可能引发火灾的器具。

（8）不准擅自变动电源设备。

（9）不准离开宿舍不关电源。

（10）不准占用、堵塞疏散通道和损坏消防设施(宿舍公共部位的应急灯应保持充电状态，不能拔掉插头，否则，一旦发生火灾，应急灯不能提供照明，后果不堪设想)。

2. 教室、实验实训室防火

在实验实训室实习或工作时，一定要严格遵守各项安全管理规定、安全操作规程和有关制度。使用仪器设备前，应认真检查电源、管线、火源、辅助仪器设备等情况，使用完毕应认真进行清理，关闭电源、火源、气源、水源等，还应清除杂物和垃圾。尤其是使用易燃易爆危险品时，一定要注意防火安全规定，按照规定一丝不苟地进行操作，用剩的化学试剂，应送到规定的地点安全存放。

3. 体育馆、报告厅、舞厅、食堂防火

要遵守消防安全制度，做到不携带易燃易爆品，如汽油、酒精等；不吸烟或随地丢弃烟头、火种，保持安全通道的畅通等。

4. 树林草坪防火

严禁到树林、草坪吸烟、玩火，一旦发现火苗要及时扑救或拨打火警电话。

（三）几种常见火灾的扑救方法

（1）电路着火。首先关闭电源开关，然后用干粉或气体灭火器、湿毛毯等将火扑灭，切不可直接用水扑救；电视机、计算机显示器着火应从侧后方扑救，以防显像管爆裂伤人。若使用灭火器灭火，不应直接射向电视屏幕，以免其受热后突然遇冷而爆炸。

（2）电线冒火花。不可盲目接近，以防发生触电事故，应先关闭电源总开关或通知供电部门，断电后再进行扑救。

（3）身上衣服着火。千万不要奔跑，可就地打滚压灭身上火苗，或迅速到室外或卫生间等处用水浇灭，切记不要在宿舍内乱扑乱打，以免引燃其他可燃物。

（4）家具着火。先用水或利用身边的灭火器材扑救，如火势得不到控制，则利用消火栓放水扑救，同时迅速移开家具旁的可燃物。

（5）汽油、煤油、酒精等易燃物着火。切勿用水浇，只能用灭火器、细沙、湿毛毯等扑救。注意：酒精火灾不能用泡沫灭火器扑救。

（6）密闭房间内着火。扑救房间内火灾时不要急于开启门窗，以防新鲜空气进入后加大火势。

（四）发生火灾时的报警方式

（1）牢记报警电话——119。

（2）怎样报火警。在拨打火警电话时，应快速讲清发生火灾的地址、起火物、火势情况、报警人姓名及电话号码，以便消防部门电话联系，了解火场情况。报火警后，还应当派人到主要路口接应消防车。

（五）火场逃生"十三诀"

一旦火灾降临，在浓烟毒气和烈焰包围下，有人葬身火海，也有人死里逃生幸免于难。"只有绝望的人，没有绝望的处境"，面对滚滚浓烟和熊熊烈焰，只要冷静机智运用火场自救与逃生知识，就有极大可能拯救自己。因此，掌握一些火场自救的要诀，困境中也许能获得第二次生命。

第一诀：逃生预演，临危不乱。每个人对自己工作、学习或居住所在的建筑物的结构及逃生路径要做到了然于胸，必要时可集中组织应急逃生预演，使大家熟悉建筑物内的消防设施及自救逃生的方法。这样，火灾发生时，就不会觉得走投无路了。

第二诀：熟悉环境，暗记出口。当你处在陌生的环境时，如入住酒店、商场购物、进入娱乐场所时，为了自身安全，务必留心疏散通道、安全出口及楼梯方位等，以便关键时候能尽快逃离火场。

第三诀：通道出口，畅通无阻。楼梯、通道、安全出口等是火灾发生时最重要的逃生之路，应保证畅通无阻，切不可堆放杂物或设闸上锁，以便紧急时能安全迅速地通过。

第四诀：扑灭小火，惠及他人。当发生火灾时，如果发现火势并不大，且尚未对人造成很大威胁时，当周围有足够的消防器材，如灭火器、消防栓等，应奋力将小火控制、扑

72

灭；千万不要惊慌失措地乱叫乱窜，置小火于不顾而酿成大灾。

第五诀：明辨方向，迅速撤离。突遇火灾，面对浓烟和烈火，首先要强令自己保持镇静，迅速判断危险地点和安全地点，决定逃生的办法，尽快撤离险地。千万不要盲目地跟从人流和相互拥挤、乱冲乱窜。撤离时要注意，朝明亮处或外面空旷地方跑，要尽量往楼层下面跑，若通道已被烟火封阻，则应背向烟火方向离开，通过阳台、气窗、天台等往室外逃生。

第六诀：不入险地，不贪财物。在火场中，人的生命是最重要的。身处险境，应尽快撤离，不要因害羞或顾及贵重物品，而把宝贵的逃生时间浪费在穿衣或寻找、搬离贵重物品上。已经逃离险境的人员，切莫重返险地，自投罗网。

第七诀：简易防护，蒙鼻匍匐。逃生时经过充满烟雾的路线，要防止烟雾中毒、预防窒息。为了防止火场浓烟呛入，可采用毛巾、口罩蒙鼻，匍匐撤离的办法。烟气较空气轻而飘于上部，贴近地面撤离是避免烟气吸入、滤去毒气的最佳方法。穿过烟火封锁区，应佩戴防毒面具、头盔、阻燃隔热服等护具，如果没有这些护具，那么可向头部、身上浇冷水或用湿毛巾、湿棉被、湿毯子等将头、身裹好，再冲出去。

第八诀：善用通道，莫入电梯。按规范标准设计建造的建筑物，都会有两条以上逃生楼梯、通道或安全出口。发生火灾时，要根据情况选择进入相对较为安全的楼梯通道。除可以利用楼梯外，还可以利用建筑物的阳台、窗台、天面屋顶等攀到周围的安全地点，另外沿着落水管、避雷线等建筑结构中的凸出物滑下楼也可脱险。在高层建筑中，电梯的供电系统在火灾时随时会断电或因热的作用造成电梯变形而使人困在电梯内，同时由于电梯井犹如贯通的烟囱般直通各楼层，涌入的烟雾直接威胁被困人员的生命，因此，千万不要乘普通的电梯逃生。

第九诀：缓降逃生，滑绳自救。高层、多层公共建筑内一般都设高空缓降器或救生绳，人员可以通过这些设施安全地离开危险的楼层。如果没有这些专门设施，而安全通道又已被堵，救援人员不能及时赶到的情况下，可以迅速利用身边的绳索或床单、窗帘、衣服等自制简易救生绳，并用水打湿，并从窗台或阳台沿绳缓滑到下面楼层或地面，安全逃生。

第十诀：避难场所，固守待援。假如用手摸房门已感到烫手，此时一旦开门，火焰与浓烟势必迎面扑来。当逃生通道被切断且短时间内无人救援时，可采取创造避难场所、固守待援的办法。首先应关紧迎火的门窗，打开背火的门窗，用湿毛巾塞堵门缝或用水浸湿棉被蒙上门窗，然后不停用水淋透房间，防止烟火渗入，固守在房内，直到救援人员到达。

第十一诀：传送信号，寻求援助。被烟火围困暂时无法逃离的人员，应尽量待在阳台、窗口等易于被人发现和能避免烟火近身的地方。在白天，可以向窗外晃动鲜艳衣物，或外抛轻型晃眼的物品；在晚上，即可以用手电筒不停地在窗口闪动或者敲击东西，及时发出有效的求救信号，引起救援者的注意。在被烟气窒息失去自救能力时，应努力滚到墙边或门边，既便于消防人员寻找、营救，也可防止房屋塌落时砸伤自己。

第十二诀：火已及身，切勿惊跑。火场上的人如果发现身上着了火，千万不可惊跑或用手拍打，因为奔跑或拍打时会形成风势，加速氧气的补充，促旺火势。正确的做法是赶紧设法脱掉衣服或就地打滚，压灭火苗，能及时跳进水中或让人向身上浇水、喷灭火剂就更有效了。

第十三诀：跳楼有术，虽损求生。身处火灾烟气中的人，精神上往往陷于极端恐怖和接近崩溃的状态。惊慌的心理极易导致不顾一切的伤害性行为，如跳楼逃生。应该注意的是：只有消防队员准备好救生气垫并指挥跳楼时或楼层不高（一般4层以下），或非跳楼即烧死的情况下，才可以采取跳楼的方法。即使已没有任何退路，若生命还未受到严重威胁，也要冷静地等待消防人员的救援。跳楼也要讲技巧，跳楼时应尽量往救生气垫中部跳或选择有水池、软雨篷、草地的方向跳；如有可能，要尽量抱些棉被、沙发垫等松软物品或打开大雨伞跳下，以减缓冲击力。如果徒手跳楼，一定要扒窗台或阳台使身体自然下垂跳下，以尽量降低垂直距离，落地前要双手抱紧头部身体弯曲卷成一团，以减少伤害。跳楼虽可求生，但会对身体造成一定的伤害，所以要慎之又慎。

第二节　人身安全

一、防溺水

溺水又称淹溺，常在失足落水或游泳中发生，淹溺的进程很快，一般4~5分钟或6~7分钟就可因呼吸心跳停止而死亡。为防万一，同学们应提高防溺水意识，掌握一些溺水自救、互救常识是很有必要的。

 典型案例

案例1

深海游泳，浪卷溺亡

某日傍晚，某校外国语学院学生徐某在北海银滩度假区外东侧非游泳区游泳时溺水身亡。当天下午课后，徐某与同班黄某、钟某两位同学到银滩东侧"非游泳区"海边游泳。由于当时风大浪急，三人被海浪卷拖往深海。随后黄某自救，飞跑向银滩游泳区的救生塔求助；救生队赶赴现场，将钟某安全营救上岸。徐某在溺水失踪后10多分钟，在大浪中被找到，经救护队和医院医护人员抢救无效后，于晚上7：40左右身亡。事发前，学校向全校学生发布了关于不得私自到海边游泳的通知。事发前一天，徐某等人的辅导员在班会上进一步强调了私自到海边游泳的危险性，要求学生遵守学校的制度，不要到海边游泳。事发后，学院领导召开了学校应急小组紧急会议，安排人员对有关学生和辅导员进行心理干预，并已通知学生家长速来学校处理善后。学校再次通知全校学生：禁止学生私自到海边游泳。

案例2

过于自信，命丧小河

湖南某学院学生钟某，作为大一新生的他，对自己的未来充满信心和理想。在笔记本上，他写下了自己在大学要完成的几项目标，其中一项就是要拍一部青春微电影。不久，他终于写出微电影剧本，并邀请几位同学一道出演，自己担任男主角。他和担任女主角的女同学等几位同学一道，来到距学校不远的小溪边实景拍摄微电影。其中有个情节是男主角跳河殉情，当时担任拍摄任务的同学考虑到安全问题，劝他去掉这个镜头，不要真跳河，但钟某为让电影显得真实坚持要跳。在影像中，记者看到，穿着长衣长裤、身材单瘦、外貌清秀的钟某神态安详地从河岸上走下来，微笑着面对镜头，然后转身跳下小溪，这也是钟某留给这个世界的最后影像。小溪是一条很窄的小河，大约只有数米宽，河水平时也不深。但是，因为前几日连日下雨，河水暴涨，水位比平时上涨很多，加上身上穿着衣服，钟某并没有意识到潜在的危险，最终丧命于此。

案例3

戏水不当，落水身亡

某风景区突发悲剧，某大学一名大二学生因洗手滑入潭中溺亡。据了解，遇难者张某系某大学学生。事发前晚，张某与8名同学及校外2名学生，结伴前往罗田游玩。事发当日下午4时许，张某与同学一起来到某风景区龙潭。见潭中水质清澈，张某独自来到潭边洗手，不慎失足滑入潭中。同学及当地警方和风景区管理人员紧急施救，5时25分，张某被打捞出水面，但已无力回天。

案例点评

各高校三令五申禁止学生水边玩耍，与之签订防溺水安全责任书，在池塘、河边、江边竖立警示牌，在路口悬挂横幅。但是"侥幸心理"的存在导致了一幕幕惨剧的发生。高校学生应做到：不私自在海边、河边、湖边、江边、水库边、水沟边、池塘边玩耍、追赶，以防滑入水中；不私自下水游泳；不外出钓鱼，因为钓鱼蹲在水边，水边的泥土、沙石长期被水浸泡变得很松散，有些水边长年累月被水浸泡还长了一层苔藓，一踩上去就滑入水中，即使不滑入水中都有被摔伤的危险；到公园划船，或乘坐船时必须要坐好，不要在船上乱跑，或在船舷边洗手、洗脚，尤其是乘坐小船时不要摇晃，也不要超重，以免小船掀翻或下沉等等。

 案例提示

（一）溺水者的施救常识

溺水者往往张皇失措，会死命抓住一切能够得到的东西，包括拯救者。因此，只要有其他方法将溺水者拉到岸上，就不要下水去施救。当然，万不得已的情况下，在施救者有能力的前提下，可以下水施救。没有受过救生训练的施救者下水之前应该有思想准备，此时的溺水者的本能反应，可能使施救力不从心，最终救人不成反而赔上性命。切记，不会游泳者千万不要下水救人。

以下是一些下水施救常识：

下水前应准备一块结实、足够长的长条布或毛巾、救生圈。

如果决定下水救人，尽量不要让溺水者缠上身。如在游向溺水者时，与溺水者正面相遇，必须立刻采用仰泳迅速后退；在溺水者抓不及处，将布或毛巾或救生圈递过去，让溺水者抓住一头，自己抓住另一头拖着溺水者上岸。

切记，勿让溺水者抓住你的身体或四肢。若溺水者试图向你靠近，立刻松手游开；如必须用手去救，且溺水者十分张皇失措，则应从背后接近溺水者，把溺水者牢牢抓住，抓住溺水者的下巴，使溺水者仰面，靠近自己的头，并用力用肘夹住溺水者的肩膀。同时，安慰溺水者，尽量让溺水者情绪稳定，采取仰泳的方式将溺水者拖回岸；若溺水者不省人事，可用手抓住溺水者的下巴，游回岸边。

（二）溺水者的急救方法

（1）将伤员抬出水面后，应立即清除其口、鼻腔内的水、泥及污物，用纱布（手帕）裹着手指将伤员舌头拉出口外，解开衣扣、领口，以保持呼吸道通畅，然后抱起伤员的腰腹部，使其背朝上、头下垂进行倒水，或者抱起伤员双腿，将其腹部放在急救者肩上，快步奔跑使积水倒出，或者急救者取半跪位，将伤员的腹部放在急救者腿上，使其头部下垂，并用手平压背部进行倒水。

（2）呼吸停止者应立即进行人工呼吸，一般以口对口吹气为最佳。急救者位于伤员一侧，托起伤员下颌，捏住伤员鼻孔，深吸一口气后，往伤员嘴里缓缓吹气，待其胸廓稍有抬起时，放松其鼻孔，并用一手压其胸部以助呼气。反复并有节律地进行（每分钟吹16~20次），直至恢复呼吸为止。

（3）心跳停止者应先进行胸外心脏按压。让伤员仰卧，背部垫一块硬板，头低稍后仰，急救者位于伤员一侧，面对伤员，右手掌平放在其胸骨下段，左手放在右手背上，借急救者身体重量缓缓用力，不能用力太猛，以防骨折，将胸骨压下 4 厘米左右，然后松手腕(手不离开胸骨)使胸骨复原，反复有节律地进行(每分钟 60~80 次)，直到心跳恢复为止。

(三) 游泳 "16 忌"

游泳是磨炼人的意志、锻炼身体的良好方法，但游泳也有禁忌。

(1) 忌饭前饭后游泳。空腹游泳会影响食欲和消化功能，也会在游泳中发生头昏乏力等意外情况；饱腹游泳亦会影响消化功能，还会产生胃痉挛，甚至呕吐、腹痛现象。

(2) 忌剧烈运动后游泳。剧烈运动后马上游泳，会使心脏加重负担；体温的急剧下降，会减弱抵抗力，引起感冒、咽喉炎等。

(3) 忌月经期游泳。月经期间游泳，病菌易进入子宫、输卵管等处，引起感染，导致月经不调、经量过多、经期延长。

(4) 忌在不熟悉的水域游泳。在天然水域游泳时，切忌贸然下水。凡水域周围和水下情况复杂的都不宜下水游泳，以免发生意外。

(5) 忌长时间曝晒游泳。长时间曝晒会产生晒斑，或引起急性皮炎，亦称日光灼伤。为防止晒斑的发生，上岸后最好用伞遮阳，或到有树荫的地方休息，或用浴巾披在身上保护皮肤，或在身体裸露处涂防晒霜。

(6) 忌不做准备活动即游泳。水温通常要比体温低，因此，下水前必须做准备活动，否则易导致身体不适感。

(7) 忌游泳后马上进食。游泳后宜休息片刻再进食，否则会突然增加胃肠的负担，久之容易引起胃肠道疾病。

(8) 忌游时过久，皮肤对寒冷刺激一般有三个反应期。

第一期：入水后，受冷的刺激，皮肤血管收缩，肤色呈苍白。

第二期：在水中停留一定时间后，体表血流扩张，皮肤由苍白转呈浅红色，肤体由冷转暖。

第三期：停留过久，体温热散大于热发，皮肤出现鸡皮疙瘩和寒战现象。这是夏游的禁忌期，应及时出水。游泳持续时间不应超过 2 小时。

(9) 忌有癫痫史游泳。无论是大发作型或小发作型，在发作时有一瞬间意识失控，如果在游泳中突然诱发，就难免有"灭顶之灾"。

(10) 忌高血压患者游泳。特别是顽固性的高血压，药物难于控制，游泳有诱发中风的潜在危险，应绝对避免。

(11) 忌心脏病者游泳。如先天性心脏病、严重冠心病、风湿性瓣膜病、较严重心律失常等患者，对游泳应"敬而远之"。

(12) 忌患中耳炎游泳。不论是慢性还是急性中耳炎，因水进入发炎的中耳，等于"雪上加霜"，使病情加重，甚至可使颅内感染。

（13）忌患急性眼结膜炎游泳。该病病毒，特别是在游泳池里传染速度之快、范围之广令人吃惊。在该病流行季节即使是健康人，也应避免到游泳池内游泳。

（14）忌某些皮肤病游泳。如各种类型的癣、过敏性的皮肤病等，不仅诱发荨麻疹、接触皮炎，而且易加重病情。

（15）忌酒后游泳。酒后游泳体内储备的葡萄糖大量消耗会出现低血糖。另外，酒精能抑制肝脏正常生理功能，妨碍体内葡萄糖转化及储备，从而发生意外。

（16）忌忽视泳后卫生。泳后，应立即用软质干毛巾擦去身上水垢，滴上氯霉或硼酸眼药水，擤出鼻腔分泌物。若耳部进水，可采用"同侧跳"将水排出。之后，再做几节放松体操及肢体按摩或在日光下小憩 15~20 分钟，以避免肌群僵化和疲劳。

二、远离黄、赌、毒

大学生处在青春期，会产生一些对性的好奇和向往，这是正常的生理反应。但是大学生应把精力放在学习上，通过丰富多彩的文体活动，培养健康向上的生活情趣。如果接触淫秽物品，将会给自己带来不良后果，也会影响他人的健康和安全。大学生不仅要远离淫秽物品，而且不能制作、复制和传播色情内容。

（一）远离淫秽物品

淫秽物品，是指具体描绘性行为或者大肆宣扬色情、淫秽性的书刊、影片、录像带、录音带、图片、音频及其他淫秽物品。个别同学不知深浅涉足淫秽物品后，陷入泥潭不能自拔，整日精神萎靡不振，心神不定，想入非非，以致荒废学业，有的还坠入违法犯罪的深渊，从而断送了自己的前程。

对于淫秽物品，要坚决做到不看、不传，更不能走私、制作和贩卖。大学生应该培养高尚的情操，培养良好的兴趣，阅读好的书籍，结交好的朋友，积极参加健康有益的文体活动，力戒单纯追求感官刺激，努力脱离低级趣味，做有真才实学的人。

 典型案例

案例

传播淫秽物品害人害己

2011 年 10 月，重庆市某大学的学生刘某上传了 15 部色情影片到一色情论坛，累积点击量达 10 万次。2012 年，他被指控犯传播淫秽物品罪，在区法院受审。

承办此案的检察官介绍，2011 年 4 月，刘某在一个名叫"AV 狼"的色情网站上注册，并于 2011 年 10 月 16 日至 2011 年 10 月 25 日，在宿舍内使用其个人笔记本电脑在该色情网站上发布淫秽影片 15 部。截至 2012 年 9 月，该网站被关闭，他上传的 15 部

78 影片共计被点击 10 万余次。

　　"我发帖主要是为了活跃论坛气氛，增加会员积分，提高我的会员等级，可我没想到犯罪了"，庭审时，刘某对自己的行为非常后悔。对此，检察官的量刑建议为有期徒刑半年至一年半。

 **案例点评**

　　计算机和互联网普及后，黄色淫秽物品的传播更加迅速。正是由于这些"病毒"的存在，导致尚在成长发育阶段的大学生容易被感染，做出与身份、道德和法律不相符的举动。观看、传播淫秽物品，都是违法行为，最终害人害己。

 **相关链接**

　　《中华人民共和国刑法》第三百六十四条：传播淫秽的书刊、影片、录像、图片或者其他淫秽物品，情节严重的，处二年以下有期徒刑、拘役或者管制。

　　组织播放淫秽的电影、录像等音像制品的，处三年以下有期徒刑、拘役或者管制，并处罚金；情节严重的，处三年以上十年以下有期徒刑，并处罚金。

　　制作、复制淫秽的电影、录像等音像制品组织播放的，依照第二款的规定从重处罚。

　　向不满十八周岁的未成年人传播淫秽物品的，从重处罚。

（二）拒绝色情诱惑

　　大学生作为社会群体中的一分子，难免受到社会上各种不良现象的影响。色情场所是社会上存在的一种极其丑恶的现象。大学生若不自觉抵制色情诱惑，将会极大地破坏大学生的形象，影响身心健康，最终走向犯罪的深渊。

⭐ **典型案例**

案例 1

女大学生误入色情陷阱

　　某大学二年级学生徐某有意在学习之余找一份社会兼职，一来可以丰富社会阅历，二来可以锻炼自己的能力，而且还能使自己在经济上宽裕一点。一天，她看到了一个小广告，内容是高薪聘请陪聊、公关人员，不禁心动了，便与广告上联系人取得了联系，并很快被安排到一个休闲店去"上班"。单纯的她哪里知道这是一个隐匿的色情场所。她不幸陷了进去，失去了人身自由，被迫卖淫。"老板"还以告诉老师同学让她名誉扫地为由威胁她不得离开。直到忍受不了屈辱向公安机关举报，她才逃出了魔窟。

案例2

贪图钱财走邪路

王某大学毕业后没有找到称心的工作，为了赚大钱，遂以开办"水玲珑"家政的幌子，组织卖淫嫖娼活动。后经人举报，被公安机关破获，王某也受到了法律的严惩。

案例点评

卖淫嫖娼和组织卖淫嫖娼都是违法犯罪行为。以上三个案例中的同学，都是没有很好地把握自己，涉足色情，身败名裂，后悔终生。

大学生要提高自制和辨别能力，把精力放在学习和健康的娱乐上，不涉足有色情嫌疑的场所，自觉抵制色情诱惑，以免受到伤害。

相关链接

《中华人民共和国治安管理处罚法》第六十六条：卖淫、嫖娼的，处十日以上十五日以下拘留，可以并处五千元以下罚款；情节较轻的，处五日以下拘留或者五百元以下罚款。

在公共场所拉客招嫖的，处五日以下拘留或者五百元以下罚款。

（三）远离赌博

从公安机关查获的赌博犯罪来看，近年来，参与赌博的人数呈逐年上升趋势。大学生一旦参与赌博，将深受其害：荒废学业、伤害身心、破坏同学关系、影响正常秩序、污染校园风气、违反校纪校规、诱发犯罪等。

案例

沉迷赌博　走上绝路

大学生黄某家庭经济条件比较好，父母对他寄予厚望，他自己也决心成就一番事业。不料，他在二年级时开始接触校园周边的"老虎机"，参与赌博，从此改变了他的人生方向。刚开始时，他只是好奇，输赢在5元以内，不久便上了瘾，经常通宵达旦地赌，根本无心上课。父母给的生活费小部分用于吃饭，大部分用于赌博，经常身无分文。仅仅半学期，他就向同学借债3 000多元。他叹息道：赌，令我输没了志气，输没了理想，输没了脸面。我不想再活下去了。最后，黄某选择了卧轨自杀，结束了自己年轻的生命。

（四）远离毒品

毒品是指鸦片、海洛因、吗啡、大麻、可卡因、冰毒以及国家规定管制的其他能够使人成瘾癖的麻醉药品和精神药品。吸食（包括注射）毒品或欺骗、容留、强迫他人吸毒是违法犯罪行为，每个大学生都不可沾染毒品，要充分认识其危害。

1. 毒品的危害

毒品的危害，可以概括为"毁灭自己，祸及家庭，危害社会"十二个字。毒品已日益严重地威胁着人类的健康，破坏世界经济的正常运行秩序，吸毒贩毒已成为全球性公害。

（1）吸食毒品会严重危害人体健康。吸食毒品形成瘾癖后会产生强烈的病态反应，如：烦躁不安、失眠、疲乏、精神不振、腹痛、腹泻、呕吐、性欲减退或丧失。人体内的毒品达到一定剂量后会刺激脊髓，造成惊厥，乃至神经系统抑制，引起呼吸衰竭而死亡。静脉注射毒品又是肝炎、肺炎、性病及艾滋病等多种传染病传染的重要途径。

（2）摧残意志和精神，荒废学业。吸食毒品使人逐渐懒惰无力，意志衰退，智力和主动性降低，记忆力减退，致使学业荒废。

（3）吸毒是诱发犯罪的重要原因。毒品不仅危害人的身体，摧残意志，而且还会使人丧失理智和人格。吸毒耗资巨大，诱使吸毒者为解决毒资铤而走险，走上了盗窃、抢劫、诈骗、杀人、贪污、受贿、卖淫等犯罪道路。有些吸毒者以贩养吸，从害己转为既害己又害人。

2. 毒品的防范

（1）充分认识毒品违法犯罪活动的危害性，加强自身的学习和法律意识修养，培养高尚的情操和伦理道德观念。

（2）积极参加有益健康的文体活动，增强集体观念，培养广泛的兴趣和爱好，避免孤僻的生活方式。

（3）提高对毒品的防御能力，不要结交有吸毒恶习的朋友或听信他们的谗言。

（4）决不可因好奇而尝试毒品，防止上瘾而难以自拔。

（5）一旦沾染毒品，要积极主动向老师和学校报告，自觉接受学校、家庭及社会有关部门的监督戒除及康复治疗。

 典型案例

案例

被毒魔吞噬的女大学生

赵某，某名牌大学的学生。她出生在一个高级知识分子家庭。读大二那年，在一次同学联谊晚会即将结束时，赵某看见几个男女同学拿着一包东西，鬼头鬼脑地走进了一间屋子，并把门关得严严的。她觉得同学们的行踪有些奇怪，便走过去敲门，想进去看一看他们在干什么，但同学们在里面就是不给她开门。正当她转过身要走时，一位女同学把门拉开了，她便走了进去，看见整个屋里弥漫着烟雾，让人闻了就有一种强烈的头晕感。她明白了，同学们是躲在这里吸毒。她很清楚吸毒给人带来的严重后果，心里感到害怕，但当她看到他们似醉非醉、一副飘飘欲仙的样子时，一股强烈的好奇心顿时涌上心头，莫名其妙地产生了想试一试的冲动。这时，一名女同学笑着走到她的面前说："你过来吸上几口，保证你的感觉好极了。"她当时六神无主，一副犹豫的样子，其他同学也七嘴八舌地说："什么年代了，还是那么老土，我们都是现代人，要跟得上潮流，人生在世，什么都要品尝一下，亏你是一个大学生。我们不骗你，现在到处都流行这'玩意儿'，只要吸上几口，真的太舒服了。"在同学们的一再诱惑下，她终于接过了女同学递过来的卷有海洛因的香烟，心想，反正就这一次，吸几口试试，以后不吸就是了；再说，就是上了瘾，自己是一个高智商的大学生，也一定有毅力戒得掉。于是便吸了几口，但让她失望的是并没什么舒服感觉，反而感到有些胸闷，肚子有些隐隐作痛，还有点头昏想吐，心里难受极了。她想，这就是人们所说的飘飘然好舒服吗？她大声吼道："你们骗人！"同学们哈哈大笑："甭着急，明天你再来继续吸上几口，一定不会像今天这样的感觉，包你满意。"第二天，她又和同学们泡在一起吸上了几口，觉得全身有一种畅快、舒服的感觉。就这样，"白魔"一步一步地向她逼近，从此，她丧失了理智，迈出了人生不该迈出的一步，在"白魔"的陷阱中越陷越深。

赵某染上毒瘾后，每天吸毒需要花很多的钱，怎么办？她只好向父母要钱。她家经济条件比较宽裕，开始父母并不在意，要多少就给多少。随着毒瘾的增大，她向父母要钱的次数也越来越多；同时她的学习成绩也越来越差，有时连课都不去上了。这时她的父母由惊讶到疑虑，终于发现她吸毒的行为。父母一次次地劝赵某戒掉毒瘾，千万不能荒废学业。她的母亲流着泪跪在她的面前，苦苦哀求说："妈妈求你不要再吸毒了，你是妈妈最疼爱的女儿，吸毒会毁了你的，妈妈不能没有你！"望着母亲极度悲伤和憔悴

82

的面容，被毒魔缠身的赵某已无法把母亲的哀求听进心里了。

父亲的打骂，亲朋的规劝，老师的批评教育，都无法使赵某从迷途中觉醒，由于旷课太多，并且学习成绩一落千丈，加上吸毒在学校里影响极坏，最终她被校方开除，离开了学校。

父母对她彻底失望了，并断绝了她的经济来源，不管她用什么方法向父母要钱，她的父母就是不给。同时，采取强制措施把她绑起来，关在屋里，用锁把她锁住，进行强制性戒毒。

但是，当她父母上班走了，独自一人在家的她，毒瘾发作时大呼大叫，拼命地挣扎，痛苦的样子难以形容。为了减轻痛苦，她在地上打滚，用头撞墙，弄得全身血淋淋的。最后，她还是挣脱了被捆住的手脚，不顾生死地从阳台的铁杆上顺着滑下去，直奔那些同学处要毒品。逃离家门的赵某，没有父母的管束，便更加沉溺在"白魔"的陷阱里。

赵某的毒瘾越来越大，发展到要用注射器把毒品注射到静脉中去。用静脉注射毒品，花的钱更多，为了满足自己吸毒的需要，她不惜一切代价走上了所有"白粉妹"赚钱的道路——出卖肉体。后来，赵某染上了性病。

全国开展的"严打"斗争，使嫖客渐渐减少，赵某的收入远远不够吸毒的开支。有一天，她趁一个香港嫖客疲惫熟睡之机，盗走其包里的 12 万元港币，最终被送进了看守所。

 **案例点评**

吸毒者大都从精神的空虚开始。为寻求精神上的刺激沾染毒品，继而在生理上对毒品产生极大的依赖性，最终精神和身体上都对毒品极度渴望，追求吸毒后的快感。理想、事业、前途也随着吸毒次数的增多而灰飞烟灭。吸毒又是非常昂贵的消费，经济并不独立的大学生根本无法支付如此巨额的开销，为寻找毒资，他们不惜出卖自己的身体，或偷或抢，想尽一切办法弄到钱。吸毒成了吸毒者生活的中心，使其丧失了人的本性，成了危害社会的毒魔。

正因为如此，国家对从事毒品违法犯罪活动的处罚是非常严厉的，《中华人民共和国刑法》第三百四十七条规定：凡是走私、贩卖、运输、制造毒品的，无论数额大小，都依法追究刑事责任。对吸食、注射毒品，无论数额大小，都依法追究刑事责任。对吸食、注射毒品的违法人员处以拘留和罚款；吸毒成瘾者予以强制戒毒。屡教不改的，对其进行劳动教养，在劳动教养中强制戒毒。

三、交通安全

大学生交通安全，是指学生在校园内和校园外的道路上行走、乘坐或驾驶交通工具时的人身安全。只要有行人、载具、道路这三个交通要素存在，就有交通安全问题。学生作为交通参与者要严格遵守道路交通法规，提高道路交通安全意识，掌握相关安全常识，不因麻痹大意而发生交通事故。

 典型案例

案例 1

2014 年 4 月 10 日晚 9 时许，某学院大四年级学生魏某未取得机动车驾驶证驾驶无号牌两轮摩托车，沿着公路返回学校途中，撞上一辆因故障停在路边的大货车，造成魏某当场死亡、乘坐人罗某重伤的恶性交通事故。

案例 2

2003 年初，柳州市的一名女大学生搭乘一辆黑车，车门没关好，黑车就匆忙启动。结果造成这名女学生从车上摔下来当即昏迷。司机肇事后非但没停车抢救，反而加大油门溜之大吉。结果这女生成了"植物人"。

案例 3

某校一名大一女生，和同学在校外租借一辆三人骑的自行车玩耍，三人合骑到公路时，因刹车失灵，连人带车撞到公路的护栏上，致使该女生脸部严重受伤，治疗费花了10 多万元，脸上还破了相，给自己造成了永远的遗憾。

案例 4

某校一名学生周末回家从家里骑来一辆摩托车，结果发生车祸，导致该生脾脏破裂被摘除，造成的伤害终生无法弥补。

案例 5

某校学生张某借同学助力车在校园内滑行，突与路过的一位 60 岁村民发生碰撞，事情发生后，该生没有立即对老人进行施救，而是选择了逃逸，结果被当事人找到，赔偿了很大一笔钱。

✏️ **案例点评** ➡️

　　通过整理分析校园内外发生的典型交通事故案例，可发现校园相关交通事故形成的原因有以下几方面。

　　（1）人流、物流日益增多，交通流量大，出行人数多，人、车、路的供需矛盾日益突出。

　　（2）机动车辆和机动车驾驶员增长迅猛，改革开放40年来，我国道路交通迎来大发展，机动车增长194倍，汽车增长159倍，驾驶人增长199倍，公路通车里程增长4.4倍。

　　（3）广大学生交通参与者的法制意识淡薄，缺乏现代交通责任意识和安全意识，交通违法现象普遍，是导致交通事故的主要原因，表现在：

　　① 缺乏守法意识，恶意闯红灯；

　　② 缺乏文明交通意识，未遵守"各行其道"规定；

　　③ 缺乏交通安全责任意识，忽视交通违法行为造成的危害，如：无证驾驶摩托车（电动车）、不戴头盔，闯红灯、酒驾、超速，随意变更车道、分心驾驶，骑多轮自行车上公路，无证驾驶共享汽车等；

　　④ 校园道路上行走注意力不集中，在道路上进行各类活动，如：低头玩手机、打球、追逐打闹嬉戏、玩滑板车、超速骑共享单车等。

❓ **案例提示** ➡️

　　（1）认真学习、宣传和自觉遵守交通安全法律法规，增强社会公德意识和交通安全意识，树立文明交通新风。自觉遵守交通信号、交通标志、交通标线，服从交通警察的指挥；通过路口要遵守"红灯停、绿灯行"的交通规则。

　　（2）文明走路。必须在人行道行走，没有人行道的靠路右边行走。不闯红灯，不三五成群并肩走，不贪图方便翻越、钻跨交通隔离护栏，不在马路上追逐打闹嬉戏，不要穿越、倚坐在马路边的护栏、花台上；在路口不要急拐猛跑；不在道路上扒车、追车、强行拦车和抛物击车。不在校园交通主道和人员密集区域滑行滑板车。

　　（3）文明骑车。不驾乘电瓶车、摩托车和共享汽车；不骑乘多轮自行车；不多人骑乘一辆共享单车；骑车时不打伞、不玩手机；在划有停车区域停放车辆，不乱停、乱放。

　　（4）文明乘车。坐公交车在站台指定地点等候，做到车辆停稳后有序上下车，遵守"前门上车，后门下车"的规则，不干扰司机驾驶，不向车外抛洒物品；放假离校时，不乘坐黑车、超载车、无牌无证以及非客运车辆。

（5）做文明交通的宣传者和实践者，劝告家人、亲戚也要遵守交通规则，珍爱自己和他人的生命。

四、远离酗酒

酒精是中枢神经抑制剂，它使神经系统从兴奋到高度的抑制，严重破坏神经系统的正常功能，在兴奋期，所有反应的速度和精确度都受到损害，约束能力差，情绪不稳定，易激动，健谈。过量的饮酒还可能造成酒精中毒，对肝脏、胃、大脑等造成损害。

血液中的乙醇浓度达到 0.05% 时，酒精的作用开始显露，使人出现兴奋和欣快感；当血中乙醇浓度达到 0.1% 时，人就会失去自制能力；如达到 0.2% 时，人已到了酩酊大醉的地步；达到 0.4% 时，人就可失去知觉，昏迷不醒，甚至有生命危险。

 典型案例

案例 1

2019 年 12 月 6 日晚，某高校学生南某某、罗某某等五名学生（大一学生）因过生日在校外聚餐，发生了酗酒行为。22：58 回寝室时，宿舍楼栋已按照学校学生作息制度关大门，五名同学趁着酒兴分别冲击学生宿舍楼大门，宿管员、值班学生干部制止无果，其中，南某某等趁着酒兴还动手殴打了学生干部，学生干部保持了克制。学校值班保卫人员、学工人员赶至现场，控制了事态发展，将酗酒并动手打人的五名学生送至驻校民警室接受调查。五名学生的酗酒滋事行为严重违反了校纪校规且在学生中造成极坏影响，为严肃校纪校规，教育本人，警示他人，根据《学生违纪处分细则》，学校决定给予南某某等五名学生留校察看处分。

案例 2

2013 年 3 月 27 日下午，某大学某学院官方微博发布消息称，一名学生小鹏被发现猝死于宿舍中。据小鹏的室友小帆说，事发前一晚，小鹏 10 点多回到宿舍，11 点多冲完凉后就和他们一起喝啤酒、吃泡面，头发都没吹干，就爬上床准备睡觉。但到了次日凌晨 1 点多，小鹏依然没睡着，并向小帆表示心脏不舒服。次日早上，宿舍的人都起床上课，这时小鹏突然就晕倒了，而且躺在地上不断抽搐。室友见此情景赶紧叫人来帮忙并拨打 120，后来经过 40 多分钟的抢救，小鹏不治身亡。

案例 3

2014 年 3 月，某高校大四学生小张等人一同参加同学小刘的生日聚会，11 人总共喝了 4 瓶白酒、1 箱啤酒，其中小张一人就喝了 1 斤多白酒和 2 瓶啤酒。宴席结束后，小张呕吐不止，同学将其送至酒店休息。第二天凌晨 2 点多，室友发现小张已没有鼾声，连忙拨打 120 急救。经过半个多小时的抢救，医生最终确认小张死亡。

案例 4

2014 年，某学院连发两起学生酗酒恶性事件，2014 年 5 月 29 日，2010 级学生叶某（男，本人已考上公务员），在毕业前夕，与同学共 11 人到校外聚餐并饮酒，于当晚 23 时溺水身亡于三清园附近池塘，第二天早上被发现。2014 年 11 月 26 日晚，2011 级学生温某（男），与同学共计 5 人，因临近毕业在校外聚餐。聚餐中途李某、陈某二人先行离开，其余三人继续酗酒。而后温某因饮酒过度，回校时醉倒在花坛前，并被加班的学校老师发现，随后被紧急送往校医院接受治疗。

✎ **案例点评**

同学聚餐，本是一件无可非议的事。在大学这个逐渐被披上社会色彩的环境中，宴会聚餐为同学、朋友提供了在一起沟通感情、加深友谊的机会。但是，非良性的聚餐不但不能起到交流情感的作用，反而是恶性文化的体现，在同学聚餐活动中发生酗酒事件，造成不良后果甚至悲剧。纵观如今大学生聚餐时的情形，点餐者出手阔绰，四菜一汤必不可缺，鸡鸭鱼肉那是自然，但满满一桌饕餮盛宴未能物尽其用，反而是三杯两盏下肚，进而便以酒会友，一醉方休，在临近散场的时候，大部分饭菜被肆意浪费。一些学生借聚餐宴会盲目攀比、拉帮结派、借酒消愁，结果"喝酒喝出胃出血""大学生聚餐一死四伤"等标题出现在各大媒体，聚餐酗酒已成为大学生身心健康的一大威胁。

❓ **案例提示**

防止酗酒，大学生应注意以下几种错误的观念和做法：

(1)"今朝有酒今朝醉""借酒浇愁"，这在实质上是逃避现实、自暴自弃的表现。

(2) 片面理解"酒逢知己千杯少"，认为交朋友离不开饮酒作乐，事实上这样的"酒肉朋友"未必靠得住。

(3) 错误地认为"男子汉天生应当会喝酒"。这不是衡量"男子汉"的标准。

(4) 为达到预定目的而特地设酒摆宴，饮酒为名，交易是实。

（5）逢场作戏，为"助兴"而即席端杯，或出于好奇而涉足，这种人最容易成为别人摆弄的对象。

（6）硬着头皮充好汉，说什么"舍命陪君子""感情深一口闷、感情浅舔一舔"等，其实这种人多数酒量并不大，只是想博取他人的心悦诚服，最终授人以笑柄。

预防酗酒，大学生切记下列情况下饮酒易引发生命危险：

（1）切忌服药后喝酒。酒精会削弱部分药物的功效，即使只喝一至两杯，酒精成分亦可抑制某类药物的效能。服药后喝酒是很危险的，某些药物（如氨酚待因片、头孢类抗菌药、甲硝唑）一旦和酒精混合，便会产生过敏反应。例如服食抗生素后饮用任何酒，可引致呕吐和头痛。止痛药如布洛芬和阿司匹林等，跟酒同服也会刺激胃部组织，重者可使人休克甚至死亡。最安全的做法是在服药后四十八小时内，都不要喝酒。

（2）睡前不宜饮酒。睡前饮酒，可扰乱睡眠中的呼吸，使人在睡眠中发生短暂呼吸停顿，而这种短暂的呼吸停顿，如果在一夜之间超过 10 次，就会引起人体一系列的病理生理上的变化，常表现为血氧饱和度下降，出现窦性心律失常，交界性心律和室性早搏纤颤，还可引起血流动力学紊乱，发生肺动脉高压，甚至出现心力衰竭，导致死亡。打鼾者可能会呼吸暂停，有死亡危险。

过度饮酒后，易引起下列不良反映：

（1）误吸。误吸是醉酒者发生意外死亡的主要原因。酒后呕吐时胃内容物容易进入气道，导致患者窒息及诱发吸入性肺炎。醉酒者一定不能仰卧睡觉，头一定要偏向一侧，防止呕吐物进入气管。

（2）双硫仑样反应。应用头孢类、甲硝唑等药物期间饮酒可出现双硫仑样反应，如面部潮红、头痛眩晕、腹痛、胃痛、恶心呕吐等，严重者可致呼吸抑制、心肌梗死、急性心衰及死亡。在用药期间和停药 5 天内不能饮酒、口服或静脉输入含乙醇的药物。

（3）急性胰腺炎。饮酒可导致急性胰腺炎发作，后者可产生心肌抑制因子，使心脏骤停。因此，酒精中毒患者应常规查血清淀粉酶。

（4）低体温。酒精可造成血管扩张，散热增加，尤其是在寒冷环境中，易造成低体温，使机体出现高凝血症、高血糖症和心律失常，造成患者的意外死亡。

（5）横纹肌溶解。饮酒患者常昏睡很久，如肢体不活动，长时间压迫部位，会出现肌肉缺血坏死，导致横纹肌溶解。肌肉溶解释放大量坏死物质入血，会造成多脏器功能不全，甚至猝死。

（6）洗胃后低渗。在酒精中毒的急救中，有时需要给患者用清水洗胃，清水大量入血，造成体内低渗状态，可能会发生低渗性脑水肿。一旦发生脑疝，可发生猝死。

（7）心脏急症。饮酒可诱发急性心肌梗死，尤其是老年人和有糖尿病等基础病的患者。

（8）脑出血。有人深度酒精中毒后，会出现脑出血。据估计我国每年有 11 万人死于酒精中毒引起的脑出血，占总死亡率的 1.3%。

88

（9）甲醇中毒。饮用含甲醇的工业酒精或用其勾兑的散装白酒后，可引起甲醇中毒。摄入甲醇5~10毫升就可引起中毒，30毫升可致死。

（10）低血糖症。酒后如出现心悸、多汗、低体温、脉快有力、神志模糊、嗜睡、昏迷等症状，应警惕酒精性低血糖症，需及早就医。若低血糖昏迷持续超过6小时，会导致脑水肿、中枢神经损害，甚至死亡。

最后，希望同学们不断提高自己的修养和自控能力，提高警惕，不要刻意地去培养或放任自己的饮酒习惯，拒绝酗酒，维护身心健康。

相天链接

（1）《中华人民共和国侵权责任法》第十六条：侵害他人造成人身损害的，应当赔偿医疗费、护理费、交通费等为治疗和康复支出的合理费用，以及因误工减少的收入。造成残疾的，还应当赔偿残疾生活辅助具费和残疾赔偿金。造成死亡的，还应当赔偿丧葬费和死亡赔偿金。

（2）饮酒人的法律责任。酗酒当事人的法律责任：18周岁以上的公民为完全民事行为能力人，需要为自己的行为负责。明知酗酒危害无穷，却依然放纵自己过度饮酒，导致醉酒伤亡的严重后果，自身存在过错，应当承担主要责任。共同饮酒人的法律责任：喝酒者醉酒后猝死，共同饮酒人未尽到伙伴注意义务，酒吧经营者未尽到安全保障义务，均构成不作为侵权，应当承担侵权责任。

（3）劝酒人要承担法律责任的四种情形：第一，强迫性劝酒；第二，明知对方不能喝酒仍劝其饮酒，是否知道对方的身体状况，成为同饮人应否承担过错责任的前提；第三，未将醉酒者安全护送，对于那些喝多了已经丧失自我照顾能力的人还要自行回家的情况，我们就要在酒后尽到劝阻、照顾、护送和通知义务，如果明知其独自回去会有危险而放任该行为发生，那么在主观上存在一定的过错，应承担相应的过错赔偿责任；第四，酒后驾车未劝阻导致发生车祸等损害，我国刑法规定，醉酒驾驶作为危险驾驶罪被追究驾驶人刑事责任。

（4）《黄冈职业技术学院学生违纪处分细则》第二十九条第（五）项：酗酒者，给予警告以上处分；第（六）项：酗酒肇事者，给予严重警告以上处分。

五、防性侵害

性侵害严重危害大学生的人身安全和健康成长，个别女生在交往中放松警惕，以致遭遇来自校内或校外的性侵害，给其身心造成了十分严重的伤害。发生在大学生身上的性侵害一般分为暴力式、胁迫式、社交性强奸和流氓滋扰式侵害四种。

 **典型案例**

案例1

遭遇歹徒，反抗自救

2002年4月20日中午，某高校女生张某独自一人去学生会办公室，途中，遭遇社会青年齐某的尾随。当齐某确认办公室没有其他人后，马上用随身携带的手绢蒙住面部，手持啤酒瓶闯入室内，将正在学习的张某按住，威胁道："把钱拿出来，别出声，出声整死你。"张某慌忙将书包中仅有的十几元现金交给齐某。齐某见势顿生歹意，将张某摁倒在地，并解下张某的鞋带欲捆住张某并实施强奸。张某乘其不备，夺下啤酒瓶砸向齐某的头部，并大声呼救。齐某受伤慌忙逃跑。案发后，张某及时到学校保卫部门报案，并为公安机关提供线索和证据。2002年5月，齐某被捉获归案，被判处有期徒刑三年。

 案例点评

上述案例就是一起因抢劫而引起的暴力式性侵害案件。不法分子本欲实施抢劫，见办公室别无他人，顿生邪念，欲行强奸。值得肯定的是张某的头脑冷静，临危不惧，使不法分子的企图没有得逞，很好地保护了自己。

案例提示

（1）女大学生若需要单独出行，尽量避开隐蔽、狭窄、灯光昏暗的道路和场所。

（2）若不幸遭遇不法分子侵犯，首先要有坚持斗争的信心，冷静、机智地与其周旋，利用自身携带的坚硬物品（发夹、钥匙等）作为武器，或借助周围一切可以利用的物品予以反击。

（3）也可先假装同意，乘其脱衣时猛击其裆部、太阳穴、印堂穴等要害部位，使其丧失侵犯能力，再借机逃走并大声呼救。

（4）在无力反抗而不幸遭受侵害时，要努力记住犯罪分子的体貌特征，或是在其身上留下抓痕等印迹，保护好现场及物证，并克服羞怯等心理勇于报案，积极主动地配合公安机关惩治犯罪分子。

案例 2

忍气吞声，屡遭奸污

某大学有这样一位女生：其男友给她的一封信被人偷去，此信中谈到了她与男友的某些隐私。偷信人找到该女生要与其发生性关系，女生不允，此人则扬言道："如果你不同意，我就把信交给你的领导，那时你将会受到开除的处分，永远见不得人。"在这种要挟和恐吓下，该女生不敢反抗，多次遭到偷信人的奸污。

案例点评

上述案例是典型的胁迫式性侵害案件。不法分子利用不道德的手段获得受害人的某些隐私，对受害人进行胁迫，再加上受害人心存顾忌，不敢反抗，不敢报案，更助长了不法分子的淫威，使得受害人多次遭受侵害。

案例提示

有效地避免胁迫式性侵害，应注意以下几点：

（1）对无理要求要坚决说"不"，不要迫于暂时的困难而使自己陷入更深的痛苦之中。

（2）品行端正，不授人以柄，使不法分子无机可乘。

（3）即使有过错或隐私，遭遇不法分子胁迫时，也不要有所顾虑，要相信和依靠学校、公安机关来解决，不要在错误的道路上越走越远。要清醒地认识到，不法分子根本没有人格和信誉可言，他们的卑鄙伎俩是没完没了的。

案例 3

贪图虚荣，与狼共舞

某大学一位女生，在校外餐馆就餐时遇到一个体商贩。该人穿着入时，花钱阔绰，外貌不俗。经过几句对话，两人便交上了朋友，从此经常约会，逛商场、去歌厅。该商贩为女生买过许多衣物、首饰等。一次外出郊游，该商贩将女生领到偏僻处，在这名女生毫无思想准备的情况下，使用暴力将其强奸。该女生后悔莫及，虽与商贩断绝了往来，却很难愈合留在心里的创伤。

✏️ **案例点评** ➤

　　上述案例是一起典型的社交性强奸案。该女生与犯罪分子相互之间都有一定程度的交往，比较熟识，却正是在因熟识而毫无防备的情况下，遭遇了犯罪分子蓄谋已久的性侵害，使身心受到极大的伤害。

❓ **案例提示** ➤

　　预防社交性强奸的主要措施：
　　（1）切忌在与他人的交往中表现出轻浮。
　　（2）不轻易相信陌生人或结识不久的朋友，更不能单独应约去陌生的地方。
　　（3）不贪图虚荣，不接受超过一般程度的馈赠，以免使自己受制于别人。
　　（4）避免单独赴约到家里、宾馆、车内等易受控制的场所。

🔗 **相关链接** ➤

　　容易遭遇性侵害的时间及地点：
　　一个人单独行走时，容易遭遇侵害；夜晚光线昏暗，犯罪分子作案时不易被人发现，是发案率较高的时间。江堤边、公园假山、树林深处、狭道小巷、没有路灯的街边、未交付使用的建筑内等比较偏僻的公共场所是流氓潜入对女生实施性侵害最多的场所。

六、拒绝寻衅滋事

　　大学向来被人们誉为"象牙塔"，是世人心目中的知识殿堂、文明圣地。由于受社会治安形势的影响，以及学校规模的扩大、学生人数的增加、学生素质的参差不齐，再加上高校的开放性，高校校园也并非一方净土，各种刑事、治安案件时有发生，其中寻衅滋事是最常见的。

 **典型案例**

案例1

社会流氓，校园滋事

某日下午，声称来校办理业务的刘某等一行三人，驾驶一辆暗红色的桑塔纳轿车进入某高校内。15时40分左右，刘某在学生公寓内无视校内规定，随意行车，险些将正要回宿舍的学生徐某撞倒。他不仅没有下车道歉之意，反而瞪着白眼，嘴里骂骂咧咧。好好地走路，却反遭如此谩骂，徐某特别生气，喊来路过的几名同学，执意要向刘某讨个说法。车内一穿白色衬衣的男子下车后随即冲上前来，二话不说就给徐某一个耳光，双方便扭打了起来。保卫人员接到报警后赶到现场，进行制止，并警告他们不要在校内滋事，否则报警。刘某称自己就是警察，就是"110"。警察赶到一看，原来刘某等几个人是有前科的社会青年，遂将其带走。

案例点评

从案例中可见，刘某等人不仅不遵守校内规定，而且目无法纪，口出狂言，一副"老子天下第一"的恶霸面目，连最基本的社会公德也没有，"办理业务"只是他们的幌子，寻找刺激、伺机滋事才是他们的真正目的。

案例提示

遇有此类情况发生，应注意做到：

（1）在第一时间向学校保卫部门报告，依靠组织、集体的力量积极干预和制止其违法行为。

（2）在保卫人员未赶到之前，一定要保持头脑清醒，坚持说理与其周旋，并注意掌握其寻衅滋事的有力证据。

（3）切忌冲动蛮干，不与其发生正面冲突。一是根本不值得将自己与其置于同等地位而大动干戈；二是若是与此类无赖之徒纠缠，往往吃亏的是同学们自己。要依靠法律武器来对付此类滋事者。

案例 2

酒后滋事，伤害无辜

某高校施某、胡某等四名同学在校外一起吃夜宵，喝了一些啤酒。次日凌晨 1 时回校的路上，四人酒性大发，为发泄情绪，突然拦住一正在行路的男青年陆某，故意挑衅，并围住陆某拳打脚踢，致使陆某受伤。闻讯赶到的治安队员将醉醺醺的施某、胡某当场抓获。另两名同学乘机跑掉，不过酒醒后也主动向公安机关投案自首了。

案例点评 ▶

上述案例中，施某、胡某等人法律意识淡薄，无视法律和校纪校规，酗酒后借酒装疯，殴打他人，受到应有的惩处、喝下自己酿的苦酒是在所难免的。

案例提示 ▶

大学生应认真学习法律知识，做一名知法、懂法、守法的高素质公民；培养良好的生活作风，常思父母的养育之恩；不要寻衅滋事，对自身和他人造成伤害。

相关链接 ▶

《中华人民共和国治安管理处罚法》第二十六条：有下列行为之一的，处五日以上十日以下拘留，可以并处五百元以下罚款；情节较重的，处十日以上十五日以下拘留，可以并处一千元以下罚款：

（一）结伙斗殴的。
（二）追逐、拦截他人的。
（三）强拿硬要或者任意损毁、占用公私财物的。
（四）其他寻衅滋事行为。

案例 3

庆祝生日，命亡酒吧

大学生高某家庭富裕，父母给的生活费多，经常到酒吧、KTV 消费。高某 20 岁生日时，晚上邀约同学李某等五人到校外一酒吧为自己庆祝。期间他们喝了一些酒，高谈阔论。高某在走动时不慎与几个社会青年撞在一起，言语冲撞后便打了起来。高某同学见状，也参与其中，与几名社会青年群殴。不料一名社会青年抽出一把匕首捅向高某，高某顿时倒地不起。几名社会青年见状立即四散逃走，高某的同学惊慌失措，连忙报警，并送高某去附近医院，但高某终因伤及要害，抢救无效死亡。

案例点评

　　高某与同学到酒吧喝酒庆祝生日，与他人发生冲撞后，不够冷静，丢掉性命，结局令人痛心。高某的同学意气用事，没有及时制止和报警，而是参与其中，造成群殴，也是发生悲剧的重要原因。

案例提示

　　如今，有些大学生的家庭条件优越，喜欢到校外一些娱乐场所消费。然而，一些公共娱乐场所情况复杂，容易被伤害，从而酿成悲剧。大学生不要盲目追求享乐和高消费，莫去校外的娱乐场所；与他人发生矛盾时要冷静处理，不可意气用事，扩大事态；遭受不法伤害时，要及时报警，并寻求救助。

相关链接

　　教育部颁布的《普通高等学校学生管理规定》第四十二条：学生不得有酗酒、打架斗殴、赌博、吸毒，传播、复制、贩卖非法书刊和音像制品等违法行为；不得参与非法传销和进行邪教、封建迷信活动；不得从事或者参与有损大学生形象、有悖社会公序良俗的活动。

案例4

一时冲动　造成恶果

　　贺某、龚某同为某高校大二学生，且住同一个寝室。两天前，贺某觉得龚某的两双袜子太臭，将其放进水盆里泡着。过了两天贺某将龚某的第三双臭袜子丢到了窗外，两人因此发生口角。冲突中，龚某顺手拿起桌子上的一把普通水果刀，朝贺某的腹部捅了一刀。贺某受伤后，龚某如梦方醒，和室友一起抬着贺某去急救，但贺某因伤势过重，两个多小时后，经抢救无效死亡。

案例点评

　　一个年轻的生命就这么逝去了，令人悲痛，发人深省。案例中，两位同学从不同的地方走到一起学习和生活，本是缘分，哪有仇恨！可为了一双臭袜子，却酿成悲剧，教训深刻。龚某的袜子很臭，影响宿舍卫生，影响同学生活，确实不应该，但贺某随意将龚某的臭袜子丢出窗外的做法也是不妥的。龚某不讲卫生，不讲公德，已是有错在先，他不是主动地去改正错误，而是冲动地持刀伤人，更是错上加错，害了别人也害了自己。

案例提示

　　（1）亲人、朋友、同学之间要相互尊重、相互关爱和体谅。
　　（2）遇到矛盾纠纷时，要冷静克制，保持理智，善于察言观色，不要激化矛盾，避免流血事件发生。
　　（3）当发现同学、朋友或其他人有聚众打架苗头时，应立即劝阻，并及时向老师报告。

相关链接

　　《中华人民共和国治安管理处罚法》第四十三条：殴打他人的，或者故意伤害他人身体的，处五日以上十日以下拘留，并处二百元以上五百元以下罚款；情节较轻的，处五日以下拘留或者五百元以下罚款。
　　有下列情形之一的，处十日以上十五日以下拘留，并处五百元以上一千元以下罚款：
　　（一）结伙殴打、伤害他人的；
　　（二）殴打、伤害残疾人、孕妇、不满十四周岁的人或者六十周岁以上的人的；
　　（三）多次殴打、伤害他人或者一次殴打、伤害多人的。

七、防家教陷阱

　　家教是最受大学生欢迎的兼职赚钱方式之一，但有的大学生安全防范意识差，被不怀好意者打着找家教的幌子骗财、骗色。一方是盲目求职、缺乏生活经验的大学生，一方是以请家教为诱饵处心积虑设下陷阱的恶魔，两者相遇，结局如何可想而知。

 典型案例 ▶

案例

放松警惕，羊落虎口

杨某是某大学外语系大一学生，在报纸上刊登启事想做家教。不久就接到一名陌生男子的电话，称想给小孩找一个英语口语家教，并约好当天中午在某酒店门口见面。杨某按时来到了酒店门口，一名年轻男子开着一辆蓝色小货车来接她。男子自我介绍说，他姓付，是小孩的叔叔。付某开车载着她往西秀海滩方向行驶。杨某感觉不对，起了警惕之心，连忙给同学发短信让其打电话给她。付某一直把车开到了附近的丛林中，此时杨某正好接到同学的电话，想趁接电话的机会跑掉，谁知付某早有预谋，用刀威胁，对杨某实施了强奸。

案例点评 ▶

杨某兼职心切是可以理解的，但缺乏应有的警惕和防范，公开自己的信息被坏人利用而受到伤害。一些大学生在寻找兼职时，往往关心的只是报酬的多少，而对对方的身份、职业等情况不去深入了解，从而埋下安全隐患。社会上一些别有用心的人正是利用大学生缺乏社会经验、求职心切的心理，对大学生实施伤害行为。

案例提示 ▶

大学生选择家教工作时，要设好安全防线。面对未知的"家长"，在不了解对方的前提下，应学会保护自己，小心谨慎行事。女大学生初次家教时，以白天为宜，最好有同学相伴。面谈时如果发现与原条件不相符，应提高警觉，尤其学生或家长是成年男性时更要慎重；若主人招待水果、茶水、饮料时，如果对该家庭不太熟悉，不宜食用；做完家教后，最好不要在对方家中逗留。

相关链接 ▶

如何预防家教陷阱？

首先，接到面试电话时不要盲目赴约，要先尽量多地了解一些对方的情况，比如信誉、知名度等。如果应聘的时间太晚或住址比较偏僻，可以找同学陪伴，或者干脆放弃，毕竟家教机会还是很多的。

其次，做家教时要避免对异性承诺单独辅导，并要合理安排补习时间，不能安排得太晚。

最后，要保持通信畅通。每次去辅导前最好告知同学或朋友，并说明自己去哪里、何时回来等，让同学心中有底，一旦发生意外，便于同学们及时采取措施。

八、校外租房危险防范

大学生校外租房现象屡禁不止。细究起来，在外租房的大学生各有各的理由，如宿舍内人多干扰大，要找一个安静的环境安心学习；要找一个自由的空间，追求"我的空间我做主"的感觉；摆脱学校按时熄灯、就寝的管束，追求"我行我素"的自由生活，等等。然而，大学生们却没有想到，学校周边往往人员复杂，治安环境差，出租房存在诸多安全隐患，大学生在外租房引发的治安事件和安全事故屡见不鲜。

 典型案例

案例 1

不听劝阻，命丧危房

大学生刘某痴迷上网，因学校夜间限电而不能长时间上网，于是在外租房。学校发现后，辅导员对他进行了批评教育，三次要求其搬回学校宿舍，但他置之不理。某晚下雨，刘某回到出租房去收挂在阳台上的衣服，不慎摔到楼下，当场死亡。原来出租房是违章建筑，栏杆很低，不具备安全条件。刘某收衣服时脚下打滑，因栏杆太低而直接摔到了楼下，造成了悲剧。

案例 2

凶残歹徒，既奸又盗

某大学女生张某，临近毕业，以为住在校外找工作方便出入，于是独自一人在校外租房居住。一日晚 10 时，张某走在回出租房的小巷内，一个黑影已悄悄地跟踪她了。待其开门的瞬间，歹徒从后将其击晕，拖入房内对其实施了强奸。歹徒临走时，将张某的手机等贵重物品偷去。张某醒来时，失声痛哭，悔之已晚。

案例点评

案例1中，刘某校外租房，脱离了校纪校规的约束，沉溺于上网，满足了网瘾，却忽视了出租房的安全，造成意外死亡事故。案例2中，张某以方便找工作为由，在校外租房，却没有意识到潜在的危险，给自己造成了难以抚平的创伤。另外，大学生在外租房被盗、被抢等案件也时有发生。校外租房安全隐患多，希望大学生切莫尝试，以免人身财产受到损害。

案例提示

遵守校纪校规，不要到校外租房居住；若因特殊原因须在校外租房，要经过学校同意，并详细考察社区治安和出租房屋状况后再选择租房。同时，尽量不要单独租住，更不能与不明底细的人合租；详细签订租房协议，一式三份，向学校相关部门递交一份，以备出现租房纠纷时，学校能有证据帮助协调；在租房地夜间要少外出，往来时要提防坏人跟踪；将租房地址告诉辅导员和同学，并保持联系；与社区民警取得联系，紧急情况下电话求助。

相关链接

《教育部办公厅关于进一步做好高校学生住宿管理的通知》规定：认真落实按班级住宿的工作要求。原则上不允许学生自行在校外租房居住。

九、防艾滋病

拓展资料

大学生已经成为艾滋病传染高危人群，在校大学生必须掌握预防艾滋病的知识和技能，增强预防艾滋病的意识和责任感。而且青年学生正处于生理和心理发生巨大变化的时期，同时也处于学习知识、树立良好行为习惯的最佳阶段，因此在大学校园内推行预防艾滋病工作显得尤为重要。只有让当今大学生正确认识艾滋病，才能真正做到有效预防艾滋病，从而提高整个社会对艾滋病患者的关爱。

（一）关于艾滋病

1. 艾滋病的含义

艾滋病，是获得性免疫缺陷综合征（AIDS）的简称。由人类免疫缺陷病毒（HIV）所引起的致命性慢性传染病。主要通过性接触和血液传播，使人细胞免疫功能受损，最后并发各种严重的感染和肿瘤。

2. 艾滋病病毒感染者和艾滋病人的不同之处

艾滋病病毒感染者是指已经感染了艾滋病病毒，但是还没有表现出明显的临床症状，没有被确诊为艾滋病的人。

艾滋病病人指的是已经感染了艾滋病病毒，并且已经出现了明显的临床症状，被确诊为艾滋病的人。

二者之间的相同之处在于都携带艾滋病病毒，都具有传染性。不同之处在于艾滋病病人已经出现了明显的临床症状，而艾滋病病毒感染者还没有出现明显的临床症状，外表看起来跟健康人一样。从艾滋病病毒感染者发展到艾滋病病人可能需要几年到 10 年甚至更长时间。

3. 艾滋病是"超级绝症"

艾滋病病毒通过破坏人的免疫系统和机体抵抗能力，而给人以致命的打击。艾滋病严重地威胁着人类的生存，已引起世界卫生组织及各国政府的高度重视，人员及经费投入惊人。艾滋病病人因抵抗能力极度下降会出现多种感染，如带状疱疹、口腔霉菌感染、肺结核，以及特殊病原微生物引起的肠炎、肺炎、脑炎等，后期常常发生恶性肿瘤，直至因长期消耗，全身衰竭而死亡。虽然全世界众多医学研究人员付出了巨大的努力，但至今尚未研制出根治艾滋病的特效药物，也没有可用于预防艾滋病的有效疫苗。目前，艾滋病死亡率几乎高达 100%，已被我国列入乙类法定传染病，并被列为国境卫生监测传染病之一，故此我们称其为"超级绝症"。

4. 艾滋病的传染途径

艾滋病虽然很可怕，但 HIV 病毒的传播力并不是很强，它不会通过我们日常的活动来传播。也就是说，我们不会经浅吻、握手、拥抱、共餐、共用办公用品、共用厕所、共用游泳池、共用电话、打喷嚏、蚊虫的叮咬而感染，甚至照料 HIV 感染者或艾滋病患者都没有关系。

艾滋病主要包括性传播、血液传播和母婴传播三条传播途径。

（1）性传播。通过性行为在人群传播，也可通过人工授精传播。

（2）血液传播。通过接受 HIV 感染者捐献的血液或器官，使用受 HIV 污染的血染液制品或与 HIV 感染者共用注射针头而被感染。此外，接触 HIV 感染者体液或 HIV 培养物的医务人员和实验人员存在感染 HIV 的职业危险性。

（3）母婴传播。如果母亲是艾滋病感染者，那么她很有可能会在怀孕、分娩过程或是通过母乳喂养使她的孩子受到感染。

案例1

輸血感染艾滋病

　　一天在下班途中，一场突如其来的车祸让秦某倒在了血泊中，由于失血过多，医院给她输血治疗，挽回性命。多年之后的一个夏天，秦某突发高烧，确诊已经感染上了艾滋病病毒。由于秦某的免疫力比正常人要低很多，她后来又被查出了鼻咽癌。

案例点评

　　由于艾滋病病毒主要存在于人的血液、精液、阴道分泌物和乳汁中，所以这些有病毒的体液进入其他人身体里的行为都有可能导致艾滋病病毒的感染。

5. 我国艾滋病概况

　　国家卫健委公布，我国自 1985 年发现首例艾滋病患者以来，截至 2014 年 10 月底，报告现存活的艾滋病病毒感染者和病人已达到 49.7 万例（感染者占 60% 左右），死亡 15.4 万例。截至 2018 年 9 月底，我国存活的 HIV 感染者和病人共计 85.0 万例，死亡 26.2 万例，呈逐年上升趋势，且男性同性性行为传播比例上升明显。

6. 艾滋病有哪些症状?

　　从感染艾滋病病毒到发展成艾滋病患者，可分为三个时期。

　　（1）急性感染期。一般在感染艾滋病病毒后 2~6 周出现。表现为发热、咽喉痛、淋巴结肿大、皮疹等，一般持续约两周自行消退。但不是所有的人都会有明显的急性感染期，出现率为 50%~75%。此期感染者具有传染性。

　　（2）症状感染期。其特点是没有明显的症状，是艾滋病的潜伏期。潜伏期内的艾滋病病毒感染者具有传染性，又称作艾滋病病毒携带者。这时的艾滋病病毒抗体阳性检出率几乎达 100%。

　　（3）病期。表现为全身症状，如持续不规则低热；持续性全身性淋巴结肿大，特别是除腹股沟以外，全身有两处以上部位淋巴结肿大，一般直径 1 厘米左右，不疼痛；持续慢性腹泻；3 个月内体重下降 10% 以上；盗汗，初为夜间出现，继而发展到白天也存在；极度乏力、记忆力减退、反复头痛、反应迟钝甚至痴呆；出现肺炎、结核、肠炎等，甚至肿瘤。艾滋病病毒抗体呈阳性。

　　（二）艾滋病的危害

　　艾滋病对个人、家庭和社会都会造成不可忽视的危害。

（1）对个人。身体上承受巨大的痛苦，心理上承受巨大的压力，容易受到歧视，被朋友、家人冷落。

（2）对家庭。经济状况恶化，容易造成家庭破裂，孩子、老人无人照料。

（3）对社会。艾滋病是一个社会问题，社会中的每个成员都有可能成为艾滋病流行的直接或间接受害者。

（三）艾滋病的预防

（1）防艾滋病的性传播。洁身自爱，保持忠贞单一的性关系；发生性行为时正确使用避孕套；及时治疗性病。

（2）预防艾滋病的血液传播。不使用未经检测的血液及血液制品，不吸毒，不与别人共用针具。穿耳或身体穿刺、文身、针刺疗法或者任何需要侵入性的刺破皮肤的过程，都有一定的艾滋病病毒传播危险，需要特别注意。

（3）母婴传播预防。艾滋病病毒可在怀孕、分娩或者孩子出生后的母乳喂养过程中传播。感染艾滋病病毒的妇女应避免怀孕，如怀孕应人工流产。孕、产妇在分娩前后使用抗病毒药物，可降低母婴传播的概率，采用人工喂养，也可减少艾滋病病毒感染的危险性。

案例 2

多个性伴侣感染艾滋病

大学生小文与女友分手后，情绪低落，后来在好奇心的驱使下开始了与不同的女生交往，在学校里有几个固定的性伙伴。他原来以为，同样是学生，不大与社会交往，相互之间应该是干净的，因此就没有做任何防护措施。近来身体忽然出现了问题，长时间腹泻治疗无效，体重急剧下降。他联想到学校宣传的艾滋病知识，犹豫再三，进行了抗体检查，结果呈阳性。

✎ 案例点评 ▸

大学校园男女交往的情况逐渐增多，很多学生根本不知道潜在的危险有哪些。小文他希望成为一名志愿者，将艾滋病预防知识在校园内传播开来，使更多的大学生掌握预防艾滋病的知识和技能，树立社会责任意识和正确的性道德观，培养文明健康的生活方式，营造良好的艾滋病防治社会环境。

案例 3

随意交友感染艾滋病

放暑假没回家，小雨认识了刘某。刘某称组织了好多人去唱 KTV，邀请他一起去。结果到了包间，刘某开始凶相毕露，威胁小雨与其发生性关系，否则休想离开……

102

最近半个月来小雨莫名发烧，而且高烧不退，去医院就诊，被诊断为肺炎。医生建议小雨立刻抽血检查，最后查出 HIV 阳性。

据小雨介绍，手机 App 等便捷的交友软件促使各行各业的人联系交往，大家约在某个酒吧，约会后甚至不留电话。许多感染者都不知道是被谁传染的。

 **案例点评**

同性性行为，会增加感染艾滋病的概率。另外，不管是同性还是异性性行为，如果一方已感染艾滋病病毒，与其发生性关系后，也会更大地增加感染艾滋病的概率。

案例 4

酒吧狂欢感染艾滋病

即将大学毕业的陈某和宿舍里几个要好的哥们来到一家著名酒吧狂欢。恰逢酒吧为聚集人气举办七天接吻大赛。在几个同学的劝说、巨额奖金和好奇心的驱使下，陈某参加了当晚的接吻比赛。他在酒吧的单身女孩子中选择了一个年轻漂亮的女孩子杨某作为搭档。在一阵阵热闹的掌声和起哄声中，陈某获得了当晚的冠军。在总决赛中，陈某和杨某又以 2 小时 20 分的成绩获得了大赛总冠军。

10 多天后，一向身体很好的陈某出现发热、头痛、喉咙痛以及淋巴结肿大、扁桃体发炎等艾滋病症状，时间持续近两周。当准备买药医治时，病症居然奇迹般好转了。陈某的女朋友刘某是学医的，凭经验，她知道这很可能是感染艾滋病后的初期急性症状。可是，男朋友一向作风严谨，他怎么可能被传染这样的病呢？在刘某的盘问下，陈某把自己半个月前参加酒吧接吻比赛的事告诉了女友刘某。在她的陪同下，陈某来到疾病预防控制中心做了艾滋病检测，结果显示血清中艾滋病病毒抗原阳性。经过一系列复诊后，陈某被确诊感染了艾滋病病毒。

 **案例点评**

皮肤和黏膜是一种天然屏障，在一般情况下接吻是不会感染艾滋病。但是，由于特殊情况，当屏障破损时，就很容易发生感染。所以，在参与社会活动、网络社交活动时，要学会保护自己，不与陌生人亲密接触，提高防范保护意识。

新时代大学生要提高安全防范意识和能力来保护自己。首先，要树立安全防范意识。只有具备安全防范意识，大学生才能在学习、生活、工作中对潜在的各种危险因素进行鉴别、判断和警惕，才能对自身的思想、心理、行为进行有效的控制，才能让自己能够处在一个相对比较安全的环境之中。其次，要提高安全防范能力。安全事件的发生往往是无法预估的，绝大多数安全事件都事发突然，有时即使你具备了一定的安全防范意识，但也不代表你就能够完全避免安全事件的发生。所以，当安全事件发生时，我们大学生更重要的是自己要具备一定的逃生、躲避、自救等能力，这样才能够将安全事件的危害程度降到最低。

十、防高空坠落

 典型案例

案例

学生凌晨翻窗外出不慎坠落身亡

某日凌晨 1 时许，甘肃某职业技术学院一名学生从该校男生公寓 2 楼的卫生间坠落身亡。该校于前一晚 10 点多还例行了查寝。经 110 调取学校监控录像、刑警及法医现场勘查，确认这名学生是从公寓 2 楼厕所翻窗外出时不慎坠落，导致后脑损伤致死。

案例提示

学生在校应遵守安全管理规定，不要有麻痹和侥幸心理，更不能寻高空刺激，要做到：

（1）严禁翻越学校围墙、栅栏进出学校。严禁翻越宿舍门（窗、墙）外出。

（2）严禁坐在窗台、走廊外侧和高空围栏上休息。严禁在窗台等危险处推拉嬉闹，严禁将身体探出窗外或站在窗台上擦玻璃。

（3）严禁攀爬变压器、电线杆、栅栏、树木、楼顶、假山、亭台等建筑设施和景观设施。

（4）严禁在单双杠上做站立、倒挂、回环或其他危险动作，严禁攀登吊球门球架等体育器材。

第三节　财　产　安　全

一、防盗

盗窃案在高校发生的各类案件中占 90% 以上。以作案主体进行分类，盗窃案可分为外盗、内盗和内外勾结盗窃三种类型。少数大学生对自己要求不严，人生观和价值观发生扭曲，法律意识淡薄，不顾家庭和自己的经济承受能力，追求时髦，盲目攀比，从而导致没有钱花就去偷，逐步走上了犯罪道路。另外，大学生防盗意识薄弱，导致犯罪分子轻易得手。这些都是导致高校盗窃案件数量发生不断上升的原因。

 **典型案例**

案例1

特殊时段溜门入室盗窃

某高校保卫处陆续接到学生手机在寝室内被盗的报案十余起。保卫部门经过布控和蹲守，终于将正在实施盗窃的嫌疑人于某抓获。经审讯，于某交代其均是利用早晨6-7时这个时间段溜入学生宿舍，看准有人去洗漱、其他人正睡觉而门未锁的时机溜门入室，将放在明处的手机迅速盗走，作案屡屡得手。

案例2

教室顺手牵羊盗窃

某高校保卫处接到学生报案，称其放在书包里的现金、存折及其他物品刚刚在教室内丢失。保卫处迅速派人赶往银行守候，将准备取钱的犯罪嫌疑人廖某抓获。廖某交代了盗窃该同学现金、存折和其他物品的事实，又查出其在浴池、教室、图书馆、食堂等处偷窃他人的钱物、书包、手机、随身听、钢笔、书籍等物品，作案达数十起。

案例3

智能型盗窃

某高校一同学报案称其网络账户被人盗用，发生费用5 000余元。保卫部门经过调查，查明此案系一计算机专业学生张某利用自己的专业知识，非法破译该账户名及密码后，担心用自己的计算机上网时被同学查出，在其他计算机浏览黄色网站并下载资料，结果发生高额费用。

案例4

同学盗钥匙内盗

某高校孟某报案称寝室门和其柜子被撬，共丢失现金300元、平板电脑一部。保卫部门经过现场勘察，确认门上和柜子上的撬痕均系伪造。此案最终查明系该寝室的郑某所为。一日，郑某没带钥匙，便向同寝的孟某借钥匙先回寝室，孟某便将自己的钥匙串借给了郑某，郑某见有孟某的柜子钥匙，便将孟某的钥匙配了一把。几日后郑某偷偷溜回寝室实施了盗窃并伪造了假现场。

案例5

同学盗存折内盗

某高校王某和其同学秦某到保卫部门报案，王某带密码的存折被人取走3 000元。校保卫处经过大量的调查和取证，最终将此案破获，犯罪嫌疑人原来是和王某一起报案的秦某。通过审讯，秦某交代他和王某是很好的同学和朋友，曾两次陪王某到银行取钱，在王某输入密码时，秦某暗自记下，平时又知道王某的存折放在寝室的书桌内。过了几天，秦某趁王某寝室无人之机，将存折盗走后提出3 000元现金。

案例6

贪图凉快夜不锁门，钱物丢失追悔莫及

夏天，某校一同学夜晚休息时，因贪图凉快未锁宿舍房门，第二天早晨起床时发现，宿舍有多个手机、笔记本电脑被盗。当年还有多个宿舍连续发生因夜间睡觉不锁门，被盗贼乘虚窜入行窃的案件，给广大同学造成了很大经济损失和精神伤害。虽然学校三番五次提醒学生要注意防范，夜间要锁好门、关好窗，但由于夏天过于炎热，学生宿舍缺乏防暑降温设备，因此每年都有学生夜间休息不锁门导致盗窃发生。

 案例点评

一般盗窃案件都有共同点：实施盗窃前有预谋准备的窥测过程；盗窃现场通常遗留痕迹，如指纹、脚印、物证等；盗窃手段和方法常带有习惯性；有被盗窃的赃款、赃物可查。

由于客观场所和作案主体的特殊性，高校盗窃案件有以下具体特点：

1. 时间上的选择性

作案主体在有人的情况下是不会行窃的，作案者必然选择作案地点无人的空隙实施盗窃。例如，上课期间，同学们都去教室上课了，作案人便会光顾宿舍；下班以后或节假日期间，实验室、办公室、财务室、计算机房通常均处于无人状态，作案人便会乘隙而入。

2. 目标上的准确性

高校中内盗案件比较多。财务室、计算机房在什么位置，作案人会掌握得一清二楚；哪个学生有钱或贵重物品，常放在什么地方，有没有锁在箱子中或柜子里，钥匙放在何处，作案分子也基本上了解。不动手便罢，一旦动手，常会十拿九稳。

3. 技术上的智能性

高校中盗窃案件的作案主体，一般以高学历、高智商的人为多，有的本身就是大学生。他们智商较高，盗窃技能高于一般盗窃作案人员。他们经常会用你的钥匙开你的锁，或用易拉罐皮制作"万能"钥匙等，进行智能型违法犯罪活动。

4. 作案上的连续性

如上所述，正是由于作案人比较"聪明"，所以其第一次作案很容易得手。"首战告捷"以后，作案人往往产生侥幸心理，加之报案及破案的滞后，作案人极易屡屡作案而形成一定的连续性。

 案例提示

(一) 高校发生失盗的原因

(1) 安全防范意识差。统计资料显示，高校的盗窃案件有80%以上是没有做好防范工作造成的。有些学生防范意识淡薄，对钱财和贵重物品保管不严，缺乏警惕性，为盗窃分子打开了方便之门。

(2) 法制观念淡薄，缺乏自制力。有些大学生不学法，不懂法，更谈不上守法，甚至把违法犯罪视为一种一般的道德问题。法制观念淡薄、道德水准低下的学生，极易走上犯罪道路。

(3) 高校内部的治安防范存在薄弱环节。群体防治意识差，有些师生员工认为学校治安防范工作与自己无关，在这种思想的支配下，即使听到喊捉贼，也很少有人出来帮忙；门岗管理制度有待改进，各类车辆及社会闲杂人员随便进出学校；校卫队员素质有待提高，多数队员存在临时观念，在工作中难以充分发挥作用；技术防范措施落实不到位，有的高校虽然已安装了防盗报警系统，但是技术性能差，灵敏度低，起不到防范作用。

(4) 破案率低，打击不力。高校盗窃案件多数属于小偷小摸，破案难度大，有的案件虽然破了，但是赃物追不回来，达不到打击的目的。另外，高校保卫部门没有侦查权利，给破案造成了一定的困难。案发后不能及时侦破，盗窃分子逍遥法外，致使此类案件一再发生。

(二) 防盗的基本方法

防盗的基本方法有人防、物防和技防三种。人防，仍是目前预防和制止盗窃犯罪最为有效、可靠的方法。物防，是一种应用最为广泛的基础防护措施。技术防范，是可以及时发现入侵、能够替代人员守护且不会疲劳和懈怠，可长时间处于戒备状态，更加隐蔽可靠的一种防范措施。对于大学生来说，最重要的是加强防范意识，努力保护好自己和同学的财物不受侵害。

学生在宿舍和教室的财物防盗，要注意做到以下几点：

（1）最后离开教室或宿舍的同学，要关好窗户锁好门，千万不要怕麻烦。一定要养成随手关窗、随手锁门的习惯，以防盗窃犯罪分子乘隙而入。

（2）不要留宿外来人员。如果违反学校学生宿舍管理规定，随便留宿不知底细的人，就等于引狼入室而将会后患无穷。

（3）发现形迹可疑的人应提高警惕、多加注意，做一个有心人。盗窃分子到教室或宿舍行窃时，见管理松懈、进出自由、房门大开，便来回走动、窥测张望、伺机行事，待摸清情况、瞅准机会后就撬门扭锁或明目张胆入室盗窃。遇到这种可疑人员，同学们应主动上前询问，如果确有正当理由，来人一般都能说清楚，但有的也会找各种借口进行搪塞，诸如找人、推销商品等。如果来人说不出正当理由又说不清学校的基本情况、疑点较多且神色慌张时，则需要进一步盘问，必要时可交值班人员处理。如果发现来人携有可能是作案工具或赃物等证据时，则必须立即报告值班人员和学校保卫处。

（4）同学们应积极参加教室和宿舍等部位的安全值班，协助学校保卫处做好安全防范工作。通过参加值班、巡逻等安全防范工作实践，不仅可保护自己和他人财物的安全，而且还可增强安全防盗意识，锻炼和增长自己社会实践的才干。

（5）注意保管好自己的钥匙，包括教室、宿舍、箱包、柜子等处的各种钥匙，不能随便借给他人或乱丢乱放，以防"不速之客"复制或伺机行窃。

（三）几种易盗物品的防盗措施

（1）现金。最好的保管现金办法是将其存入银行。尤其是数额较大时，更应及时存入银行并加密码。密码应选择容易记忆且又不易解密的数字，尽量不要选用自己的出生日期做密码。这是因为，一旦存折丢失，很容易被熟悉的人冒领。特别要注意的是，存折、信用卡等不要与自己的身份证、学生证等证件放在一起，更不应将密码写在纸上，与存折一起存放，以防被盗窃分子一起盗走后冒领。在银行存取款时，核对密码要轻声、快捷，切忌旁若无人、大声喊叫。发现存折丢失后，应立即到银行挂失。

（2）各类有价证卡。各类有价证卡最好的保管方法，就是放在自己贴身的衣袋内，袋口应配有纽扣或拉链。密码一定要注意保密，不要告诉他人。如果参加体育锻炼等活动必须脱衣服时，应将各类有价证卡锁在自己的箱子里，并保管好自己的钥匙。另外，网上银行卡、支付宝、微信支付等密码不要告诉他人。

（3）贵重物品。如笔记本计算机、手机、金银饰品等贵重物品，较长时间不用的应该带回家中或托给可靠的人代为保管。暂不使用时，最好锁在抽屉或箱（柜）子里，以防被顺手牵羊、乘虚而入者盗走。寝室的门锁最好是能防撬的，易于翻越的窗户要加防盗网，门锁钥匙不要随便乱放或丢失。在价值较高的贵重物品、衣服上，最好有意地做上一些特殊记号，即使被偷走将来找回的可能性也会大一些。

（四）不同场所的防盗

1. 图书馆防盗

（1）严格遵守图书馆的规章制度。各高校图书馆都制定有内部规定或专门的防盗制度（如财物保管制度等），遵守图书馆的规章制度，有利于保持图书馆的有序、整洁，对于预防盗窃也有着重要的作用。

（2）衣服不能随意搭在椅子上，特别是装有现金或贵重物品时，更加应该注意，以防盗贼顺手牵羊。

（3）在公共阅览室里，切不可将贵重物品、现金随意放在桌上和椅子上，要做到现金、贵重物品不离身。

（4）需暂时离开时，应将现金、贵重物品带走或交代同伴代管，且离开时间不宜过长。

（5）不可用书、衣服等物品"占位"。这种行为是缺乏公德的，同时也是非常危险的。因这种行为而发生的盗窃案在图书馆被盗的案件中占了很大比重。

2. 体育场所防盗

（1）尽可能不携带过多现金、贵重物品。这样做可以避免和减少损失。

（2）有保管处的，应将物品交由保管处保管；若无保管处，则应集中置于显眼处由专人看管或轮流看管，不能随意乱放。

（3）对形迹可疑的人应提高警惕。对于那些东张西望或只注意别人物品或在物品周围徘徊的人，要特别注意，必要时可上前询问，但态度应热情。

（4）离开前应清点物品。这样不仅可以避免物品遗漏，还可在物品被盗或者丢失时，能及时报告保卫部门，有利于保卫部门迅速组织人员进行围堵，捉获盗贼，找回被盗物品。

3. 食堂防盗

（1）排队（特别是饭卡充值）时，应注意周边环境，提高警惕。背着背囊、书包的同学尤其应注意身后的变化，以防有人浑水摸鱼。

（2）随身物品不能随意置于身旁、身后，离开时应把物品带走。

（3）饭卡不能随手置于桌上，饭卡最好加上密码，必要时设立一次最高消费额。

（4）若发现饭卡丢失，应立即到食堂挂失。

4. 逛街购物时防盗

（1）尽量少带现金，不要"露财"。

（2）不要将背包和手袋背在背后，也不要把钱放在后裤兜中。

（3）试衣时，一定要将背包和手袋交同伴照管或随时掌控在自己手中。

（4）在超市购物时，不要将包或衣物放在手推车或篮子里，以防不注意时被拎包。

（5）在外就餐时，将背包和手袋放在自己能照看得到的地方。

（6）遇到热闹，不要光看热闹而疏忽自己的钱物。

（7）避开老"黏"在身边的陌生人，如果在街上不小心被人撞了一下，要及时查看钱物。

5. 公交车上防盗

（1）不要挤在车门口，注意碰撞你的人及周围紧贴你的人。

（2）坐在双人座上，要注意同座位或后面人的第三只手。

（3）对一些手持衣服、报纸、杂志等物品的人多加留意，防止在这些东西遮掩下的盗窃行为。

（4）车厢内最好一只手扶横杆，另一只手注意保护好随身携带的提包或背包。

（5）备好坐车的零钱，尽量不要在公共场所翻钱包，以免引起扒手的注意，尾随作案。

6. 银行存取钱时防盗

（1）最好能与人同去，一个人在柜台前办理存取钱手续，其他人在后面照应。

（2）取钱时，遇到不明白的事情，应向银行人员询问，尽量避免与周围的陌生人搭讪。

（3）输入密码时，要用手臂等部位挡住其他人的视线。

7. 旅途中防盗

（1）钱分两处放。随时需要用的小额现金放在取用方便的外衣兜里，大额现金放在贴身的隐秘之处。

（2）旅途中不要与新结识的伙伴谈起与钱有关的事情。

（3）睡觉时要把装钱的包放在妥善之处，如放在身下、枕于脑后等。

（4）夏天坐火车或者汽车时，不要把包放在离车窗很近的地方。因为夏天的车窗往往开着，当车停靠车站时，窗外的人很容易顺手牵羊把包偷走。

8. 一旦发生盗窃案件，要冷静应对

（1）立即报告学校保卫处或当地派出所，同时封锁和保护现场，不准任何人进入。不得翻动现场的物品，切不可急急忙忙地去查看自己的物品是否丢失。这对公安人员准确分析、正确判断侦查范围和收集罪证，有十分重要的意义。

（2）发现嫌疑人，应立即组织同学进行堵截，力争捉拿。

（3）配合调查，实事求是地回答公安部门和保卫人员提出的问题，积极主动地提供线索，不得隐瞒情况不报。学校保卫处和公安机关有义务、有责任为提供情况的同学保密。

（4）如果发现存折被窃，应当尽快到银行挂失。

二、防骗

诈骗，是指以非法占有为目的、用虚构事实或隐瞒真相的方法骗取款额较大的公私财物的行为。电信网络诈骗是指犯罪分子通过电话、网络和短信等方式，编造虚假信息，设置骗局，对受害人实施远程、非接触式诈骗，诱使受害人给犯罪分子打款或转账的犯罪行为。由于它一般不使用暴力，而是在一派平静甚至"愉快"的气氛下进行的，当事人往往容易上当。提防和惩治诈骗分子，需要大学生自身的谨慎防范和努力，认清诈骗分子的惯用伎俩，以防止上当受骗。

 典型案例

案例 1

新生入学，"同乡"诈骗

某校六名新生同住一室，六人在互作介绍之后将各自姓名、籍贯都张贴于门上，不想却引发一桩"同乡诈骗案"。一天中午，一个20岁左右戴眼镜的人前来，直呼室内一个山东学生陈某的名字，自称是本校三年级同专业的学生，也是山东人氏。陈某以为异地遇老乡，十分高兴，同室其他人也为之庆幸。略事寒暄，来人提出因住院需借一点钱，并说"在家靠父母，在外靠朋友"。陈某一听慷慨应诺，随即掏送现金200元。该人激动地表示"真是人不亲土亲，如不嫌弃愿交个朋友"，说罢，立下了借据。事后，陈某寻遍校园，找不到这个"老乡"。直至一年后，那个主动上门认老乡的家伙被抓获，才知道是个专事诈骗的流窜分子。

案例 2

拾钱均分，分得冥币

某高校大二学生李某一人独自逛街，忽然前面一骑自行车的男子后架上掉下一皮包，李某停了一下，正欲呼喊，旁边另一男子将包捡了起来，向她使了个眼色，骑自行车的男子毫无反应地骑着自行车走了。拾包男子将李某拉到一旁，打开包一看，里面装的竟然是三叠百元一捆的人民币。该男子对李某说："别出声，我们把它分了！"正说着，刚才骑自行车的男子又满头大汗、焦急万分地骑车返回，到李某和拾包男子的旁边便问："你们看到我掉的包没有？里面有三万现金。"李某正欲说话，拾包男子抢着回答："没有，我们没看见。"骑自行车男子便急匆匆地到别的地方寻找去了。拾包男子见状对李某说："这样，包你拿着，免得被别人发现，你把你身上值钱的东西给我一些，这里面的三万元钱就归你了！"李某就把自己的戒指、手机和仅有的1 000元钱现金都给了他，心里想占个大便宜。拾包男子走后，李某迅速到附近的厕所里欣赏"战利品"，将包打开仔细一看，三捆钱除了上面和下面的两张是假币外其余的全是冥币。李某连忙往外跑，寻找拾包男子，可哪里还有拾包男子的影子。

案例 3

好心借卡，钱物被骗

2007 年 8 月 31 日 21 时许，某高校新生小贝（化名）在校门外闲逛时，遇到一名约 30 岁的男子上前搭讪。该男子面露焦急之色，说自己的银行卡消磁了，但现在急需用钱，希望小贝的银行卡能借给他用用，以让朋友汇款。小贝看到男子这么着急，就把她的银行卡交给了男子，男子拿着银行卡打了一个电话并说告诉对方卡号。过了几分钟，男子提出看看钱是否到账，借机掌握了小贝银行卡密码，并将卡换走。男子说，既然钱无法到账，就等明天再说。之后，男子匆匆离开。第二天，小贝才发现自己的银行卡被调包。通过银行查询，发现卡内 6 500 元现金被取走。

案例 4

求职未成，身陷圈套

小王大学毕业，非常希望能找到一份称心的工作，但四处投简历都没有回音。一天，她来到一职业介绍所，投了几份简历，也没有确切的答复，心灰意冷。正准备离开的时候，在门口碰到一个中年人，热情地问她是不是找工作，他们攀谈起来。那人自称是一个房地产公司的老总，正要招聘一个文员，说小王的气质、形象比较合适，还一本正经地查看了简历，表示可以录用她。小王喜出望外，心想机会终于来了。那人要求带她去公司看看，小王答应了，一起上了一辆面包车，朝城外开去。小王对此心存疑虑，但是很快被那人花言巧语迷惑了，那人解释说郊区办公楼租金便宜，再说建设项目也在郊区。车子开到一个郊区农村的院门前停下，小王跟着下车进了院子，那位"总经理"转眼就不见了，小王从此就失去了人身自由。原来，她被以 5 000 元的价格卖给这家 30 多岁的儿子做媳妇了。小王哭闹绝食也无济于事，被迫做起了"媳妇"。3 个月后，小王被解救出来，遍体鳞伤，精神也受到很大打击。

案例 5

冒充身份，骗取学费

2016 年高考，徐某某被某名牌大学录取。19 日下午 4 点 30 分左右，她接到了一通陌生电话，对方声称有一笔 2 600 元助学金要发放给她。在这通陌生电话之前，徐某某曾接到过教育部门发放助学金的通知。由于前一天接到的教育部门电话是真的，所以当时没有怀疑这个电话的真伪。按照对方要求，徐某某将准备交学费的 9 900 元打入了骗子提供的账号……发现被骗后，徐某某万分难过，当晚就和家人去派出所报了案。在回家的路上，徐某某突然晕厥，不省人事，虽经医院全力抢救，但仍没能挽回她 18 岁的生命。

案例 6

网购陷阱，手续费诈骗

原价 6 000 多元的手机，网络上搞特价只要 1 700 多元。您相信这天上有掉馅饼的好事吗？不过 90 后小王就相信了。小王和对方联系后，过了几天一个自称网络中心的人打来电话。说小王的手机可以更换，但必须先缴纳保证金走个程序。小王信以为真把钱汇了过去，之后对方又以交手续费、开票费为由要求小王多次汇款。在汇了 8 000 多元后，小王才感觉不对劲。

案例 7

微信红包，返利诈骗

2019 年 9 月 13 日下午，小张登陆手机"某某兼职 QQ 群"，群主发布正规官方兼职活动信息和一些学生成功返利的截图，让小张加对方的个人微信。进入微信群的小张开始尝试发了一个 10 元红包，在收到 100 元返利后，小张发了更高金额的红包，结果不仅没收到返利反被对方拉黑。

案例 8

找工作未成，反被"软禁"

小林(化名)是兰州某高校的在校大学生，10 月里，即将毕业的小林接到了同学小强(化名)的电话，对方称在秦皇岛一个很好的公司里工作，收入颇丰，现在公司缺人手，看在同学的份上，把这个机会介绍给小林。小林心动了，但当他来到位于秦皇岛郊区的所谓"公司"，看到极其简陋的环境和犹如狂人一般的"公司员工"时，小林这才意识到自己可能进入传销的圈套了，可此时他已经无法逃跑，被"公司"软禁了起来。

被软禁后，同学小强以借手机听歌为由拿走了小林的手机，其他东西也以代为保管为由被"公司"统一"管理"。小林每天的生活就是上午上课，下午听"公司领导"的讲话，所有内容都是"洗脑"的。被"软禁"十多天后，小林终于在一次"放风"的机会中顺利逃脱回家。

脱险后的小林提醒人们说："如果有人叫你去外地工作或做生意时，特别是你的同学、朋友、亲人，这时你应该仔细考察后再做决定。"

案例 9

美梦破灭，交 6 000 元后伺机脱身

小何是一位来自贵州农村的大学生，被一个朋友以进公司打工的方式骗到北海。当时他的朋友说，进公司上班需交 6 000 元押金。他就怀着美好的梦想，带上了 6 000 元

来到北海。谁知来到北海后，根本不是进公司上班，而是连哄带骗地叫他做所谓加盟连锁品牌。在发现是传销后他曾拒绝加入，但传销者采取威胁、跟踪等手段，上厕所跟着，上街也跟着，而且威胁不交钱的话可能出不了这个房子，或者出不了北海。小何在被迫交了 6 000 元后才伺机逃了出来。"当有一天你突然接到一个电话，或者一封信说，发财的机会喜从天降，这个时候你可要小心，说不定就是一个陷阱。"事后，他心有余悸地说。

案例点评

从众多受骗上当的事实中反思，其发生的原因多源于很多大学生从小学、中学到大学都有"十年寒窗"的经历，与社会接触较少，防范意识不强，对一些人或者事缺乏应有的分辨能力，容易被诈骗分子所利用。大学生易受骗原因主要有以下几种。

1. 思想单纯，疏于防范

很多同学社会阅历和生活经验不足，缺乏刨根问底的习惯，对于事物的分析往往停留在表象上，或根本就不去分析，使诈骗分子有可乘之机。

2. 感情用事，轻信他人

很多女生爱慕虚荣，被骗感情、失身、失钱等。有不少大学生凭着单纯的同情、怜悯之心，一遇上那些自称走投无路急需帮助的"落难者"，往往就会被他们的花言巧语所蒙蔽，继而"慷慨解囊"，自以为做了一件好事，殊不知已落入骗子设下的圈套。

3. 求职心切，粗心大意

有些大学生或希望通过兼职锻炼自己的能力，或因家庭经济比较困难急于通过勤工俭学减轻家庭负担等，诈骗分子利用大学生的这一心理，以招聘推销员、服务员等为诱饵，虚设中介机构收取费用，骗人财物。在求职过程中，有的被骗交押金、拿不到工资白打工等，甚至以招聘为名从事色情行业活动和被骗从事传销的大有人在。

4. 贪小便宜，急功近利

贪心是受害者最大的心理缺点。很多诈骗分子之所以屡骗屡成，很大程度上也正是利用人们的这种不良心态。受害者往往是为诈骗分子开出的"好处""利益"所深深吸引，自以为可以用最小的代价获得最大的利益和好处，见"利"就上，趋之若鹜，对于诈骗分子的所作所为不加深思和分析，不做深入的调查研究，最后落得个"捡了芝麻，丢了西瓜"的可悲下场。

5. 不加选择，广交"朋友"

这类学生交际面广，抱着"多个朋友多条路"的心理，不假思索地认老乡、认朋友，随意答应某些人的要求，结果上当受骗。

（一）犯罪分子骗学生的常用招数

作案人会根据不同的情况使用不同的方式，施展骗术，引其上当。

（1）假冒身份，流窜作案。诈骗分子伪装自己的身份，常常假冒老乡、同学、亲戚等关系或其他身份，或利用假身份证、假名片，骗取学生信任而作案。骗子为了既能骗得财物又不暴露马脚，通常采用游击方式作案，得手后立即逃离。

（2）投其所好，引诱上钩。当前大学生容易被利用的心态包括：想勤工助学而缺少门路，急欲成名、爱慕虚荣而疏于戒备，想谋求到理想的工作单位而急于求成等。一些诈骗分子往往利用这些心理投其所好、应其所急，施展诡计而骗取财物。

（3）以次充好，连骗带盗。诈骗作案分子利用学生"识货"经验少又图便宜的特点，冒充学生会干部、高年级同学等上门推销各种产品行骗，一旦发现室内无人，就顺手牵羊，溜之大吉。

（4）真实身份，虚假合同。利用假合同或无效合同诈骗的案件，近年有所增加。一些骗子利用高校学生经验少、法律意识差、急于赚钱补贴生活的心理，常以公司的名义、真实的身份让学生为其推销产品，事后却不兑现诺言和酬金而使学生上当受骗。

（5）骗取信任，寻机作案。诈骗分子利用一切机会与大学生拉关系、套近乎，或表现得相见恨晚、故作热情，或表现得大方慷慨、朋友相称，骗取信任，了解情况，寻机作案。

（6）招聘为名，设置骗局。诈骗分子利用学生勤工助学、求职的需求设置骗局，骗取介绍费、押金、报名费等，或是利用大众传播工具等到处进行虚假广告宣传，骗取培训费、学杂费等，然后又以各种理由拒绝退款。

（7）博取同情，骗取钱财。一些诈骗分子利用大学生容易动恻隐、怜悯之心，骗取同情达到骗财骗物的目的。

（8）谎报凶信，电话诈骗。诈骗分子通过各种渠道，窃取学生家庭联系方式，然后联系学生家长进行诈骗。诈骗分子冒称是学校老师，利用家长爱子心切、学生上课不便联系等特点，编造假情况(如谎称该同学因意外住院或发生交通事故，必须立即汇钱到指定账户，否则不予手术等)骗取钱财，给当事人造成了严重的经济损失。

（二）防传销提醒

传销，是指组织者或者经营者发展人员，通过对被发展人员以其直接或者间接发展的人员数量或者销售业绩为依据计算和给付报酬，或者要求被发展人员以交纳一定费用为条件取得加入资格等方式牟取非法利益，扰乱经济秩序，影响社会稳定的行为。由于国家有关部门对传销的严厉打击，加上新闻媒体的长期披露，社会对传销骗局的认识比较透彻。尽管如此，被人们称为"天之骄子"的大学生误入传销魔窟的事件屡有发生。大学生之所以屡屡陷身传销，原因是深层次的：一是"发财就是成功"的观念扭曲了大学生的成功观和价值观；二是一些大学生的社会不适应征导致痴迷传销；三是法制观念的缺失。大学生误入传销歧途，一般是在假期打工或毕业找工作时，由于急功近利而不辨真伪造成的，也有的是缺乏对传销危害的认识，又加上是熟人或同学介绍误入的。

1. 传销活动的主要特点

（1）传销组织以推销保健品、化妆品、服装等商品（多为"三无"产品）为幌子，通过发展下线从中获利。

（2）传销的商品价格明显高于市场同类商品价格，有的传销商品难以见到，或利用根本不存在的虚拟商品进行活动。

（3）传销组织极力鼓吹"快速致富"理论，通过引诱、威逼等手段，不断对新加入者"洗脑"，借以巩固传销理念。

（4）传销人员往往以找工作、外出旅游、网友会面等为名，拉其亲戚、同学、同乡、朋友作为下线，并到外地参与传销活动。

（5）传销组织的活动地点多选择在城乡结合部的租赁房屋内集体居住，并组织授课和推销产品活动。

2. 传销的防范

（1）常怀敬畏之心。要加强法律知识的学习，特别是国家对禁止传销、规范直销法规规章的学习，牢记现实生活中血的教训，认清传销的严重危害和经济邪教本质，坚守道德底线，要清醒地认识到：参与传销活动是违法违规行为，从事传销活动更可能要承担刑事责任。

（2）常思贪欲之害。贪婪是万恶之源，参与传销活动的人，都是被自己的贪欲蒙蔽了眼睛，丧失了是非对错的判断能力。传销分子也正是抓住了这个弱点，引诱你一步步迈入陷阱。一旦被骗进入了传销组织，要设法摆脱，千万不能为了挽回自己的损失，置良知、道德于不顾，成为传销组织的帮凶，否则，必将受到法律的严惩。

（3）常守诚信之根。传销最大的特点是"宰熟"，它的非法性决定了不敢公开活动，只有秘密发展"下线"才能收回自己的投入，同学、亲戚等熟人是他们寻找的最好目标。人的一生，是亲属、朋友、邻里、同学、同事等各种社会关系的集合，每时每刻都生存在其中。诚信是每个人的身之本，是我们为人处世的基本原则。一个失去诚信的人，必将被社会所抛弃，丧失生存的能力。

（4）常立创业之本。要树立正确的价值观、现实的就业观和勤劳的致富观，要明白天上永远不会掉馅饼，要对自己的能力准确定位，立足个人实际，诚信做人，诚实劳动，合法经营，勤劳致富。切忌好逸恶劳、好高骛远，戒除急功近利、投机暴富的心态。

（5）常绷警惕之弦。传销违法活动常常披着华丽的外衣，制造种种"光环"。当有人特别是亲朋好友向你邀约加入所谓加盟连锁、网络电子商务、新型营销等高额回报活动时，一定要提高警惕，增强防范、抵制传销的能力。拿不准时，主动向工商、公安等机关咨询。千万不要碍于情面，抱着试试看的心理盲目加入。或是盲目自信自己的掌控力和判断力，游戏其中。一旦陷入圈套，要保持理智，保管好自己的身份证和钱财，并与传销分子斗智斗勇。

3. 身陷传销组织时应该如何自救

一旦被骗入传销窝点，面对传销人员严密的看守和日复一日的"洗脑"，该如何应对并采取积极稳妥的自救方法？据警方介绍，身陷传销窝点都会受到24小时监视，很难脱身。但并非没有办法，我们可以通过以下策略使自己安全逃脱。

（1）坚定意志，保持清醒的头脑。要让传销组织相信你已被"同化"，骗取信任后找准时机逃脱，比如可利用外出上课、上街购物、吃饭、外出发展市场和"下线"等机会逃离魔窟。

（2）外出的时候，注意周边的环境和标志，比如路名、商店等，寻找机会报警，在求救时尽量做出一些异常或者夸张的举动以引起旁边人的注意。

（3）若没有机会出门，可事先写好含有被困地点的求救纸条，趁人不备扔出窗外，发出求救信号。

（4）从内部瓦解传销组织，说服同伴共同逃脱。

（5）因为传销洗脑的威力是很大的，如果不尽早离开，就有被洗脑的危险。首先要克服恐惧心理，传销只是谋财，并不会害命，即使误入其中，肯定不会存在生命危险，所以要克服恐惧心理，沉着冷静，不能做一些过激的行为。比如跳楼、自残、拿刀伤人这些都是不应该的，生命只有一次，要倍加珍惜。

（三）大学生防诈骗的措施

（1）保持健康心态，树立防骗意识。作为大学生，要树立正确的人生观、价值观，自觉拒绝金钱、名利的诱惑，不贪私利，不图虚荣，增强抵御诱惑的能力。学生要积极参加学校组织的法制和安全防范教育活动，多知道、多了解、多掌握一些防范知识。俗话说："害人之心不可有，防人之心不可无。"要有"防人"的意识，对于任何人，尤其是陌生人，不可随意轻信和盲目随从，遇人遇事，应有清醒的认识，不要因为对方说了什么好话，许诺了什么好处就轻信、盲从。

（2）不贪图便宜，不谋取私利。常言说物有所值，对飞来的"横财"和"好处"，特别是不很熟悉的人所许诺的利益，要深思和调查。要知道，天上是不会掉下馅饼的，克服贪小便宜的心理，就不会对突然而来的"好处"欣喜若狂。对于这些"横财"和"好处"，最好的防范是三思而后行。

（3）切忌头脑简单发热，避免以感情代替理智。在提倡助人为乐、奉献爱心的同时，要确实搞清对方的真实身份和意图，提高警惕性，不能轻信花言巧语，不能头脑发热、盲目同情；交友要谨慎，感情交流要理智，单凭感情用事、一味"跟着感觉走"，往往容易上当受骗。交友基本原则有两条：一是择其善者而从之。真正的朋友应该建立在志同道合、高尚的道德情操基础之上，是真诚的感情交流而不是简单的利益关系，要学会了解、理解和谅解。二是严格做到"四戒"。即：戒交低级下流之辈，戒交挥金如土之流，戒交吃喝嫖赌之徒，戒交游手好闲之人。有些大学生信奉"老乡见老乡，两眼泪汪汪""朋友的朋友就是朋友"，就是没有想到这正是诈骗分子进行诈骗的手段之一。对于那些慕名和打着"朋友""老乡"的旗号找上门来的人，要学会"听其言，察其色，辨其行"，不要轻易"掏心窝子"，更不能言听计从，受其摆布利用。对于那些"来无影，去无踪"的上门客，要谨慎小心，尽量不为他们提供单独行动的时间和空间（尤其是异性之间），更不能随意留宿，以免给诈骗分子可乘之机。

（4）求职须留心。在求职时应注意如下方面：首先，尽可能通过组织，到人才市场、大学生供需见面会上双向选择，或通过学校等就业部门介绍选择就业单位。这是主渠道，不要轻信网上信息或陌生人介绍。其次，尽可能多了解。诸如招聘单位的虚实、基本情况、将从事工作的性质等。可通过组织、亲友了解，有条件的也可以亲自登门，实地考察。这样除了防止受骗外，还便于在和用人单位签订合同时，使自己更加主动，防止以后发生一些民事纠纷。第三，出门求职，最好与同学结伴而行，特别是女生，应尽可能不独行。对招聘单位的基本情况应有必要的了解。上门考察招聘单位应直接到招聘单位，不要找任何不认识的中介人员，以免受骗上当。第四，对未经学校验证、考察、同意而擅自来校招聘的单位或个人应予以拒绝，决不能轻信，必要时应将其带到学校保卫部门或就业管理部门查证。第五，一旦遇到麻烦，应立即向学校学生管理部门、保卫部门或当地公安机关反映，并注意保留证据，提供有关线索，协助调查。这样，才能有效地保护自己，同时打击犯罪分子。

（5）同学之间要相互沟通、互相帮助。在大学里，无论哪个院系、哪个专业，班集体总是校园中一个最基本的组织形式。在这个集体中，大家向往着同一个学习目标，生活和学习是统一的、同步的，同学间、师生间的友谊非常珍贵，相互间应该加强沟通、互相帮助。有些同学习惯于把个人之间交往看做是个人隐私，一旦上当受骗之后，无法查处。有些交往关系，在自己认为适合的范围内适当透露或公开，这也是安全的需要。特别是在自己觉得可能会吃亏上当时，与同学有所沟通或许就会得到一些帮助并避免受害。

（6）个人及家庭的资料要注意保密。在大学里过集体生活，免不了与他人相互交往，但与人交往要有分寸，交朋友要有原则，在不充分了解对方时，不要轻易将个人和自己家庭的资料和盘托出。有的同学则不然，总是大大咧咧，有的到处乱写乱扔，有的在存取现金时输入密码也不注意回避，更有甚者将密码直接告诉他人。殊不知有时是"说者无意，听者有心"，有些诈骗分子就是利用这些途径获取受害人详细资料的。

（7）受骗后的处置方法。一是平静心态，及时报案。受害人无论是否因为自己的过错（如贪财、无知、轻信、粗心大意）而受骗，都要保持积极的心态，从受骗的噩梦中回到现实，吸取教训，及时向有关部门报告，切勿"哑巴吃黄连，有苦肚里咽"。二是提供线索，配合调查。已经被骗并向有关部门报告的，要注意对作案人员遗留下来的文字资料、身份证件、电话号码等证据予以保留，并积极向学校保卫处和公安机关提供诈骗嫌疑人的体貌特征、与其交往的经过等线索，配合调查，追缴被骗的财物。

相关链接

公安部发布60种电信网络诈骗方式

（一）仿冒身份欺诈

通过冒充伪装成领导、亲友、机构单位等身份进行欺诈。

1. 冒充领导诈骗：犯罪分子获知上级机关、监管部门单位领导的姓名、办公电话等有关资料，假冒领导秘书或工作人员等身份打电话给基层单位负责人，以推销书籍、纪念币等为由，让受骗单位先支付订购款、手续费等到指定银行账号，实施诈骗活动。

2. 冒充亲友诈骗：犯罪分子利用木马程序盗取对方网络通信工具密码，截取对方聊天视频资料后，冒充该通信账号主人对其亲友或好友以"患重病、出车祸"等紧急事情为名实施诈骗。

3. 冒充公司老总诈骗：犯罪分子通过打入企业内部通信群，了解老总及员工之间信息交流情况，通过一系列伪装，再冒充公司老总向员工发送转账汇款指令。

4. 补助救助、助学金诈骗：冒充教育、民政、残联等工作人员，向残疾人员、学生、家长打电话、发短信，谎称可以领取补助金、救助金、助学金，要其提供银行卡号，指令其在取款机上将钱转走。

5. 冒充公检法机关诈骗：犯罪分子冒充公检法工作人员拨打受害人电话，以事主身份信息被盗用、涉嫌洗钱、贩毒等犯罪为由，要求协助调查，从而套出银行卡信息。

6. 伪造身份诈骗：犯罪分子伪装成"高富帅"或"白富美"，加为好友骗取感情和信任后，随即以资金紧张、家人有难等各种理由骗取钱财。

7. 医保、社保诈骗：犯罪分子冒充医保、社保工作人员，谎称受害人账户出现异常，之后冒充司法机关工作人员以公正调查、便于核查为由，诱骗受害人向所谓的安全账户汇款实施诈骗。将其资金转入国家账户配合调查。

8. "猜猜我是谁"诈骗：犯罪分子打电话给受害人，让其"猜猜我是谁"，随后冒充熟人身份，向受害人借钱，一些受害人没有仔细核实就把钱打入犯罪分子提供的银行卡内。

（二）购物类欺诈

通过以各种虚假优惠信息、客服退款、虚假网店实施欺诈。

9. 假冒代购诈骗：犯罪分子假冒成正规微商，以优惠、打折、海外代购等为诱饵，待买家付款后，又以"商品被海关扣下，要加缴关税"等为由要求加付款项实施诈骗。

10. 退款诈骗：犯罪分子冒充淘宝等公司客服，拨打电话或者发送短信，谎称受害人拍下的货品缺货，需要退款，引诱求购买者提供银行卡号、密码等信息，实施诈骗。

11. 网络购物诈骗：犯罪分子通过开设虚假购物网站或网店，在事主下单后，便称系统故障需重新激活。后通过 QQ 发送虚假激活网址，让受害人填写个人信息，实施诈骗。

12. 低价购物诈骗：犯罪分子发布二手车、二手电脑、海关没收的物品等转让信息，事主与其联系，以缴纳定金、交易税手续费等方式骗取钱财。

13. 解除分期付款诈骗：犯罪分子冒充购物网站的工作人员，声称"由于银行系统错误"，诱骗受害人到 ATM 机前办理解除分期付款手续，实施资金转账。

14. 收藏诈骗：犯罪分子冒充收藏协会，印制邀请函邮寄各地，称将举办拍卖会并留下联络方式。一旦事主与其联系，则以预先缴纳评估费等名义，要求受害人将钱转入指定账户。

15. 快递签收诈骗：犯罪分子冒充快递人员拨打事主电话，称其有快递需签收但看不清信息，需事主提供。随后送"货"上门，事主签收后，再打电话称其已签收须付款，否则讨债公司将找其麻烦。

16. 发布虚假爱心传递：犯罪分子将虚构的寻人、扶困帖子以"爱心传递"方式发布在网络上里，引起善良网民转发，实则帖内所留联系电话是诈骗电话。

17. 点赞诈骗：犯罪分子冒充商家发布"点赞有奖"信息，要求参与者将姓名、电话等个人资料发至社交工具平台上，套取足够的个人信息后，以获奖需缴纳保证金等形式实施诈骗。

（三）利诱类欺诈

以各种诱惑性的中奖信息、奖励、高额薪资吸引用户进行诈骗。

18. 冒充知名企业中奖诈骗：冒充知名企业，预先大批量印刷精美的虚假中奖刮刮卡，投递发送，后以需交个人所得税等各种借口，诱骗受害人向指定银行账号汇款。

19. 娱乐节目中奖诈骗：犯罪分子以热播栏目节目组的名义向受害人手机群发短消息，称其已被抽选为幸运观众，将获得巨额奖品，后以需交保证金或个人所得税等各种借口实施诈骗。

20. 兑换积分诈骗：犯罪分子拨打电话，谎称受害人手机积分可以兑换，诱使受害人点击钓鱼链接。如果受害人按照提供的网址输入银行卡号、密码等信息后，银行账户的资金即被转走。

21. 二维码诈骗：以降价、奖励为诱饵，要求受害人扫描二维码加入会员，实则附带木马病毒。一旦扫描安装，木马就会盗取受害人的银行账号、密码等个人隐私信息。

22. 重金求子诈骗：犯罪分子谎称愿意出重金求子，引诱受害人上当，之后以缴纳诚意金、检查费等各种理由实施诈骗。

23. 高薪招聘诈骗：犯罪分子通过群发信息，以月工资数万元的高薪招聘某类专业人士为幌子，要求事主到指定地点面试，随后以缴纳培训费、服装费、保证金等名义实施诈骗。

24. 电子邮件中奖诈骗：犯罪分子通过互联网发送中奖邮件，受害人一旦与犯罪分

120

子联系兑奖，犯罪分子即以缴纳个人所得税、公证费等各种理由要求受害人汇钱，达到诈骗目的。

通过捏造各种意外不测、让用户惊吓不安的消息实施欺诈。

25. 虚构车祸诈骗：犯罪分子以受害人亲属或朋友遭遇车祸，需要紧急处理交通事故为由，要求对方立即转账。当事人便按照犯罪分子指示将钱款打入指定账户。

26. 虚构绑架诈骗：犯罪分子虚构事主亲友被绑架，如要解救人质需立即打款到指定账户并不能报警，否则撕票。当事人往往不知所措，按照犯罪分子指示将钱款打入账户。

27. 虚构手术诈骗：犯罪分子以受害人子女或父母突发疾病需紧急手术为由，要求事主转账方可治疗。遇此情况，受害人往往心急如焚，按照犯罪分子指示转款。

28. 虚构危难困局求助诈骗：犯罪分子通过社交媒体发布病重、生活困难等虚假情况，博取广大网民同情，借此接受捐赠。

29. 虚构包裹藏毒诈骗：犯罪分子以事主包裹内被查出毒品为由，要求事主将钱转到国家安全账户以便公正调查，从而实施诈骗。

30. 捏造淫秽图片勒索诈骗：犯罪分子收集公职人员照片，使用电脑合成淫秽图片，并附上收款账号邮寄给受害人进行威胁恐吓，勒索钱财。

31. 虚构小三怀孕做流产：犯罪分子冒充儿子发送短信给父母，充分利用老年人心疼儿子的特点，诱惑受害者转账。

（四）日常生活消费类欺诈

针对日常生活各种缴费、消费实施欺诈骗局。

32. 冒充房东短信诈骗：犯罪分子冒充房东群发短信，称房东银行卡已换，要求将租金打入其他指定账户内，部分租客信以为真，将租金转出方知受骗。

33. 电话欠费诈骗：犯罪分子冒充通信运营企业工作人员，向事主拨打电话或直接播放电脑语音，以其电话欠费为由，要求将欠费资金转到指定账户。

34. 电视欠费诈骗：犯罪分子冒充广电工作人员群拨电话，称以受害人名义在外地开办的有线电视欠费，让受害人向指定账户补齐欠费，部分群众信以为真，转款后发现被骗。

35. 购物退税诈骗：犯罪分子事先获取到事主购买房产、汽车等信息后，以税收政策调整可办理退税为由，诱骗事主到 ATM 机上实施转账操作，将卡内存款转入骗子指定账户。

36. 机票改签诈骗：犯罪分子冒充航空公司客服，以"航班取消、提供退票、改签服务"为由，诱骗购票人员多次进行汇款操作，实施连环诈骗。

37. 订票诈骗：犯罪分子制作虚假的网上订票公司网页，发布虚假信息，以较低票价引诱受害人上当。随后，以"订票不成功"等理由要求事主再次汇款，实施诈骗。

38. ATM 机告示诈骗：犯罪分子预先堵塞 ATM 机出卡口，并粘贴虚假服务热线，诱使用户在卡"被吞"后与其联系，套取密码，待用户离开后到 ATM 机取出银行卡，盗取用户卡内现金。

39. 刷卡消费诈骗：犯罪分子以银行卡消费可能泄露个人信息为由，冒充银联中心或公安民警设套，套取银行账号、密码实施犯罪。

40. 引诱汇款诈骗：犯罪分子以群发短信的方式直接要求对方向某个银行账户汇入存款，由于事主正准备汇款，因此收到此类汇款诈骗信息后，往往未经核实，即把钱款打入骗子账户。

（五）钓鱼、木马病毒类欺诈

通过伪装成银行、电子商务等网站窃取用户账号密码等隐私的骗局。

41. 伪基站诈骗：犯罪分子利用伪基站向广大群众发送网银升级、10086 移动商城兑换现金的虚假链接，一旦受害人点击后便在其手机上植入获取银行账号、密码和手机号的木马，从而进一步实施犯罪。

42. 钓鱼网站诈骗：犯罪分子以银行网银升级为由，要求事主登录假冒银行的钓鱼网站，进而获取事主银行账户、网银密码及手机交易码等信息实施诈骗。

（六）其他新型违法类欺诈

43. 校讯通短信链接诈骗：犯罪分子以"校讯通"的名义，发送带有链接的诈骗短信，一旦点击链接进入后，手机即被植入木马程序，存在银行卡被盗刷的风险。

44. 交通处理违章短信诈骗：犯罪分子利用伪基站等作案工具发送假冒违章提醒短信，此类短信包含木马链接，受害者点击之后轻则群发短信造成话费损失，重则窃取手机里的银行卡、支付宝等账户信息，随后盗刷银行卡，造成严重经济损失。

45. 结婚电子请柬诈骗：犯罪分子通过电子请帖的方式诱导用户点击下载后，就能窃取手机里的银行账号、密码、通信录等信息，进而盗刷用户的银行卡，或者给用户通信录中的朋友群发借款诈骗短信。

46. 相册木马诈骗：犯罪分子冒充"小三"身份激怒受害人点击"相册"链接，种植木马病毒获取用户网银信息等。

47. 金融交易诈骗：犯罪分子以证券公司名义，通过互联网、电话、短信等方式散布虚假个股内幕信息及走势，获取事主信任后，又引导其在自身搭建的虚假交易平台上购买期货、现货，从而骗取事主资金。

48. 办理信用卡诈骗：在媒体刊登办理高额透支信用卡广告，事主与其联系后，以缴纳手续费、中介费等要求事主连续转款。

49. 贷款诈骗：犯罪分子通过群发信息，称其可为资金短缺者提供贷款，月息低，无需担保。一旦事主信以为真，对方即以预付利息、保证金等名义实施诈骗。

50. 复制手机卡诈骗：犯罪分子群发信息，称可复制手机卡，监听手机通话信息，不少群众因个人需求主动联系嫌疑人，继而被对方以购买复制卡、预付款等名义骗走钱财。

51. 虚构色情服务诈骗：犯罪分子在互联网上留下提供色情服务的电话，待受害人与之联系后，称需先付款才能上门提供服务，受害人将钱打到指定账户后发现被骗。

52. 提供考题诈骗：犯罪分子针对即将参加考试的考生拨打电话，称能提供考题或答案，不少考生急于求成，事先将好处费的首付款转入指定账户，后发现被骗。

53. 盗用账号、刷信誉诈骗：犯罪分子盗取商家社交平台账号后，发布"诚招网络兼职，帮助淘宝卖家刷信誉，可从中赚取佣金"的推送消息。受害人按照对方要求多次购物刷信誉，后发现上当受骗。

54. 冒充黑社会敲诈类诈骗：犯罪分子先获取事主身份、职业、手机号等资料，拨打电话自称黑社会人员，受人雇用要加以伤害事主，但事主可以破财消灾，然后提供账号要求受害人汇款。

55. 公共场所山寨WiFi：犯罪分子设置山寨信号，这类信号就是一些盗号者在公共场合放出的钓鱼免费WiFi，当连接上这些免费网络后，通过流量数据的传输，黑客就能轻松将手机里的照片、电话号码、各种密码盗取，对机主进行敲诈勒索。

56. 捡到附密码的银行卡：犯罪分子故意丢弃带密码的银行卡，并标明了"开户行的电话"，利用了人们占便宜的心理，诱使捡到卡的人拨打电话"激活"这张卡，并存钱到骗子的账户上。

57. 账户有资金异常变动：犯罪分子首先窃取了受害者网银登录账号和密码，通过购买贵金属、活期转定期等操作制造银行卡上有资金流出的假象。然后假冒客服打电话确认交易是否为本人操作，并同意给用户退款骗取用户信任，要求受害者提供自己手机收到的验证码，受害者一旦把短信验证码提供给了对方，对方就得手了。

58. 先转账、再取现、后撤销：犯罪分子利用银行转账新规中转账和到账时间的"时间差"来设置圈套。采取先转账、后给现金的诈骗套路，在骗取到受害人现金后，撤销转账。

59. 补换手机卡：犯罪分子先用几百条垃圾短信和骚扰电话轰炸手机，以掩盖由10086客服发送到手机号码上的补卡业务提醒短信；然后，拿着一张有受害者信息的临时身份证，去营业厅现场补办手机卡，使得机主本人的手机卡被动失效，从而接收短信验证码把绑定在手机App上的银行卡的钱盗走。

60. 换号了请惠存：这属于冒充熟人的电信诈骗的"升级"。犯罪分子通过非法渠道获得机主的通信录资料后，假冒机主给手机里的联系人发短信，声称换了新号码，然后向其手机里的联系人进行诈骗。

遭遇电信网络诈骗后怎么办？

1. 及时记下诈骗犯罪分子的电话号码、电子邮件号址、qq或微信号、银行卡账号等主体信息，并记住犯罪分子的口音、语言特征和诈骗的手段经过，及时到公安机关报案，积极配合公安机关开展侦查破案和追缴被骗款等工作。

2. 如被骗钱款后能准确记住诈骗的银行卡账号，则可以通过拨打"95516"银联中心客服电话，查清该诈骗账号的开户银行和开户地点(可精确至地市级)。

3. 通过电话银行冻结止付：即拨打该诈骗账号归属银行的客服电话，根据语音提示输入该诈骗账号，然后重复输错五次密码就能使该诈骗账号冻结止付，时限为24小时。若被骗大额资金的话，在接报案件后的次日凌晨00：00后再重复上述操作，则可以继续冻结止付24小时。该操作仅限嫌疑人的电话银行转账功能。例如：涉嫌诈骗的账号归属工商银行，则可以拨打"95588"工商银行客服电话进行操作。

4. 通过网上银行冻结止付：即登录该诈骗账号归属银行的网址，进入"网上银行"界面输入该诈骗账号，然后重复输错五次密码就能使该诈骗账号冻结止付，时限也为24小时。如需继续冻结止付，则可以在次日凌晨00：00后重复上述操作。该操作仅限制嫌疑人的网上银行转账功能。例如：涉嫌诈骗的账号归属中国农业银行，则可以登录中国农业银行的官网进行操作。

第四节 网络隐患防范

计算机及其网络的应用已经渗透到人类生活的方方面面，互联网的建立和应用缩短了人们的时空距离。特别是互联网应用到社会生活的各个领域，极大地改变了人们的生活方式、工作方式、学习方式和思维方式。如今，互联网已经成为当代大学生学习生活中不可或缺的工具，但网络又是把"双刃剑"，它给大学生带来便利的同时，也给那些沉迷于网络虚拟世界的大学生带来不少隐患。

 **典型案例**

案例1

沉迷网络 引发悲剧

南京某高校一大三学生猝死在宿舍里。据了解，该生死亡前曾前往附近的网吧包夜三天，回宿舍睡觉后便没有醒来。

西安某学院一学生夜间在校外网吧上网时突然昏倒，被送往医院实施抢救，遗憾的是，医生没能将学生从死亡线上拉回来。医务人员称其猝死与长时间上网有关。

西南某大学三年级学生通宵上网后突发疾病，医院全力抢救，仍未能挽救他。在他的病历上，记载着"重症胰腺炎、暴发性菌痢、血糖增高、急性肺水肿、多脏器功能衰竭"等病症，医生认为是劳累过度导致了他的死亡。

124 案例 2

轻信网友　失身破财

小静（化名）就读于广州某大学。和许多同龄女孩一样，闲暇里她喜欢玩玩微博或上网聊天。2011年初她通过微博结交了一名自称"阿豪"的男子。两人从微博互动到QQ交流，很快便熟悉起来。

"阿豪"自称是南海区烟草商行老板的儿子，家境殷实。5月6日，"阿豪"在网上提出见面要求，并于当晚8时许在学校与小静顺利碰面。两人一起乘出租车前往某宾馆发生了性关系。

事后，小静独自到洗手间冲凉。岂料收拾好出来，却发现"富二代"早已不见人影。她随身携带的手机和400元现金不翼而飞。这时的小静才醒悟到自己上当受骗了。

后来警方在南海区某小区将"阿豪"抓获，"阿豪"真实身份是仅有初中文化的广西籍无业青年张某。张某通过这种方式先后与佛山、广州等地的多名年轻网友发生了"一夜情"，但是张某醉翁之意不在酒，当与网友发生性关系后，就催促对方洗澡，乘机盗取受害人随身的财物逃离现场。张某为了谋取更大的利益，又以拍摄了双方性爱视频为借口，继续对受害人或受害人的家人进行敲诈勒索。

案例 3

网上敲诈　罪责难逃

一封发自湖北武汉的电子邮件震惊了香港某公司。3亿港元——发件人向该公司开出勒索天价，并威胁：如不给将遭受更大损失。接到报警后，武汉警方迅速成立专案组。网警们先从电信部门入手，获取发信人的E-mail地址，然后走访网吧密集的地区，查找其网络公司。十几天后，侦查人员终于查明真相。经查，犯罪嫌疑人的手法非常巧妙。他先在武昌区八一路"同志网吧"注册邮箱，再通过位于同一条路上的"天际网吧"发送出敲诈邮件。这两个网吧都坐落在大专院校周边，每天上网人数众多，网吧管理者又没按公安机关的要求逐人登记，想找到发信人如大海捞针。侦查人员对经常出入网吧者进行10天详细调查，终于获得线索：一个20多岁的男青年曾在网吧对别人宣扬，"现在是网络时代，通过网络敲诈外地富翁不成问题"。此人个子不高，每隔几天就会来此上网，侦查人员便不分昼夜守候在两个网吧周围。当这个年轻人走进"天际网吧"时，被守候在此的网警当场抓获。面对网警，这名武汉某大学四年级学生感叹道："我怎么也没有想到，公安局还有网上破案的本事。"

 **案例点评**

大学生已成为我国最大的上网群体，他们可以通过网络看新闻、查信息、收发邮

件、下载软件和资料、交友聊天等。但是，网络在为大学生打开一扇便利之门的同时，也让不少学生陷入"网瘾"的深渊。大学生网络成瘾引发了一系列的心理健康问题、思想行为问题乃至严重的社会问题。这不仅制约大学生的发展与成才，也事关整个国家和社会的长远发展。

当今，大学生网瘾的主要表现有五种类型：大学生网络娱乐成瘾、网络信息成瘾、网络色情成瘾、网络关系成瘾和网络交易成瘾。其基本特征是：成瘾原因的多元复杂、成瘾内容的专业偏好、成瘾载体的工具多样、成瘾过程的博弈明显。网瘾给大学生的健康成长带来了严重的危害，它导致大学生的学业荒废、身体伤害、社交封闭、心理失调、道德滑坡、人格异化。另外，一些不法分子利用虚拟的网络，骗取大学生钱物，甚至给大学生身心造成伤害，这提醒大学生要学习网络安全知识，保持高度的警惕性，辨别真假，以免上当受骗。一些大学生在掌握了一定的互联网技术后，为达到某种目的不惜铤而走险，妄图利用虚拟技术掩藏犯罪的痕迹，其结果正是"法网恢恢，疏而不漏"，等待他们的只是冰冷的镣铐、法律的制裁。在校大学生都有获取新知识、新技术、新信息的渴望，然而，掌握这些新的东西，应当是更好地武装自己，将来更多地服务社会，而不能用来搞歪门邪道，甚至用来实施犯罪。

案例提示

（一）认清沉迷网络带来的危害

不少大学生上网放纵无度，沉湎于网络与游戏刺激，危害非常之大。

1. 严重影响身体健康

长期沉迷于网络，左前脑发育受到伤害后，会进一步影响右脑发育，使身体处于亚健康状态或直接导致心理障碍。首先，视力急剧下降，下网后睡眠质量不高、食欲缺乏、记忆力减退、精神萎靡、情绪低落；其二，大脑中枢神经系统长时间处于高度兴奋状态，会引起肾上腺素水平异常增高、交感神经过度兴奋、血压升高、自主神经功能紊乱，极易引发心血管疾病、紧张性头疼等，严重的甚至会引起突发心脑疾病而死亡；其三，大多数学生在网吧上网，网吧空间狭小、空气污浊、光线过暗，以及由于花费大量的金钱而节省饮食造成的营养不良都会严重损害学生的身体健康。

2. 影响大学生的学业

有研究表明，网络成瘾者每周使用网络平均38.5小时，而非成瘾者仅为4.9小时。部分大学生由于长期沉溺于网络，不仅浪费了大量的时间和精力，而且受网络中不良信息的影响，导致他们丧失学习目标，学习兴趣下降，频繁迟到、早退、逃课，因此学习成绩下降，多门课程不及格，毕业时拿不到学位证，甚至无法毕业的学生比比皆是。据统计，在考试科目数门不及格的大学生中，因沉迷于网络而导致成绩急速下降的几乎占

126

80%，网络成瘾已经成为摧残大学生的罪魁祸首。

3. 影响大学生的人格发展和人际关系

诺丁汉大学最早研究网络病的心理学家麦克·格里弗斯博士研究认为："过分迷恋上网有损身心健康，严重会导致心理变态，其危害程度不亚于酗酒或吸毒。"还有研究表明，因花费过多时间上网交友或玩游戏会导致社会孤立和焦虑感，使抑郁和孤独等消极情绪增加，从而减少了实际生活中的社会卷入度，影响心理健康水平和人格的发展。网络交往毕竟是一种间接和虚拟的人际交往，并不能代替真实环境中面对面的人际交往。

4. 不良网络信息诱发大学生犯罪活动

网络是个信息宝库，但也充斥很多黄色信息、暴力信息等垃圾信息。据有关专家调查，网上的非学术信息中有47%与色情有关，而接触过黄色信息的大学生90%以上有性犯罪动机或行为。这些不良信息严重污染了大学生的思想，导致大学生社会责任感缺失、道德感弱化，甚至扭曲了大学生的心灵，诱发了大学生犯罪。另外，相当一部分网络游戏，大肆渲染凶杀、暴力，以杀人为能事，不少大学生对这种游戏乐此不疲，久而久之耳濡目染，有些人就跃跃欲试。目前，因为网络成瘾而引发的道德失范、行为越轨甚至违法犯罪的问题正逐渐增多。

（二）防网络隐患方法

1. 上网时间要节制

要控制上网操作时间，上网之前先明确上网的任务和目标，把具体要完成的工作列在纸上。每天操作时间累积不应超过3小时，且在连续操作1小时后应休息15分钟。计算机不能代替人的情感交流，应多在现实生活中与同学和朋友直接交往、聊天。合理安排时间，多加强体育锻炼，多参加学校的社团活动，充实生活内容，转移注意力。

2. 不良信息要抵制

随着社会的发展，人们获得信息的渠道日益增加，所获得知识和信息量也在不断增加，同时各种垃圾信息的形式、种类和数量也在不断增多，尤其是一些不法出版物和不法网站，充斥着暴力、色情、迷信等不良信息。这些信息"海洛因"侵蚀着人的身体，毒害着人的精神。对此，要保持高度的警惕，绝不能去阅览那些不健康的书刊和音像制品，浏览那些不健康的网页。否则，后患无穷。据专家调查研究，青少年在阅读淫秽书刊、观看淫秽录像和浏览色情网站之后会出现以下种种不良表现：一是不想学习，致使成绩下降，进而旷课、逃学、夜不归宿，甚至留级、退学；二是纪律涣散，不能自拔，常常以身试法，甚至陷入犯罪的深渊；三是精神萎靡，行为放荡，道德败坏，丧失廉耻之心。作为大学生，应当从自身做起，坚决抵制淫秽内容，并积极影响周围的同学，让大家都远离网络色情、暴力。

3. 网络购物要留心

随着信息技术的发展，电子商务进入人们的日常生活之中，人们对网络的依赖性正在逐渐增强，网络购物也成为一种时尚，但也有人在网上购买的刻录机，收到的却是乌龙茶。因此在进行网上购物时应注意如下几方面的问题。

（1）选择合法的、信誉度较高的网站交易。网上购物时必须对该网站的信誉度、安全性、付款方式，特别是以信用卡付费的保密性进行考查，防止个人账号、密码遗失或被盗，造成不必要的损失。

（2）一些虚拟社区、论坛里的销售广告，只能作为一个参考，特别是进行二手货物交易时，更要谨慎，不可贪图小便宜。

（3）避免与未提供足以辨识和确认身份资料（缺少登记名称、负责人名称、地址、电话）的网络商店进行交易，若对该商店感到陌生，可通过电话或询问当地消费团体网络商店的信誉度等基本资料。

（4）若网上商店所提供的商品与市价相距甚远或明显不合理时，要小心求证，切勿贸然购买，谨防上当受骗。

（5）消费者进行网上交易时，应打印出交易内容与确认号码之订单，或将其存入计算机，妥善保存交易记录。

4. 网上交友要谨慎

大学生在网络交友中，一定要注意加强自我防范和保护意识。一要注意选择交友对象。遇到用不良言辞进行诱惑的人要断然拒绝进行交往。二要注意交友方式。不要到具有色情和暴力意味的聊天室、主播室、论坛去；不随意到不清楚交友内容的交友网站去注册；更不要去滥发交友广告。三要注意保密个人信息。不轻易告诉对方自己的身份证号、银行卡号、电话号码、住址等有关个人真实的信息。四要与网友保持距离。不轻易单独去见网友。与网友见面时，要有自己信任的同学或朋友陪伴。见面的地点尽量选择在公共场所、人员较多的地方和白天的时间。特别是女生不要选择偏僻、隐蔽和陌生的地方，不要在夜间与网友见面。否则一旦发生危险情况时，得不到他人的帮助。五要时刻提高警惕。不要轻信一些网上的所谓奇遇，如超级帅哥靓妹、官二代、富二代等。特别是女学生面对诱惑时，千万不要急功近利和幻想不劳而获，更忌感情冲动和意气用事。有很多不法之徒专以"交友""恋爱""求助"为名，利用女性的爱心和情感来行骗，要当心甜言蜜语或"慷慨义举"后所隐藏的欺诈。

5. 使用网络要守法

上网者有下列行为之一，构成犯罪的，依照刑法有关规定追究刑事责任：

（1）侵入国家事务、国防建设、尖端科学技术领域的计算机信息系统。

（2）故意制作、传播计算机病毒等破坏性程序，攻击计算机系统及通信网络，致使计算机系统及通信网络遭受损害。

（3）违反国家规定，擅自中断计算机网络或者通信服务，造成计算机网络或者通信系统不能正常运行。

（4）利用互联网造谣、诽谤或者发表、传播其他有害信息，煽动颠覆国家政权、推翻社会主义制度，或者煽动分裂国家、破坏国家统一。

（5）通过互联网窃取、泄漏国家秘密、情报或者军事秘密。

（6）利用互联网煽动民族仇恨、民族歧视，破坏民族团结。

（7）利用互联网组织邪教组织、联络邪教组织成员，破坏国家法律、行政法规实施。

（8）利用互联网销售伪劣产品或者对商品、服务做虚假宣传。

（9）利用互联网损害他人商业信誉和商品声誉。

（10）利用互联网侵犯他人知识产权。

（11）利用互联网编造并传播影响证券、期货交易或者其他扰乱金融秩序的虚假信息。

（12）在互联网上建立淫秽网站、网页，提供淫秽站点链接服务，或者传播淫秽书刊、影片、音像、图片。

（13）利用互联网侮辱他人或者捏造事实诽谤他人。

（14）非法截获、篡改、删除他人电子邮件或者其他数据资料，侵犯公民通信自由和通信秘密。

（15）利用互联网进行盗窃、诈骗、敲诈勒索。

每位大学生要严格遵守上述法规，做到文明上网、健康上网、安全上网、守法上网。

第五节　心理疾病预防

生命只有一次，我们无法决定生命的长度，但我们可掌握自己生命的宽度，保持健康的心理，珍爱生命，实现生命的意义。学生应该保持尊重生命的态度，珍爱生命的价值，积极进行心理疾病的防治与自杀的干预，珍爱生活，健康成长。

一、心理疾病的防治

心理疾病已成为危害大学生身心健康、影响大学生生命质量的主要疾病之一。许多研究表明，大学生中心理障碍发生率呈上升趋势，已经明显地影响到一部分学生的身心健康及生命安全。严重影响大学生生命质量和安全的心理疾病主要是精神障碍和人格障碍。

（一）精神障碍

精神障碍是一类由于多种因素作用大脑而出现的精神或心理活动方面的问题，表现为人的情感、认知、意志和人格特征等方面的改变或异常。多种精神障碍有导致生命安全的危险，其中主要的是抑郁症和精神分裂症。在世界范围所做的各种研究证实，精神障碍是自杀的首要原因，且多病于青壮年时期，20~30岁最为多见。

1. 抑郁症

抑郁症发病形式多样，病因复杂，以动力缺乏为核心症状。中国大学生患抑郁症的比例是3%~5%。作为最危险的自杀因素，它具有隐藏性：一些症状极易被看成一般性的心情不好，而被没有精神病常识的非专业人员忽视。抑郁症严重影响大学生对自己生命的看法，通常会对自己过分谴责，可能有自残倾向，甚至感到生无可恋。

 典型案例

案例 1

无法克服的疲倦

某高校大一男生李某，20岁，性格内向，很少与同学交往，学习认真但成绩不好。大一下学期开学后不久，觉得自己有病，时常感到身体很多部位疼痛。到医院检查，一切正常。后来逐步觉得很累，没劲，对什么都提不起兴趣。上课时注意力无法集中，听不进去，记忆力也不好，记不住东西。李某觉得很痛苦，回家对父亲说："我病得很厉害。"父亲并未重视，只是说："没什么，坚持一下就能克服，要有毅力。这些都是小问题，关键是成绩要好。"

李某回到学校后，努力地按父亲说的去做，但是发现自己越来越疲倦，没有力气上课，睡眠也不好，总是早醒，身体也越来越痛，几乎不能忍受。他觉得自己没有用，深感内疚，找到辅导员，说自己有病，很严重，希望辅导员能帮助他。辅导员将李某带到学校心理咨询中心。在咨询室里，李某用手捂住眼睛，头靠在沙发上，身体半蜷在沙发里。咨询师向他了解情况，李某时常沉默不答，说是没有力气说话，很累。咨询师询问他是否想到过自杀，李某说："我想过自杀，想从长江大桥上跳下。我真的太累了。"咨询未结束，李某就在沙发上睡着了。

根据咨询师的建议，李某休学到专业的心理医院进行治疗，不久症状改善了许多。

 **案例点评**

李某表现出典型的抑郁症状，如疲倦无力、躯体疼痛、记忆力下降、早醒、有自杀念头等。典型的抑郁症具有晨重夜轻的特点。

李某的一些症状，如没有兴趣、上课注意力不集中、觉得自己没用等，极易被看成一般性的心情不好，被自己和家人忽视，以为过一段时间就会自行好转，或者只要有毅力就能克服。其实一个人患抑郁症后是难以凭借自己的力量摆脱或自愈的。抑郁症是一种需要治疗而且能够治疗的疾病，但大多数人并不知道这一点。

? 案例提示

（1）一个人偶尔感到悲伤、疲劳或气馁，不是抑郁症。

（2）抑郁症从疲劳开始，基本表现是懒、呆、变、忧、虑，同时伴有各种各样的躯体上的痛苦症状：

懒：表现为浑身乏力，做事提不起劲。

呆：表现为行动迟缓，记忆力衰退，大脑反应迟钝。

变：表现为性情大变，前后判若两人。

忧：表现为意志消沉，无缘无故地感到沮丧。

虑：表现为焦躁不安，胡思乱想，对生命价值产生怀疑。

躯体症状主要有疼痛、厌食、便秘、恶心、胸闷、疲乏、睡眠障碍等。

（3）在抑郁症缓解之前，不要做重大的决定。

（4）严重的抑郁症通常需要抗抑郁的药物治疗，同时配合心理治疗；轻、中度的抑郁症，通过单纯的心理治疗就可以恢复。

（5）抑郁症必须由经过专业训练的心理治疗师提供心理治疗。治疗通常至少需要6周，每周治疗时间为30~60分钟。

（6）要保持身体健康，有规律地锻炼身体，多参加社交活动。

🔗 相关链接

抑郁症病人中有2/3的人曾有自杀念头，其中有10%~15%的人最终自杀。所有自杀者中有70%的人患有抑郁症。抑郁症病人的自杀率比一般人群要高出20倍。

抑郁症病人中，女性占绝大多数。全世界的女性中，大约每八个人中就有一人在一生的某个阶段会遭受抑郁症的困扰。

2. 精神分裂症

精神分裂症是一种世界性的公共卫生问题，是精神科最为常见的疾病之一，也是对患者和家属及社会影响最大的疾病，其患病率约为1%。大学阶段是易发时期，多以急性发病为主。症状表现为现实缺乏联系，存在幻觉、妄想和异常思维，社会功能明显损害。患有精神分裂症的病人随时有可能出现危害行为，这主要是指伤人毁物、自伤自杀和突然出走。

案例 2

幻 听 女 孩

　　某校大一女生林某，20 岁，少与人交往，学习成绩不好，时常自语自笑。起初同学不觉得异常，只是觉得林某不合群，喜欢一个人独处，有时候说话和表情比较怪而已。

　　林某对同寝室的同学说，有一个男生在背后议论她，主要是说她坏话，她能听见。林某说那男生是她的高中同学，个子很高，长得很帅，篮球打得很好，很多女生喜欢他。她觉得那个男生好像想追求她。后来，林某总是说，那个男生说话的声音很大，让她上课都听不清老师的讲课。有时候，那个男生就站在教室外，有时候跟着她走，有时候半夜喊她出去。她脑子里所想的事情，还没有讲出来，别人就知道了。她在路上走，能听见别人在指着她说："看，这个姑娘好不怕丑。"寝室的同学都觉得她有些异常，立即向学校心理咨询老师反映了。咨询老师和林某面谈，发现林某面带微笑，却给人傻气的感觉，言语内容松散、不连贯。林某自己并未觉得痛苦和异常，很乐意谈到这些事情。咨询老师了解到，林某母亲有过精神病史。

　　在家长和辅导员的帮助下，林某经过医院治疗和自身努力，病情明显得到好转，又可以正常学习了。

案例点评

　　林某自语自笑、对人冷淡和疏远、行动迟钝，这是精神分裂症的早期症状。一般早期症状以性格改变最为常见。

　　精神分裂症最突出的知觉障碍是幻觉，以幻听最为常见，如林某说能听到一个男生在背后说她坏话；妄想也是精神分裂症最常见的症状之一，以被害妄想和关系妄想最为多见，如林某认为那个男生喜欢她、跟踪她。被洞悉感是重症精神病的表现之一，如林某觉得别人能知道自己的想法。

　　精神分裂症病人的情感迟钝，对自己的前途毫不关心，没有任何打算，思维散漫，说话句句都沾边，但又都说不到点子上，对病情表现无自我认识能力。

案例提示

　　(1) 精神分裂症的初期症状表现为不合群、有点发闷，有的出现妄想，说一些不切实际的话。

　　(2) 精神分裂症的病人对外界事物及与切身利益相关的事情缺乏内心体验(情感淡

132

漠）；遇上喜事痛苦或遇上不幸嬉笑（情感倒错），同时有两种对立的情感体验（矛盾情感）；无故独自发笑、悲啼或暴怒。

（3）精神分裂症病人否认自己不正常，需要采取劝说、诱导甚至强制性方式治疗。

（4）只要及时、系统地治疗（全病程治疗），80%的病人可以得到完全缓解，社会功能基本恢复，且部分病人可以不再复发，关键在于遵从医嘱，进行长期维持治疗。

🔗 相关链接 ▶

（1）有50%的精神分裂症病人曾试图自杀，10%的病人最终死于自杀。遭受意外伤害的概率高于常人，平均寿命短。

（2）我国精神分裂症的终身患病率达6.55%，女性患病率高于男性，城市患病率高于农村。患病率与家庭经济水平呈负相关。

（二）人格障碍

人格障碍是指人格特征明显偏离正常，形成了一贯的反映个人生活风格和人际关系的异常行为模式。确诊为人格障碍需要在18岁以后，但是其表现通常开始于童年、青少年或成年早期，并一直持续到成年乃至终生。当前我国大学生中存在的人格异常和人格障碍问题，男生较女生严重。人格障碍影响到大学生的社会功能和职业功能，可造成对社会环境的适应不良，病人为此感到痛苦。

 典型案例 ▶

案例

无故的猜疑

某校大二女生张某，20岁。大一的时候，张某学习成绩相当好，与同学关系表面上也很不错，喜欢与同学交谈。但张某总觉得同学们用一种异样的眼光看她，她认为那是同学们嫉妒她的才能。因为这些矛盾，张某的人际关系逐渐紧张。每当同学们三两交谈或多看她一眼，她便起疑心，认为别人是在议论自己；有人拿东西不小心掉在地上，她怀疑是同学故意给她脸色看；有人关门声响一点，她怀疑是对自己有意见，觉得寝室同学都在刁难她。到大二，张某对班里任何同学都猜疑，不管他们做什么事，说什么话，都从心里怀疑，担心别人利用自己。张某成绩下降，听不进任何批评意见和建议，总感到受人欺负。辅导员看到这种情况，主动带她到心理咨询中心咨询。经过咨询师专业的辅导，她逐步恢复了正常。

案例点评

　　张某敏感多疑，对任何人都不信任，经常感到自己被人轻视，受到别人的攻击，并且过分自尊，猜疑别人利用她。因此，基本上可以断定，张某是偏执型人格障碍。

　　偏执型人格障碍以猜疑和偏执为特点，有点妄想，人际关系往往反应过度。人格障碍的形成，一般认为是生理、心理因素和家庭、社会环境因素共同作用的结果。

案例提示

　　（1）人格主要在社会活动的人际关系中表现出来，因此，把适应社会生活者称为正常人格，适应不良者称为不良人格，与社会发生严重冲突者称为病态人格。

　　（2）一些有人格障碍的学生往往表现得特别好强，事事要强，常年生活在自己的高标准的压力下，身心疲惫，往往最终不堪重负，把死当成一种解脱。

　　（3）有些边缘性人格障碍的学生任性、冲动、经常自残、多次自杀，而且程度一次比一次严重。尽管不是真的想死，但也要特别注意，有的学生最后也可能走向死亡。

　　（4）人格障碍主要表现为情感和行为的异常，多数人对自身的人格缺陷常无自知之明，难以从失败中吸取教训。人格障碍者一般能应付日常生活和学习，能理解自己行为的后果，主观上往往感到痛苦。

　　（5）良好的人格发展需要良好的环境，更需要对自身正确的认识。个体人格成长是在经历挫折、失败与成功等诸多方面后才逐渐成熟起来的。

相关链接

　　（1）人格障碍没有明确的起病时间，人格改变的参照物是病前人格，人格障碍主要的评判标准来自社会的一般准则。

　　（2）在幼年时期培养健全的人格尤为重要。

　　（3）有计划、有系统地教育和锻炼，适当的劳动，对具有人格障碍的人是有益的，处罚很少见效。提高素质和改善环境是预防人格障碍的主要措施，同时也是一项十分艰巨和长期的工作。

二、预防自杀

自杀是指任何旨在结束自己生命的有计划的行动。自杀是现代社会人类的十大死因之一，并已成为导致 15~35 岁之间的青年人死亡的主要原因（位于前三位的死因）。在我国，自杀排在青少年死因的第一位。自杀行为不仅是自杀未遂者终生难忘的痛苦经历，而且使自杀死亡者的亲友遭受严重、持久的心理伤害。自杀已成为现代社会严重影响人类生命安全的主要问题。

个别大学生自杀动机的原因复杂多样，个体差异较大。抑郁症是自杀的首要原因，人格偏离也是一个重要因素。据调查，自杀者中性格内向与较内向的占 95.2%，孤僻的占 52.4%，虚荣心强的占 71.4%。

 典型案例

案例 1

走上绝路的男生

某高校毕业班男生宋某，性格内向孤僻，没有朋友，很少与老师和同学交流，爱玩网络游戏，不调皮，喜欢安静，对人彬彬有礼，碰到老师总是鞠躬问好。宋某的父亲下岗，母亲几个月前患癌症死去，家庭极度贫困。

毕业当年 5 月份，同学大多找到单位，在外实习或工作。有一段时间，宿舍里还有一个同学丁某，后来丁某也走了，就剩下宋某一个人。端午节的前一天，他回家找父亲要钱，与父亲发生冲突后，没有吃饭也没有拿钱就返回了学校。他在宿舍里自缢，没有留下遗书。丁某说，宋某在自杀前不久给他打过电话，没有说什么事情，但是说了一句"幸好有你"，让丁某印象深刻。丁某觉得奇怪，但是也没有问什么。清理遗物的时候，发现宋某在作业本上随手写的一些话："我要钱，20 元就行了"，"妈妈，我喜欢你，希望你高兴。我爱你，我希望你幸福，我希望上天赐予你幸福和快乐。"

案例 2

追逐尼采的女孩

某高校大三女生王某，21 岁，上大学后看了许多尼采的哲学作品，对人生的态度越来越消极。从大学二年级开始，她从网上收集了大量有关"世界末日"的材料，觉得活着没有意思，总是觉得人生就像小说描写的那样"来去匆匆"，毫无意义。于是，王某不断地将自己许多心爱之物赠送好友，露出了自杀的倾向。老师和同学发现其行为反常，为防万一，让其母从家乡赶到学校照顾她，并与她同居一室。可是有一天清晨，王某趁其母尚在睡梦中，来到宿舍的楼顶上跳下身亡。

案例点评

　　案例 1 中宋某的自杀有迹可循，如他给丁某打电话说"幸好有你"，以此向丁某道谢和告别。这是自杀前常会出现的典型的言语征兆。

　　人格不健全是宋某自杀的因素之一。他自卑敏感，封闭刻板，从来不向其他人吐露心声，长期生活在自己狭小的空间里。大多数自杀的大学生都存在不同程度的人格问题。

　　宋某情绪低沉，缺乏活力，自我封闭，人际关系不好，长期承受较大的心理压力，有抑郁症倾向。抑郁症患者常有自杀的念头和行为。

　　宋某经历了重要亲人的死亡等一系列事件，如母亲在几个月前去世，独处宿舍的孤单，就业的焦虑，家庭贫困的压力等。重要亲人的死亡，带给人的痛苦及压力是很大的，这些体验增加了他的无助和绝望感。

　　案例 2 中王某的自杀倾向十分明显，如从网上收集大量有关"世界末日"的材料，不断地将自己许多心爱之物赠送好友。这都是自杀前的典型预兆。

　　尼采是西方哲学史上比较有影响力的一位哲学家，他的哲学思想有阴暗消极的一面，也有积极向上的一面，许多哲学家都从他的著作中汲取了养分。王某没有树立正确的人生观，不能批判地接受尼采的哲学思想，反而觉得人生毫无意义，悲观厌世，精神和人格方面都发生了偏差，存在障碍，最后以跳楼结束了自己的生命。

案例提示

　　（1）自杀不是突然发生的，它有一个发展的过程。自杀过程一般会经历：产生自杀意识、下决心自杀、行为出现变化、思考自杀方式、选择自杀的地点与时间、采取自杀行为。不同年龄、不同个性、不同情景下的人，其自杀过程有长有短。

　　（2）谈论自杀是自杀前的一种预兆、一种求救信号。研究表明，约 80% 的人自杀前向他人发出过这类信号。

　　（3）大学生自杀的特点：

　　① 多发生在节假日期间、节后、开学不久、5 月份。

　　② 有自杀企图的女生是男生的三倍，但男生成功得多。

　　③ 多发生在校内，跳楼是自杀者最常用的方式。

　　（4）自杀是可以预防的。多数自杀者在自杀之前都有意无意地露出蛛丝马迹，试图向好友和亲人倾诉，所以及时发现自杀前的线索是挽救生命的最好契机。

　　（5）自杀前常见的线索有：

拓展资料

136

① 对自己关系亲近的人表达想死的念头，或在日记、绘画、信函中流露出来。

② 情绪明显不同于往常，焦躁不安，常常哭泣，行为怪异粗鲁。

③ 陷入抑郁状态，食欲缺乏、沉默少语、失眠。

④ 回避与他人接触，不愿见人。

⑤ 性格行为突然改变，像变了一个人似的。

⑥ 无缘无故地收拾东西，向别人道谢、告别、归还所借物品，赠送纪念品。

（6）如何帮助处于自杀危机中的人？

① 多倾听，少说话，向他们表达关心，给予希望。

② 留心任何自杀的念头，直接询问他们是否考虑自杀："你的心情是否如此糟糕，以至于想结束自己的生命？"这样反而会挽救他们的生命。

③ 不要承诺你会对此保密，不要独自一个人扛起帮助他们的责任，应请其他人特别是专业人员一起承担。

④ 如果发现有人即将采取自杀行动，不宜让他(她)独处。

⑤ 提供生命热线电话。全国免费心理危机干预服务热线：800-810-1117。

第四章

遵纪守法

大学生是祖国的未来和民族的希望，是天之骄子、国之栋梁。不可否认，绝大多数大学生的整体素质是积极向上的。然而，屡屡发生的大学生违法犯罪事件撞击着人们敏感的神经。当人人羡慕的"天之骄子"一下子沦落为世人唾弃的"罪犯"，这不但是他们个人命运的转折，也是家庭希望的毁灭，同时也是对家庭资源和国家资源的严重浪费。因此，预防、减少大学生违法犯罪是全社会的共同责任，亦是一项庞大的社会工程、系统工程。它离不开社会、学校、家庭以及大学生自身等多方面的共同努力。

拓展资料

第一节　大学生违法犯罪的典型案例

一、法盲犯罪

 典型案例

案例 1

偷书 1 500 册是不是犯罪

重庆某大学学生刘某 3 年偷书 1 500 多册，价值 3 万多元。在区法院审判时，刘某自称以为偷书是不良行为，不知道是犯罪。最终刘某被以盗窃罪判处 3 年有期徒刑。

138

案例 2

某大学学生刘某伤熊事件

某大学学生刘某悄悄跑到北京动物园，走近熊山，向黑熊泼下了硫酸。随着黑熊的惨痛嗥叫，刘某迅速逃离。随即刘某被北京市公安机关抓获，刘某交代此次事件的动机只是为了测验一下熊的嗅觉能力，北京市西城区法院判决刘某犯故意毁坏财物罪，免予刑事处罚。这一泼，"泼出"了法律盲点。

案例 3

持刀抢劫，以为玩笑

某高校两个学生晚上外出喝酒，喝了一些啤酒后往回走，觉得还没尽兴，还想再喝，但身上已经没有钱。其中一学生就拿出随身带的一把水果刀，挡住路边一骑车路过的人，说"给点钱喝酒"，那人说"没有钱"，两人便让其离开。后那人报警，警察将还在外面游荡的两人抓获。事后两人称，"跟他要点酒钱，没有钱就算了，当是开玩笑哦"。

案例提示

（1）"不知法不赦"——不懂法不免除其法律责任。

（2）对秘密窃取公私财产的盗窃犯罪行为，《中华人民共和国刑法》第二百六十四条规定：数额较大或者多次盗窃的，处三年以下有期徒刑、拘役或者管制，并处或单处罚金；数额巨大或者有其他严重情节的，处三年以上十年以下有期徒刑，并处罚金；数额特别巨大或者有其他特别严重情节的，处十年以上有期徒刑或者无期徒刑，并处罚金或者没收财产。

（3）抢劫罪，按刑法规定，处三年以上十年以下有期徒刑，并处罚金；有加重情节的，处十年以上有期徒刑、无期徒刑或者死刑，并处罚金或者没收财产。

（4）犯罪因意志以外的原因未得逞的，是犯罪未遂。未遂犯也是犯罪，只不过可以比照既遂犯从轻处罚。

以上几个案例中，涉案人因缺少足够的法律意识，没有考虑到自身的行为会给他人、社会造成什么样的后果，思想意识中只有满足个人需求的欲望，缺少法律知识，随心所欲，以至于发生了"无知者无畏"的愚蠢现象，等到发现自己触犯了法律时，为时已晚。作为一名大学生，应当不断提高法律素质，具备较强的法制观念、较强的法律素质，能够主动约束自己的日常行为，构建良好的道德品质架构。从"修身"做起，继承和发扬中华民族历史形成的从善如流、疾恶如仇、严于律己、"知耻""慎独"等优秀道德品质，并在新的历史条件下发扬光大，以法律己，以德待人。做到"有法可依，有法必依，执法必严，违法必究"，纠正小的不良行为，不以"恶小而为之"，不任其发展，防微杜渐。

二、心理不健康犯罪

 **典型案例**

案例 1

马某某杀人案

某大学大二学生马某某，仅仅因为四位同学怀疑其打牌作弊，说其性格古怪，便购买了石工锤，在寝室分别将四位同学杀死，将尸体藏匿于柜子里，然后逃逸至三亚被通缉抓获。法院以故意杀人罪判处其死刑。

案例 2

嫉妒报复心理

某高校一女生宿舍被盗，丢失的东西包括：小哲的笔记本电脑一部，小洁的 MP4 一部，小兰的耳机 1 副，而同宿舍的小芸则未丢任何东西。

警方接案后，迅速展开调查。很快，小芸发现事态严重，主动投案认罪，并将所有物品归还了失主。事后，经调查得知，小芸因与室友相处不和，便"想教训她们一下"。于是她趁室友上课之机，盗得以上物品。

案例 3

感情受挫，竟做"黑客"

武汉市某公司向警方举报，由该公司提供服务器服务的 15 家政府网站被侵入，政府信息发布很受影响。警方调查发现，武汉某高校一名大三学生小君有重大作案嫌疑。

经审讯，小君交代了作案动机和过程。原来，小君因失恋，便想报复社会泄愤。但生性胆小的他不敢采取暴力方式，就想到了做网络"黑客"。于是，他用自己掌握的计算机知识，专门找到挂靠政府网站较多的服务器，通过拨号上网的方式，非法侵入服务器，破坏政府网站。

案例4

生理成熟，心理滞后

孟某被两代长辈送到大学后，开始了他18年来的第一次独立生活。每次评比他都给宿舍拖后腿，吃饭却总是抢在别人前头。久而久之，舍友们对他有了意见，纷纷要求舍长赵某找他谈一谈。几天后，赵某找到了孟某，婉转地向他提出了舍友们的意见。孟某从没听过别人教训，怒火一下子就窜了上来，跟赵某大吵一架，差点动了拳头，气得赵某拉着舍友到辅导员那里把大家对他的意见全说了出来。当晚，辅导员找孟某谈了话，大约11点，宿舍楼熄灯，赵某等人都睡下了，孟某还没回来。十分钟之后，大家听到他推门进来，都没有理他，朦胧中听到他在收拾东西。又过了几分钟，接二连三的重物坠地声把全宿舍人都吵醒了，接着传来孟某的叫喊声："我让你们告状！我让你们告状！"大家赶紧起身，结果发现孟某扔下去三台笔记本电脑、三部CD唱机、四部手机、一把吉他，几乎是舍友全部的贵重物品。孟某被检察机关以故意损坏他人财物罪提起公诉。

🔍 案例提示

这四起大学生违法犯罪案件，都与大学生心理出现问题有着密切的联系。目前大学生的心理健康让人担忧。大学生中精神行为异常检出率约为16%，心理不健康的或处于心理亚健康状态的约占30%（有的调查为50%）。主要形成原因为：大学生处于心理断乳期、生理心理发展不平衡、独生子女教育引起的不健康性格、情感、压力等导致的宣泄等。当前，许多家长对孩子过分保护和关心，为了让孩子专心读书，大多数家长把孩子生活中所有的琐事都承包下来，造成孩子的生活能力差，对家长依赖性强。过分的溺爱易造成孩子的"自我中心意识"，认为别人的付出是应该的，自己有权利得到父母的爱和照顾，而无须尽义务。不能约束自己的行为，行动时不考虑后果。孩子生理成熟了，认知能力和心理却未成熟，生理与心理发展不平衡。他们认为自己的利益受到侵害时，往往采取他们自认为应该采取的行动来施以报复，而不考虑是否会伤害别人，会出现什么后果，从而引发自身的犯罪行为。

大学生年轻幼稚，思想单纯，生活阅历浅，识别能力低，容易受不良环境的诱惑，看问题肤浅，不良心理如逆反心理、争强好胜心理、享乐攀比心理、好逸恶劳心理、嫉妒嫉恨心理、激情冲动心理等，是诱发大学生违法犯罪动机和行为产生的一些重要心理因素。

大学生要注重心理调节，形成健康心理的状态，预防不健康心理引发的违法犯罪在自己身上发生。具体应做到以下四点：一要养成遵纪守法的习惯；二要积极进取，乐观向上，不沉溺网络；三要学会释放自己内心的郁闷；四是有不良或极端心理应及时到学校心理健康中心寻求帮助。

三、冲动犯罪

 典型案例

案例 1

体院学生踢死人案

某体院两名大二学生，在从租住屋骑电瓶车上学的路上，在一路口，与一公司男员工发生擦刮、争吵。两人随即下车，一人飞起一脚踢向该男子，另一人在该男子没倒地前又踢一脚。两人随即骑电瓶车去学校。该人当场死亡。警察根据天网信息，3 小时内即在教室抓获了两人。两人听说刚打倒的人已经死亡，随即瘫软在地，号啕大哭。

案例 2

情海迷失，感情受挫

刚上大三的吴某与小他一届的朱某谈起了恋爱。吴某是化学系学生会主席，朱某是中文系的系花。两人如胶似漆地相处了一段时间后，吴某发现朱某对自己逐渐冷淡，他打听到最近常有一个 30 岁左右的男人开车接朱某出去。元旦当天晚上 7 时左右，约朱某吃晚餐未果的吴某喝了几杯酒，来到朱某的宿舍。屋里只有朱某一人，她身穿一款白色貂皮大衣，正在精心画着眉，似乎马上就要出门。吴某上前问她："什么时候买的大衣？"朱某冷淡地回答说朋友送的。"你给我脱下来！"恼怒的吴某借着酒劲儿，一把拽住了朱某的衣领，拼命地往下撕扯。朱某一边护住衣服，一边哭喊道："我要跟你分手！"这句话更是刺激了吴某，他想到自己为朱某付出的一切，心里绝望至极，上前揪住朱某的头发，狠狠地把她的头往床边的铁栏杆上撞去，鲜血从朱某头上流了下来。看到朱某血流满面的样子，吴某一下子清醒了，赶紧打电话叫来 120 救护车。经法医鉴定，朱某构成轻伤，吴某因故意伤害罪被提起公诉。

❓ **案例提示**

（1）《中华人民共和国刑法》第二百三十四条规定：故意伤害他人身体的，处三年以下有期徒刑拘役或者管制；致人重伤的，处三年以上十年以下有期徒刑；致人死亡或者以特别残忍的手段致人重伤造成严重残疾的，处十年以上有期徒刑、无期徒刑或死刑。

《中华人民共和国治安管理处罚法》第四十三条规定：殴打他人的，或者故意伤害他人身体的，处五日以上十日以下拘留，并处二百元以上五百元以下罚款；情节较轻的，处五日以下拘留或者五百元以下罚款。

（2）《中华人民共和国刑法》第二百三十二条规定：故意杀人的，处死刑、无期徒刑或者十年以上有期徒刑。

（3）行为人明知自己的行为会发生危害社会的后果，并且希望或者放任这种结果发生，因而构成犯罪的，是故意犯罪。

（4）因恋爱造成的情感危机，是诱发大学生心理问题的重要因素。恋爱不成或恋爱失败往往导致大学生心理变异，如产生自卑自闭、自暴自弃等心理问题。有的因心理负担过重而走极端，导致自杀，还有的因爱生恨，导致暴力伤人等，造成悲剧。

四、酗酒犯罪

 典型案例

案例1

某学院学生刺死同学案

某学院学生谢某与几个老乡同学喝酒后，因一小事与另一老乡同学发生推搡。谢某借着酒劲，掏出钥匙串上面的一把刀刃仅3厘米长的水果刀刺向该同学，刚好刺中心脏。该同学送到医院时已经死亡。

案例2

酒后抢劫竟是玩笑

某大学两名即将毕业的学生孙某和辛某，外出喝酒后，两人比谁胆子大。孙某问辛某敢不敢抢出租车，辛某说："有什么不敢，不信我抢个给你看看"。于是随手招停一辆出租车，拿出身上一把小水果刀对着司机，说："拿50元钱来。"司机赶紧给了其50元后驾车离开并报警。辛某还在向孙某炫耀自己胆量时，被警察当场抓获。后二人被控抢劫罪。经查二人家境极好。

案例提示

（1）《中华人民共和国刑法》第十八条规定：醉酒的人犯罪，应当负刑事责任。

《中华人民共和国治安管理处罚法》第十五条规定：醉酒的人违反治安管理的，应当给予处罚。

（2）以暴力、胁迫或者麻醉、醉酒等方法，强行劫取公私财物的，构成抢劫犯罪。劫取的财产是多还是少，不影响抢劫罪的成立。哪怕一元钱，也构成抢劫罪既遂。即使没有抢到钱，也成立抢劫罪未遂，比照既遂犯从轻处罚。

（3）犯罪过后自动投案，如实供述自己罪行的，是自首。对于有自首情节的罪犯，可以从轻、减轻处罚，情节较轻的可以减轻或免除处罚。

近年来，高校学生醉酒、酗酒现象日趋严重，而且，酒后滋事造成伤害的不乏其人，给学校、同学和自己带来不良影响。以上两个案例，受害人都是因为醉酒引起。醉酒后由于神经受到刺激，导致行为失常，丧失理智，或直接为酒所害（中毒），或间接为酒所害（醉酒滋事）。在很多大学生人身伤害的案件中，很多都是因为当事人醉酒引起，或酒后自残，或失手将他人打伤、打死。醉酒事小，但因醉酒酿成大祸醒来后追悔莫及。正因为饮酒有上述危害，为了保证同学们健康成长，维护正常校园秩序，有关部门规定，大学生在校园内一般是不允许喝酒的，更不许酗酒。

五、江湖义气犯罪

 典型案例

案例 1

帮助同学，聚众斗殴

某大学学生胡某因与另一学院学生张某发生矛盾，便找来两个同学，打了张某一顿。某同学徐某得知后，叫上十几个同学，去帮张某出气。带着木棒等工具，冲进胡某寝室，殴打胡某及其同学。在打斗中，徐某持木棒打击胡某头部，致胡某颅脑损伤，成植物人。徐某被以故意伤害罪被判处有期徒刑 6 年。另有 3 名同学分别被判处 1~4 年不等的刑罚。

案例 2

参与老乡犯罪团伙，容留罪犯朋友

某大学大二学生何某的一高中同学马某，由于没考上大学，工作也没有着落，在别人的影响下，参与了贩卖毒品。马某到昆明后找到何某，并住在何某寝室。何某在得知马某贩卖毒品后，仍然容留马某，并帮助马某藏匿毒品。马某被捕后供出了何某和藏毒地。马某被判死缓，何某也被以贩卖毒品罪共同犯罪判处有期徒刑 14 年。

案例提示

（1）《中华人民共和国刑法》第二百九十二条规定：聚众斗殴的，对首要分子和其他积极参加的，处三年以下有期徒刑、拘役或者管制；有下列情形之一的对首要分子和其他积极参加的，处三年以上十年以下有期徒刑：（一）多次聚众斗殴的；（二）聚众斗殴人数多，规模大，社会影响恶劣的；（三）在公共场所或者交通要道聚众斗殴，造成社会秩序严重混乱的；（四）持械聚众斗殴的。斗殴致人重伤或者死亡的，以故意伤害罪或者故意杀人罪论处。

（2）贩卖、运输毒品的，处三年以上十年以下有期徒刑，如果非法持有海洛因达到 50 克，处十年以上有期徒刑、无期徒刑或死刑。

（3）两人以上共同故意犯罪的，是共同犯罪，对主犯应按照其组织指挥或参与的所有犯罪追究刑事责任；对帮助犯等从犯，比照主犯从轻、减轻处罚。

（4）对正在进行的不法侵害可以正当防卫，正当防卫不负刑事责任。但不法侵害尚未开始或者已经结束的，就不再是正当防卫，应当追究刑事责任。

六、过失犯罪

典型案例

案例

上海某学院一女生宿舍违章使用"热得快"引发火灾，两名女生从门口出去呼救，回来时门已关闭，另四名女生躲到阳台，火势越来越大，四人先后从阳台跳下，当场身亡。

案例提示

（1）行为人应当预见自己的行为会发生危害社会的结果，因为疏忽大意而没有预见，或者已经预见但轻信能够避免，因而发生危害结果的，是过失犯罪。法律规定构成过失犯罪的，应负刑事责任。

（2）失火致公共安全损害的，处三年以上七年以下有期徒刑；情节较轻的，处三年以下有期徒刑或者拘役。

（3）过失致人死亡的，处三年以上七年以下有期徒刑；情节较轻的，处三年以下有期徒刑。

（4）违反交通运输管理法规，因而发生重大事故，致人重伤、死亡或者使公私财产遭受重大损失的，处三年以下有期徒刑或者拘役；交通运输肇事后逃逸或者有其他特别恶劣情节的，处三年以上七年以下有期徒刑；因逃逸致人死亡的，处七年以上有期徒刑。

七、盗窃犯罪

 典型案例

案例 1

法学硕士，知法犯法

小常是某重点大学应届法学硕士毕业生，虽毕业临近，但他一直没有找到合适的工作。家庭条件本来就不好的他，经济上更加捉襟见肘。前不久，小常像往常一样回宿舍。忽然，他发现公寓楼一宿舍房门大开，室内却无人，而且桌面上放着一台笔记本电脑。想起自己近来生活费紧张，小常竟不自觉走进该寝室，盗走笔记本电脑。被抓时，小常懊恼不已："知法犯法，都是一时糊涂啊！"

案例 2

食堂用餐，顺手牵羊

大学生王某在学校食堂用餐时，三次趁人不备，拎起同学放在座位上的书包就走，获得现金、财物等近 3 000 元。她盗窃后还不以为然，背着偷来的书包在校园里到处走，最后被失窃者认出，被判刑 6 个月。

案例 3

偷窃寝室同学钱物被判刑 3 年

女大学生王某家庭条件较好，平时娇生惯养。进入大学后，她经常外出旅游，开销由父母承担。但后来，由于开销日多，父母控制了她的零用钱，王某为维系开销，偷窃寝室同学现金和财物达 5 700 多元，后被判刑 3 年。

案例4

大学生偷窃成性

据 2003 年 6 月 22 日出版的《中国教育报》载：21 岁的夏某是合肥某知名大学的大学生一天中午，他在教室里"捡"到一个同学放在课桌上的"文曲星"，从此一发而不可收。他利用课间或中午用餐之际，顺手将同学放在课桌上的手机、电子词典、名牌衣物等偷走。自 2002 年 9 月至 2003 年 6 月 5 日案发，夏某共作案 46 起，盗窃手机、随身听、电子词典等共 40 多件，价值 2 万余元。

案例提示

据统计，校园刑事案件多为财产型犯罪，其中盗窃约占七成。大学生盗窃，除了少数是因为经济窘迫所致外，绝大多数是因为爱慕虚荣、心理不平衡以及贪图享乐所致。受社会不良风气的影响，很多大学生盲目攀比、跟从、贪图享乐。难以遏制的"物欲"令一些大学生误入歧途。一些大学生错误地以物质利益为尺度去评价个人得失，这就诱发了个别大学生进行抢劫、盗窃、诈骗等违法犯罪活动。

第二节　大学生违法犯罪的特点

大学生属于青少年群体的一部分，因此大学生犯罪会具有青少年犯罪的一般特征。但是，大学生在青少年群体中是知识层次较高、思想比较成熟的群体，具有其自身的特殊性，其犯罪也会表现出不同于一般青少年犯罪的特殊性。特别是新时期社会发展呈现出一些新的特征，例如信息化、网络化、价值多元化、竞争激烈化等，这些发展变化使大学生犯罪也呈现出一些新的特征。

一、大学生犯罪的多样性

随着大学生犯罪数量的增加、比例的增大，大学生犯罪的类型呈现多样化，大学生犯罪的主体呈现复杂化。

（一）大学生犯罪类型多样化

对大学生犯罪进行划分，可以揭示犯罪的本质，掌握大学生犯罪的规律。目前，大学生犯罪所涉及的犯罪类型主要有财产型、暴力型、智能型和团伙型等。

1. 财产型犯罪

财产型犯罪是侵犯财产的一种犯罪行为，"是指用非法手段占有公私财物或故意毁坏公私财物的行为"。大学生财产型犯罪一般是出于故意，表现出一种贪利性，也有的是出于报复、泄愤、宣泄自己的不满等，只要是非法占有公私财产，就构成侵犯财产型犯罪。财产型犯罪主要包括盗窃、抢劫、抢夺、诈骗、敲诈勒索、侵占、故意毁坏财物等，大学生财产型犯罪几乎包含了这些犯罪种类，但比较集中的是盗窃、诈骗、敲诈勒索等。盗窃罪在大学生犯罪中最常见，与社会上一般的盗窃犯罪相比，大学生犯罪中的盗窃呈现出一些特殊性。例如，盗窃的对象和范围一般集中在学校内或学校周围，其作案的手段比较简单，存在连续性状态；而且，发生盗窃行为往往是由于一些不健康的心理因素，比如，贪图享乐、追求刺激、报复愚弄、变态心理、行为习惯等。随着社会的发展，其盗窃的物品的价值呈现上升趋势，盗窃的类型日益多样化，且盗窃手段也呈现多样化的特点。

2. 暴力型犯罪

暴力型犯罪是一种非法使用暴力或以暴力相威胁侵犯他人人身财产权利的极端性行为。这类犯罪在大学生犯罪中虽然占少数，但其社会影响力及社会危害性却是比较突出的，主要涉及故意杀人、故意伤害、抢劫、强奸等犯罪种类。犯此种类型罪的大学生，往往生理上比较冲动，心理上不健全，遇事受刺激会控制不住自己而犯下错误。故意杀人罪在大学生犯罪中是少数的，但由于其暴力性及后果的严重性，社会影响往往会比盗窃、诈骗等财产型犯罪大，而且这种对生命的漠视给家庭、社会造成的损失是无法弥补的，曾经轰动一时的马某案以及药某案就是典型。从以往发生的案件可以看出，这类案件的犯罪对象多是大学生身边的人，如同学、老师、亲人等，其犯罪动机往往是出于报复、泄愤等，也有些是因为心理问题走向极端的。其犯罪手段往往比较残忍，对社会的危害非常大。故意伤害对于处于青春期的大学生来说是比较常见的。由于其自控能力不强，遇事容易冲动、逞强，若遇外界刺激会造成不良的后果，所以，大学生的故意伤害案件往往具有突发性，属于激情犯罪。外界的不良刺激会打破大学生的心理平衡，再加上本身情绪易波动，大学生往往会因为一些日常生活琐事而发生故意伤害的行为。抢劫罪在大学生犯罪中所占的比例很小，它具有预谋性、残忍性的特点，大学生实施抢劫大多是出于财产目的，但其主观恶性还是不容小觑的。强奸罪属于性犯罪的一种，在大学生犯罪中占有一定比例。发生这类犯罪的大学生大多是受西方自由思潮的影响，加上外在一些不良因素的刺激，导致性观念扭曲，发生犯罪行为。以上是比较典型的暴力型犯罪，这类犯罪对生命健康、社会稳定造成损害，影响较大。

3. 智能型犯罪

智能型犯罪是指大学生将所掌握的科学知识应用于犯罪，或利用计算机、网络进行犯罪活动，使犯罪比一般犯罪表现出高智能、高技术性以及高隐蔽、高危害性。这种类型的犯罪具有预谋性，给侦破带来了难度，同时，其造成的影响也是很大的。大学生接受高等教育，学习专业知识，其思维能力和分析能力都较一般青少年强，当其将学到的知识和能力应用于犯罪时，就会使犯罪具有了知识化、技术化。例如利用计算机进行盗窃、诈骗，

148

利用网络传播不健康思想等，这些犯罪形式具有隐蔽性，造成的危害不容忽视。比如大学生卢某就利用"黑客"软件，盗取某公司上网账号和密码，不仅自己使用，而且还向好友传播，给该公司造成经济损失达几万元；还有某些博士、硕士利用所学科学知识研制冰毒，从事毒品交易活动，等等。

4. 团伙型犯罪

所谓团伙犯罪，是指犯罪行为人有组织、有目的地纠合在一起，共同实施犯罪的行为。团伙性犯罪的发生来自几个因素：① 老乡会；② 哥们义气；③ 某些利益的一致性。由于在外单身求学，希望找到一个组织的归属感，很多大学生拉帮结派，相互寻找保护、依赖，容易形成一个犯罪集团。还有一些学生与社会上一些不法人员交往，参与他们的活动，或与他们内外勾结，给他人的财产和人身权利造成损害。团伙型犯罪往往具有一定的预谋性、组织性、计划性，所以其社会危害性是很大的。

（二）大学生犯罪主体复杂化

大学生犯罪主体的复杂化主要表现在参与犯罪的人员层次上。在学历层次上，有专科生、本科生、硕士生，也有博士生，而且高学历层次人员犯罪的社会危害性更大；在性别上，男女生都有，而且近年来女大学生犯罪的数量不断增多，一些女大学生盗窃、诈骗等案件的发生屡见不鲜。更为严重的是，受到一些拜金主义和享受主义思想的不良影响，一些女大学生竟然走上卖淫的曲折人生道路。大学生犯罪主体，在年龄上，出现低龄化趋势；在经济条件上，有贫困生，也有家庭经济条件富裕的学生，这方面财产型犯罪占的比重较大；从成绩来看，一些成绩非常优秀的学习尖子也走上了犯罪的道路；在心理状况上，有心理较健康的，也有少数心理变态或存在心理问题的；在政治面貌上，有共青团员、党员，也有普通人员；在平时表现上，有表现较差的人，也有表现好的人，如学生干部、高材生等。总之，大学生犯罪的主体呈现一种全方位、多层次的状况。大学生犯罪主体的这种复杂化状态，使大学生犯罪也表现出多样化的形态，为大学生犯罪的预防工作提出了更高的要求。

二、大学生犯罪的规律性

虽然大学生犯罪呈现多样性的特征，但也存在一定的规律性，例如，时间上的规律性、地点和对象上的规律性等。探寻大学生犯罪的规律性，可以对大学生犯罪进行科学的预测，为预防工作提供依据和条件。

（一）大学生犯罪时间的规律性

一方面，单从一个学期来说，每学期的学期末和下学期初都是易引发大学生犯罪的敏感时期。学期末可能面临期末考试的压力，精神比较紧张，情绪波动比较大，容易将矛盾扩大化。当考试结束后，顿时感觉轻松，有的学生会有一种无所事事的感觉，易无事生非。到开学初期，有的学生可能面临补考、感情问题等方面的压力，情绪比较烦躁，也比较敏感，易产生心理困扰。学期末和开学初这两段时间是矛盾的易发期，例如，学生对考试中违纪处罚的不满，对奖学金评定结果的不满，承受不了感情方面的打击等，这些心理方面的情绪会因大学生自己无端地强化而走向极端，做出某些极端的行为。对于这两段时间，学校要多加预防，引导和教育学生，及时疏导学生的不良心理情绪，保持学生心理健康。另一方面，从大学整个阶段来说，大学生毕业前夕的一段时间是矛盾的多发期。在这一段时间，大学生即将离开校园走向社会开始新的生活，心中焦灼与期望并存，心理矛盾比较复杂。现在就业压力比较大，有些学生面临"毕业即失业"的状况，对于自己未来的去向和规划比较迷茫、焦虑，有些学生看到身边的同学找到好工作可能会产生嫉妒的心理，也有些学生会自暴自弃，等等。

毕业阶段一些学生还会面临感情方面的危机，大学阶段的恋爱往往会因毕业去向的不同而宣告结束，一些学生会因此而深受打击，更有甚者为了报复而做出违法的行为。毕业前夕也是学生们之间搞聚会比较密集的阶段，同学之间在一起吃吃喝喝，容易发生酗酒滋事、打架斗殴等事件。总之，这一时段诱发大学生犯罪的内外因素比较多而且集中，学校要充分重视，做好预防大学生犯罪的工作。

（二）大学生犯罪地点、对象的规律性

由于大学生活动的范围相对来说较窄，其社会关系相对来说较简单，从已发生的大学生犯罪现象可以看出，大学生犯罪的地点和对象存在一定的规律性。一方面，大学生犯罪的地点较多地发生在学校及其周边。大学生的主要活动场所是学校，其对学校的环境相对来说比较熟悉，所以，当产生犯罪动机时，往往把学校作为首选的地点。例如，盗窃罪在大学生犯罪中所占的比重相对较大，大学生盗窃的场所大都是宿舍、教室、图书馆等，因为这些地点是学生经常出入的场所，一些学生的警惕性又较低，为大学生犯罪提供了条件。另一方面，大学生犯罪的对象较集中在身边的同学、教师、亲人等。大学生还未完全走向社会，其人际关系成员相对较简单，主要是亲戚、朋友、同学、教师等，由于其大部分时间是在学校度过的，往往会因一些矛盾而产生心理问题，如报复、嫉妒等，这些心理问题会给身边的人造成身心的伤害，引发不良的后果。

第三节　大学生违法犯罪的预防

预防、减少大学生违法犯罪是全社会的共同责任，也是一项庞大的社会工程、民生工程、系统工程，离不开社会、学校、家庭以及大学生自身等多方面的共同努力。

一、纠正不良的世界观、人生观、价值观

拥有正确的健康的人生观、价值观与世界观是指导、规范大学生日常生活的思想基础。有什么样的思想就会有什么样的行动。大学生要树立积极向上健康的人格，就要注重自身的思想道德建设，正确认识自我、认识社会。面对物流横欲的不良社会风气，在西方一些糟粕文化冲击中国传统文化的社会大环境、大背景下，唯有坚定正确的人生信念，注重自身的政治素质培养，增强公德意识，正确地认识自我、认识社会，遇事冷静分析、辩证思考、理智行事，杜绝任何盲目地冲动与跟从；在每一件小事中，积累与提高自己的道德修养、思想政治素养；培养积极、健康、乐观的人格，才是一名符合时代要求的合格大学生。

二、开展良好的大学生心理健康教育

21 世纪，心理疾病已经成为各行各业从业者的无形"杀手"。"认知障碍、病态人格、侥幸心理、意志偏弱"等已经成为在校大学生普遍的心理现状。针对这些大学生不成熟的心理特点，高等院校要积极为大学生开展各种心理讲座，开设大学生心理咨询室，正确引导他们对两性、婚姻、事业、就业等问题的认识，特别是对于一些性格内向、经济比较困难的学生要特别留意、要特殊鼓励与照顾。全方位、多层次地提高大学生承受和应对挫折的能力，以及正确引导大学生建立和谐的校园人际关系，尤其是大学生要放弃偏激和自卑心理，热爱生活，使自己的心理常常处于轻松愉快之中。针对大学生心理发展不够成熟的特点，学校要有意识地开展心理健康知识讲座、开设心理咨询服务，帮助大学生形成健康向上的心理。当前尤为重要的是：① 引导大学生控制情绪，增强社会应变能力，学会处理现实与愿望的矛盾，学会自我调适，做事前理智思考；② 注意引导大学生建立和谐的人际关系，教育大学生要放弃自卑心理，充满信心地对待生活，能够接纳他人，使自己的心理处于轻松愉快之中；③ 注意引导大学生正确处理恋爱与性问题，指导大学生以严肃的态度对待爱情，正视恋爱关系，保持稳定的情绪及健康的心理。

三、开展和普及大学生法制教育

我国法制正处在发展与完善时期，部分大学生面对一些社会上不正常的现象，产生诸如此类的误解："目前，中国社会是一种人治社会，缺乏法治，凡事都能通过金钱、关系主宰一切"，导致一些大学生恣意地以身试法。针对这些现象，高等院校要有计划、有目的地开展法制课堂，更要结合具体的案例来教育后人，感化学生，避免空谈理论，使法制教育流于形式。有条件的院校，要组织学生到法庭、监狱等参观学习，也可以邀请司法人士到校开展法制讲堂讲座。必要的时候，要把法制教育考核作为大学生评优的标准之一。总之，要使大学生知法、懂法、守法，正确理解权利与义务的关系，在履行义务的前提下，合法行使自己的权利，自觉形成遵法守法的意识；依法办事的同时也要敢于同一切违法犯罪的行为做斗争，即当自己合法的权益受到非法侵害时，要正确、理性地拿法律武器来保护自己，防止与制止任何事情都动用私力救济，避免聚众打架斗殴的违法现象发生。

四、健全和完善高校各项学生管理制度

学校是大学生学习、生活的日常场合。其制度的建立健全，影响与决定着整个学校的学习氛围与正常的教学秩序。因此，院校要承担以下几方面的工作：

（一）加强高校校园内部管理

预防犯罪首先必须保证良好的校园生活环境，保证校园是一个学习知识的场所。要加强和改进高校的学生管理，尤其是集体宿舍的管理，采取针对性措施健全管理约束机制，建立预防大学生犯罪的网络；配合有关执法部门综合整治，排除校园周围不健康因素对大学生的影响和干预，最终从体制上杜绝违法犯罪现象。

（二）建立严格的信息互通机制

有些院校在潜意识中认为，大学生绝大部分已经是成年人，对自己的行为应该有足够的认识能力与控制能力，只要交了学费，一切学习活动都应由学生本人来支配与把握。实际上这是一种极端不负责的表现。大学里学生有一些空余时间来自己把握与支配，这是不言而喻的，但是如果缺乏学生与学校管理方的良性互动，就容易造成信息的不畅通、不对称。一些院校由于管理信息方面的缺位，一些学生经常夜不归宿，院校却毫无察觉，甚至有时视而不见。因此，建立一种学生与学校信息的良性互动机制是大势所趋，也是非常必要的。在必要的时候，学校可以与辅导员、班主任签订"军令状"，实行辅导员、班主任负责制，关注学生的日常生活、学习状况，学生可以通过短信、电话或网络等手段与辅导员、班主任沟通，保持信息的畅通。另外，辅导员、班主任要定期或不定期与学生家长就大学生在校情况进行沟通、交流。

（三）建立公平公正的评议制度

客观全面地向学生公开评议标准、程序，不能搞神秘化，更不能私下有不正当地勾结。为了鼓励先进，奖励优秀，很多院校都建立了各种各样的评优制度，但是由于缺乏公开透明的程序，很多学生对评优结果产生了质疑，也酿造出很多学生对学校不满的情绪，这种情绪随时都可能通过过激的行为表达出来，严重地干扰院校的教学秩序以及社会安定。因此，院校的公平公正的评优制度，客观全面地向学生公开，也是防止与减少大学生违法犯罪的重要因素。

（四）密切配合公安机关和司法机关

大学生违法犯罪是一项综合性社会工程，单靠院校的力量还不足以预防与遏制，有必要联合一些社会力量共同管理，共同教育。比如与司法机关的长期合作，对校园周围的环境加以规范；净化校园里的一些不良风气，都是预防与减少大学生违法犯罪的良好措施。

总而言之，院校要注重学生的全面发展，培养学生综合素养；要建立一种公平公正的

152

评优机制。还有，大学校园里有各种各样的人才，每一个人都有自己某方面的潜力。学校不应只关注、重视智育，而忽视了学生的基本思想道德建设、心理健康教育、法制教育等综合素养的提高。

五、建立家校协同育人机制

父母是子女的第一任教师。父母的言传身教，对孩子的健康成长具有举足轻重的作用。家长要在孩子成长的过程中，循循善诱，以事明理，引导其分清是非、辨别善恶；要在家庭生活中，通过每个成员良好的言行举止，相互影响，共同提高，形成良好家风，这对孩子的健康成长是至关重要的。在创造良好家庭内部环境、搞好家庭教育的同时，要积极与学校保持联系，时常关心与询问孩子在校的生活、学习状况、听取管理方的意见，配合学校管理方的工作，共同努力把孩子培养成有益于社会的人才。

六、营造良好和谐社会氛围

营造一种良好和谐的社会氛围，贯彻落实"教育、感化、挽救"方针。社会客观环境归根结底是一种协调各种社会关系的客观社会总和。每一次大学生违法犯罪事件的发生都有其社会根源。社会各方要积极动员起来，为大学生营造一种良好而又健康的社会和谐氛围，遵守有关法律法规，决不能唯利是图，诱导、教唆大学生从事违法犯罪工作，要积极举报、配合有关部门打击一切诱导或教唆大学生违法犯罪的社会势力。同时，要对一些违法犯罪大学生事件持有包容的心态，要贯彻落实"教育、感化、挽救"方针，以"教育为主，惩罚为辅"的原则，鼓励一些因一时之念犯罪而又能积极改造的大学生早日回归社会，特别是不能歧视、不带有色眼镜看待回归于社会的违法犯罪大学生。

总之，预防和减少大学生违法犯罪是一项长期而艰巨的任务，需要高校重视、全社会支持和家庭配合教育，加强综合治理，加强理论和实践两方面的努力工作和探索，防微杜渐，"勿以恶小而为之，勿以善小而不为"，将当代大学生综合素质提高到一个新的水平。

第五章

文 明 礼 仪

礼仪是一个人的思想道德水平、文化修养、交际能力的外在表现，也是一个国家社会文明程度、道德风尚和生活习惯的反映。礼仪作为社会文明的产物是随着社会的发展和进步逐渐形成的，它的发展体现了人类不断摆脱愚昧、落后，不断走向进步与文明的历程。礼仪作为日常生活的基本行为准则，不仅是调节人际关系的重要手段，而且是人们高层次的生活追求。中国是世界文明古国，素有"礼仪之邦"之称。孔子曰："不学礼，无以立。"荀子曰："人无礼则不生，事无礼则不成，国无礼则不宁。"知礼、讲礼是中华民族世代相传的优良传统。大学生既是中华传统美德的传承者，又是体现时代要求的新道德规范的受教育者。因此，加强与提高大学生文明礼仪修养十分必要。

第一节　礼　仪　概　述

礼仪是人类为维系社会正常生活而要求人们共同遵守的最起码的道德规范，它在人们长期的共同生活和相互交往中逐渐形成，并且以风俗、习惯和传统等方式固定下来。礼仪，从个人修养的角度来看，可以说是一个人内在修养和素质的外在表现；从交际的角度来说，可以说是人际交往中适用的一种艺术、一种交际方式或交际方法，是人际交往中约定俗成的示人以尊重、友好的习惯做法；从传播的角度来看，可以说是在人际交往中进行相互沟通的技巧。

拓展资料

一、基本概念

礼仪是人们在社会交往活动中，为了表示相互尊重与友好，在仪容、仪表、仪态、仪式、言谈举止等方面约定俗成的、共同认可的行为规范。"礼"是指礼貌和礼节；"仪"是指仪表、仪容、仪态和仪式。礼仪是对礼节、礼貌、仪表、仪容、仪态和仪式的统称。

（1）礼貌。礼貌是人们交往时，相互表示敬重和友好的行为准则。它体现了时代的风尚与道德品质，体现了人们的素养层次和文明程度。礼貌是一个人在待人接物时的外在表现，它通过仪表、仪容、仪态以及言语和动作来体现，侧重于表现一个人的品质与素养。

（2）礼节。礼节指人们在日常生活中，特别是在交际场合中，相互表示问候、致意、祝愿、慰问以及给予必要的协助与照料的惯用形式。现代礼节主要包括：介绍的礼节、握手的礼节、打招呼的礼节、鞠躬的礼节、拥抱的礼节、亲吻的礼节、举手的礼节、脱帽的礼节、致意的礼节、作揖的礼节、使用名片的礼节、使用电话的礼节、约会的礼节、聚会的礼节、舞会的礼节、宴会的礼节，等等。

（3）仪表。仪表指人的外表，是一个人总体外表的统称。包括人的容貌、发型、个人卫生、服饰、姿态等方面。

（4）仪容。仪容指一个人的容貌，包括面部和头部。包括发式、面容和化妆等。通过仪容修饰以展现或淡雅清秀或健康自然的富有个性的容貌，是一个人精神面貌和内在气质的外在体现。

（5）仪态。指一个人的举止的姿态和风度。姿态指身体呈现的样子，风度则属于内在气质的外化。包括站姿、坐姿、行姿、蹲姿、导姿、笑姿、手势。

（6）仪式。仪式是一种较为正式的礼节形式。它表示对所含内容的重视程度。仪式的内容和形式：迎送仪式、签字仪式、开幕式、闭幕式、颁奖仪式等。

（7）礼俗。礼俗即民俗礼仪，它是指各种风俗习惯，是礼仪的一种特殊形式。礼俗是由历史形成的，普及于社会和群体之中并根植于人们心中，在一定的环境经常重复出现的行为方式。"十里不同风，百里不同俗"，不但每一个民族、地区，甚至一个小小的村落都可能形成自己的风俗习惯。

二、中国礼仪的起源与发展

礼仪作为人际交往的重要行为规范，它不是随意凭空臆造的，对于礼仪的起源，研究者们有各种的观点，可大致将漫长的礼仪发展分为礼仪的萌芽时期、礼仪的形成和发展时期、礼仪的强化时期、礼仪的衰落时期、现代礼仪时期和当代礼仪时期六个时期。礼仪的形成和发展，经历了一个从无到有、从低级到高级、从零散到完整的渐进过程。

（一）礼仪的萌芽时期（公元前 5 万年—公元前 21 世纪）

礼仪起源于原始社会时期，在长达 100 多万年的原始社会历史中，人类逐渐开化。在原始社会中晚期（约旧石器时期）出现了早期礼仪的萌芽。例如，生活在距今约 1.8 万年前的北京周口店山顶洞人，就已经知道打扮自己。他们用穿孔的兽齿、石珠作为装饰品，挂在脖子上。而他们在去世的族人身旁撒放赤铁矿粉，举行原始宗教仪式，这是迄今为止在中国发现的最早的葬仪。公元前 1 万年左右，人类进入新时期，不仅制作了精细的磨光石器，并且开始从事农耕和畜牧。在其后数千年的岁月里，原始礼仪渐具雏形。人们已经注意尊卑有序、男女有别，长辈坐上席，晚辈坐下席，男子坐左边，女子坐右边等礼仪日趋明确。

（二）礼仪的形成和发展时期（公元前 21 世纪—公元前 221 年）

公元前 21 世纪至公元前 15 世纪，中国开始从原始社会末期向早期奴隶社会过渡，在此期间，尊神活动升温。在原始社会，由于缺乏科学知识，人们不理解一些自然现象。他们猜想照耀大地的太阳是神，由此，风有风神，河有河神……因此，他们敬畏"天神"，祭祀"天神"。从某种意义上说，早期礼仪包含原始社会人类生活的若干准则，同时，它也是原始社会宗教信仰的产物。礼的繁体字"禮"，其左边代表神，右边是向神进贡的祭物。西周末期，王室衰微，诸侯纷起争霸。公元前 770 年，周平王东迁洛邑，史称东周。继承西周的东周王朝已无力全面恪守传统礼制，出现了所谓"礼坏乐崩"的局面。春秋战国时期，是我国的奴隶社会向封建社会转型的时期。在此期间，相继涌现出孔子、孟子、荀子等思想巨人，发展和革新了礼仪理论。

（三）礼仪的强化时期（公元前 221—1796 年）

公元前 221 年，秦王嬴政最终吞并六国，统一中国，建立了中国历史上第一个中央集权的封建王朝，秦始皇在全国推行"书同文""车同轨""行同伦"等。秦朝制定的集权制度，成为后来延续两千余年的封建体制的基础。西汉初期，叔孙通协助汉高祖刘邦制定了朝礼之仪，突出发展了礼的仪式和礼节。而西汉思想家董仲舒（前 179—前 104），把封建专制制度的理论系统化，他把儒家礼仪具体概括为"三纲五常"。西汉中期，孔门后学编撰的《礼记》问世。《礼记》共计 49 篇，包罗宏富，堪称集上古礼仪之大全，上承奴隶社会，下启封建社会的礼仪汇集，是封建时代礼仪的主要源泉。盛唐时期，《礼记》由"记"上升为"经"，成为"礼经"三书之一（另外两本为《周礼》和《仪礼》）。宋代时期，出现了以儒家思想为基础，兼容道学、佛学思想的理学，程颢、程颐兄弟和朱熹为其主要代表。其时，家庭礼仪研究硕果累累，以史学家司马光（1019—1086）的《涑水家仪》和理学家朱熹（1130—1200）的《朱子家礼》最著名。明代时，交友之礼更加完善，而忠、孝、节、义等礼仪日趋繁多。

（四）礼仪的衰落时期（1796—1911 年）

清朝入关后，逐渐接受了汉族的礼制，但却使其复杂化，导致一些礼仪显得虚浮、烦琐。例如，清代的品官相见礼，当品级低者向品级高者行拜礼时，轻则一跪三叩，重则三跪九叩（《大清会典》）。清代后期，清王朝政权腐败，民不聊生，古代礼仪盛极而衰。而伴随着西学东渐，一些西方礼仪传入中国，北洋新军时期的陆军便采用西方军队的举手礼等，以代替不合时宜的打千礼。

（五）现代礼仪时期（1912—1949 年）

1912 年 1 月 1 日，孙中山先生在南京就任中华民国临时大总统，拉开了破旧立新、

156

民权代替君权、自由平等取代宗法等级制、普及教育废除祭孔读经、改易陋俗的现代礼仪帷幕。西方传入中国的握手礼开始流行于上层社会，后逐渐普及民间。

（六）当代礼仪时期（1949 年至今）

1949 年 10 月 1 日，中华人民共和国宣告成立，中国的礼仪制度从此进入一个崭新的历史时期。这一时期，摒弃了昔日束缚人们的"神权天命""愚忠愚孝"，以及严重束缚妇女的"三从四德"等封建礼教，确定了同志式的合作互助关系和男女平等的新型社会关系，而尊老爱幼、讲究信义、以诚待人、先人后己、礼尚往来等中国传统礼仪中的精华，则得到继承和发扬。

1981 年 2 月 25 日，共青团中央等 9 个单位联合发出《关于开展文明礼貌活动的倡议》，号召全国人民特别是青少年开展"五讲四美"活动。2001 年 9 月 20 日，中共中央印发《公民道德建设实施纲要》，"爱国守法、明礼诚信、团结友善、勤俭自强、敬业奉献" 20 字基本道德规范日益深入人心，使人们的思想感情得到熏陶，精神生活得到充实，道德境界得到升华，社会风气明显好转。2006 年 3 月，时任中共中央总书记胡锦涛提出了"八荣八耻"的社会主义荣辱观，继承和发展了关于社会主义思想道德建设褒荣贬耻、我国古代的"知耻"文化传统，同时又赋予了新的时代内涵，深化了社会主义道德建设规律的认识。2006 年 10 月，党的十六届六中全会第一次明确提出了"建设社会主义核心价值体系"的重大命题和战略任务，明确提出了社会主义核心价值体系的内容，并指出社会主义核心价值观是社会主义核心价值体系的内核。

2012 年 11 月，党的十八大报告明确提出培育社会主义核心价值观的"三个倡导"，即"倡导富强、民主、文明、和谐，倡导自由、平等、公正、法治，倡导爱国、敬业、诚信、友善，积极培育社会主义核心价值观"，这是对社会主义核心价值观的最新概括。2019 年 10 月，中共中央、国务院印发的《新时代公民道德建设实施纲要》规定："充分发挥礼仪礼节的教化作用。礼仪礼节是道德素养的体现，也是道德实践的载体。要制定国家礼仪规程，完善党和国家功勋荣誉表彰制度，规范开展升国旗、奏唱国歌、入党入团入队等仪式，强化仪式感、参与感、现代感，增强人们对党和国家、对组织集体的认同感和归属感。充分利用重要传统节日、重大节庆和纪念日，组织开展群众性主题实践活动，丰富道德体验、增进道德情感。研究制定继承中华优秀传统、适应现代文明要求的社会礼仪、服装服饰、文明用语规范，引导人们重礼节、讲礼貌。"以习近平同志为核心的党中央高度重视中华优秀传统文化，在很多会议和场合，都深刻论述了包括中国优秀礼仪文化在内的中国传统文化的价值、作用、影响等，为传承、弘扬、发展中国优秀传统文化指明了方向。

三、礼仪的种类与功能

（一）礼仪的种类

现代礼仪大致可分为以下四种：

（1）按性质分，礼仪可分为个人礼仪、家庭礼仪、社交礼仪、公务礼仪、公关礼仪、商务礼仪、外事礼仪、求职礼仪、宗教礼仪等。

（2）按场合分，礼仪可分为家庭礼仪、学校礼仪、办公室礼仪、公共场所礼仪、餐厅服务礼仪等。

（3）按身份分，礼仪可分为教师礼仪、学生礼仪、公务员礼仪、营业员礼仪、主持人礼仪等。

（4）按表现形式分，礼仪可分为交谈礼仪、待客礼仪、书信礼仪、馈赠礼仪、电话礼仪、交换名片礼仪等。

（二）礼仪的功能

随着人际交往的日益频繁，礼仪受到了社会各界的普遍重视，这主要是因为它具有多重重要的功能，既有助于个人，又有助于社会。

（1）有助于提高自身修养。在人际交往中，礼仪不仅反映着一个人的交际技巧与应变能力，而且还反映一个人的气质风度、阅历见识、道德情操、精神风貌。在这个意义上，完全可以说礼仪即教养，也就是说，通过一个人对礼仪的运用程度，可以察其教养的高低、文明程度和道德的水准。由此可见，学习礼仪，运用礼仪，有助于提高个人的修养，有助于提高个人的文明程度。

（2）有助于美化自身，美化生活。个人形象，是一个人仪容、表情、举止、服饰、谈吐、教养的集合，学习礼仪，运用礼仪，无疑将有益于人们更好地、更规范地设计个人形象，维护个人形象，更好地、更充分地展示个人的良好教养与优雅风度。当更多人重视美化自身，大家均以礼相待，人际关系就会更和睦，生活将变得更加温馨，这时，美化自身便会发展为美化生活。

（3）有助于促进社会交往，改善人际关系。"世事洞明皆学问，人情练达即文章。"有礼走遍天下，无礼寸步难行。一个人只要同其他人打交道，就不能不讲礼仪。运用礼仪，除了可以使个人在交际活动中充满自信、胸有成竹、处变不惊之外，其最大的好处就在于，能帮助人们规范彼此的交际活动，更好地向交往对象表达自己的尊重、敬佩、友好与善意，增进大家彼此之间的了解与信任。假如人皆如此，长此以往，必将促进社会交往的进一步发展，帮助人们更好地取得交际成功，进而造就和谐、完美的人际关系，取得事业的成功。

（4）有助于净化社会风气，推动社会主义精神文明的建设。一般而言，人们的教养反映其素质，而素质又体现于细节。细节往往决定一个人的成败。反映个人教养的礼仪，是人类文明的重要标志之一。一个人、一个单位、一个国家的礼仪水准如何，往往反映着这个人、这个单位、这个国家的文明程度、整体素质、整体教养。因此，我们可以说，提倡礼仪的学习、运用，与推进社会主义精神文明建设是殊途同归、相互配合、相互促进的。

第二节 仪容仪表礼仪

在人际交往中，得体的仪容仪表犹如一张没有文字但却形象生动的名片。端正的相貌、整洁的衣冠、恰当的修饰，既可以给人以美的感受，又能给对方留下美好的第一印象。大学生被称为"准社会人"，在与他人的交往时注重自身外表的修饰，既可以展示出良好的个人形象，又能够传递出较高的内在修养，这更是尊重交往对象的重要表现。美国著名作家马克·吐温曾经说过："不修边幅的人在社会上是没有影响的。"所以，学习并注重塑造良好的个人形象尤为重要。

一、发部修饰礼仪

头发生长在头顶之上，即位于人体的"制高点"，通常在观察、打量一个人时，会习惯性地从头部开始。由此可见，仪容修饰应该"从头开始"。

（一）发部的清洁

由于头发本身每时每刻都在产生一些分泌物，与此同时还会不断地吸附空气中的灰尘，极易产生令人不舒服的气味，严重影响个人形象。因此，一定要认真自觉地做好发部的日常护理工作。通常情况下，清洗头发每周 2~3 次，避免出现"屑花满天飞"和"油光可鉴"。头发的修剪，男士半个月左右一次，或者至少确保每个月修剪一次；女士可根据个人的具体情况而定。如若遇到重要的交际应酬，应在赴约前对自己的头发进行认真的清洗、修剪和梳理。

（二）头发长短适中

一个人留长发还是短发，通常情况下取决于个人的意愿，但从审美的角度及社会交往礼仪标准来看，则需要考虑个人的性别、身高、年龄、职业等诸多因素。男士既不宜长发披肩，也不宜剃成光头。女士头发可长可短，不宜理成寸头或光头。女性头发的长度还应考虑个人的身高和年龄因素，通常是头发长度与身高成正比，留长发是少女的专利，一头飘逸的长发更能为其增添不少青春活力。不同的职业对从业人员的头发长度有着不同的要求，例如商务人士的头发长度，男士头发的长度以 5~7 厘米为宜，前不过眉，侧不掩耳，后不及领，也不宜留大鬓角、发帘；女士头发长度不宜过肩，不宜"披头散发"，必要时应将头发盘起或束起，避免头发遮住脸部，若留有刘海则不宜过低，以免将眼睛遮住。

（三）发型合适

选择发型时，首先应遵循自然清新、干净利落、端正大方的原则，依据个人条件和所处场合综合选择。圆脸，又称娃娃脸，这种脸型看起来比实际年龄要年轻，但缺乏立体感，应尽量选择一些较为成熟、线条简洁的发型，如将头顶部位的头发梳高，或设法遮住双颊，以增加脸部的长度。四方脸，这种脸型的特征是面部下方较宽，使人看起来比较刚毅、果敢，但缺乏柔美感，可以将头发披散下来，使脸部看起来更加柔和一些。瓜子脸，又称为美人脸，是东方女性的标准脸型，这种脸型通常显得有些消瘦，可以将头发披散下来，以增强脸部的圆润之感。在社交场合中，个人的服饰通常比较个性、时尚，故发型也应与穿着的服饰相协调。例如，女士穿连衣裙时可选择披肩发或在颈后盘成低发髻；着运动装、休闲装时可梳成高马尾、亦可自然披散；着晚装时可将头发盘起或挽在颈后，以显示出庄重、高雅。在职业场合中，选择的发型应与个人的职业、年龄、身份相协调。例如，职业女性穿职业装时应选择盘发为最佳，能够给人以成熟、稳重、干练之感；服务人员以中长发和短发为宜，应选择适合服务工作性质的简洁、美观的发型，能充分体现出端正、优雅的整体风格，给服务对象以信任之感；年轻人可选择相对较为活泼、时尚的发型，若非从事艺术工作或发型设计工作，头发的造型与挑染的颜色尽量不要选择过于前卫、怪异的；年纪大的人应选择较为稳重的发型，通常是短而清爽的发型为最佳。

（四）头发的保养

衡量一个人的头发健康与否的标准通常包括：头发的卫生、颜色、光泽、质地等。健康的发质应该：清洁、整齐、无头屑；乌黑、柔顺、有光泽、有弹性；不枯萎、不打结、不开叉；疏密适中、不粗不硬；不会因为染发、烫发的影响而发生变化。

二、面部修饰礼仪

面部是人体裸露在外时间最长的部位，也是人际交往中重点关注之处，俗话说"三分长相七分打扮"，面部修饰时，应遵守的总的指导要求是：面部洁净、卫生、自然。要做到勤洗脸，保持脸部的干净清爽，每天除了早上起床后、晚上睡觉前的两次洗脸外，还应该在午休后、劳动出汗后、外出后能自觉地、及时地洗脸。

（一）眉部修饰

（1）眉形的美观。美观的眉形，不仅可以使人看上去更精神，而且还能有效地修饰脸型。美观的眉形应当是形态正常而优美又黑又密的，对于不够美观的眉毛，如断眉、残眉、竖眉、"八字眉"，或者眉毛过淡、过稀，必要时应采取一定措施对眉毛进行适当地修饰。

（2）眉毛的梳理。每天在进行面部修饰时，要养成梳理眉毛的习惯，使其秩序井然，给人以眉清目秀之感，避免其东倒西歪、参差不齐。

（3）眉部的清洁。在洗脸、化妆或其他可能的情况下，要记得留意一下自己的眉部是否清洁。通常情况下，要注意自己的眉部不能出现灰尘、死皮或者脱落下来的眉毛等异物。

（二）眼部的修饰

（1）眼部的保洁。"眼睛是心灵的窗户"，在人际交往中，眼部也是交往对象最为关注的部位之一，所以要随时注意它的保洁问题。其中，最主要的问题是要及时清除眼角的分泌物或异物。要注意预防和治疗"红眼病""沙眼"等传染性眼病。

（2）佩戴眼镜。在佩戴眼镜时，应注意以下三点：第一，眼镜的选择。在选择眼镜时除了考虑其实用性外，还应注意其质量是否精良、款式是否与本人脸型、气质、职业相配。第二，眼镜的清洁。佩戴框架眼镜，一定要养成及时擦拭眼镜的好习惯，要时刻保持镜片的清洁，必要时还应定期对镜架进行彻底地清洗。切忌佩戴镜架或镜片残破的眼镜。第三，墨镜的佩戴。墨镜即太阳镜，适合在室外活动时佩戴，以防止强烈阳光的照射和紫外线对眼睛的伤害，在社交场合及室内工作场合是不宜佩戴的，否则对交往对象来说是一种不礼貌的行为。

（三）鼻部的修饰

（1）鼻垢的去除。鼻子位于五官的中心部位，也是面部最突出的部分，平时应注意保持鼻腔的清洁，切勿当众用手去挖鼻孔、擤鼻涕或随处乱抹、乱弹鼻涕，更不能用力将其吸入腹中。得体的做法是无人在场时，用手帕或纸巾进行辅助，不要让声响过大，以免引起他人的反感。

（2）鼻毛的修剪。如果鼻毛过长、过旺，或长到鼻孔之外，都有碍美观，应定期检查，及时修剪，不能外露，切勿置之不理或当众去拔。

（四）耳部的修饰

（1）耳部的除垢。耳孔中除了会有分泌物出现以外，还可能有一些灰尘，侧站时容易映入对方的视野。在日常的洗澡、洗头、洗脸时，应顺便清洗一下耳朵，定期清除耳孔中不洁的分泌物。

（2）耳毛的修剪。一些上了年纪的人，耳孔周围会长出一些浓密的耳毛。一旦发现，应及时修剪，否则会很不美观。

（五）口部的修饰

（1）刷牙。当口腔不够清洁时容易产生口臭，在社交中，口腔有异味的人往往会令人退避三舍。刷牙是保持口腔卫生的主要途径，应每天坚持认真刷牙。刷牙要做到"三个3"：每天早中晚刷3次；每次刷牙饭后3分钟进行；每次的刷牙时间至少3分钟。

（2）洗牙。对牙齿的护理，既要做到使之无异物、无异味，又要注意使之保持洁白，还应及时去除牙齿上的牙石，最有效的办法就是定期去口腔医院或专业机构进行洗牙，成年人在正常情况下应该每半年洗一次牙。

（3）禁食。个人在工作、学习或其他交际应酬之前，为了防止自己口中因为饮食方面的原因而产生口腔异味，应避免食用葱、蒜、韭菜、腐乳、虾酱、烟、酒等气味过于刺鼻的东西，以免引起他人的反感。

（4）护唇。闭口不言时，嘴唇往往会成为他人关注的重点部位，应用心保养，防止嘴唇干裂、起皮或生疮。天气干燥的秋冬季节，可以使用一些滋润型的唇膏。

（5）剃须。男士若无特殊的宗教信仰或民族习惯，应该坚持每天剃须。胡子拉碴地在外抛头露面，会被认为是一种失礼的行为。女性若因内分泌失调而长出类似胡须的汗毛时，应及时就医清除，避免看上去不美观。

（六）颈部的修饰

（1）颈部皮肤清洁。颈部是面部的自然延伸部分，保持每天洗脸时应顺便清洗颈部，防止脸上干干净净，颈后却藏污纳垢，与脸部形成过大反差。

（2）颈部皮肤的保养。颈部最容易暴露人的年龄，不注重颈部皮肤的保养，皮肤会过早老化并与面容出现较大的反差。因此，加强颈部的运动或进行营养按摩，可有助于颈部皮肤保持紧致、光洁。

三、化妆修饰礼仪

在人际交往中，进行适当的化妆是必要的。这既是自尊的表现，也意味着对社交对象较为重视。通过化妆这种修饰仪容的高级方法，可以使自己容貌变得更加靓丽。女士对化妆更加重视，男士也有必要进行适当地化妆。化妆需要注意三个方面的问题：第一，要掌握原则；第二，要掌握方法；第三，要合乎礼规。

（一）化妆的原则

（1）美化。化妆，意在使人变得更加美丽，因此在化妆时要注意适度矫正、修饰得法，使人化妆后能避短藏拙。在化妆时不要自行其是，任意发挥，寻求新奇，有意无意将自己老化、丑化和怪异化。

（2）自然。通常，化妆既要求美化、生动、具有生命力，更要求真实、自然、天衣无缝。化妆的最高境界是"妆成有却无"，即没有明显的人工美化的痕迹，而好似天然若此的美丽。

（3）得法。化妆虽讲究个性化，但有一些基本的知识必须通过学习来掌握，难以无师自通。得法者，化妆者须在化妆前懂得化妆之道而后为之谓也。例如，工作时化妆宜淡，社交时化妆可以稍浓，香水不宜涂在衣服上和容易出汗的地方，口红与指甲油最好为一色等，不可敷衍。

（4）协调。高水平的化妆，强调的是其整体效果和谐悦目，此即为协调。所以在化妆时，应努力使妆面协调、全身协调、场合协调、身份协调，以体现自己慧眼独具，品位不俗。

（二）化妆步骤及方法

（1）基础打底。洁面，使用正确的洗脸方法清洁面部；护肤，用爽肤水和保湿乳液增加面部的湿润度，尤其在化妆前更要注意面部的湿润度；隔离，选择适合自己肤色的隔离霜轻拍于面部，直至拍匀并与皮肤结合，形成保护层；粉底，选择与皮肤颜色相同或略浅一点的颜色，方法与打隔离一样，涂抹均匀、服帖，没有明显分界线，才能使面部变得完美无瑕，均匀一致；定妆，选择与粉底颜色相同的定妆粉，均匀地涂在脸部。

（2）眼妆。修眉，用眉夹或用修眉刀进行修剪，把多余的杂眉修掉，得出自己想要的眉形；眼线，选择柔软适中的眼线笔，上眼线从内眼角向外眼角画，下眼线从外眼角向内眼角画，自然流畅，眼线的颜色以黑色为主，但根据不同的场合、肤色和个人爱好也可以选择咖色、炭灰色等颜色；眼影，选择与服饰颜色相协调的颜色，从后向前最后形成倒鹅蛋形；夹翘睫毛，把睫毛夹放在睫毛根部，从根部向尖部夹三下，根部使用力量较大，尖部逐渐变轻；涂睫毛膏，提拉上眼睑，从根部到尖部依次涂抹，"Z"字形涂抹。

（3）眉毛。先用眉笔确定眉底线，然后再画出适合自己的眉形，眉峰色重，眉头、眉尾要清淡自然，这样的眉毛既立体又自然。

（4）腮红。腮红可以根据不同脸型采用斜刷、团式和平扫打法来修饰。当然也可采用最简单的打法，打腮红时保持微笑状态，直接将腮红打在拱起的笑肌处即可（笑肌就是当微笑时，面部拱起的一块肌肉），扫出来更自然红润。

（5）唇。选择一款颜色自然的唇彩或唇膏均匀地涂抹在唇边缘线内，中间比边缘线要略深一些。

（6）鼻子。用提亮和侧影的方法提亮鼻梁高度，中间用亮色，两侧用暗色。

（三）化妆的礼规

（1）尽量避免当众进行化妆。化妆，应在私人场所，或是在专用的化妆间进行。

（2）勿使化妆妨碍于人。有人将自己的妆化得过浓、过重，香气四溢，令人窒息。这种"过量"的化妆，就是对他人的妨碍。

（3）勿使妆面出现残缺。若妆面出现残缺，应及时避人补妆，若听任不理，会显得不美观。

（4）勿评论他人的化妆。化妆纯系个人之事，所以对他人化妆不应自以为是地加以评论或非议。

第三节　着装礼仪

服饰通常以一种无声的语言显示出一个人的性别、身份、职业、涵养及其心理状态，得体、整洁的服饰能够直接展示一个人良好的形象，反映其自身的社会生活、文化水平、情感表达和各个方面的修养。选择合适的服装，能够达到扬长避短、美化形体的效果，并能反映出一个人良好的精神面貌。

一、不同场合的着装规范

不同的服饰可以反映出穿着者的身份差异、社会地位、从事职业、文化修养、审美情趣等。而在社交场合中，一个人穿戴什么样的服饰，将直接关系到别人对其个人形象的印象及评价。着装基本原则有以下几种。

（一）TPO 原则

规范、得体的着装应遵循 TPO 原则，T、P、O 三个字母分别是英文中的时间（Time）、地点（Place）、目的（Object）这三个单词的缩写。其含义是要求人们的服饰穿戴时应遵循时间、地点、目的这三个客观因素，力求与周围环境相和谐。

（1）时间原则。在选择着装时，必须要考虑时间层面，时间既涵盖了一天的早晨、中午、晚上等阶段，又包括春、夏、秋、冬四个季节，服装的类别、式样、造型应做到随时间变化而更替。一年四季中人们的着装应根据大自然的规律，做到春秋服装薄厚适宜、轻巧灵便，夏季服装轻柔、透气、吸汗、凉爽，冬季服装要保暖、御寒。白天及晚上的服装应根据个人所处环境、地点而有所变化。例如，白天在工作时间与他人见面时，应选择合身、庄重的服装；晚上居家不为外人所见时，应选择方便、随意的服装。

（2）地点原则。特定的地点、环境应配以适宜、协调的服饰，以获得整体的和谐感，从而实现人与地点相融洽的最佳效果。例如，职业男士在办公室内，若穿一套笔挺的西服套装，会给人以工作干练、井然有序的印象，然而若在绿草茵茵的运动场上着西装则会显得与周围环境格格不入，非常扎眼。

（3）目的原则。穿着服饰需要考虑此行的目的及想给对方留下怎样的印象，着装的选择还需要与自身所扮演的社会角色相一致。例如，领导者在公众面前的着装应体现出庄重、严肃；服务人员在对客服务时的着装应简洁、大方，给服务对象传递出干练、敬业的信息；初入职场的大学生在求职、面试时应选择较为庄重的服装，以显示出郑重其事、渴望成功，给对方留下值得信任的印象。

（二）着装场合的具体要求

（1）公务场合。又称职业场合，主要指从业人员置身于工作地点，处于上班的时间。在该场合中，从业人员应注重维护自身的职业形象，所穿着的服装应端庄、稳重、大方、得体、传统、美观。适合在这一场合中穿着的服装以正装、职业装为宜，如套装、套裙、制服、工作服等。不适合在这一场合中穿着的服装有运动装、牛仔装、家居装等。

（2）社交场合。是指工作之余在公众场合与熟人友好地进行交往应酬的时间，如宴会、舞会、晚会、拜会、聚会、聚餐、音乐会等均属于社交场合。在该场合中，个人的服装应突出时尚、个性、典雅、庄重、大方。适合在这一场合中穿着的服装有时装、礼服或

164

民族服装，如连衣裙、套裙、旗袍、晚礼服、西装、中山装等；不适合在这一场合中穿着的服装有运动装、牛仔装、制服、工作服、家居服等。

（3）休闲场合。是指人们在工作之余自己独处或者在公共场合与素不相识的人共处的时间。如居家休闲、外出度假、锻炼健身、观光旅游、逛街购物、消遣娱乐等均属于休闲活动。在该场合中，个人的服装应突出舒适、自然、轻松、随便即可。适合在这一场合中穿着的服装为便装，主要有家居装、夹克衫、T恤衫、牛仔裤、运动装、休闲装、短裤、沙滩装等；不适合在这一场合中穿着的服装有套装、套裙、制服、工作服、时装、礼服等。

二、文明着装

在日常生活里，不仅要做到会穿衣戴帽，而且要努力做到文明着装。着装的文明性，应注意的是着装文明大方，即符合社会的道德传统和常规做法。

（一）女装套裙"四忌"

（1）穿着黑色皮裙。在商务场合不能穿着黑色皮裙，否则会让人啼笑皆非。因为在外国，只有街头女郎才如此装扮。所以当你与外国人打交道时，尤其是出访欧美国家时，穿着黑色皮裙绝对不可以。

（2）裙、鞋袜不搭配。鞋子应为高跟或半高跟皮鞋，最好是牛皮鞋，大小应相宜，颜色以黑色最为正统。此外，与套裙色彩一致的皮鞋亦可选择。袜子一般为尼龙丝袜或羊毛高筒袜或连裤袜。颜色宜为单色，有肉色、黑色、浅灰、浅棕等几种常规选择。切勿将健美裤、九分裤等裤装当成长袜来穿。袜口要没入裙内，不可暴露于外。袜子应当完好无损。如你穿一身高档的套裙，而袜子却有洞，如此就显得极不协调，不够庄重。

（3）光脚。光脚不仅显得不够正式，而且会使自己的某些瑕疵见笑于人。与此同时，在国际交往中，穿着裙装，尤其是穿着套裙时不穿袜子，往往还会被人视为故意卖弄风骚，展示性感之嫌。因此，光脚也是不允许的。

（4）三截腿。所谓三截腿是指，穿半截裙子的时候，穿半截袜子，袜子和裙子中间露一段腿肚子，结果导致裙子一截，袜子一节，腿肚子一截。这种穿法容易使腿显得又粗又短，术语叫作"恶性分割"，在国外往往会被视为是没有教养的妇女的基本特征。

（二）男士穿西装"三个三"

（1）三色原则。男士在正式场合穿着西装套装时，全身颜色必须限制在三种之内。西装以藏青色、黑色为佳，给人以稳重、可靠、忠诚、朴实、干练的印象。

（2）三一定律。男士穿着西服、套装外出时，身上有三个部位的色彩必须协调统一，这三个部位是指鞋子、腰带、公文包的色彩必须统一起来。最理想的选择是鞋子、腰带、公文包皆为黑色。鞋子、腰带、公文包是白领男士身体上最为引人瞩目之处，令其色彩统一，有助于提升自己的品位。

（3）**三大禁忌**。在正式场合穿着西服、套装时，不能出现的三大禁忌：一是袖口上的商标没有拆，袖口上的商标应该在买西装付款时就由服务人员拆掉；二是在正式场合穿着夹克打领带，领带和西装套装是配套的，夹克等同于休闲装，所以在正式场合，尤其是对外商务交往中，穿夹克打领带是绝对不能接受的；三是正式场合穿着西服、套装时袜子出现问题，两只袜子应该颜色统一。但在商务交往中有两种袜子以不穿为妙：第一是尼龙丝袜，第二是白色袜子。

（三）商务场合着装六个禁忌

（1）**过于鲜艳**。商务人员在正式场合的着装不宜色彩繁杂、鲜艳，衣服图案过分烦琐以及标新立异等。

（2）**过于杂乱**。商务场合有规范化要求着装，杂乱的着装极易给人留下不良的印象，容易使客户对企业的规范化程度产生疑虑。

（3）**过于暴露**。正式的商务场合身体的某些部位是不适宜暴露的，比如胸部、肩部、大腿。在正式的商务场合通常要求不暴露胸部，不暴露肩部，不暴露大腿。

（4）**过于透视**。社交场合穿透视装是允许的，正式的商务交往中着装过分透视就有失于对别人的尊重，有失敬于对方的嫌疑。

（5）**过于短小**。商务人员的着装不可以过于短小。比如不可以穿短裤、超短裙，非常重要的场合不允许穿露脐装、短袖衬衫，等等。特别需要强调的是，男士在正式场合身着短裤是绝对不允许的。

（6）**过于紧身**。在社交场合身着非常紧身的服饰是允许的，但工作场合不可以穿着过分紧身的服装。不要为了展示自己的线条而有意选择过于紧身的服装；更不要不修边幅，使自己的内衣、内裤的轮廓在过紧的服装之外隐隐约约。

第四节 举止形态礼仪

举止形态是指人们在外观上可以显著地被观察到的动作、活动，以及在动作、活动之中身体各部分所呈现出的姿态。举止形态包括站姿、坐姿、走姿、蹲姿、手势等所有的行为举止。举止形态是一种表达思想感情的无声语言，可以展现人的品质、修养、学识、文化等方面的素质和能力。

一、站姿

（一）站姿的规范要求

头正、肩平、挺胸、收腹、直腰、双臂自然下垂，双手放于大腿两侧或握放于身前，

166

两腿并拢立直，脚跟靠紧。男士站立时，双脚可呈"V"字形；也可双脚分开，双脚间的距离与肩同宽，双手相握叠放于腹前或将双手放于身后，如图5-4-1~图5-4-3所示。女士站立时双脚呈丁字步，右手握住左手自然垂于体前，展现女士优雅大方的气质，如图5-4-4所示。

图 5-4-1

图 5-4-2

图 5-4-3

图 5-4-4

（二）常见的错误站姿

（1）身体东倒西歪，重心不稳，如图 5-4-5 所示。

（2）靠着门、墙或其他物体站立，如图 5-4-6 所示。

（3）双手叉在腰间或插在兜里或交叉抱于胸前，如图 5-4-7、图 5-4-8 所示。

（4）双腿叉开过宽，一条腿不停地抖动，如图 5-4-9 所示。

图 5-4-5

图 5-4-6

图 5-4-7

图 5-4-8

图 5-4-9

二、坐姿

（一）坐姿的规范要求

入座要轻要稳，从椅子的左边入座。入座后，上身直立，双肩放松，两臂自然弯曲，双手相叠放于腿上，也可以一手放在椅子或沙发上，掌心向下。离座时要轻轻起身，从椅子的左边离座。

坐椅子一般坐椅面的三分之二，如果与长者或上司谈话，应坐在椅子、沙发的前半部或边缘，上身略倾向于对方，表现出一种谦虚、重视的态度。

1. 女士坐姿

正坐式：双腿并拢，上身挺直，两脚尖并拢略向前伸，两手叠放在双腿上，略靠近大腿根。入座时，若着裙装，应手拢裙摆然后坐下，如图5-4-10所示。

重叠式：上身挺直，坐正，腿向前方，左小腿垂直于地面，全脚支撑，右腿重叠于左腿上，小腿向里收，脚尖向下。双手叠放在右腿上，如图5-4-11所示。

图5-4-10   图5-4-11

斜放式：双腿并拢，双脚同时向右侧或左侧斜放，并且与地面形成45°夹角，如图5-4-12所示。这种坐姿适合于较低的沙发上。

交叉式：双腿并拢，双脚在脚踝处交叉。交叉后的双脚可以内收，也可以斜放，如图5-4-13所示。适合场所，办公桌后面、主席台上或汽车上。

图 5-4-12 图 5-4-13

2. 男士坐姿

正坐式：上身挺直，坐正，小腿与地面垂直，两腿略微分开，双手分放在两膝上或椅子的扶手上，如图 5-4-14 所示。

重叠式：右小腿垂直于地面，左腿在上重叠，左小腿向里收，脚尖向下，双手放在扶手上或放在腿上。如图 5-4-15 所示。

交叉式：要求与女士相同，如图 5-4-16 所示。

图 5-4-14 图 5-4-15 图 5-4-16

（二）常见的错误坐姿

弯腰含胸地瘫在椅子上，东倒西歪地坐着；抖腿、有气无力地把头靠在沙发背上；双腿大大地叉开或高跷"二郎腿"并把鞋挑在脚尖上，等等。如图 5-4-17～图 5-4-21 所示。这些姿势会给人松懈、懒惰、傲慢、粗俗等消极印象。

图 5-4-17　　　　　　　　图 5-4-18　　　　　　　　图 5-4-19

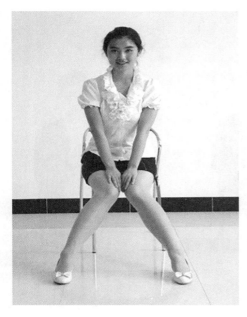 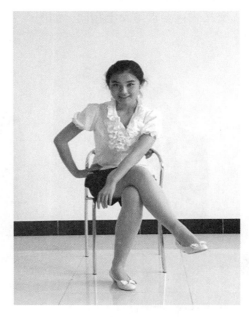

图 5-4-20　　　　　　　　　　　　图 5-4-21

三、走姿

（一）走姿的规范要求

走路时，头正，挺胸，收腹，双眼平视前方，两臂自然下垂，前后轻轻摆动，步伐轻松。男士要显示出阳刚之美，步幅通常为 40 厘米左右；女士则要款款轻盈，显出阴柔之美，步幅为 30 厘米左右，如图 5-4-22、图 5-4-23 所示。

（二）常见的错误走姿

走路双眼左顾右盼，扭腰摆臀；一肩高一肩低，弯胸驼背；迈着"外八字步"和"内八字步"；步幅太大或太小；双手或单手插入裤袋等，如图 5-4-24 所示。

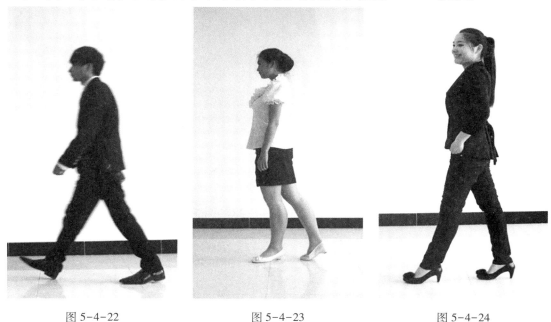

图 5-4-22　　　　　　　　　　图 5-4-23　　　　　　　　　　图 5-4-24

四、蹲姿

（一）蹲姿的规范要求

1. 交叉式蹲姿

下蹲时，右脚在前，左脚在后；右小腿垂直于地面，全脚着地；左腿在后与右腿交叉重叠，左膝由后面伸向右侧，左脚跟抬起；两腿前后靠紧，合力支撑身体；臀部向下，上身稍前倾。这种蹲姿主要适用于女性，如图 5-4-25 所示。

2. 高低式蹲姿

下蹲时，左脚在前，右脚稍后，不重叠；左脚完全着地，小腿基本垂直于地面，右脚跟抬起；右膝低于左膝，右膝内侧靠于左小腿内侧，形成左膝高右膝低的姿态，臀部向下，如图 5-4-26。这种蹲姿男女皆可选用。男士选用这种蹲姿，两腿之间可以有适当距离，如图 5-4-27 所示。

图 5-4-25　　　　　　　　　　图 5-4-26　　　　　　　　　　图 5-4-27

（二）常见的错误蹲姿

弯腰翘臀；女士下蹲时双腿分开，如图 5-4-28、图 5-4-29 所示。

图 5-4-28

图 5-4-29

五、手势

手势是通过手指、手掌、手臂的动作变化来传递信息的一种体态语言。手势表现的含义非常丰富，表达的感情也非常微妙复杂。如招手致意、挥手告别、拍手称赞、拱手致谢、举手赞同、摆手拒绝；手抚是爱、手指是怒、手搂是亲、手捧是敬、手遮是羞，等等。恰当地使用手势，有助于表达，并且能够给人以肯定、明确的印象，增强感染力。

（一）手势的区域

手势活动的范围，有上、中、下三个区域。肩部以上称为上区，多用来表示理想、希望、宏大、激昂等情感，表达积极肯定的意思；肩部至腰部称为中区，多表示比较平静的思想，一般不带有浓厚的感情色彩；腰部以下称为下区，多表示不屑、厌烦、反对、失望等，表达消极否定的意思。根据手势活动的范围，我们往往可以称之为高位手势、中位手势、低位手势。

（二）手势的种类

（1）情意性手势。常常用于表达带有强烈感情色彩的内容。比如，高兴时拍手称快，悲痛时捶打胸脯，愤怒时挥舞拳头，悔恨时敲打前额等。

（2）指示性手势。主要用于指示具体事物或数量。比如，当讲到自己时，用手指向自己；谈到对方时，用手指向对方。

（3）形象性手势。主要用于模拟事物的形状，以引起对方的联想，给人一种具体明确的印象。例如，说到高山，手向上伸；讲到大海，手平伸外展。

（4）象征性手势。主要用来表达一些比较复杂的感情和抽象的概念，从而引起对方的思考和联想。例如，法庭作证将手掌向前高高举起表示下面所说的每句话都真实无误。

（三）常见的手势

1. 引领的手势

在各种社交场合，经常需要用到引领动作，如请客人进门，请客人就坐等。引领动作主要有以下几种形式。

（1）横摆式。以右手为例：将五指并拢伸直，手心向上，手与地面呈 45 度角，腕关节要低于肘关节。动作时，手从腹前抬起至横膈膜处，然后以肘关节为轴向右摆动，在身体右侧稍前的地方停住。同时左手下垂或背在背后，目视宾客，面带微笑。这是在门的入口处常用的表示谦让的手势，如图 5-4-30 所示。

（2）曲臂式。当一只手拿着东西或扶着门，同时要做出"请"的手势时，可采用曲臂手势。以右手为例：五指抻直并拢，从身体的侧前方向上抬起，至上臂离开身体的高度，然后以肘关节为轴，手臂由体侧向体前摆动，摆到手与身体相距 20 厘米处停止，面带微笑向右侧注视来宾，如图 5-4-31 所示。

174

（3）斜下式。请客人就座时，手势要斜向下方。首先用双手将椅子向后拉开，然后，一只手曲臂由前抬起，再以肘关节为轴，前臂由上向下摆动，使手臂向下成一斜线，并对来宾微笑点头示意，如图5-4-32所示。

图 5-4-30　　　　　　　　　图 5-4-31　　　　　　　　　图 5-4-32

2. "OK"手势

拇指和食指合成一个圆圈，其余三指伸直，掌心向外，如图5-4-33所示。这种手势在不同国家其含义有所不同。例如，在美国表示"赞扬""顺利""很好"；在法国表示"零"或"无"；在日本、缅甸、韩国表示"金钱"；在印度表示"正确"；在中国表示"0"或"3"两个数字；在巴西则是"引诱女人"或"侮辱男人"之意。

3. 伸大拇指手势

在我国，向上表示赞同、一流，向下则表示蔑视、不好。在说英语的国家向上多表示"OK"或是打车，如果用力挺直，则含有骂人之意；向下多表示坏人、下等人之意。如图5-4-34所示。

4. "V"字形手势

伸出食指和中指，拇指弯曲压在无名指和小指上，掌心向外，主要表示胜利（英文Victory的第一个字母）；如果掌心向内，在西欧表示侮辱之意。这种手势在大多数国家常用来表示数字"2"。

5. 伸出食指手势

在我国及亚洲其他一些国家表示"1""1个"等；在法国、缅甸等国家则表示"请求""拜托"之意。使用这种手势时，要注意不能用食指指人，更不能指着对方的面部，这种动作很容易激怒对方。如图5-4-35所示。

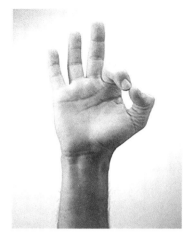  

图 5-4-33 图 5-4-34 图 5-4-35

（四）运用手势的注意事项

不同的手势，表达不同的含义。那么我们在运用手势的时候要注意什么呢？

（1）注意区域性差异。在不同国家、不同地区、不同民族，由于文化习俗的不同，手势的含义也有很多差别，甚至同一手势表达的含义也不相同。所以，手势的运用只有合乎规范，才不至于无事生非。

（2）手势宜少不宜多。多余的手势，会给人留下装腔作势、缺乏涵养的感觉。

（3）避免出现的手势。在交际活动时，有些手势会让人反感，严重影响形象。比如当众搔头皮、掏耳朵、挖鼻孔、剔牙、咬指甲、搓泥垢、摆弄手指、手指在桌上乱敲乱划、手插口袋、双手抱胸、单食指人以及手不停抚摸手机、钥匙或衣服等。

六、表情

表情是内心情感在面部的表现，由人的神经支配。它是仪态的重要组成部分，主要包括眼神和微笑。

（一）眼神

在体态语言中，眼神最能表达感情，沟通思想。因此在人际交往中应充分利用这种无声语言传递信息，并要注重正确的使用礼节。眼神在运用时应注意以下几个方面。

1. 注视时间

注视时间的长短往往能表达一定的意义。据调查，人们在交谈时，目光接触对方脸部的时间约占全部谈话时间的 30%~60%，超过这一平均值，可认为对对方本人比对谈话内容更感兴趣；低于平均值，则表示对谈话内容和对对方都不怎么感兴趣。后者在一般情况下都属失礼行为。

2. 注视范围

与人交谈时，目光最大的许可范围是以额头为上限，以对方上衣的第二粒纽扣为下限，左右以两肩为限。

3. 注视角度

即注视别人时，目光从眼睛里发出的方向，表示与交往对象的亲疏远近。平视，也叫正视，视线呈水平状态，常用于普通场合与身份地位平等的人进行交往；侧视，面部侧向平视对方，是平视的特殊情况，用于与在自己左右方向的人交往，但不能斜视对方，否则会失礼；仰视，即主动居于低处，抬眼向上注视他人，表示尊重或敬畏，适用于晚辈面对尊长时；俯视，即向下注视他人，可表示对晚辈宽容爱护，也可表示对他人轻视傲慢。

（二）微笑

1. 微笑要领

微笑是社交场合最富有吸引力、最有价值的面部表情。微笑时先要放松自己的面部肌肉，然后使自己的嘴角微微向上翘起，让嘴角略呈弧形。露出 6~8 颗牙齿，不要露出牙龈，做到真诚、自然、适度、文雅。

2. 微笑的基本要求

一是微笑与口眼结合。微笑时要口到、眼到，微笑才会打动人心；二是微笑与神情结合。笑的时候要精神饱满、神采奕奕，要笑得亲切、甜美，表现出稳重、大方的良好气质；三是微笑与语言结合。微笑和语言都是传播信息的重要符号，只有注意微笑与语言的结合，才能声情并茂、相得益彰。

3. 微笑的作用

微笑是一种乐观的情绪，面带平和愉快的微笑，说明心情欢愉，乐观向上，善待人生，这样的人才会产生吸引别人的魅力；微笑能使人充满自信，面带微笑表明对自己有充分的信心，以不卑不亢的态度与人交往，使对方产生信任感，容易被对方真正地接受；微笑能表现爱岗敬业，在工作岗位上微笑，说明自己热爱本职工作，乐于恪尽职守，乐于认真工作；微笑是人际交往中的润滑剂，中国民间有两句老话，"举手不打笑脸人"和"一笑消怨仇"，心理学家指出：微笑多在交往双方初次面对面地接触时出现。它是人们领会最快最好的一种情感，普遍含义是接纳对方，热情友善；微笑有益于身心健康，俗话说："笑一笑，十年少"。笑口常开的人，不仅可以悦人，还可以益己，能给自己、给社会一种心理暗示，从而产生积极的反馈，使自己生活得开心、快乐。

4. 笑的禁忌

假笑，就是违背自己意愿的情况下做出的笑容，也就是平常说的皮笑肉不笑，给人以虚假的感觉；冷笑，指含有轻蔑、讽刺、无可奈何、愠怒等意味的笑，往往是对别人观点表示不赞同和不屑时的表现。冷笑容易导致对方产生敌意；怪笑，指怪里怪气的笑，多含有恐吓、嘲讽之意，容易引起对方的反感；媚笑，指为讨好别人而故意敷衍的笑，带有一定功利性的目的；窃笑，指偷偷暗自欣喜而不明显体现在面部，多表示幸灾乐祸或看他人的笑话；怯笑，指害羞或怯场的笑，笑的时候，用手捂嘴，不敢与他人进行眼神的交流，甚至还会面红耳赤，语无伦次，怯笑通常难登大雅之堂；狞笑，指凶狠恶毒的笑容，多表示愤怒、惊恐、吓唬他人，狞笑毫无美感可言。

七、欠身和鞠躬

欠身与鞠躬略有差别：即鞠躬要低头，而欠身只需要身体稍向前倾，不一定低头，两眼一直直视对方。

（一）欠身

1. 欠身礼

欠身礼是为了表示向来到身边的人，或路过身边的人，表示恭敬或友好，而身体稍微向前向上移动。

2. 欠身礼要领

行欠身礼时，应以腰为轴，上体前倾15°即可。行礼时应面带微笑注视对方。如果是坐着，欠身时可以稍微起立，不必站起来，也就是俗话说的"欠欠屁股"。

（二）鞠躬

鞠躬起源于中国商代一种名为"鞠忌"的祭天仪式：祭品牛羊等不切成块，而将整体弯卷成圆的鞠形，再摆到祭处奉祭，以此来表达祭祀者的恭敬和虔诚，是一种古老而文明的对他人表示尊敬的郑重礼节。

1. 鞠躬适用的场合

庄严肃穆、喜庆欢乐的仪式场合；日常生活中学生对老师、晚辈对长辈、下级对上级、表演者对观众等都可行鞠躬礼；领奖人上台领奖时，向授奖者及全体与会者鞠躬行礼；演员谢幕时，对观众的掌声常用鞠躬致谢；演讲者也以鞠躬来表示对听众的敬意；遇到客人表示感谢或回礼时，或是遇到尊贵客人，也可行鞠躬礼。

2. 鞠躬的动作要领

仪态郑重，神情亲切，动作稍缓慢。在受礼人前约2m，摘下围巾、帽子，目视对方，挺胸、站直，脚跟并拢，两脚尖稍分开。先致问候语，再弯身鞠躬行礼。说话和鞠躬不可同时进行。头部与上身保持一致，向前、向下弯，颈部不可伸得太长，上身抬起略慢于下弯；双手，男士鞠躬时，双臂下垂，手指并拢，贴于身体两侧；如两脚分开，两臂也可顺着上身动作，手背朝外，垂于体前。女士则手指并拢，双手叠搭于腹前，右手盖在左手上。注意，鞠躬时不可将双手背于身后；目光，行礼开始时，要注视对方眼睛。问候之后，随致礼时上身前倾下垂，目光要下移，离开受礼人脸部，最后落在自己脚前。礼毕，站直时，目光又回到对方面部；时间，从问候、弯腰，到上身恢复原状，鞠躬致敬过程2~3s就够了。时间过长显得拖沓，过短会让人感到心意不诚。致礼上半身弯下时，可先吸一口气，动作到位后，略做停顿，然后慢慢平身，头部不可先行抬起；回应，互相行鞠躬礼时，地位低者、后辈应先致礼。对别人的鞠躬致意，应及时回应。地位相当者，可同样鞠躬回应，长辈、年老者可欠身、拱手或握手作答。

3. 鞠躬类型

一度鞠躬：上身倾斜角度约15°左右，敬意程度稍轻，略高于日常使用的点头致意礼节，适合于见面招呼、社交问候；二度鞠躬：上身倾斜角度约30°左右，一般在很正规的场合或向自己的上司问候时使用；三度鞠躬：上身倾斜角度约45°左右，表示向对方深度敬礼和道歉；90°鞠躬在生活中较少用到，主要运用于特殊场合，如婚礼、葬礼、谢罪、忏悔等。

4. 鞠躬的礼规

受鞠躬礼者应该还以鞠躬礼；地位较低的人应该先鞠躬；地位较低的人鞠躬要相对深一些；只弯头的鞠躬、不看对方的鞠躬、头部左右晃动的鞠躬、双腿没有并齐的鞠躬、驼背式的鞠躬、可以看到后背的鞠躬等都是错误的鞠躬方式。

八、握手

两人相向，握手为礼，是当今世界最为流行的礼节。不仅熟人、朋友，连陌生人、对手，都可能握手。握手常常伴随寒暄、致意，如你（您）好、欢迎、多谢、保重、再见等。握手礼含义很多，视情而定，分别表示相识、相见、告别、友好、祝贺、感谢、鼓励、支持、慰问等不同意义。

（一）握手要领

一米距离，面带微笑；大方伸手，虎口相对；上身前倾，目视对方；力度适中，三秒结束。

（二）握手顺序

长辈、上司、女士主动伸出手，晚辈、下属、男士再相迎握手。主客见面，主人先伸手，表示对客人的欢迎；主客分别时，客人先伸手，表示对主人的感谢和道别。

（三）握手禁忌

（1）不要用左手与人握手。

（2）不能戴着手套或墨镜与人握手。社交场合，女士可以穿着晚礼服戴着薄纱手套与人握手。患有眼疾或眼部有缺陷者，可以戴墨镜与人握手。

（3）不要在握手时另外一只手插在衣袋里或拿着香烟等物品。

（4）不要在握手时面无表情、不置一词或喋喋不休、长篇大论或点头哈腰。

（5）不要在握手时仅仅握住对方的手指尖，好像有意与对方保持距离。

（6）不要在握手时把对方的手拉过来、推过去，或者握住不放，或者上下左右抖个不停。

（7）不可多人同时交叉握手。

（8）不能一边握手一边东张西望或握手后立即转身背对对方。

（9）一般不能坐着与人握手。

（10）不能用脏手、湿手与人握手，握手后不能立即用手巾（帕）擦手。

（11）不要拒绝和别人握手，即使有手疾或汗湿、弄脏了，也要和对方说一下"对不起，我的手现在不方便"，以免造成不必要的误会。

第五节　交　际　礼　仪

人是社会的人，除了个人生活、家庭生活之外，人们还必不可少地要置身于各种不同的公共场合中参加社会活动。大学生不同场合的礼仪，具体讲就是大学生处于不同的社交场合所应遵守的礼仪规范，它是大学生礼仪修养的重要组成部分之一，也是大学生在交际应酬之中所应具备的基本素养。在不同场合之中与人交往，彼此要礼让、包容、理解、互助等，这些是大学生为人处世的最基本要求。

一、校园礼仪

学校是一个人成长的地方，校园礼仪是学生和教师应共同遵守的彼此尊重的行为规范，也是学生的一门必修课。因此，学生在校期间的礼节礼仪要求就显得尤为重要。

（一）课堂礼仪

（1）进入教室应守时。课前 2 分钟要坐在自己的座位上，做好课前准备工作（课本、笔记本及其他文具），回顾上节课内容，预习本节课内容。切忌大声吵闹、离开座位、做与上课无关的事情。

（2）上课前。检查自己的手机是否关闭，或调为静音，学生在课堂上应做到：手机不响，不随意接打电话。

（3）走出教室有秩序。老师下课后，应让老师先行离开，学生再有秩序地离开座位走出教室。切忌那种老师说"下课"的声音未落就争先恐后往外挤，抢在老师之前跑出教室的做法。

（4）特殊情况要注意礼节。学生上课迟到，首先喊"报告"，得到老师允许后方可进入教室，并向老师诚实简要地说明原因，在得到老师的谅解和允许后才能入座；学生有特殊情况必须中途离开教室，应在老师讲课到一个段落或者讲完一个问题时再举手请假，得到允许后轻步走出教室；遇到老师或领导来教室听课要鼓掌欢迎，下课时鼓掌欢送，等听课老师或领导离开教室后方可自由离开座位。

（5）认真地聆听讲课。上课不能睡觉，不能玩手机，应全神贯注地听讲，思想不要开小差，边听边思考，把握老师讲的中心和重点，边听边记笔记，记下老师讲课的要点；

注意与老师的交流，切忌眼神飘忽不定，不能上课吃东西，或交头接耳、做小动作，也不能随意接话，有问题要举手发言，要注意课堂纪律；切忌感情用事，对自己喜欢的课要认真听讲，认真学；对自己不喜欢的课不认真听讲，不认真学，或者采取消极甚至拒绝的态度，这是对老师不尊重的表现，也影响自己的全面发展。

（6）主动地回答提问。积极配合教学互动；举手发言；被老师提问时，要符合举止礼仪的基本要求，做到站有站相，切忌无精打采，东倒西歪，耸肩弯背，或者懒洋洋靠着桌椅；不能随便插话，不讥讽嘲笑回答问题的同学。

（7）礼貌地指出差错。如果发现差错，可等老师走到自己旁边时小声指出，切忌打断老师讲课，贸然喊叫。

（8）自觉地完成学习任务。主动、勤奋地温习功课，完成老师布置的预习任务；按时、认真、独立地完成老师布置的书面或课外作业，诚实考试，切忌弄虚作假。

（二）尊师礼仪

尊师重教是传统礼仪美德。自古以来，我国就流传着许多尊师的动人故事，如"程门立雪"讲述的是宋代学者杨时和游酢拜程颐为师的故事。有一次他俩去请教老师，正逢老师午睡，为了不惊醒老师，俩人站在门外雪地等候。当老师醒来时，雪已有一尺深，杨、游二人遍身是雪，仍然恭敬地站立在门外。当然我们并不要求每个学生都学杨、游二人，但作为学生应对教师有一定的礼仪。

（1）尊重老师的劳动。教师的辛勤劳动体现在教学上，学生虚心学习，认真听好老师的每堂课，取得良好的学习成绩，这是对老师最大的尊重。

（2）尊重老师的人格。古人曰："一日为师，终身为父。"可见教师在人们心中的地位之高。作为学生应从心里敬重老师，尊重老师的人格。学生和老师谈话时，应主动请老师坐，若老师不坐，学生应该和老师一起站着说话。同老师谈话，要集中精神，姿势端正，双目凝视老师，有不同看法时，可及时向老师请教、探讨。要虚心接受老师批评，不可当场顶撞老师。

（3）课外尊师礼仪。无论在何处，见到老师，不管是否给自己授课，应行礼、问早、问好。平日在校园内与老师相遇，亦应打招呼问好，如环境狭窄（楼道、走廊）应给老师让道。

（4）课堂尊师礼仪。上课时，教师走进教室，班长喊"起立"，声音要洪亮有力。全体学生应立即起立站直，向老师行注目礼，待教师回礼后再坐下；在课堂上学生要衣着整洁，姿势端正。夏天不能赤脚或穿拖鞋，不能穿无袖背心，也不能敞胸露怀，听讲时不能扇扇子。课堂上不能随便走动，吃东西，喝水，嚼口香糖。迟到的同学应先在教室门外喊报告，待老师允许后再进入教室，未经允许，不可擅自推门而入。有疑问提出或回答问题时，应先举半臂右手，经老师允许后起立发言，不应边举手边说话。下课铃响，在听到老师说"下课"后，班长喊"起立"，同学们应起立站好，对老师行注目礼，待老师离开课堂再自由活动。

（5）进出办公室的礼仪。进老师办公室时要轻轻敲门或喊报告，然后开门进去，行礼后说明来意；在老师办公室、寝室不能乱翻老师的物品；休息时间最好不打扰老师；到办公室或老师家不宜逗留过久，办完事应尽快离开等。

（三）同学礼仪

（1）同学之间的礼仪。每天早晨同学相见时，应互相致意问早、问好。同学间可彼此直呼其名，但不能用"喂""哎"等不礼貌用语。在有求于同学时，须用"请""谢谢""麻烦你"等礼貌用语。借用学习和生活用品时，应先征得同意后再拿，用后及时归还，并要致谢。在教室里要保持安静、整洁，维护教室良好的学习秩序。课间不要追跑打闹，以免教室桌椅歪斜，尘土飞扬，影响同学的学习、休息及身心健康。对于同学遭遇的不幸、偶尔的失败、学习上暂时的落后等，不仅不应嘲笑、冷落、歧视，还应该热情帮助。既可帮助对方分析原因，总结经验教训，也可用安慰、鼓励的话语去抚平对方心灵的褶皱。有时，即使是一句话也不说，只陪对方散散步、打打球也不失为表达友爱的方式。对同学的相貌、体态、衣着不能品头论足，也不能给同学起带侮辱性的绰号，绝对不能嘲笑同学的生理缺陷。在这些事关自尊的问题上一定要细心加尊重，同学忌讳的话题不要去谈，同学讨厌的事不要去做。

（2）与同学说话礼仪。说话态度：与同学说话要态度诚恳、谦虚；要语调平和，不可装腔作势；还要关心同学的兴趣和情绪。听同学说话时，态度要认真，不可做其他事，不可表示倦怠、打哈欠或焦急地看钟表；不要轻易打断别人的讲话，要插话或提问一定要先打招呼；若同学说得欠妥或说错了，应在不伤害同学自尊心的情况下，恳切、委婉地指出。说话内容：与同学说话的内容要真诚实在，要实事求是地谈出自己对事物的看法。不说胡乱恭维别人的话，也不说使别人感到伤心、羞愧的事，更不说不文明的污言秽语。古人云："言，心声也。"一个学生说话的态度和内容若是美的，那么，他（她）的心灵也必然是美的。

（3）学习生活礼仪。在学习上，同学之间要互相帮助。学习好的同学在保持谦虚、戒骄戒躁的同时要主动真诚地帮助学习差的同学；学习较差的同学应虚心求教，独立思考，不能抄作业或偷看答案。对同学如果有意见发表，应以委婉口气为宜，不要随便在大庭广众之下议论同学的不是。向同学询问事情，应选择能答复自己问题的同学作为被询问的对象；要选择同学有空闲或方便的时间去询问，不可打扰或影响同学的学习；开始询问之前，一定要先说："同学，对不起，我打扰您一下，向您请教一个问题。"在被询问的同学同意后，再询问；若被询问的同学一时回答不上，自己应当尽快为其解除尴尬，说："不要紧，这件事是比较难回答，耽搁了您的时间，谢谢。"被询问的同学若把所询问的事情告诉了自己，应该在向他（她）道谢之后再离去。男女同学基本礼仪：异性同学之间，应特别以礼相待，要相互平等、相互尊重、相互帮助；男同学应彬彬有礼，女同学应文雅大方。异性同学之间的接触，事前应得到女同学的许可，接触的地点要在公开场合，举止、言谈要大方、高雅、有礼貌，谈话的时间要短，相互不要靠得太近。在校外偶尔相遇，或久别重逢，在一般情况下，男生不宜先伸手要求握手；异性同学之间，不能互起绰号，不能讲粗话、脏话和聊庸俗的传闻，不能久久凝视对方，不能打打闹闹。对异性同学

182

的容貌、身材和衣着，也不应品头论足，不应伤害对方的自尊心；对异性同学的弱点、缺点或残疾，不可进行嘲讽，而应热心帮助；在体力劳动等方面，男同学应该主动关心、帮助和照顾女同学。

（四）宿舍礼仪

（1）宿舍生活礼仪。住校学生生活在一个大家庭里，学习、生活及其他活动都是集体进行的。因而除了要求学生自觉遵守学校规定的住校守则以外，还应特别注意如下礼仪：恭而有礼，在公共场所用水或晒衣时，要先人后己、礼让三分；尊重集体和集体的生活秩序，不随便使用、翻弄或移动别人的东西；个人用品安放在一定的地方，如遗失物品，不胡乱猜疑别人；平时在宿舍里不高声谈笑，夜间就寝后上下床动作要轻；并尽可能用微型手电简单照明，以免影响别人的休息；听音乐或看视频时尽量使用耳机，或尽量把音量调低；如有同学病了，要主动关心和照顾；公共场所的清洁卫生，要自觉维护和主动打扫；一般不随便去其他宿舍串门，也不随便把外人带进学校；用电、用火都要随时注意安全；起床、入寝、自修、用膳、熄灯等，都应按照学校规定的作息时间进行；要随手关灯，节约用水，不浪费粮食，不损坏集体宿舍的各种设备，如无意中损坏了公物，要主动承认并自觉赔偿。

（2）维护宿舍的环境卫生。寝室是主要生活环境之一。它的面貌，在一定程度上也能体现和反映出这些学生的文化修养和思想修养。所以，寝室卫生要遵守如下礼仪：要保持寝室整洁，定期擦洗地板、桌子、橱柜和门窗，定期打扫寝室；被褥要折叠得整齐美观，衣服、鞋帽要整齐地放置在一定的地方；换下的衣服、鞋袜要及时清洗和晾干，未洗之前不可乱丢，要安置在隐蔽的地方；毛巾要挂整齐，脸盆等其他洗漱用具应有规律地安放在一定的地方；重要书籍、簿册或手机等用品，不能乱丢乱放，要安全可靠地放在自己的书桌内或者橱内；点心、食品和碗筷等，不仅要安放整齐，还要注意密封、遮蔽和加罩，以确保卫生。对已变质的食物，要及时处理掉；寝室内簸箕、扫帚等公用物品，用后要及时放回原处，不随便乱放。开门、关窗要轻，窗要上钩，并注意随手关灯；借用他人的东西，虽是同室，也必须得到物主的同意，用后要及时归还。东西若有损坏，该照价赔偿；在寝室内，应与在别的地方一样，不可乱叫同学的绰号，不可讲粗话和下流的话。

（五）校园其他礼仪

（1）升降国旗的礼仪。国旗，是神圣而庄严的。升降国旗，应该在一种严肃、庄重的气氛和场合中进行。举行升旗仪式时，在校的全体师生要队列安静整齐，面向国旗。当主持人宣布出旗时，在场的全体师生要庄严肃立；升旗奏国歌时，全体同学要立正，脱帽，行注目礼。唱国歌时要严肃、准确，声音洪亮、整齐。当五星红旗冉冉升起时，要注意自己的眼神。眼睛要始终望着国旗，目光随着国旗冉冉升起。进退场时要按秩序，不说笑，不打闹。降旗时，同样要立正，并行注目礼。按规定把国旗降下来时，要将它小心珍藏好，这意味着对祖国的衷心爱戴。升降国旗和奏国歌时对国旗和国歌的尊重，实际上就是对我们伟大祖国的尊重。

（2）学校就餐礼仪。按次排队买饭，不要拥挤、插队；发生争执时，高年级同学要礼让低年级同学，男同学要礼让女同学。要尊重餐饮人员，如"师傅""请""麻烦您""谢谢""对不起"等。不因为做的菜不合口味或认为炊事人员分饭菜不合理而与他们争执，应于事后向学校管理部门反映，请求解决。在食堂里，有的同学打了饭，常常一边走路一边吃；还有一些同学，习惯把骨头、菜屑到处乱丢。这是既不卫生又有失礼仪的举止。吃饭时应坐下来，骨头、菜屑放一处，吃饭后再与剩饭剩菜一起倒在指定的地方。不要浪费粮食，随地倒剩菜剩饭。

（3）参加集会的礼仪。学校里召开集体大会，由于参加的人数多、班级多，为了保证大会的顺利进行，客观上便要求每位同学都应更为严格地遵守纪律，顾全大局，遵守礼仪，尽力做到：准时到场，保持安静遵守规则，有序退场。

二、家庭礼仪

家庭礼仪是讲家庭生活中必要的礼仪。讲究家庭礼仪、维护家庭的和睦、保持新型的家庭人际关系是现代社会不可缺少的内容。

（一）孝敬长辈

（1）敬重长辈。晚辈对长辈，应当以敬重为先。晚辈对长辈的敬重，必须认真做到言行一致、表里如一、一以贯之。对待长辈，必须尊重有加，处处以礼相待。特别应当注意的是：不管是当面，还是背后，在提及长辈之时，务必要使用尊称。不论长辈是否允许，都不应当直呼其名。长辈是人类的智者。长辈所拥有的丰富的人生阅历，是一笔极其宝贵的财富。作为晚辈，一定要利用一切机会，虚心向长辈求教，以便开阔视野，增长才干。对于长辈的批评与指点，晚辈必须认真接受，洗耳恭听。无论从哪一方面来看，长辈对晚辈的管教，都是爱的表现。即使长辈的管教有所偏差，也不容许因此而否定长辈的善意。

（2）孝顺长辈。晚辈对长辈的孝顺，不但要体现在物质照顾上，而且也应当以精神上的体贴与之并重。对于长辈的关爱，晚辈自当努力回报。遗弃长辈，或是置之不理，是天理不容的。

（3）奉养长辈。奉养长辈是晚辈义不容辞的天职。首先要减轻长辈的负担，不要事事让长辈操心，要尽快地自力更生；其次是要帮助长辈，有钱出钱，有力出力，重在尽力而为，对于无依无靠的长辈，尤其是自己的生身父母，要主动承担起赡养的职责；最后是要照顾长辈，特别是上了年纪的长辈，在生活上要多加关心爱护，并且应当为此而不遗余力。

（4）体贴长辈。对于脑力和体力有不同程度衰退，或者百病缠身、行动困难的长辈，一定要更多地从精神上对其加以体贴，要经常抽空前去探望长辈，争取为其排解孤寂之感。一时难以抽身的话，也要多打电话，或是委托看望，切不可不闻不问。

184

（二）厚待同辈

（1）加强团结。自家人要讲团结，维护家庭的和谐，否则只会四分五裂，使得亲人反目成仇。与同辈搞好团结，一要讲究宽厚，不能事事计较，处处算账。二要强调谦让，涉及物质利益，不要斤斤计较。不注意这两点，便难有真正的团结可言。

（2）彼此照料。与同辈亲属之间，彼此相互照料，是"发乎情，止乎礼"的。人们平时常常说"情同手足"，以此来形容同辈亲属之间的相互关系，是丝毫也不过分的。既然如此，与同辈亲属之间彼此照料，实乃顺理成章之举。同辈亲属之间相互爱护，是维系其相互关系的重要基础。对同辈的爱护，首先应当是无条件与不图回报。这种无私的爱护，既要体现在物质利益的支援方面，又要体现在精神情感的沟通方面。在力所能及的前提下，应对同辈亲属给予无微不至的爱护。

（三）尊老爱幼

（1）见到老年人要说敬语。敬语的运用要根据当时当地的具体情况。像青少年们见到了老年人，应该称呼大爷、奶奶，如说"李大爷您好""王奶奶身体还好吗"；如果是壮年人，见了老年人后应该称呼您老或大伯、大婶，像说"您老好""刘大婶身体还硬朗吗""张大伯您早"等。现在有一些人见了老年人不使用敬语，经常连一个您字也没有，有的人就直呼老头儿、老太婆。这是很不礼貌的表现，表明这些人连起码的教养都没有，更不要说什么礼仪修养了。

（2）关心爱护老年人。尊重和保障老年人的合法权益；尊重老年人的生活习惯，理解他们的精神需求，营造和睦友爱的家庭氛围；平时生活中关心照料和体贴老年人，对无经济收入或者收入低微的单独居住的老年人，赡养人应按月给付赡养费。对经济收入较富裕的老年人，子女及其他亲属不得任意索取。对患病或者生活不能自理的老年人，赡养人应承担护理的责任。

（3）关爱晚辈。在日常生活中，我们应该关注并爱护自己的兄弟姐妹，爱护身边比自己年幼的同学朋友，给予他们自己最大限度的爱心；要从身边事做起，从小事做起，一句贴心温暖的话语，一杯饱含浓浓爱心的开水，一个简单却与众不同的小礼物，一次及时的帮助……都是关爱晚辈最好的体现。需要你帮助的时候，乐意帮助，要时时有这种意识，养成良好的习惯。做一个高尚的人、一个幸福的人。

（四）邻里关系

（1）邻里，又称邻居，它就是对这种关系的一种表述。严格地说，所谓邻里，指的是住处相互接近，或处于同一区域内的人家。

（2）邻里关系。人们常说"远亲不如近邻，近邻不如对门"。可见邻里之间接触密切，往来甚多，因此处理好相互之间的关系是十分必要的。主动地、友善地接近邻里。接近对方的方式可以因人而异，见面时主动问候，在对方干家务时施以援手，闲暇之时与对方聊聊家常，邀请对方上门做客等，都是可取之法。掌握邻里的情况要注意方式，讲究自愿，提倡有来有往。想了解对方，就要同时让对方了解自己。碰上对方不愿提及之事，绝对不宜"打破砂锅问到底"，或是四下打探对方的隐私。邻里的难言之隐，务必要以严守口风作为回报。切勿将对方的隐私视为笑料，随意进行散播，更不要添油加醋，搬弄是非。与邻里相处，必须相互尊重，相互体谅。平时，不要乱扔、乱倒、乱撒废弃之物，尤其是不要"自扫门前雪"，不顾公共区域的卫生与整洁。一定要注意保持安静，不要随意以噪音扰民。在常规的节假日和午间、晚间等例行的休息时间里，尤其要注意这一问题。邻里关系不佳，往往是孩子们引起的矛盾所致。因此，一定要严格管教自己的孩子，不要令其过分地调皮滋事。碰上孩子们吵架、斗嘴，我们只宜管教自己的孩子，而绝不应护短，甚至直接介入孩子之间的争端。邻里之间，一定更要注意"亲是亲，经济分"。平日借钱、借物，务必要有借有还。在邻里交往中，不要势利、斤斤计较。邻里之间，需要相互关心，相互爱护。例如代为看门，看护老人、孩子，协助料理家务，送药送医等，看起来事小，却都是对邻里抱有关爱之心的具体体现。当邻里遇上困难求助于自己时，务必要尽力帮助。对于自己遇到的难题，还是应当自力更生为主，争取外援为辅，不要动不动就开口求人，事事麻烦邻里代劳。

三、公共场所礼仪

公共礼仪，具体指的就是人们置身于公共场合时，所应遵守的礼仪规范。它是社会礼仪的重要组成部分之一，也是人们在交际应酬之中所应具备的基本素质。人是社会的人，除了个人生活、家庭生活之外，人们还必不可少地要置身于公共场合，参与社会活动。在这种情况下，与他人共处，彼此礼让、包容、理解、互助，也是做人的根本。公共礼仪的基本内容，就是人们在公共场合与他人共处时和睦相处、礼让包容的有关行为规范。

（一）学习、应用公共礼仪的基本原则

（1）遵守社会公德。社会公德，又称社会公共道德或公德，它是人们在长期社会生活中，根据客观需要形成的，用以维持公共生活秩序，调节人们在公共生活中相互关系的一种约定俗成的行为规范。它以种种秩序、规则维护着社会的稳定和公共场合的良好秩序。

（2）不妨碍他人。与私人交际有所不同，人们置身于公共场合时，或为过客，或为休闲，或为生活需要，人们在公共场合所面对的，往往也多半是一些自始至终不会与自己发生正面接触的人。在公共场合，每个人都应当有意识地检点、约束自己的个人行为，并尽一切可能，自觉防止自己的行为影响、打扰、妨碍到其他任何人。

（3）以右为尊。在公共场合，有时必要排定位置的主次尊卑，以示礼让他人。在排位时，尤其是在排定并排位置的主次尊卑时，以右为尊的原则是普遍适用的。它的含义是，在并排排列的位置上，右侧为尊，左侧为卑；右为上位，左为下位；在多人并排相处时，其位置的尊卑则往往是由右而左，依次递降的。因此，当需要表示对他人的敬意时，应请其居右。当需要表示自谦时，则应主动居左。

186

（二）行路

1. 始终自律

行路，对一般人而言，多数情况下是一种个人在室外进行的活动，并无熟人在场。在这种缺少他人监督的时刻，讲究礼仪的人尤其需要慎重。即在这种一个人独处之时，行事要处处谨慎，一如既往。切不可人前一个样，人后一个样。在家中、单位里处处遵守礼仪，而在街头巷尾行路之时却面目全非，肆意妄为，将礼仪与社会公德抛在脑后。

（1）不吃零食。在行路时大吃大喝，不仅吃相不雅，不够卫生，不利于身体健康，更重要的是还有可能给其他过往的行人造成不便，有碍他人。

（2）不抽香烟。香烟是一种有害个人健康的"毒品"。在行路时抽烟，会污染空气，甚至还有可能烧坏别人的衣物，令人望而生畏。

（3）不乱扔废物。在行路之时，若有必要处理个人的废品，应将其投入专用的垃圾箱。不要"天女散花"，随手乱丢，破坏公共场合的环境卫生。

（4）不随地吐痰。行路时，若需要清理嗓子、吐痰。应于旁边无人时，将痰吐在纸巾里包好，然后投入垃圾箱。不要将其"自行消化"，更不要随地吐痰。

（5）不过分亲密。恋人或夫妻一起行路时，不应勾肩搭背、又抱又亲、边走边吻，表现得过分亲密。将这类个人隐私当众"公演"，极不自重，而且也会令在旁的人感觉不舒服、不自在。

（6）不尾随围观。发现街头冲突时，应予以劝阻，但切勿围观、起哄、煽风点火。对于不相识的异性，不应浅薄轻浮、频频回首顾盼，更不许尾随其后，充当"马路求爱者"，对其进行骚扰。

（7）不毁坏公物。对于公共场所的各种设施、物品，要自觉爱护。不要做攀折树木、采折花卉、蹬踏雕塑，在墙壁上信手涂鸦、划痕，践踏绿地、草坪这一类毁坏公物的事情。

（8）不窥视私宅。对于同自己毫不相干的私人住所，不要贸然上前打扰，更不趴在其门口、窗户、墙头偷偷观望，干涉他人的活动自由。

（9）不违反交通规则。行路时务必要遵守交通规则，过马路要走人行横道、天桥或地下通道，必要时要看红绿灯或听从交警指挥。

2. 相互体谅

在行路时，对于任何人，即使是一位素昧平生的人，都要相互关心，相互帮助，相互照顾，相互体谅，并且友好相待。这主要表现在下列四个方面：

（1）热情问候。路遇熟人，通常应当问候一下对方，至少也要以适当的方式与其打个招呼，不应当对其视若不见，对于其他不相识者，如正面发生接触时，也有必要先向他人问好。

（2）帮助老弱病残。遇到老弱病残，或是盲人、孩童等有困难时，应主动上前加以关心、帮助，不要视若不见，甚至对其讥讽或呵斥。

（3）扶正斗邪。碰上打架、斗殴、偷窃、抢劫或其他破坏公物、破坏公共秩序的行为，应挺身而出，见义勇为，与坏人坏事大胆斗争，不要事不关己，走为上策。

（4）彼此谦让。通过狭窄路段时，应请他人先行，不要争先恐后。在拥挤之处不小心碰到别人，立即说"对不起"，对方则应回答"没关系"。不要若无其事，或是借题发挥，寻衅滋事。

3. 保持距离

行路多在公共场合进行，故应当注意随时与其他人保持适当的距离。社交礼仪认为，人际距离在某种情况下也是一种无声的语言。它不仅反映着彼此之间关系的现状，而且也体现着其中某一方，尤其是保持某一距离的主动者对另一方的态度、看法，因此不可马虎大意。

（1）私人距离。当两人相距在 0.5 米之内时，即为私人距离。它又称亲密距离，仅适用于家人、恋人、至交之间。与一般关系者，尤其是陌生人、异性共处时，应避免采用。

（2）社交距离。当两人相距在 0.5~1.5 米时，即为社交距离。这一距离主要适用交际应酬之间。它是人们采用最多的人际距离，故又称常规距离。

（3）礼仪距离。当两人相距 1.5~3 米时，即为礼仪距离。它有时也称敬人距离。该距离主要适用于向交往对象表示特有的敬重，或用于举行会议、庆典、仪式。

（4）公众距离。当两人相距在 3 米开外时，即为公众距离。它又称大众距离或"有距离的距离"，主要适用于与自己不相识的人共处。在公共场合走路时，与陌生人之间应尽量采取这种距离。

（三）乘车

1. 乘坐轿车

乘坐轿车，通常是讲究快节奏、高速度的人士在"行"的问题上的首要选择。乘坐轿车时，应牢记的礼仪问题主要涉及座次、举止、上下顺序三个方面。

（1）座次。在比较正规的场合，乘坐轿车时一定要分清座次的尊卑，并在自己得其所之处就座。而在非正式场合，则不必过分拘礼。轿车上座次的尊卑，在礼仪上来讲，主要取决于下面两个因素。一是轿车的驾驶者。驾驶轿车的司机，一般为主人或者专职司机。由主人亲自驾车时，一般前排为上，后排座为下；以右为尊，以左为卑。乘坐主人驾驶的轿车时，最重要的是不能令前排座空着，一定要有一个人坐在那里，以示相伴。由先生驾驶自己的轿车时，则其夫人一般坐在副驾驶座上，由主人驾车送其友人夫妇回家时，其友人之中的男士，一定要坐在副驾驶座上，与主人相伴，而不宜形影不离地与其夫人坐在后排，那将失礼之至。由专职司机驾驶轿车时，通常仍讲究右尊左卑，但座次变化成后排为上，前排为下。二是轿车的类型。轿车通常是指座位固定、车顶固定的各种专用客车，包括吉普车和其他多排座客车。他们的座次尊卑各有一些不同：吉普车上的座次由尊而卑的顺序是：副驾驶座、后排右座、后排左座；而多排轿车的顺序是，以前排为上，以后排为下，以右为尊，以左为卑。

（2）举止。与其他人一同乘坐轿车时，即应将轿车视为一处公共场所。在这个移动的公共场所里，同样有必要对个人的行为举止多加约束。具体来说，应当注意：上下轿车时，要井然有序，相互礼让，不要争抢座位；在轿车上应注意举止，切勿与异性演出"爱情故事"，或是东倒西歪，动作不雅；不要在车上吸烟，或是连吃带喝，随手乱扔，不讲卫生；不要往外丢东西、吐痰，也不要在车上脱鞋、脱袜、换衣服；不要与驾车者交谈，以防其走神，不要让驾车者听移动电话或看书刊；当自己上下车、开关门时，要先看后行，切勿疏忽大意，出手伤人。

（3）上下车顺序。上下轿车的顺序也有礼可循，其基本要求是：倘若条件允许，须请尊长、女士、来宾先上车，自己后上车。具体为：主人驾车时，如有可能，均应后上车先下车，以便照顾客人上下车；乘坐由专职司机驾驶的轿车时，坐于前排者，大都应后上车，先下车，以便照顾坐于后排者；乘坐由专职司机驾驶的轿车，并与其他人同坐于后排时，应请尊长、女士、来宾从右侧门先上车，自己再从车后绕到左侧车门后上车，下车时，则应自己先从左侧下车，再从车后绕过来帮助对方；为了上下车方便，坐在折叠座椅上的人，应当最后上车，最先下车；乘坐多排座轿车时，通常应以距离车门的远近为序。上车时，距车门最远者先上，其他人随后由远而近依次而上；下车时，距车门最近者先下，其他人最后由近而远依次而下。

2. 乘坐公共汽车

公共汽车，指的是由单位或专人经营，有着固定路线和车站，供社会公众付费乘坐的多排坐轿车。乘坐公共汽车应注意四个方面问题：

（1）上下车辆。上车依次排队。若等候公共汽车的人较多，则一定要自觉地以先来后到为顺序，排队候车，排队上车。除规定允许被照顾的老幼病残孕者，其他人概莫除外。下车提前准备。在拥挤的公共汽车上，下车一定要提前准备，在自己目的地的前一站，就要向车门靠近。不要车到站之后才不慌不忙地向外挤，这样是在浪费大家的时间。物品安放到位。上了公共汽车后，应将随身所带的物品放在适当的位置，注意不要让它占座位、挡路，或有碍他人安全。

（2）购买车票。乘坐公共汽车，一定要遵守有关车票购买的规定事项。使用月票者，下车前要主动出示。若售票员查票，应主动合作。不要用过期票或假票，也不要借用他人月票。在一些公共汽车上，并无专人售票，而由乘客自行使用事先购买的储值卡刷卡上车。使用智能卡车票时要主动刷卡，不要蒙混过关。购买车票时，应主动积极，不准逃票，使用假票、废票。在无人售票的公共汽车上，应主动投币，不要不交或少交车费。在不找零的公共汽车上，还应事先准备零钞，不得以没零钱为由赖账。

（3）座位选择。乘坐公共汽车时，座位的选择有其特殊性，需加以注意。与尊长、女士、来宾一同坐公共汽车时，应请其优先入座，或就座于较好的位置，如靠前、靠窗、面向前方的位置。遇到老幼病残孕，也应主动让出自己的座位，切勿熟视无睹。当他人为自己让座时，应立即道谢，不要自认为理所应得，而一语不发。在不少公共汽车的前门附近，或中门附近，都有专门为老弱病残孕预备的特殊座位。这些座位即使空着，也不应随便去坐，更不能假冒身份去混座位坐。在公共汽车上除座位外不宜随处乱坐，如窗沿、地板、扶手、发动机等处，均不宜就座。挤坐他人座位，也为不当之举。

（4）乘车表现。乘坐公共汽车时，多无熟人在场。此时应一如既往地严于律己，注意个人的行为。当恋人、配偶乘车时，不应表现得过于亲热，让其他人受到视觉污染，让自己被人瞧不起。若有可能，应与其他人的身体保持一段距离。万一因为车辆摇晃或自己不小心碰撞，踩踏别人，应立即道歉。若他人因此向自己道歉，则应大度表示"没关系"。不要小题大做，借题发挥，任何时候，都不要用手去推、摸别人。不管是坐是站，均应坐有坐相，站有站相，不要把腿伸在过道上，人为地设置路障。有人通过身前时，应主动相让，不要认为事不关己，高高挂起。在公共汽车上切勿抽烟，也不要随手往地上或窗外乱扔废弃物。不要将头伸出窗外，不要在过道上乱晃，站立时不要忘了去扶扶手，不要扶门缝、窗缝。上下车时，不要起哄、硬挤、猛挤、推人、拉人。

（四）上下楼梯与进出电梯

（1）上下楼梯。上下楼梯大致需要注意六点：一是上下楼梯均应单行行走，不宜多人并排行走。二是不论是上楼还是下楼，应靠右侧而行，即应当右上右下；将自己左侧留出，是方便紧急事务者迅速通过。三是上下楼梯时，若为人带路，应走在前头，而不应位居被引导者之后。陪同引导的标准位置是左前方 1 米处，一步之遥。别离太远，也别离太近，避免太近容易发生身体上的碰撞。四是在上下楼梯时，因为大家都需要脚下留心，故不应进行交谈。站在楼梯上或楼梯转角处进行深谈亦不允许，因有碍他人通过。五是与尊者、异性一起下楼梯时，若其过陡，应主动行走在前，以防身后之人有闪失。六是上下楼梯时既要多注意楼梯，又要注意与身前、身后的人保持一定距离，以防碰撞。除此之外，还有注意上下楼梯时的姿势、速度。不管自己事情多么急，都不应在上下楼梯时推挤他人，或是坐在楼梯扶手上快速下滑。上下楼梯时快速奔跑，也不甚恰当。

（2）进出电梯。进出电梯，需要注意两大问题。第一，注意安全。当电梯关门时，不要扒门，或是强行挤入。在电梯人数超载时，不要心存侥幸，非进去不可。当电梯在升降途中因故暂停时，要耐心等候，不要冒险攀爬而出。第二，注意顺序。与不相识者同乘电梯，进入时要讲先来后到，出来时则应由外及里依次而出，不可争先恐后。与熟人同乘电梯，尤其是与尊长、女士、客人同乘电梯时，则应视电梯类别而定，进入有人管理的电梯，应主动后进后出。进入无人管理的电梯时，则应当先进去，后出来；先进去是为了控制电梯，后出来同样是为了控制电梯。

（五）出入房间

（1）注意房门的开关。不论是出入房门，都应以手轻推、轻拉、轻关，绝不可用身体的其他部位代劳。例如，不能以肘推门、以脚踢门、以臀拱门、以膝顶门，也不能听任房门自由开关。

（2）注意面向。进门时，如已有人在房内，则始终应面向对方，尤其是切勿反身关门，背向对方。出门时，若房内依旧有人，则行至房门、关门这一系列的过程中，都应尽量面向房内之人，不要以背示之。

（3）注意顺序。在一般情况下，应请尊长、女士、来宾率先进入房门，率先走出房

190

门，必要时应主动为其效劳，替对方开门或关门。若出入房间时恰逢他人与自己方向相反，也要出入房间，则应对其礼让。一般的讲究是房内之人先出，房外之人后入。倘若对方为尊长、女士、来宾，亦可不遵此例，而优先对方。

（六）通过走廊

（1）应当单排行进。通过走廊时，至多允许两人并排行走在一起。若多人一起并行，对大多数相对而言不大宽敞的走廊来说显然不适宜，因为那样有可能阻挡别人。

（2）应当主动右行。这样即使有人从对面过来，也不会相互干扰。不过若是在仅容一人通过的走廊时遇上了这种情况，则应侧身相让，请对方先通过。若对方先这样做了，则勿忘向其道谢。

（3）应当缓步而行。通过走廊时，宜步伐和缓，并悄然无声。因为走廊连接房间，若快步奔走，大声喧哗，制造噪声，难免会干扰别人。

（4）应当循序而行。不要为了走捷径、图省事、找刺激，而去跨越某些室外走廊的栏杆，或是行走于其上。

（七）排队

（1）养成排队的习惯。在公共场合，每逢许多人需要同时做某件事情，而又需要区分先后次序时，排队通常是解决问题的最好方法。需要排队的时候，就要保持耐心，自觉地排队等候，不要起哄、拥挤、插队或破坏排队。排队自觉与否虽系区区小节，但却能反映着人格的一个侧面。

（2）要遵守排队的顺序。排队的基本顺序是：先来后到，依次而行。排队时，一定要遵守并维护这一秩序，不仅要自己做到不插队，而且还要做到不让自己的任何熟人插队。

（3）要保持适当间隔。在排队时，大家均应缓步而行，人与人之间最好要保持0.5~1米左右的间隔，至少不能一个人紧挨着另一个人，前胸贴着后背。否则会让人很不舒服，甚至会影响他人所办的事情。例如，在排队打公用电话、在银行存钱、在自动提款机上取钱时，后边的人要是与前边的人贴得过紧，就有可能使前边的人感到很不舒服，或是心生戒备。

四、办公室礼仪

办公室礼仪是指公务人员在从事办公室工作中尊敬他人、讲究礼节的程序和规范。办公室是公务人员从事公务活动的主要场所，现代的办公室以其综合性、广泛性、程序性等特性，成为一个重要的交际场所。

（一）办公室布置礼仪

（1）办公室要保持窗明几净、空气清新，要及时清理废弃物，经常拖扫地面、擦洗办公物品，经常开窗通风，非特殊情况下不拉窗帘。

（2）办公室须保持整洁，非办公用品不外露，桌面资料须码放整齐。

（3）不在办公设施上乱写、乱画、乱贴，需要在办公室内张贴的文件、纸张等应固定在某一块区域，并保持整齐美观。

（4）办公室的绿色植物可以净化空气、调节情绪，需定期浇水，保持葱绿茂盛。

（二）整洁、端庄的个人礼仪形象

现代社会对公务服饰要求。单位有统一的着装要求，那么无论男女，上班时间应尽量穿着工作服。如果没有统一着装，在办公室上班宜穿较为保守的服装，男士以西服为主。女士着装要美观大方，不要过于夺目和暴露，也不要浓妆艳抹，可着职业淡妆；女士穿下摆窄或至膝盖以上的短裙时，切勿在人前把脚架起来；女士在办公室不宜穿长靴，戴手套和帽子等，也不宜佩戴其他装饰品。女士上班期间把自己打扮得过于妖艳会产生很多负面效应。男士穿西装要打领带，夏天要注意不能穿拖鞋、短裤、背心，甚至不宜穿过分暴露、薄透、瘦小、布满褶皱之类的服装，还应避免穿经常需要整理的衣服，因为假如你需要反复地整理腰带或其他服饰，不仅自己工作时不能集中精力，也会使别人感到别扭。

（三）同事之间的礼仪

（1）尊重同事。相互尊重是处理好任何一种人际关系的基础，同事关系也不例外。同事关系不同于亲属关系，一旦失礼，创伤难以愈合。所以，处理好同事关系，最重要的是尊重对方。

（2）关心帮助同事。同事有困难，通常首先会找亲朋帮助，但作为同事，应主动询问，对力所能及的事情伸出援助之手。这样，会增进双方的感情，使关系更加融洽。

（3）不在背后议论同事的隐私。每个人都有"隐私"，隐私与个人的名誉密切相关。背后议论他人的隐私，会损害他人的利益，使双方关系紧张甚至恶化，因而是一种不光彩、有害的行为。

（4）物质往来应一清二楚。同事之间可能会有相互借钱、借物或馈赠礼物等物质的往来，但切忌马虎，每一项都应有记录。即便是小的款项，也应记在备忘录上，以提醒自己及时归还，以免遗忘，引起误会。如果所借钱物不能及时归还，应每隔一段时间向对方说明一下情况，否则会引起对方心理上的不快，从而影响自己在同事心目中的人格。

（5）对于自己的失误或同事间的误会，应主动道歉说明。同事之间相处，偶尔的误会在所难免。如果出现误会，应主动向对方道歉，征得对方的谅解，不斤斤计较，耿耿于怀。

（6）适当的称呼。在办公室里的称呼，也应格外注意。在同一办公室内，同事之间大都是以名字相称。但对那些德高望重或位高权重的人，就不能直呼其名，而以"某先生"或"某处长"等来称呼，较为合适。上司或前辈对下属，也不宜直呼其名。按我国习惯，同事间称呼"老某"或"小某"较为合适。注意不能随意给他人起绰号。

（7）对同事要有尊重他人的"距离感"。同事之间，尤其是同一办公室的同事之间，

192

"办公"就暴露在他人的眼皮底下。为了让彼此有一个放心的空间，同事间需要一种不干扰别人、尊重他人的"距离感"。别人"办公"时最好离得远些。看到同事在写东西，或阅读书信时，不论知悉与否，最好"躲避"，需要从其身旁走过时，也不要随意询问，以免打断人家思路，或造成尴尬的局面。

（8）不轻易翻动同事的东西。在单位，每个人都有属于自己的一方"天地"，如物厨、写字台等。不随便翻动同事的东西，既是一种文明、一种礼貌，也是一种规矩。即使要找东西，最好也要让其代找。确实需要找某种东西，而主人又不在，事后也要向其说明情况，并表示歉意。

（四）办公室语言

（1）谈话的内容和方式。有些问题，如疾病、死亡等不愉快的事情和荒诞离奇、耸人听闻、黄色淫秽的事情，一般不要涉及。女性的年龄、婚姻状况等是不宜询问的，也不要直接询问对方履历、工资收入、家庭收入、家庭财产、衣饰价格等私人方面的问题。确实需要了解的，也不应单刀直入，而应委婉地提出。一旦不慎提出令对方反感的问题时，应表示歉意，并马上将话题转移。

（2）说话态度。即使是有了一定的级别，也不能用命令的口吻与别人说话。在办公室里谈话还要控制自己的情绪和举止，有时为配合谈话效果，可以有适度的手势，但要得体，动作不宜过多过大，不能手舞足蹈，更不可用手指指人，这样会让人觉得没有礼貌，让人有受到侮辱的感觉。虽然有时候，大家的意见不能统一，但是有意见可以保留。不要好辩逞强，否则会使同事敬而远之，久而久之，你就会不知不觉成为不受欢迎的人。

（五）向领导汇报工作的礼仪

（1）遵守时间。下级向上级汇报工作，必须准时到达。过早到达，会让领导因准备不充分而显得难堪；姗姗来迟，则又会因领导等候过久而失礼，影响效果。万一因故不能赴约，应尽可能有礼貌地及早告知领导，并以适当方式表示歉意。就是因故迟到，也要向领导致歉，并说明原因，以争取领导的谅解。

（2）敲门进入。到领导的办公室去汇报工作，应该先轻轻地敲门，得到允许后再进去。汇报期间，应该注意自己的仪表、姿态，要站有站相，坐有坐相，做到文雅大方，彬彬有礼。切记不可随意打量周围环境及盯住桌面上打开的文件看。

（3）汇报准确简练。口头汇报的语言不像书面语言那样讲究，但原则上要做到准确、简练。用词不当，词序不妥，语言结构残缺甚至混乱，就不可能清楚明白地表达自己的观点和思想。说话不能太快，要避免"口头禅"，如"嗯""啊""这么""那个"等。汇报的时间务必要尽量压缩。"汇报工作说结果、请示工作说方案、总结工作说流程、布置工作说标准、关心下属问过程、交接工作讲道德、回忆工作说感受、领导工作别瞎忙"这样的人在职场中才受欢迎。

（六）办公室接待礼仪

（1）面带微笑迎接访客。对待来客最基本的礼仪要求就是面带微笑。在客户接待上，无论怎样地遵守礼仪要求，行动如何无可挑剔，如果你总是绷着个脸，也会变得毫无意义。

（2）须站起身来向来客问好。当有客人来访时，无论自己有多忙，都应站起身来，面带微笑地与来客打招呼。无论是什么样的访客，都应站起身来行礼，抢先向对方问好，这是最基本的礼节。

（3）电话交谈时，仍应保持正确姿势与甜美笑容。打电话时，必须保持正确的姿势，面带笑容、充满朝气与活力，这是基本的要领。为了使电话应答正确，首先应做出正确的姿势与表情。不要忘记自己的态度，即使是通过电话，也一定会被对方所察觉。

（4）为客人带路时应与其步调一致。为客人带路时，应配合客人的步调，走在距离对方约 1 米的左侧前方；不时回头看看访客是否跟上自己，并不时地与之寒暄，以表示友好与关心。

（5）无论什么时候，都应先给客人上茶。在接待过程中，应记住以客为尊，所以，应先给访客敬茶，然后才轮到本公司的职员，哪怕对方是自己的上司。为客人准备好茶，茶水七分满即可。

（6）电梯接待。即使是在电梯中，也有上位与下位之分。被看作最尊贵的上位位置，是位于操作位置的里面，其次是它旁边的位置，再其次是在有按键位置的旁边。操作按键的位置是最次的下位，因为站在这个位置上的人，必须控制电梯开关和楼层的按键，扮演电梯侍者的角色。在电梯口送别时，应等到电梯开始下降后再离去。

（7）送别访客。在大门口送别时，应等自己看不到客人，或者客人不可能再回头时再离去。

五、社交礼仪

一个人要在社会生存、发展，必须要进行人际交往。社交礼仪是人们在社会交往活动中应当遵守的礼仪规范。掌握一定的社会交往礼仪知识，并能够恰当地应用，必将提升自己的魅力，增进自身的人际交往能力。

（一）书信礼仪

在信件的正文当中，称呼、问候与祝词、署名都是至关重要的，它们直接关系到收信人展信而阅后的第一印象，而且间接影响到信件收寄者之间的双边关系。

（1）称呼。信上所写的第一句话，是对收信人的称呼。一般而言，称呼要注意两点：一是要在信纸的第一行顶格而写；二是注意称谓的准确与得体。对于长辈，有亲属关系的，应以"爷爷""姑姑"等相称；没有亲属关系的，可称其为"某先生""某经理""某某老"，关系较为密切者亦可称其为"叔叔""阿姨"。对于平辈人，可称其为"某先

194

生"\"某小姐"，也可以"某同志"相称。对待晚辈，直呼其名，或是在其名字前冠以"小"字，都是可以的。除非收信人是自己的至爱或家人，一般称呼其小名，或是直呼其昵称。如果要想更好地向收信人适当表示一下自己的亲切与敬重之意，以视自己与收信人的不同关系，在其称呼之前加一个准确的形容词。在至亲至爱的称呼前面，可冠以"亲爱的"，使收信人沉浸在亲切温暖之中；在其他令自己敬佩的长者或平辈人的称呼前，则可以加上"敬爱的"或"尊敬的"等，以暗示收信人在自己心目中的位置崇高无比。

（2）问候。拜读一封来信，好比在社交场合会晤一位老朋友，如能得到一声问候，无疑会非常高兴。一般来说，问一声"你好"，或是同时再问候一下收信人的长辈、配偶、恋人及其家人，就可以了。有些问候，如"最近身体好吗？""您正忙什么呢？""工作顺利吧？"不大适合用来问候与自己关系一般的收信人。

（3）祝词。信写到最后，该向收信人说一声"再见"。用在信末的祝词，就是写信人用来祝福收信人的道别语。祝词根据习惯应分为两行书写，第一行前面要空上两格，第二行则必须顶格而书。祝词的内容应以吉祥如意的词句为主，例如，"祝新年愉快！""祝君阖家欢乐！""顺颂春祺！""恭祝夏安！""此致敬礼！""恭叩慈安"等，都是人们常用的祝词。

（4）署名。一般而言，私人信件都要署名，无缘无故地发出匿名信是不礼貌的行为。署名通常写在祝词下一行的右侧。收信人若系长辈、亲属，不必写上自己的姓氏。收信人若是关系一般的朋友，特别是异性的时候，则务必要署以自己的全称，即连姓带名一道写出来。为了更好地向收信人表达敬意，在署名的前后还可以加上一些适当的连带语。对长辈，可以写"侄女某某谨叩""后生某某谨上"；对平辈，可以写"你的朋友某某""某某书"；对晚辈，可以写"某某字""某某示"等。在一般情况下，不宜在自己的署名前加上"你的同志""战友""友"等词语。在信封上，除了邮政编码、收信人与寄信人的地址、姓名之外，一般不适宜书写其他内容。

（二）电话礼仪

1. 打电话的礼仪规范

（1）打电话的时间。除非有急事，一般早上七点以前，晚间十点以后，或者用餐时间打电话给别人，都是不礼貌的。给同学、朋友、同事家里打电话最好在早上 8 点左右、晚上 10 点以前。节假日是人们放松，或与家人欢聚，或独自休息的时间。因此应当尽量不在节假日里打扰别人。给海外人士打电话，先要了解一下时差，不要不分昼夜，骚扰他人。

（2）通话前的准备。作为电话交谈的组织者和主动者，在打电话前应充分做好准备。最好的办法，是把通话必不可少的内容列出"清单"。因为，在通话时，最忌讳发话人表达不清、说话颠三倒四，从而给他人留下缺乏诚信的印象，影响以后交往与合作。

（3）通话的开启。电话接通后，要用"您好！"或"早晨好！"等语言向受话人问候。然后，应用礼貌的口吻询问对方。例如，"喂，您好！请问是×××公司吗？""喂，您好！请问是×××经理办公室吗？"当你的询问得到证实后，要及时通报自己的姓名、身份或单位名称等。如果所要讲的内容较多，则应礼貌地询问对方："您现在有时间吗？"

（4）通话中的礼节。电话交谈中，声音不宜太大、太快，嘴和话筒应保持3~4厘米的距离，不要把话筒同时贴近自己的嘴唇。那样做不但不卫生，而且可能"扩大"你说话时发出的音量。应注意姿态端正，面带微笑，语言语调柔和平稳；如果拨错了电话，应向对方道歉后再挂断电话。例如，"对不起，我可能拨错号了"；如果通话时，电话突然中断，应由打入的一方立即重拨，并向对方说明原因；如果拨号以后没有人来接，应至少耐心等待1分钟左右，给受话人留下一个从餐厅或卧室里走到电话机旁的充裕时间。不要沉不住气，一旦没人接电话，就摔打电话机或反复拨号。

2. 接电话的礼仪规范

在电话礼仪中，有一条"铃响不过三声"的原则。就是接听电话时，以铃响三次左右拿起话筒最为适当。如因特殊情况，铃响过久才接电话的话，需在通话之初向发话人表示歉意，做到应对有礼。拿起话筒后，应自报家门，并向发话人问好。例如，"您好，这里是某某公司，我是秘书某某，请问找哪位？"切忌拿起电话就生硬地问："喂！找谁？"如果电话响了四次以上拿起电话应说："对不起，让您久等了。"若对方拨错了号时，不要说"打错了"就马上挂掉，而应礼貌地说："请问你是不是拨错号码了？"在通话时，必须要聚精会神地接听电话。不要在接听电话时，仍然与他人交谈、看文件，或者看电视、听广播、吃东西。当通话终止时，不要忘记向发话人道"再见"。当通话因故暂时中断后，要等待对方再拨进来。既不要立刻离开，也不要为此而责怪对方。代接电话，做到彬彬有礼。接电话时，假如是找他人的，或要找的人不在时，都应认真对待。例如，"李总在，请稍等一下。""对不起，李总有事出去了。您需要留言吗？"切忌只说："不在。"就把电话挂断。做到尊重隐私。在代接电话时，当发话人有求于己，要求转达某事给某人时，要严守口风，切勿随意扩散，广而告之。即使发话人要找的人就在附近，也不要大喊大叫。当别人通话时，不要进行"旁听"，更不要插嘴。做到做好记录。对发话人要求转达的具体内容，最好认真做好笔录。在对方讲完之后，还应重复一遍。以验证自己的记录是否正确无误，免得误事。做到及时转达。若发话人所找的人就在附近，应立即去找，不要拖延。若答应发话人代为传话，则应尽快传递给对方。

3. 打电话应该避免的时间

（1）工作繁忙时间。一般是周一上午和周五下午，因为这两个时间段很多单位都有开例会的习惯。即使不开例会，因为周一早上是新的一周的开始，往往还处于适应期，而且还有工作上的事宜需要安排，周五下午则面临着周末，所以从心理上自然会"排斥"给他添麻烦的事情。还有就是每天刚上班的一个小时和下班前的一个小时。这个时间段内不是要忙着安排一天的工作，就是没法再集中精力处理公事。

（2）休息时间。一般是指工作日的中午一小时左右的时间，其他私人时间，以及节假日时间。

（3）用餐时间。在用餐的时间，给人打电话是不礼貌的。而且往往在这个时间打电话会找不到人，当然影响打电话的效果了。

（4）生理疲倦时间。这个时间段一般是每天下班前一小时左右，中午下班前半小时左右。

六、面试就业礼仪

（一）面试前的准备

1. 心理准备

求职者应该具有积极进取的心态，要把每次面试都看成是千载难逢的好机会，在面试前要认真做准备、打电话、查资料，对每一个可能会问到的问题、细节都仔细思考一番。求职面试时都要充满自信，自信心会给求职者带来洒脱和豪情。对任何人来说，相信自己的实力，相信自己的水平，相信自己能够干出一番事业，才会热情地、努力地去投身到这个事业中去。只有坚信自己有实力能胜任某项工作，才能表现出坚定的态度和从容不迫的风度，才能赢得面试官的信任和赏识。要相信掌握自己命运的并不是别人，而是自己。从用人单位的角度看，求职者是在接受"审查"，他们在看其条件是否符合招聘要求。不过，换个角度来看，用人单位和面试官也在被求职者"审查"，求职者在看他们给出的条件能不能吸引自己。有了这种双向选择的心态，自然在面试时就能表现出一种不卑不亢的态度。要有不怕挫折、不怕失败、输得起的心态，一个人的自信心就会自然而然地增强，面试时讲起话来也会铿锵有力，掷地有声。

2. 面试准备

中国有句古话："知己知彼，百战不殆。"面试就如同一场试探性的战斗，战斗的双方就是面试单位的主考官和参加面试的自己，要研究主考官会从哪些方面来考察、评价面试者。综合起来，有以下几个方面：应聘者的衣着、外表、仪态和行为举止；应聘者的专业知识、口才、谈话技巧；应聘者的性格、人际关系、情绪状况、人格成熟的程度；应聘者对工作的热情程度和责任心；应聘者的人生理想、抱负和上进心。自己与主考官需要了解情况的契合度：自己的长处、兴趣、人生目标、就业倾向；个人的志愿；该单位目前的经营状况、企业文化、未来的发展；面试礼仪；面试的服装。

（二）撰写简历的准备

1. 简历的设计原则

（1）真实原则。真实原则就是指简历的内容必须真实，如选了什么课，就写什么课；如果没有选，就不要写。兼职工作更是如此，做了什么，就写什么。不要做了一，却写了三或四。因为在面试时，简历就是面试官的靶子，他会就简历上的任何问题提出疑问。如果确实学了或做了，就能答上来，否则面试者在面试官眼里的信誉也就没有了，这是很不利的。如果没有参加任何兼职工作，则可以不写，因为主考官知道刚刚毕业的学生，本职工作就是学习。

（2）简明原则。这是简历的又一重要原则。如果简历内容过多，又缺乏层次感，会给人以琐碎的感觉。必要信息如姓名、性别、出生年月、联系电话和地址等一定要写上。相比之下，身高、体重、血型、父母甚至兄弟姐妹做什么工作并不是非常重要的，这些内容纯属辅助信息，可要可不要，至少不应占据重要位置。可以将自己认为重要的信息全部浓缩到第一页上，然后把认为次要的信息，如每学期成绩单，获奖证书复印件等信息当作附件。这样的简历主考官只看一页就清楚了，主次分明，非常有效，主考官如果感兴趣，可以继续看附件里的文件。

（3）无错原则。无错原则是指简历应该没有错误，在寄出简历之前，应该一个字一个字地检查一遍，标点符号也不能落下，否则会被认为是一个粗心的人，在激烈的竞争中就可能被淘汰。

2. 简历的内容

简历并没有固定格式，对于社会经历较少的大学毕业生，一般包括个人基本资料、学习经历及学习成绩、社会工作及课外活动、兴趣爱好等，其内容大体包括以下几个方面。

（1）个人基本材料。主要指姓名、性别、出生年月、家庭住址、联系方式、政治面貌、身高、视力等，一般写在简历最前面。

（2）学习经历及学习成绩。用人单位主要通过学习经历及学习成绩情况了解应聘者的智力及专业能力水平，一般应写在前面。而且用人单位更重视现在的学历，所以书写学历的顺序最好从现在开始往回写，写到中学即可。如果学习成绩优秀，获得奖学金或其他荣誉称号等，可一一列出，以加重分量。

（3）生产实习、科研成果及发表的文章等。这些材料能够反映面试者的工作经验，展示专业能力和学术水平，将是简历中一个有力的参考内容。

（4）社会工作经历。近几年来，越来越多的用人单位渴望招聘到具有一定应变能力、能够从事各种不同性质工作的大学毕业生。学生干部和具备一定实际工作能力、管理能力的毕业生颇受青睐。社会工作对于仍在求学的毕业生来说，主要包括社会实践活动和课外活动，这是用人单位看中的经历。另外，勤工俭学经历也是可以加分的活动经历，即使勤工俭学的经历与应聘职业无直接关系，但是勤工俭学能够显示意志，给人留下吃苦、勤奋、负责、积极的好印象。

（5）特长、兴趣爱好与性格。特长是指你拥有的技能，特别是指中文写作、外语及计算机能力。兴趣爱好与性格特点能够展示你的品德、修养、社交能力及团队精神，它与工作性质关系密切，所以用词要贴切。

（三）面试前的物件准备

面试前，求职者应该提前把参加面试需要携带的东西准备好，以免遗漏。包括公文包、求职记录笔记本、文凭、身份证、各种证书、照片、笔、多份打印好的简历等，所有准备好的文件都应该平整地放在一个文件包里。

（1）公文包或文件袋。求职时带上公文包或文件袋会给人以专业、整洁的印象。公文包不要求买很贵重的真皮包，但应看上去大方典雅，可以平整地放下 A4 纸大小的文件。

（2）笔记本。在寄出简历的同时，应该把每个公司的招聘信息剪辑、排版，统一整理到一个求职记录本中，以便在收到企业面试通知时进行查询。当然，这个求职记录本中还应记录即将参加或已参加过的求职面试的时间、公司名字、地址、联系人和联系方式以及面试过程的简单记录等。求职记录本应该随时带在身边，以便记录最新情况或供随时查询。

（3）文凭、身份证和各种证书。准备好学历证书、身份证、个人证件照，学历证书、所获奖励证书等备查文件的正本和复印件。如果面试时公司人事主管提出查看一些面试中提到的文件的正本而面试者又没有带的话，是非常不利的，这是面试礼仪中最应该避免的疏漏。此外，如果有工作成果证明、作品或者专利证明，一定要带上，因为这是证明自己最好的"秘密武器"。

（四）面试前的形象准备

面试时给面试官的第一印象尤为重要，而第一印象最直接、最迅速地获得，则是通过一个人外在的形象表现出来的，适宜的仪容仪表，不仅能够弥补自身条件的某些不足，还能够突出自己的优势，使自己在众多面试者中脱颖而出。

1. 仪容修饰要适度

仪容能给人造成直接而敏感的"第一印象"，美好的仪容总能令人羡慕和青睐。在面试时一定要注意自己的仪容美，赢得面试官的好感，促使面试成功。求职面试时，妆容应以简洁、大方、亲切、自然为宜。女生可以化一些淡妆，切忌浓妆艳抹，或是另类前卫，以免弄巧成拙。仪容修饰的基本原则是：美观、整洁、卫生、得体。因此，无论男士还是女士，在面试前一定要精心梳理，不必涂抹得过于油腻，如果戴有近视眼镜，应擦干净眼镜片。此外，女士一般把头发盘起或梳扎为好；男士不留长发、不烫卷发，在出发前最好刮刮胡须，这样会显得非常干练。

2. 仪表修饰要得体

面试时，合乎形象的着装会给人以干净利落、有专业精神的印象，男士应显得干练大方，女士应显得庄重俏丽。一般来说，面试时仪表修饰的基本要求是：整洁、庄重、正规。应聘者的仪表必须干净、整齐，绝不能不修边幅。面试时所穿的衣服必须无污迹、无破损，尤其是衬衫的领口与袖口要确保洁白无瑕。设计形象必须围绕面试这一中心进行，面试者的仪表修饰必须庄重大方。女士穿着不能过分摩登，或是刻意追求怪异、新奇、性感，面试时女士可以选择整洁大方的套装或套裙；男士不能在面试时穿 T 恤、牛仔裤、运动鞋，一副随随便便的样子，最好准备一套合身、穿着舒适但并不昂贵的深色西装。按照常规来说男士应该本着"三色原则"，着深色西服、穿白色衬衫，系单色领带，穿深色袜子、黑色制式皮鞋；女士应着素雅套裙、肉色连裤袜以及黑色或与套裙配色的中跟皮鞋，最好不要佩戴首饰。

（五）面试过程中的礼仪

1. 面试到达时间

面试时最好提早出门，比原定时间早 5~10 分钟到达面试地点，所谓"赶早不赶晚"。早到可先熟悉这家公司附近环境并整理仪容。但如果早到 10 分钟以上，千万别在接待区走来走去。因为这样会打扰公司上班的职员，有损他人对自己的第一印象，对后面的面试一点好处也没有，所以此时可向别人询问盥洗室，在那里可再一次检查自己的服装仪容。

2. 面试时进门礼仪

进入房间时，必须敲门，得到允许方可进入。敲门时应该用右手的食指或中指的指关节敲三下，得到允许方可进入，进入后将门轻轻关上。面带微笑，欠身致意，真诚问好。

3. 面试时出门礼仪

交谈结束，应向面试官或主人致谢、道别。后退一步或两步，转身离开。走到门口转身向内，再次面向对方，微笑致意告别，退出房间，轻轻带上房门。

4. 入座的礼仪

进入面试现场之后，应等面试官示意坐下才可就座。入座时要轻稳，坐椅子最多坐2/3。立腰，挺直腰杆的坐姿给人一种才俊的印象。入座后，两手十指交叉或两手叠放置于桌面。

5. 自我介绍的分寸

当主考官要求你做自我介绍时，因为一般情况都已事先附在简历上，所以不能像背书似的发表长篇大论，那样会令考官觉得冗长无趣。将重点挑出稍加说明即可，如姓名、毕业学校名称、主修科目、专长等。如主考官想更深入了解家庭背景及成员，再简单地加以介绍即可。通常主考官都是公司的高级主管，时间安排相当紧凑，因此自我介绍越简洁有力越好，若是说得过于繁杂会显不出重点所在，效果反倒不好。

（六）面试后的礼仪

许多大学生求职者只留意面试时的工作，而忽视了面试后的礼仪。实际上，面试结束并不意味着求职过程的完结，求职者不应该翘首以待，只是期望聘用通知的到来。面试结束后，求职者可围绕以下几个方面，给面试者留一个好印象。

（1）真心实意地感谢主考官。面试后的两三天内，最好给主考官打个电话或发个邮件表示感谢，必须是联系某个具体负责人。

（2）耐心细致地打电话询问。面试结束后的两星期左右，如果还没有得到任何回音，就给负责招聘的人打个电话，询问一下面试结果。因为询问面试结果是公事，所以当然必须是在正常工作日的合理时间段内打这个电话。在通话的过程中，自始至终都要尊重自己的通话对象，待人以礼，表现得有礼有节。如果知道自己没被录用，就应请教一下原因，此时你的情绪要非常稳定。同时，请教一下未被录用的原因，可以说"对不起，我想请教一下我没有被录用的原因，我好再努力"等。谦虚有可能赢得对方的同情，同时给自己下一次可能的面试机会。需要说明的是，打电话询问面试结果，最多打三次电话询问也就可以了。如果对方想聘用你就会直接告诉你或及时和你联系。再多的电话，反而会适得其反，甚至会给人"骚扰""无聊"的感觉。

（3）心平气和地接受录取通知。作为一个求职者，在经过数日的奔波、多次的面试之后，最终得到被录用的消息，这时可能会庆幸自己数月的辛苦和努力没有白费，甚至还会欣喜若狂，大宴宾朋，一醉方休。不过，这时候不妨再稍加思考：录用你的公司，是你的第几选择？录取的条件是否和面试时相符？你是否真正了解用人单位？所以接到通知你还要认真地面对：积极回应，冷静面对；了解单位，了解工作；多方考量，做出最佳选择。

第六章

校 情 略 览

第 一 节 魅 力 黄 职

一、学校简介

1949 年 8 月黄冈专区财经干部班成立，革命老区职教的星星之火在这里点燃。经过几十年发展，1999 年 7 月，顺应职业教育转型升级的时代要求，黄冈农业学校、黄冈财贸学校、黄冈机电工程学校三所学校合并组建黄冈职业技术学院，正式跨入高等职业教育的行列。2003 年黄冈交通学校、黄冈市水利电力学校并入，2010 年 4 月黄冈市卫生学校、黄冈市中心医院附属护士学校并入，开启了学校发展的新纪元。学校如今占地 1 200 余亩，建筑面积 45 万平方米，开设了 49 个专业，在校师生 2 万余人，是全国文明单位、"双高计划"高水平专业群建设单位 A 档、国家骨干高职院校、国家优质高职院校、教育部高职高专人才培养工作水平评估优秀院校。

魅力黄职

（一）学习条件优越

师生学习生活智慧化，学校无线网络全覆盖，建有生活服务系统、网上办事大厅、智慧教学中心等平台。教育教学资源信息化，学校建有 4 门国家级、22 门省级精品资源共享课、500 余门校级在线开放课程，80% 以上课程具备数字化教学资源。学校拥有 7 个大型数字图书库，数字图书资源丰富。校内外实习实训现代化，学校建有 3 个中央财政支持的高职教育实训基地、6 个省级高职教育实训基地、1 个黄冈大别山创业中心公共实训基地、1 个公共技能实训基地(产教融合项目)，校外实习基地 500 多个，校内实训中心 10 个、实训室 214 个，附属医院、驾校各 1 所；国家职业技能鉴定站点 5 个，毕业学生职业资格证书获取率 100%。

（二）师资力量雄厚

学校现有专任教师 802 人，其中，国务院和省政府特殊津贴专家、全国五一劳动奖章获得者各 1 名，省、市教学名师 5 人，教授、副教授 349 人，"双师素质"教师 654 人；常年聘请楚天技能名师 34 人、外籍教师 8 人、能工巧匠组成的兼职教师 600 余名。建有省级优秀教学团队 3 个，省级技能大师工作室 2 个。近 5 年，教师积极参加教学能力比赛，12 个团队荣获全国一、二等奖、21 个团队荣获省级一、二等奖。

（三）专业特色突出

学校根据"服务社会设专业、依托产业建专业、校企合作强专业"的专业建设思路，主动对接"一带一路""中国制造 2025"、长江经济带、大别山革命老区振兴等国家战略，开设了紧贴市场的普通全日制高职教育专业 49 个。其中，国家级重点建设专业 6 个、国家优质骨干专业 7 个、省级品牌特色专业 9 个，涉及文、理、工、农、医、经、管、艺等学科门类。学校主持 2 个、参与 26 个国家级职业教育专业教学资源库建设。

（四）教学工作出色

学校全面灵活地实行"双境培养、双师执教、双证融通"人才培养模式，开展"做中学，做中教，教学做合一"教学模式，教学成效卓著。学生参加各级各类技能竞赛，成绩在湖北省乃至全国名列前茅。近年来，在湖北省举办的 7 届高职院校技能大赛中，学校有 6 届荣获总分第一名；700 多人（次）荣获国家级技能大赛奖，其中，一等奖近 200 人（次）。学校荣获国家级教学成果二等奖 2 项，省级教学成果一等奖 2 项、二等奖 6 项、三等奖 7 项。学校毕业生深受社会各界欢迎，就业率连续 17 届超过 98%，2019 年获得"全国职业院校教学管理 50 强案例单位"。

（五）文化育人出彩

学校以立德树人为宗旨，以培育和践行社会主义核心价值观为主线，创造性地将中华优秀传统文化、黄冈大别山革命老区红色文化、区域名人文化、现代企业文化有机融合，形成了具有高职特点和地域特色的"一主线四融合"校园文化育人模式。文化育人成效卓著，涌现出了"中国好人"余康颖等一批先进典型。学校"一主线四融合"文化育人等文化成果荣获教育部高校校园文化建设优秀成果一、二等奖各 1 项。

（六）科研成果丰硕

学校教研科研氛围浓郁，近几年，获国家专利 168 项，市厅级以上科研成果奖 446 项。承担教科研项目 900 多项，其中，国家级 13 项，省部级 326 项，主持科技部星火计划项目 3 项、省科技厅攻关项目 3 项。教职工公开出版教材和专著 800 多部，其中，国家级规划教材 44 部、湖北省规划教材 18 部；公开发表学术论文近 9 000 篇。学校自主研发的"春缈"等茶叶荣获"中茶杯"名优茶评比特等奖和金奖、"世界绿茶评比"金奖。

（七）社会服务优质

作为黄冈职教集团的领头羊，学校发挥人才技术优势，41 名教师担任湖北省农业科技专家、黄冈市科技顾问。建立 6 个应用技术研究团队、10 个产学研合作创新团队、10 个农业实用技术推广团队、10 个社会服务基地团队，深入十县市，提供实用技术咨询、培训、研发、推广等服务；与百村共建，建立科技示范基地，实施科技扶贫开发，培养科技致富带头人；与千企合作，针对企业需求，开展订单教育、员工培训和横向项目研究。近 5 年，学校累计培训社会人员 20 余万人次，推广实用技术 150 多项，促进了数万户致富，带动了区域经济大发展。学校获"全国职业院校服务贡献 50 强""黄冈市扶贫开发工作先进单位""湖北省农村劳动力转移培训品牌基地""湖北省阳光工程先进单位"等荣誉称号。《人民日报》称赞学校育人"接地气"，扶贫"有底气"。

二、校训、校徽、校歌

（一）校徽

黄冈职业技术学院校徽以地名"黄冈"的汉语拼音第一个大写字母"H"和"G"为基本框架。以绿色为底色，红、黄、绿为基本色调，同时用中英文字标名学院全称，整个图形为圆形（图 6-1-1）。

"H"与"G"的构成，说明黄冈职业技术学院所在地是文化底蕴极其深厚，人文资源非常丰富，教育十分发达的黄冈，学院既深得黄冈地气之灵，又成为发达的黄冈教育的重要组成部分。"H"引申为成才之路，学院为学生成人、成才、就业、创业铺就阳光大道，为学生搭建通向社会、谋求发展的桥梁，铸就成功之路。"H"中间一横引申为一展翅飞翔的大鹏鸟，形为"V"，意为胜利，同时体现了学院"一主两翼"的大鹏鸟战略思想。同时，"V"引申为一本翻开的书，意为学院师生追求知识，探求真理。"H"与"G"之变化"C"，分别为英文单词"高"和"大学"第一个字母，有高等学府之含义。

图 6-1-1　校徽

图案底色为绿色，代表着希望，有温馨之意，表示黄冈职业技术学院希望广大师生员工在这个大家庭中愉快地学习、工作和生活。同时，整个图案给人以清新愉快的感觉。无边之圆形图案寓意师生员工发展空间无限，奋斗空间无限，成功机遇无限。

204　　　（二）校训

　　学院校训为：崇德 强能 务实 创新（图6-1-2）。

　　崇德，出自《尚书·武成》："崇德报功"，本意是崇尚有德者。这里我们所提的"崇德"，是指推崇品行、品德。崇德反映了学校坚持社会主义办学方向，突出立德树人这个根本任务。我们党提出"以德治国"，是崇德的思想基础。"德惟治，否德乱"（《尚书·甲天下》）。治理国家如此，治校也如此。在新时期，对于教育对象来说，崇德就是要求学生热爱祖国，遵纪守法，服务社会，具有高尚的道德情操；对于教育者来说，崇德就是要修身养性，师德高尚。

　　强能，就是强化能力。"能"就是能力、才能，亦指有技能、有才能。我校从事的是高等职业技术教育，实践技能的培养是学校的主要特点和特色。我校的培养目标就是面向生产、建设、管理、服务第一线的高素质技术技能人才。因此，强能符合我校的办学特色和培养目标定位。要求我校的学生要理论联系实际，每个学生均应具有一技之长，能够成为某个行业或岗位的能手。对于教育者来说，也要有很强的实践能力，专业教师要成为"双师型"教师。

图6-1-2　校训

　　务实，就是实事求是，脚踏实地。务实，是由"实事求是"转化而来，源自班固《汉书·河涧献王传》。学校的建设和发展、教学和科研、各项管理都要有务实的工作作风，扎扎实实地办好每一件事。对于学生来讲，无论学习知识，还是实践技能都要有务实的精神，学好知识，掌握技能。对于教育者来讲，从事教学和科研，要一丝不苟，不能有半点虚假。这代表着学校教师治学的态度、精神和方法。

　　创新，意为与时俱进，追求新高。出自《大学》引汤之《盘铭》，"苟日新，日日新，又日新"。创新是一个民族发展的不竭源泉。我校正处在一个发展建设的重要时期，因此，要用改革的精神，超常规的胆识和胆魄，发展和建设学校。特别是在"双高"建设中，要敢于争先，敢于创新。创新是一个永恒的主题。对于学生来讲，应在学习乃至以后的工作中，不故步自封，不墨守成规，永不停息地追求新高。对于教育者来讲，仍然要不断学习，丰富和完善自我，实现教学创新，科研创新。

　　崇德是方向，强能是目的，务实是方法和手段，创新是动力。

（三）校歌

《黄冈职业技术学院校歌》是一首旋律优美、情绪激昂、充满自豪感的歌曲作品，也是一首对比性鲜明而强烈的三段体结构的音乐作品（图 6-1-3）。歌曲整个音乐语汇，采用了大调式的进行曲速度和民歌、通俗音乐相融合的写作手法，旋律流畅，易于上口，副歌部分气势恢宏，给人一种奋发向上和辉煌激昂的艺术效果，是一首催人奋进的艺术佳作。

黄冈职业技术学院校歌

图 6-1-3　校歌歌谱

第二节　精彩学院

一、生物与制药工程学院

生物与制药工程学院是学校为适应国家乡村振兴战略和 21 世纪生物科学技术发展而重点建设的学院，现开设有现代农业技术、园林技术、畜牧兽医、食品加工技术、动物医学、药品生产技术 6 个专业，其中园林技术、畜牧兽医为国家骨干院校重点建设专业，药品生产技术为湖北省战略性新兴（支柱）产业专业，另外畜牧兽医还是湖北省品牌特色专业。70 余年的办学经历，积淀了丰厚的教育文化底蕴，为社会各界培养了数以万计的行业生产技术人才和企事业单位管理干部。

（一）理念模式先进创新

学院秉承"改革创新、科学发展、提升内涵、创建示范、特色强校、服务至上"的办学理念，坚持为学生就业、创业服务，锐意教育教学改革，创新人才培养模式，采用先进的教学手段和方法，突出培养学生的实践技能，全面推行职业资格证书制度，培养生产、建设、管理、服务一线需要的高素质技能人才。

（二）师资团队力量雄厚

学院现有专兼职教职工 67 人，具有高级技术职称教师 38 人，其中，教授及教授级高工 6 人，副教授及高级工程师 32 人，具有硕士及以上学位 12 人，"双师型"素质教师 36 人，行业职业资格国家级考评员 23 人，公开发表学术论文 500 余篇，编著各类教材 40 余部。

（三）实习实训条件优越

学院目前建有国家级园艺技术实训基地和省级畜牧兽医实训基地，综合实训楼两栋，拥有功能完备的专业实训室 22 个，生产性实训基地 3 个，配置了价值近 1 000 多万元的仪器设备和现代化的教学设施。同时还在北京、上海、广东、武汉、黄冈等地建有校外实习基地 80 个，如湖北广济药业集团、武汉中粮肉食品有限公司、黄冈伊利有限公司、正邦养殖有限公司、湖北李时珍医药集团等。完善的实习场所，优越的实践条件，真实的生产环境，为广大学生实践动手能力的培养提供了有力的保障。

（四）竞技比赛成果骄人

在日常的教学过程中，学院十分注重培养学生的实践动手能力和创新能力，学生多次在省内外职业院校学生技能竞赛中获得优异成绩。在 2008 年 11 月举行的首届全国高职高专生物技术技能大赛中，学院参赛选手取得团体一等奖和两个单项一等奖的好成绩，赢得了全国高职高专生物技术教育同行的高度评价。2010 年，在全国高职院校职业技能大赛中，参赛学生获两个二等奖。2019 年，在湖北省职业技能大赛中，参赛学生获一个一等奖，一个二等奖。

（五）社会服务业绩突出

近年来，学院教师积极开展科技创新，服务区域经济发展，先后承担国家、省市级重点科研项目 58 项，校级科研项目 78 项，专利 12 项，科技成果转化创造经济效益 2 亿余元；承担了湖北省农业创业培训和知识更新培训，培训人数达 1 万余人次，有力地推动了区域经济的发展。

（六）就业创业前景广阔

连续多年，学院就业率都在98%以上，部分专业人才供需比达到了3∶1。经统计，毕业生就业工作岗位中技术生产岗位占62%，管理岗位占31%，其他岗位占7%。工作地点在北京、上海、广东、江苏、浙江、山东等经济发达地区的占68%，在中部地区的占21%，在其他地区的占11%。毕业生从事的工作岗位待遇优厚，80%的毕业生基本月薪超过5 000元，部分毕业生甚至超过万元，5%的毕业生选择自主创业，实现更高层次的人生价值。

（七）奖学助学途径多样

学院品学兼优的学生每年可申请享受国家奖学金和国家励志奖学金、国家助学金，贫困学生可以获得学院校企合作单位每年提供的100多万元奖助学金。

（八）学历技能双重提高

学院实行"多证书制度"，每个学生毕业时既可拿到专科毕业生，还可拿到多个职业技能鉴定证书。另外学院从2005年开始与华中农业大学、黄冈师范学院、三峡大学等联合开办了自考助学班，截至目前，已有2 000余人拿到本科毕业证，1 000余人拿到学士学位证书。

二、电子信息学院

黄冈职业技术学院电子信息学院下设电子信息系和数字传媒系，开设有应用电子技术、计算机应用技术、计算机网络技术、物联网应用技术、软件外包服务、电脑艺术设计、动漫设计与制作等专业，主要培养电子信息类和数字传媒类的实用型高素质技术技能人才，学生历年就业率都在98.5%以上。

（一）专业建设稳步推进

学院经过多年的专业建设，各专业都形成了自己的人才培养特色。目前，计算机网络技术专业为国家重点建设专业，计算机应用技术专业为湖北省重点专业，电脑艺术设计专业为学校特色专业。

（二）师资力量日益雄厚

学院现有专兼职教师50人，其中副教授及以上职称25人，享受湖北省政府专项津贴1人，湖北省楚天技能名师4人；专任教师全部具有职业资格证书和硕士以上学位；计算机应用技术专业教学团队为湖北省高校优秀教学团队。

（三）实训实习条件优越

学院实训中心 2010 年被评为湖北省高职教育优秀实训基地，已建设成集实践教学、技能鉴定、职业培训、技术服务、应用开发"五位一体"的综合性实训基地，实训室文化建设具有浓厚的企业氛围。另外，学院与省内外企业，如武汉天马微电子有限公司、武汉富士康科技集团、宁波卡酷动画制作有限公司、深圳软件园、深圳安思格电子有限公司等 48 家知名企业建立了紧密合作关系，具有稳定的校外实训实习基地，为该院各专业学生开展实践性教学、培养职业岗位能力提供了良好的条件。

（四）学生管理注重情感

关爱学生进步，关注学生困难，关心学生就业。学院设有专职辅导员和就业干事，他们是服务学生健康成长、职业生涯规划的咨询师，是学生修身做人的导师，也是学生的知心益友，引导学生端正学习态度，明确学习目标，增强学习责任心。

（五）学生专业技能过硬

学院一贯坚持以赛促训、训赛结合的专业二课活动，通过技能月、技能大赛、社会服务等活动方式，强化学生技能训练，培养学生的协作精神和创新能力。学生先后获湖北省大学生优秀科研成果二等奖两项，全国大学生节能减排社会实践与科技竞赛一等奖，全国电子设计大赛一等奖，嵌入式开发大赛省一等奖、国家二等奖，全国软件设计开发大赛省一等奖、国家二等奖，全国微软办公软件核心技能大赛亚军院校等奖项，学生获奖 300 余人次。参与黄冈市信息中心网站建设项目、黄冈市天然气汽车安全手册设计、黄石房产管理局的企业形象手册设计、英山第二代身份证管理系统设计等项目。

（六）学生就业前景广阔

国家新兴（支柱）产业中，电子信息产业名列前茅，湖北省十大支柱产业中，电子信息产业位居榜首。国务院出台的《文化产业振兴规划》指出，"采用数学、网络等高新技术，大力推动文化产业升级"。该院各专业已与黄冈、武汉、深圳、上海等多家企业签订联合办学、订单培养合同，很多学生还未毕业就被用人单位提前预订，学生就业工作环境好，待遇丰厚。

三、机电学院

机电学院是黄冈职业技术学院为适应"中国制造 2025"发展规划重点建设的教学学院，现开设机电一体化技术、电气自动化技术、工业机器人技术、制冷与空调技术、数控技术、模具设计与制造、工业设计 7 个专业，有国家骨干专业、中央财政支持重点建设专业、湖北省重点专业、湖北省特色专业、湖北省教改试点专业和湖北省战略性新兴（支柱）产业人才培养计划专业各 1 个，培养智能制造生产、建设、服务及管理第一线的高素质技术技能型专门人才。

（一）教育理念先进

学院积极探索现代职业教育新模式。坚持以高质量就业为导向，以素质培养为核心，大力弘扬工匠精神，切实将"工学结合做实、校企合作做深、产教融合做透"，近年来，已获得6项国家发明专利、38项国家实用新型专利和6项湖北省大学生优秀科研成果奖。

（二）师资力量雄厚

学院现有专兼职教师55名，楚天技能名师6名，鄂东技能名师1名，全国职业教育行指委专委会委员6名。具有高级职称教师35名，双师教师比例超过95%。国家高级考评员6名。教师在国家各级期刊上公开发表论文500余篇，编写教材50余本（套），主持省市级科研课题30余项。教师在全国、全省各类大赛中获奖30余项。

（三）教学资源丰富

学院主持完成制冷与空调技术专业国家教学资源库建设项目，参与电气自动化技术、工业机器人技术、机电一体化技术、数控技术等专业国家资源库建设项目。现有省级职业教育实训基地2个，拥有大别山公共实训中心等各类实训室50余个，设备总价值已达7 000余万元，建筑总面积10 000余平方米。建有教育部职业教育合作项目——工业机器人应用人才培养中心；与企业共建了海尔实训室、TCL实训室、创维工匠训练营；与葛洲坝电厂、上海三菱电梯、湖北三环等企业合作建立专业共建基地；与华为、西门子、创维等国内外一流企业合作建立120多个实习就业基地。

（四）育人体系科学

学院具有完善的工学结合课程体系，形成了"普及技能教育—专业社团技能教育—特长班技能教育—竞技班技能教育"四级递进的技能培养模式。学生在全国、全省各类大赛中获奖300余项，跻身湖北省竞技教育比赛的先进行列。

（五）专本衔接有序

学院开通了"专本直通车"，通过与武汉理工大学、湖北理工学院等多所知名院校联合开办本科助学班，学生在校期间可学习本科院校的相应专业，成绩合格后，均可获得由本科院校颁发的毕业证和学士学位证。

（六）实习待遇优厚

学院坚持"以生为本"的原则，以校外大型企业为依托，择优建立了多家可靠的实习基地，可保证学生带薪实习，一般月工资不低于3 500元，高者可达到6 000元/月。

（七）高端就业顺畅

学院已与格力、创维、晨鸣等国内外一流企业建立了长期的合作关系，并与华为建立湖北省首个"现代学徒班"，高端就业已成为机电学院毕业生切实而美好的愿景。

"中国制造2025"强国战略的实施，给机电学院带来了彰显强大教学实力的良好机遇，机电学院也必将成为培养造就"大国工匠"的摇篮。

四、建筑学院

建筑学院有建筑工程系、工程管理系、装饰艺术系和市政工程系4个系部，开设建筑工程技术（建筑设备工程技术方向、村镇规划与建设管理方向）、工程造价、建筑装饰工程技术、钢结构建造技术、室内设计、道路与桥梁工程技术、工程测量技术7个专业，主要培养现代土木工程与建筑业所需的高素质技术技能人才。

（一）产业发展前景广阔

中国是发展中的大国，建筑业是国民经济的三大支柱产业之一。2014年湖北省建筑业总产值突破万亿元大关，在中部六省处于领先地位，并带动了50余个相关产业发展，成为拉动经济增长的强大引擎。黄冈是中国建筑之乡、中国窑炉之都、中国钢结构生产基地。中央提出新型城镇化、绿色建筑、海绵城市建设、"一带一路"倡议，《长江经济带发展规划纲要》《大别山革命老区振兴发展规划》先后发布，从国家、省、市三个层面为建筑业带来更好的机遇和更大的发展空间。

（二）学院影响全国知名

学院是湖北省高职院校的建筑学院中实力强、全国知名度高、行业企业社会影响力大的建筑院系，是湖北省职业技术教育学会土建类专业教学指导委员会主任委员单位，中国建设教育协会高等职业与成人教育专业委员会常务委员单位，全国住房和城乡建设职业教育教学指导委员会土建施工类专业指导委员会委员单位，同行影响力强。2019年学院钢结构专业群入选教育部、财政部发文的全国高职院校"双高计划"高水平专业群A类建设行列。

（三）教育教学成果丰硕

学院主持建设项目众多，具体包括：中国特色高水平建筑钢结构工程技术专业群；国家骨干高职院校建筑工程技术重点建设专业；工程造价、建筑装饰工程技术获《高等职业教育创新发展行动计划（2015—2018年）》认定的骨干专业；建筑钢结构工程技术专业群生产性实训基地获《高等职业教育创新发展行动计划（2015—2018年）》生产性实训基地；建筑钢结构工程技术专业"双师型"教师培养培训基地获高等职业教育创新发展行动计划（2015—2018年）"双师型"教师培养培训基地；湖北省职业教育建筑工程技术品牌专业；湖北省职业教育建筑钢结构工程技术特色专业；湖北省高等学校战略性新型（支柱）产业人才培养计划项目；湖北省职业教育工程造价重点专业。另外，学院还主持湖北省建筑工程技术专业中高职衔接教学标准制定，参编国家高等职业学校建筑工程技术专业教学标准。

（四）教师团队业内领先

学院建筑工程技术专业教学团队获湖北省高等学校优秀教学团队。专业群专任教师62 名，"双师型"教师占 89%，有副高及以上专业技术职务教师占 39%，硕士及以上学位教师占 73%。拥有国家注册工程师资质教师 25 人，其中国家一级注册结构工程师 3 人。常年聘有稳定的兼职教师 71 人，"楚天技能名师" 2 人。专业群带头人刘晓敏教授，2001年获国家一级注册结构工程师资质，2011 年获黄冈市学术技术带头人，2013 年被湖北省教育厅批准为"湖北名师"，2016 年被湖北省委组织部、湖北省教育厅批准为"湖北名师工作室"主持人。专业群教学团队建有国家精品课程、国家精品资源共享课程"建筑力学与结构"，省级精品资源共享课程"混凝土结构工程施工"，主编职业教育"十二五"国家级规划教材 2 本，获国家级教学成果奖 2 项、省级教学成果奖 3 项，湖北省科技进步一等奖 1 项；主持的"劲性钢构件局部变形火焰矫正施工工法"项目获湖北省工程建设工法，拥有实用新型专利 18 项。2017 年专业群教师获全国信息化教学比赛二等奖 1 项。连续 5 年承担教育部土建类专业骨干教师国家级师资培训班，培训学员评价较高。

（五）实践教学条件优良

专业群实训基地获批为中央财政支持的高等职业教育建筑技术实训基地。校内实训基地建筑面积 7 200 平方米，设备总值 1 081 万元。建有材料检测中心、工程管理与虚拟仿真实训中心和建筑施工实训中心，拥有钢结构深化设计室、VR 虚拟仿真实训室等 32 个实验实训室。建有湖北天鸿钢结构有限公司黄冈职院加工车间、黄冈市建筑劳务培训基地等6 个"校中厂（所）"和人才培训基地。建有湖北鸿路钢结构有限公司等 72 家稳定的校外实习实训基地。2013 年山河建设集团实习实训基地被湖北省人民政府批准为湖北省示范性实习实训基地。2019 年建筑技术协同创新中心获《高等职业教育创新发展行动计划（2015—2018 年）》认定的协同创新中心。

（六）学生专业技能突出

学院坚持立德树人根本任务，形成"一主线四融合"老区特色文化育人模式，举办鲁班文化节，与山河建设集团开展"校企共建党支部，实习工地党旗红"系列活动，开展黄冈名人事迹和老区文化讲座，接受红色文化熏陶，培养学生职业道德和职业精神。

近 3 年，学生竞赛获全国职业院校技能大赛高职组"建筑工程识图"赛项团体二等奖 2 项；获湖北省职业院校技能大赛高职组"工程造价与建筑工程识图""工程测量""建筑装饰综合技能"等赛项团体一等奖 6 项，二等奖 4 项；获"互联网+"大学生创新创业大赛湖北省赛区银奖 2 项、铜奖 1 项。

（七）就业质量优势明显

建筑学院毕业生就业率连续 14 年在 98% 以上，专业对口率 85% 以上，毕业生湖北就业率 70% 以上，黄冈就业率 30% 以上。据麦可思数据有限公司的《黄冈职业技术学院社会需求与培养质量年度报告》，连续 3 年专业群毕业生就业竞争力在全校名列前茅，用人单位满意度达 95% 以上，毕业生就业率、毕业生半年后月收入均超过全国骨干校同类专业水平。毕业生深受用人单位欢迎，建筑行业企业认可度高，毕业生校友资源丰富。

（八）现代学徒制订单培养

建筑学院充分利用山河鲁班学院、建筑校企合作理事会平台，积极开展现代学徒制订单培养。与"中国企业 500 强""中国建筑业 50 强"黄冈特级施工企业山河建设集团等公司合作，连续开办 12 届"山河班"、8 届"鸿路、辉创钢构班"等，培养了山河建设集团河南分公司技术副经理刘军等一大批企业技术骨干；与黄冈工程造价管理站战略合作，完成 14 届黄冈工程造价订单班，地方企业认可度高；与黄冈市装饰协会共建建筑装饰装修人才培养基地，与嘉禾集团共建"嘉禾装饰学院"，一大批学生成为项目经理或自主创业；与中铁十六局开展"黄黄高铁"项目现代学徒制试点。在行业企业心目中形成了特色品牌，学生就业有保障，薪资待遇高，发展空间大。

（九）中澳合作联合培养

经教育部批准，黄冈职业技术学院与澳大利亚北墨尔本高等技术学院合作举办建筑工程技术专业高等专科教育项目，毕业生可同时获黄冈职业技术学院和澳大利亚北墨尔本高等技术学院的文凭。学生毕业后可被推荐到国内特级建筑企业就业。学生可享受中澳双方的教师资源，体验中西迥异的课堂风格，毕业后就业竞争力比同类学生明显增强。

五、交通学院

交通学院是一个专业优势明显、发展前景广阔的教学学院，主要培养具有大别山精神特质和国际视野的汽车和物流行业高素质技术技能型人才。学院共设 2 个教学系、8 个专业（专业方向）：汽车系开设有汽车检测与维修技术、汽车检测与维修技术（中德诺浩国际汽车方向）、新能源汽车技术、汽车营销与服务、汽车制造与装配技术 5 个专业（含专业方向）；物流系开设有物流管理、物流管理（现代学徒制试点顺丰订单班）、航空物流 3 个专业（含专业方向）。其中汽车检测与维修技术专业是国家首批优秀示范（骨干）高职院校重点专业，是湖北省高职教育品牌专业，也是首个湖北省"中外合作办学项目"承办专业，该专业教学团队荣获"湖北省优秀教学团队"称号；物流管理专业是全国首批现代学徒制试点专业。学院连续 4 年作为全国汽车和物流专业群骨干教师师资培训基地，开展多期高水平师资培训班，广受培训教师好评。

（一）师资队伍业务精湛

交通学院现有专兼职教师 39 人，其中副教授以上职称有 8 人，硕士研究生（含在读）20 人，湖北省楚天技能名师 6 名，双师骨干素质教师达 90%。学院现有 2 门国家级精品资源共享课程、4 门省级精品课程和 10 门校级精品课程。教师在各级刊物上发表论文近百篇，主持参与省级科研课题 10 余项，主编教材 20 余本，获得全国职业院校信息化教学大赛一等奖。汽车检测与维修技术专业教学团队荣获"湖北省优秀教学团队"称号。

（二）实训条件得天独厚

交通学院拥有校内实训基地 4 800 平方米，各类成套设施设备 2 000 余台，价值 2 800 余万元，能开展汽车整车拆装、性能测试、汽车电器与控制、车载网等汽车类和物流类专业课程教学及项目实训。

2019 年，交通学院先后引进了涂仲廷、赵小波、罗攀等企业专家来校任教，中德诺浩汽车学院在校庆日顺利揭牌，大别山汽车生产性实训基地顺利运营，圆满完成了汽车检测与维修技术专业"1+X"证书制度试点工作。学院先后与东南（福建）汽车工业有限公司、湖北星晖新能源智能汽车有限公司、嘉兴顺丰运输有限公司、奇瑞汽车河南有限公司等优质企业建立了深度的校企合作关系。

（三）师生典型广获赞誉

学院年度目标考核连续八年位居学校第一方阵。学院连续三年高质量承办了湖北省高职院校智慧物流技能大赛，摘得三连冠。李金艳教师团队在 2019 年全国职业院校技能大赛教学能力比赛中荣获高职组一等奖。学生参加 2019 年全国职业院校技能大赛智慧物流赛项获得团体第二名。"菁英工程"特色品牌活动影响力日益增强，"实施'菁英工程'，涵育时代新人"案例入选《湖北高校团学改革优秀成果集》并公开出版。学生典型广获赞誉，其中方炳超、彭易恒、柯艳丽、彭善辉等享誉全国。在学校红馆之名人墙上，交通学院有 4 名优秀毕业生荣登红榜。

近年来，湖北国际物流核心枢纽项目鄂州顺丰机场的落户、武汉及黄冈汽车产业园的繁荣，助推了学院汽车、物流两大专业群飞速发展。做大物流、做强汽车，是全体交通人共同的使命。

六、商学院

商学院发轫于原黄冈财贸学校，是在原经济贸易系和人文科学系的基础上组建而成的，具有七十余年的职业技术教育办学经历，积累了丰富的教学及教学管理经验。开设了会计、财务、税务、工商企业管理、电子商务、市场营销、商务英语、旅游管理、酒店管理、烹饪工艺与营养、学前教育 11 个专业。其中，国家骨干院校重点建设专业 1 个，湖北省重点专业 1 个，湖北省教改试点专业 2 个，学校示范专业 3 个，省级高职实训基地 1 个。

（一）师资力量雄厚

学院现有校内专兼职教师 100 余名，其中教授 8 名，副教授 31 名，楚天技能名师 1 名，"双师素质"教师 70 余名，常年聘有 20 余名行业企业专家和 4 名外籍专家执教，师资结构合理，专业功底深厚，教学科研能力强、水平高。

（二）教学设施先进

学院共有实训室 55 个，拥有会计仿真实训室、用友 ERP 实训室、淘宝创业实训室、网络实训室、商务谈判实训室、审计实训室、酒店餐饮实训室、酒店客房实训室、工商管理实训室、文秘综合实训室、非编实训室、口语实训室等校内实训场所及众多校外实习实训基地，直接用于教学的计算机达 350 多台。其中，会计实训基地被认定为省级高职教育实训基地，淘宝创业实训室等 5 个实训室为校企共建实训室。

（三）教改成果丰硕

学院以就业为导向，先后推出五项前移、课程整合、对证施教、全程系统训练、仿真实训等教学改革举措，在全省率先开设了会计仿真实训室等实训课程。其中"基于工作过程的会计全程系统训练教学模式"获得湖北省第六届教学成果奖二等奖、"对证施教教学模式的研究与实践"获得湖北省第六届教学成果奖三等奖。开办了会计仿真教学师资培训班，为武汉职业技术学院、黔南民族职业技术学院等省内外 20 多所高职院校培养会计仿真实训教师数十名。牵头编写了湖北省高职院校经济类"十一五"规划教材。组织实施了"工作过程系统化"的教学改革，开发了工作过程系统化的课程，编写理论实践一体化的教材，实施了"教、学、做"三合一教学模式。

（四）学生技能扎实

学院先进的教学理论和方法、鲜明的专业特色，培养了学生扎实的职业能力。学生在各类技能竞赛中屡获佳绩，整体就业竞争力很强。多年来，学生就业率一直在全校名列前茅。许多学生进入了富士康集团、阿里巴巴、苏宁电器等全球等知名企业。一些学生在工作三五年后逐渐走上自主创业之路。

七、医药学院

医药学院是在原黄冈卫生学校和黄冈市中心医院附属护士学校整体并入黄冈职业技术学院的基础上成立的教学学院。学院设有临床医学、口腔医学、药学、医学检验技术、康复治疗技术 5 个高职专业和农村医学、康复技术 2 个中专专业。2015 年经湖北省教育厅批准，医药学院与湖北理工学院共同开办了临床医学"3+2"专本衔接班。学院在办学层次上形成了中职、高职、本科多层次人才培养体系。

（一）师资队伍力量雄厚

学院现有教师 82 人，"双师素质" 教师达 90% 以上，形成了老、中、青年龄结构和高、中、初职称结构合理的教学团队，并选拔聘任兼职教师 100 余人，聘请楚天技能名师 5 人。近三年，教师积极参与教学科研，共发表论文 300 余篇，主编、参编教材 30 余本、出版专著 4 部，获得专利 4 项，并有多名教师在国家、省、市各级各类学术团体中担任主任委员、副主任委员和委员等职务。学校成立了医药卫生类专业群校院（企）合作理事会。黄冈市临床检验中心亦设在学院，增进了学院与主管部门和行业的沟通。

（二）实训实习条件优良

学院现建有 5 个校内专业实训基地，实训面积达 12 000 平方米，实训室 75 个，设备 300 余台套，能较好地满足学生实践教学需要。同时，建有校外实习实训基地 100 多个，聘请校外实习实训指导教师 150 余名，使教学资源得到充分利用，增强了办学的综合实力和竞争力。

（三）德育工作成绩斐然

学院有一支年轻、充满活力、敢于担当、认真负责的德育工作团队。本着服务老区的宗旨，以鄂东名医文化为基础，引导学生在认真学习专业技能的同时，立志成为名医，并注重学生职业能力的培养，学院已成为大别山区基层医疗人才的培养摇篮。

（四）学生专业技能过硬

学院坚持以赛促教、训赛结合的专业二课活动，通过"技能月"、技能大赛、社会服务等活动方式，注重强化学生技能训练。

（五）学生就业前景广阔

学院坚持"以服务为宗旨，以就业为导向，走产学研相结合发展道路"的办学方针，积极深化教育教学改革，培养优秀的应用型医药技术人才，更好地服务地方区域社会经济需求。多年来，学院为医疗事业培养了大量的毕业生，毕业生深受用人单位欢迎，就业率持续保持在 98% 以上。

八、护理学院

护理学院现有护理、助产、老年保健与管理三个专业，并设有中医护理、美容护理等专业方向。其中助产专业为国家级骨干建设专业。学院秉承"强基础，重技能，创特色"的发展理念，在较短的时间里，实现了一个又一个历史性的突破，正逐渐步入良性快速发展的轨道。

（一）师资队伍强

学院现有专兼职教师共 151 人，"双师素质"教师达 90%，高级职称教师 39 人，楚天技能名师 3 人，省市级护理学会常务理事及委员 67 人，省级优秀教师 3 人，黄冈市优秀教师 2 人，黄冈市五一劳动奖章获得者 1 人。

（二）实践条件优

校内建有中央财政支持的护理专业实训基地，实训室达 60 余个，建筑面积达 5 000 平方米，设备总价达 1 500 余万元；建有附属医院（黄冈市惠民医院），床位数达 60 张。校外有黄冈市中心医院等教学医院 10 个，临床实习基地 60 余家。

（三）培养模式新

学院坚持"以素质教育为宗旨，以学生为本位，以能力为核心，坚持质量第一"的教学理念，树立扎根老区、服务老区、建设老区、回报老区的服务意识，积极探索"做中学、做中教、教学做合一"的教学模式，构建了"123"工学结合的护理专业人才培养模式和"一个中心、两个环节、三个融合"的助产专业人才培养模式。

（四）师生成果丰

学院教师主编、参编教材 80 余本；获省市级奖励 40 余项；主持、参与省市级教材科研项目 28 项；在各级各类期刊和学术会议上发表学术论文 500 余篇，其中北大核心期刊 20 余篇；获国家专利 7 项。学生参加国家级职业院校护理技能大赛获二等奖 1 项，省级获奖 20 余项；参加省市级文体等活动获奖 20 余项。

（五）技能考证广

学院开展有"1+X"老年照护、育婴师、健康管理师等专业技能证培训及考证工作，实施毕业证、技能证相结合的"双证书"毕业制度，为学生就业和竞争上岗创造有利条件。作为全国护士执业资格证考试的考点之一，每年学生考试通过率超过全国平均水平 30.7%，且呈逐年增长趋势。截至 2019 年，在校生的护士执业资格证考试通过率已达到 90% 以上。

（六）就业质量佳

学院在沿海经济发达地区开辟有稳固的就业基地，毕业生广泛就业于湖北、广东、北京、浙江、上海等近二十个省、直辖市，也可根据意愿到日本等国境外就业。毕业生就业率历年保持在 98% 以上，专业对口率达 92.3% 以上，其中二甲及以上医院就业率达 81.4%，就业前景广阔。

（七）深造途径畅

生活水平在提高，行业产业在升级，高学历备受青睐。本科学历毕业生就业起薪更高，职称晋级更快，更易进入优质单位。学院与三峡大学本科院校联合办学，开展专本套读，满足学生学历提升及就业需要。

第三节　优秀学子

一、荣登"中国好人榜"的最美大学生——余康颖

余康颖，女，湖北罗田县九资河镇人，1994年5月15日出生。黄冈职业技术学院医药卫生学院护理201301班学生，2015年6月进入罗田县人民医院进行顶岗实习。

2016年3月22日14：30左右，在湖北省罗田县城街头，一位老人挑着两捆废纸板突然昏倒在地不省人事，附近群众束手无策。恰巧余康颖骑车路过，见此情形立即停下车，跑到老人面前，用自己的专业技能检查了老人的瞳孔和脉搏后，跪在地上给老人按压心肺，进行心肺复苏（图6-3-1）。几分钟后，她将手伸进老人口腔，将呼吸道的浓痰抠出来，继续按压心肺，

图6-3-1　余康颖

但效果不明显。这时，余康颖用手打开老人嘴巴，凑上自己的嘴给老人实施人工呼吸。受余康颖的影响，现场热心群众连忙打110和120电话，并电话通知老人的家属。医护人员到达现场后，余康颖仍与医护人员一道，继续对老人进行抢救，但老人最终还是不幸离世。余康颖跪在大街上救人近40分钟，累得大汗淋漓、浑身疲惫，围观市民无不动容。老人的家人请余康颖留下姓名和联系方式，但她婉拒了，默默地骑车离去。余康颖的义举感动了在场市民，有人将这动人的一幕制成微信小文章，引发罗田网友全城寻找这位"最美女孩"。23日晚9时，通过网友的努力，余康颖才被找到。

对于倒地老人救还是不救，她没有丝毫犹豫；对于膝盖跪地疼痛难忍，她没有丝毫退缩；对于亲自用口给拾荒老人做人工呼吸，她没有丝毫畏惧！但对于全力救人，老人却不幸离世，她却心有惭愧。在接受有关媒体采访时，余康颖谈到了事情发生前后的感受。她这样说："见义勇为、助人为乐

助办为乐
的余康颖

是我们当代大学生应尽的社会责任，救死扶伤又是我们医护人员的天职，所以遇到这样的紧急情况时，第一反应就是赶紧救人。""我感谢我的父母，是他们从小就教育我，要做一个心地善良的人，懂得感恩的人，千万不要怕吃亏、怕吃苦；我很感谢黄冈职院的各位领导和老师，是他们不仅向我传授了专业知识和专业技能，还教导我如何做人做事，做一名有爱心和社会责任感的当代大学生；我还要感谢在罗田人民医院指导我们实习的各位医生和护士，在医院里我体会到了悬壶济世的职业操守和医术精湛的职业氛围。没有父母、学校和医院老师对我的培养，我就不会做出跪地人工呼吸救人的这一举动。"

余康颖跪地人工呼吸施救街头昏倒老人的感人事迹，在罗田、黄冈、湖北，甚至在全国网络上都产生了强烈反响。《人民日报》《湖北日报》、新华网、中国文明网、凤凰网、腾讯网、荆楚网等上百家网站和微信公众号给予了报道。网友纷纷留言点赞，称余康颖为"最美女孩""最美大学生""最美护士"。网友"007"留言说："为黄冈有这样的女孩而骄傲。""中国好人""荆楚楷模"徐普查说："老人倒地扶不扶的问题让有些人曾一度纠结，黄冈职院余康颖同学这一善举对这些问题作出了很好的回答。她帮助的是老人，冲击的是世俗，弘扬的是美德。现在正值大力宣传和践行社会主义核心价值观的关键时期，这个典型很有代表性和先进性！"

余康颖同学先后获得"最美大学生""黄冈市五四青年奖状""黄冈市三八红旗手""黄冈楷模""荆楚楷模""湖北省向上向善好青年"等荣誉称号，2016年5月，她荣登中央文明办组织评选的"中国好人榜"。

二、最美赤脚导游——王定

王定，女，湖北黄冈市红安县人，商学院旅游管理201101班学生。该同学学习勤奋刻苦，思想积极上进，生活勤俭节约，是同学心中的好榜样，老师眼中的好学生。

2012年4月18日，王定和全班25位同学在麻城龟峰山旅游公司开展教学实习，协助做好"第三届中国麻城杜鹃文化旅游节"的导游工作。5月3日，来自武汉"品味人生"QQ群的20多位网友自发组团到龟峰山看杜鹃，其中一名团友孟某因为穿高跟鞋，爬万级台阶不到20分钟就脚疼的走不动。王定见此情景，毫不犹豫地脱下旅游鞋给游客换上，自己却光着脚带着游客们在山上走了4个多小时，脚板磨了好几个水泡。尽管光着脚，王定还时不时地搀扶游客走过崎岖险道，悉心提醒游客注意安全，耐心向游客讲解（图6-3-2）。下山后，孟某要为王定买双鞋以表谢意，却被王定坚决拒绝，王定还朴实地说："这是我自己分内的事，我是个来自农村的孩子，又是一名实习大学生，脚上起几个水泡不算什么，过几天就好了，只要你们在旅行中玩的开心，对我的服务满意，就是对我最好的奖励。"

王定同学这一朴实且高尚的行动，深深地感动了当天在龟峰山上的所有游客。王定光脚带团的照片被网友传到网上，引起了广大网友的赞许，王定被众多网友称赞为"最美赤脚导游"。

王定的感人事迹先后被人民网、中国新闻网、新华网、新浪网、腾讯网、搜狐网、网易等国内大型网站报道，短短两天时间，网络上"最美赤脚导游"的消息传播超过200多万条，同时被《中国日报》《湖北日报》《楚天都市报》《长江日报》等报纸，以及湖北卫视、深圳卫视等电视媒体报道。

2012年5月10日，为表彰王定"宁肯自己受苦受累，也要让游客玩得开心"的精神，麻城市龟峰山风景区将

图 6-3-2 王定

王定的事迹上报给麻城市旅游局、麻城市团委，并决定提前聘用王定为龟峰山旅游公司的正式员工、景区导游形象大使。

回校以后，学校党委书记、校长亲自接见了王定同学。学校授予她为"最佳校园之星"称号，并组织多场王定优秀事迹报告会。时任黄冈市委宣传部副部长雷电为她作诗"杜鹃花海美丽前行"。黄冈市旅游局向全市旅游行业职工号召：向王定学习！

她是黄冈职业技术学院的骄傲，是当代大学生的楷模，展示了新一代大学生向上向善、向真向美、助人为乐、爱岗敬业、勇担社会责任的精神风采。

三、五年如一日照顾残疾同学的"道德之星"——王小双

王小双，男，中共党员，湖北大悟人，黄冈职业技术学院电子信息学院网络201401班学生。

王小双的故事还要从他的同学徐盼讲起。徐盼，男，中共党员，黄冈职业技术学院电子信息学院网络201401班学生。徐盼因成骨发育不全（俗称"玻璃娃娃"）导致双腿行动不便，从小与轮椅为伴。2014年入学后，学校领导考虑到徐盼的特殊情况，特意为他父子单独安排一间宿舍，并为徐盼的父亲安排了一份保洁的工作。但是，谁来帮忙照料徐盼的学习和生活呢？这成了一个棘手的问题。此时，王小双主动找到辅导员老师，表达了自己愿意照顾徐盼的想法。在与王小双的交流过程中，辅导员老师得知，王小双和徐盼是在高中时认识的，他们在念高一时就是同学，当时学校组织学生军训，徐盼不能参加，只能默默地坐在队伍旁边。王小双看到坐在轮椅上的徐盼不禁心生怜悯，心里暗自决定：我一定要帮他！

就是这样一个决定，在接下来的高中日子里，王小双每天推着徐盼去教室上课，课间推着他在校园里散步，校园里到处都是他们相伴的身影（图6-3-3）。渐渐地，他们的关系变得越发亲密，像亲兄弟一样。

临近高考，或许是考试的压力太大，又或许是舍不得与好兄弟分离，徐盼显得闷闷不

图 6-3-3 王小双

乐。王小双笑着说："兄弟一生一起走，你报哪个学校，我就去哪个学校！"徐盼一直以为这只是好兄弟为了宽慰自己的一句玩笑话，没想到高考后王小双很认真地找自己商量填志愿的事。最终，二人也如愿以偿地考上了同一所大学同一个专业。

从此，在大学校园里经常能看到一个推着轮椅的阳光男孩穿行在教室、图书馆、宿舍楼和食堂的马路上。他们一起上课、一起学习、一起参加活动、一起吃饭，许多不熟悉的老师和同学都以为他们是对亲兄弟。5 年多的时间，王小双推着徐盼一路走来，抱着他跨过了一个个台阶，从高中一路护送到大学。

大学的学习和生活是开放式的，因此给他们带来了很多的不方便，比如上课的教室不固定，户外实践课程的增加，社团活动的多种多样等，给兄弟俩带来了许多困难。面对这些困难，王小双没有丝毫抱怨，他带着徐盼共同克服。兄弟俩的专业课教室在五楼，每每有专业课，王小双总是推着徐盼提前半个小时出发，上楼累了，他就在楼道里休息一下，背不动了他就抱着徐盼上楼，直到进入教室。有时候，好心的老师和同学看见了都主动地帮忙。每次遇到这样的情况，王小双总是露出腼腆的笑容轻声地向好心人问好、致谢。后来，几乎全校的师生都知道，在学校里有一对"亲兄弟"，他们风雨同行、甘苦与共。

有一次徐盼因为肚子不舒服，又不好意思开口，憋红了脸。王小双看到徐盼的神情便猜出了一二，他背着徐盼就去上卫生间。当王小双问徐盼为什么不告诉他的时候，徐盼说："你感冒了，还在发烧，我……"得知答案后，王小双狠狠地"批评"他："我们是好兄弟，你这样太见外了！"

为了更好地照顾徐盼，徐盼的爸爸每天工作之余还会拾些废品卖钱来补贴孩子的伙食。在晴朗的周末，总能看到王小双推着徐盼在校园里晒太阳，徐盼坐在轮椅上拿着大袋子，王小双时不时地走开，回来时手里拿着几个空塑料瓶。在徐爸爸的眼里，王小双就像他的儿子一样亲。徐爸爸说："小双是个懂事的好孩子，要不是他，我家徐盼怕是没法上大学。我年纪大了，背上背下徐盼的事都要靠小双，有时候我看着都心痛。"

在同学们眼中，王小双一直是一个乐观、开朗、值得敬佩的人。他既是学生会干部又是健美操队队员。学生会和健美操队是学院最忙碌的两个学生团队，每天都有大量的工作和训练。但是，王小双并没有因为每天照顾徐盼而耽误工作，相反却总是最积极的一个。同事和队友们都说："我们都很佩服他，那么忙还有时间照顾徐盼，每次学生会工作他都是跑着去的，每次健美操训练结束他都是跑着回的，他忙碌而充实。但无论多忙碌，他都不会忘记，自己的身边还有一个需要帮助的好兄弟，我们都很感动。"

在老师的眼中，王小双是个学习认真、成绩优异、积极向上、思想进步的好学生。他多次向党组织递交入党申请书，经常帮助学习有困难的同学；他积极参与班级活动，在担任学生会学生干部期间，积极为学生服务；他还多次参与青年志愿者活动，担任过义务交通疏导员、大型活动的安全员等，志愿服务时间达 100 多小时，得到了老师的一致好评。

当问到他父母对帮助徐盼的事情的看法时，王小双说自己的父母是普通的农民，很朴实、很善良，经常帮助有困难的邻居。他们得知这件事的时候，非常地支持并且鼓励自己坚持做下去，自己之所以有这样的举动完全是深受父母的感染，懂得赠人玫瑰、手留余香的道理。

每当大家称赞王小双助人为乐的善举时，王小双总是笑着说："帮助徐盼，只是举手之劳，人与人之间本应该相互帮助。我一直被徐盼自强不息的精神所感染，在帮助他的同时，我自己还锻炼了身体呢!"说完他拉起衣袖露出胳膊上的两块肌肉。五年多的时间，王小双始终如一地照顾徐盼，没有怨言，没有放弃。五年间，他先后推坏了三辆轮椅。由于长期推轮椅，王小双的手掌磨出了厚厚一层茧。

在王小双的帮助和鼓励下，徐盼在成长的道路上获得过很多荣誉，"县十佳青年""市十佳青年""湖北省科技文化标兵"等；2015 年，徐盼被评为"校园之星——自强之星"并荣获"国家奖学金"；2016 年，荣获"全国自强之星"提名奖。在徐盼的感染下，王小双也多次被评为"三好学生""优秀学生干部""优秀青年志愿者"等荣誉称号；2015 年，王小双被评为"校园之星——道德之星"。他们二人还积极向党组织靠拢，光荣地加入了中国共产党。

大千世界，芸芸众生。或许每个人不能完全选择自己的命运，但却能够紧握自己的那份良知。王小双始终秉持了一种信念：唯有向善向美才是生命的永恒。平凡的名字，平凡的身影，但却透射出不平凡的坚持，不平凡的勇毅。他没有气壮山河的壮举，也没有惊天动地的伟业，只有那份默默的持重，犹如巍然屹立的灯塔，引领着我们阔步前行，他用这份执着向我们证明"爱是你我同行"。

四、践行工匠精神的优秀学子——刘豪

刘豪，男，汉族，1997 年 4 月出生，湖北麻城市人，中共党员。2017 年毕业于机电学院工业设计专业。在校期间，荣获全国践行工匠精神先进个人、国家奖学金、中国设计红星奖、湖北省"长江学子"创新奖等荣誉十余项(图 6-3-4)，现任江苏新泉汽车饰件股份有限公司新产品开发工程师。

志存高远，勤奋学习。刘豪曾是一名中职学生，在经历了四个月流水线实习工作后，下定决心要继续读书，对于来之不易的学习机会，他明确了自己学习目标。在大一上学期他就加入了机电学院工业设计金鹰 3D 团队，通过一年的努力，成为工业设计第五届金鹰 3D 团队队长。他大学课余时间全部用于学习，在金鹰 3D 团队里坚持每天 18：30 至 21：20 和星期六、星期天全天在创新工作室学习，整个大学期间始终如一，在团队学习累计 924 学时，记录学习笔记 16 本。刘豪养成每天早起晚睡的习惯，周末在创新工作室一待就是一天，满怀一腔赤忱，兢兢业业，勤奋不倦，刻苦钻研。在创新工作室、3D 打印实训室总会看到他的

图 6-3-4 刘豪

身影，学知识、钻业务、练技术、强本领，提升实际操作水平是他一直的坚守。

刘豪积极参加全国、全省各类职业技能竞赛，荣获 14 项大奖，其中全国一等奖 3 项、全国二等奖 6 项，在全国"挑战杯""发明杯"等竞赛平台上展示学校学子风采，扩大了学校的影响力，为学校争得了荣誉。因技能竞赛成绩突出，湖北电视台来学校对他进行了专访。刘豪因学习成绩优秀，排名专业第一，荣获"2015—2016 年度国家奖学金"；经层层评选荣获全国践行工匠精神先进个人、湖北省"长江学子"创新奖及学校"三好学生标兵""学习之星""未来之星"等称号。

苦练技能，超越自我。毕业后，刘豪凭借过硬的本领，顺利进入了一家从事汽车内外饰系统零部件的上市企业，任新产品开发工程师。他的理论知识和对产品的理解程度超出同期入职的同事。他深信只有技术好了，才有话语权。他每天下班后坚持学习，购买相关书籍，查看最新技术，向师傅请教，与同事讨论，下车间实践，苦练技能。只有不断深入研究，才会发现需要学习的还有更多，将优秀作为习惯，这是他在机电学院工业设计专业学到的。

刘豪总以"人有我优"的技术追求，选定一个目标，努力用更多的时间和精力，精心打造，永不放弃，不遗余力，精益求精，让技术水平和产品质量"从 99% 到 99.99%"。作为核心成员，经过无数次的设计方案修改、数据测试、模型检验，完成了多项科研项目，并获得了国家专利 10 项，其中一款新产品获得"中国设计红星奖"。

脚踏实地，反哺专业。刘豪在经历车间实习后进入技术中心，先参与商用车仪表板部分模块设计工作。在具有扎实的工业设计专业知识的基础上从事设计工作，刘豪的设计能力迅速提升。他在福特领界项目整改过程中不断加强理论与实践知识的学习，很快独立完成福特领界 EV（CX743_BEV）项目副仪表板工程整改工作；在独立负责此项目中，做到变更次数控制在三次以内，且无量产后变更。他圆满地完成了福特第一款 SUV 后期开发，获得客户一致好评。项目完成后，他积极主动地进行工程问题总结，避免问题再次出现，有效降低了开发成本，而且建立起了产品部规范的问题清单，该清单已在部门内部广泛应用。在负责广汽新能源 A18 仪表板及副仪表板项目中，他引用福特项目的问题清单作为新项目的排查表，充分考虑了产品的尺寸链传递，将扶手外盖尺寸链与焊接制造尺寸链打断，扶手外盖直接进行安装定位，匹配间隙会更加的稳定，降低了制造工艺难度，给公司带来巨大经济效益，多次被公司评为"优秀员工"。

刘豪始终心怀感恩，多次回校为学弟、学妹开展专业讲座。结合自己的实际工作经验，每年参与学校工业设计专业人才培养方案修订，并在人才培养目标、课程内容、教学模式等方面为工业设计专业提出许多宝贵性意见；作为专业首届毕业生不遗余力为学弟、学妹解决生活和学习上的困难，利用自己的社会资源，推荐多名学弟、学妹到知名工业设计公司就业。

他的人生寄语是：精心、耐心、匠心、创新、胆识。人生时间有限，大多数的路都是人走过的，有引路人事半功倍，充分理解前人想说的，少走弯路才能在短时间走得更快、更远，超越同行者。

五、创业之星——金传浩

金传浩，男，中共党员，浙江省温州平阳县人，黄冈职业技术学院计算机系 2000 级网络二班学生，现为温州华源动力设备有限公司总经理，温州鑫闽机电有限公司总经理（图 6-3-5），温州市青年企业家协会成员。浙江平阳青年企业家协会会员。2009 年被评为首届全国高等职业教育毕业生"创业之星"，2010 年被评为浙江省第二届"职教之星"。

2003 年 7 月金传浩毕业后回到温州，在一所中学任教，担任校团委书记。2006 年，不安于现状的他，毅然决定放弃教育事业。经过几个月的考察，最终选择了很有发展空间的机电行业，作为自己今后发展的方向。决心已定，他通过几个月时间，到机电公司学习，从最底层开始，做业务员。他每天背着包，带着资料在外面跑市场，不管是炎热的夏天还是寒冷的冬天，从早上出门到晚上天黑了才回家，但他从未觉得苦，反而更努力工作，不断提高自己业务能力、销售技巧，并学习销售团队建设，学习机电行业的运行制度、规则。

资金来源是创业中最麻烦的问题，金传浩一直在留意有没有合适的人选可以合作。寻寻觅觅了几个月，终于，一次很偶然的机会，认识了几位在温州机电行业做得相当成功的企业老总，他们也有意再投资一家公司，经过几次碰面洽谈和深入的交流之后，最终达成合作意向。

2006 年 9 月，温州鑫闽机电有限公司注册成功，注册资金 300 万元。公司成立了，却没有自己的主打产品。又一次陷入困境中的金传浩，通过一段时间的市场调查，最终选定了以螺杆式空气压缩机和柴油发电机作为公司的主打产品，但代理什么品牌的空气压缩机和发电机呢？通过各方面的努力，他们代理了世界 500 强企业英格索兰生产的空气压缩机产品和上海鼎新电气集团的柴油发电机组，成为温州、台州、丽水的总代理商。

图 6-3-5 金传浩

　　2007 年 4 月，公司又成立了温州市胜勇机车部件有限公司，专业研制、开发、生产、销售汽车机械油泵、电喷燃油泵、液压挺杆、电磁气阀，注册资金 200 万，实现了从销售型的企业向实体型的企业的过渡，拥有了自己生产、加工的品牌产品。

　　2007 年下半年，金传浩又在浙江省设立成立了温州市鑫闽机电有限公司台州分公司、湖州分公司、丽水市办事处。2008 年年初成立了温州鑫闽机电有限公司维修服务中心。

　　2009 年 6 月，金传浩个人独资创办了温州华源动力设备有限公司。如今公司的规模日益扩大，正朝着行业领先的方向不断发展。

六、创业之星——宁子践

　　宁子践，男，浙江省衢州市常山县人，中共党员，2004 年进入黄冈职业技术学院就读环境监测与治理技术专业，并在 2006 年下半年报考了华中农业大学环境工程与管理专业。2008 年创办了浙江衢州久天建设有限公司，任公司总经理（图 6-3-6）。

　　在校期间，他积极参加学生社团活动，并担任生物系学习部部长，曾成功举办了生物系首届诗歌朗诵大赛。他工作认真负责、勇于创新，也因此获得"优秀学生干部"、"优秀学习部成员""优秀学习部部长"等荣誉。2005 年 12 月 27 日，他光荣地加入了中国共产党。毕业后，他勤奋工作、立志创业，先后创办了浙江衢州久天建设有限公司、衢州科进信息技术有限公司，取得了一定的经济效益和社会效应，成为衢州市大学生创业的典型。2010 年 5 月获得"创业浙江"青年创业创新项目竞赛金奖。

图 6-3-6　宁子践

　　在工作中，宁子践深刻地感受到学习的重要性，积极地寻找学习的机会。2012 年 2 月，他参加了浙江大学高级工商管理总裁研修班第 92 期的学习；2013 年 6 月以优异的成绩毕业，被评为"优秀学员"；2014 年 6 月，担任浙江大学校友会衢州分会副会长；2015 年被评为首届"湖北职教之星"。

　　宁子践 22 岁时已开始学做生意，在家里人的支持下，利用暑假期间申请加盟上海薄荷环保科技有限公司，成为衢州市分公司总经营商。这是一家专门从事室内、车内空气污染检测及治理服务的高科技环保企业。刚开始，他一个人完全负责检测、消毒、治理等工作，虽然工作很累，但想到每个小家庭都能在安全无污染的环境下健康快乐地生活，他就忘记了疲惫。虽然最后由于学业的关系，只能暂停公司运作。不过，这段经历为他的创业之路，奠定了一定的基础。

2007 年，刚刚学校毕业的宁子践，一心想回常山县创业，为家乡做些贡献。但正逢国际金融海啸，随处可见创业失败的同学、朋友，他创业的信心开始动摇了。那段日子，他灰心丧气，干什么都没有兴趣。后来在他父亲的鼓励下，才又开始了艰苦的创业之路。为了实现自己的理想，并学以致用，他又继续做起了室内污染治理的生意。

2008 年 5 月，他注册了浙江衢州久天建设有限公司，主项房屋建筑工程，增项审批通过了市政公用工程、钢结构工程、建筑装修装饰工程、环保工程、港口与海岸工程。环保工程和港口与海岸工程这两项专业是衢州市第一家通过审批的企业，成为以后国家进行工厂建设和水利运输建设时必不可少的专业。公司在 2013 年成功升级为国家二级企业，承建完成 25 亿元工程合同，纳营业税 1.4 亿元、企业所得税 5 625 万元，公司净利润达 3.187 5 亿元。主要工程项目有：常山县紫港中学实验楼工程、常山县工业园区二号排水渠三号排水渠Ⅱ标工程、常山县新天主教堂工程、贵州省独山县高新园区轴承创业园项目、安徽省六安市金寨县张冲安置区项目等。每个工程在施工当中都解决了当地很大一部分劳动力的就业问题，为当地的农民增加了许多就业的机会。

2009 年 6 月，在常山县团委及衢州市团市委的支持帮助下，宁子践向常山县信用联社贷款 500 万元，与常山县山神油茶开发有限公司合作开发常山县山神生态农庄。总投资 4 000 万元，建设周期为 3 年，投资回收期 10 年。该项目把以前荒废的农田、山地及水利资源重新改造，合理开发利用。种植基地以油茶树、杉树、毛竹、有机大米、有机蔬菜、冬枣、水晶杨梅、石榴、板栗等种植为主；养殖基地以畜禽养殖、有机鱼养殖为主。把土地合理分配后，承包给当地农民种植，解决了大量农村剩余劳动力问题，提升了农业整体生产水平。同时，生态农庄让城市里的人们在游乐中亲近了自然，认识了农业，并促进了当地旅游经济的发展。该项目获得"铭豪杯"衢州市第二届青年创业创新项目竞赛一等奖、"创业浙江"青年创业创新项目竞赛金奖。

2009 年，宁子践与天工国际有限公司达成合作，主要负责把从义乌市场采购的原材料分配到各个加工点，再由各个点的负责人分配到下属的加工人员手上，加工完成后由各个加工点的负责人统一收回验收。他还在常山县组织妇女在家空闲时加工刺绣半成品等，这样可以使一些家庭主妇不用出门也能赚到一笔相当可观的收入。现在已经发展了 8 个加工点，主要加工的产品再由天工国际有限公司销售至土耳其。

21 世纪是信息的时代。经过几年的创业，2011 年，宁子践又注册了衢州科进信息技术有限公司，获得了浙江浙科信息技术有限公司电信 VPDN 拨号软件、国税网上申报系统、国税网上开票系统、企政通 E 财税财务软件、E 办公平台等在衢州市的服务维护代理权。

刚刚创业的宁子践没有忘记回报社会，他用浓浓的热情，默默地为社会奉献着自己的爱心。2008 年 5 月四川省汶川大地震、2010 年 4 月青海省玉树大地震、2010 年 8 月甘肃舟曲泥石流，他都通过各种形式进行捐赠，共计人民币 20 余万元。2013 年通过"一对一结对子扶贫济困献爱心"，他捐助扶持 13 位困难儿童，圆了他们的上学梦。

七、创业之星——陈静

陈静，女，中共党员，商务英语 200608 班学生（图 6-3-7）。陈静同学在校期间，成绩优秀，表现突出。她积极上进，于 2009 年 12 月获得中南财经政法大学外贸英语专业本科学历。在校期间，她先后获得学院"优秀团员""优秀学生干部"等荣誉称号和"国家励志奖学金"。

图 6-3-7 陈静

2008 年陈静在山东泰达装饰有限公司工作，月收入达到上万元，年底还有丰厚的年终奖金和个人分红。在家人和朋友看来，这样的工作和薪水，理应知足求稳。可是在她看来，这些离成功的标准还差了一大截。2012 年 1 月，她凭借对市场的敏锐度和良好的人脉关系以及丰富的工作经验和物质积累，毅然向原公司提出辞职，和朋友在山东济南市投资自创酒店品牌——山东橙子酒店管理集团有限公司。她考察市场，重拾大学所学的专业知识，结合济南当地的消费水平和消费人群，做到精准定位，在济南大学周边，成功选址，签下了第一个店面，踏出了创业的第一步。从选址到开工建设，从员工培训到试营业，短短半年的时间，山东橙子快捷酒店总店（七贤店）于 2012 年 6 月 6 日顺利开张。之后，她带领员工又走上了开拓周边市场的漫漫之路。借助济南大学商圈的优厚条件，同时凭借酒店自身的硬件设施优势和贴心快捷的服务，橙子酒店很快在济南大学各学院打开了知名度，也通过坚持和努力，签下了周边包括汽车 4S 店、学校、饲料市场、部队、饭店等众多协议客户，并保持了良好稳定的合作关系。

在酒店经营中，陈静非常重视对员工的培训和筛选。她一再强调，全酒店上下要树立统一信念和目标，"在同等条件同等价位酒店中，我们的卫生要做到最干净，服务要做到最贴心，效率要做到最迅速。用良心做事，用诚信待人"。2013 年年底，橙子酒店被济南市中区治安大队评选为"旅馆业经营管理先进单位"，在治安年度总结会议上，陈静作为典型代表进行了发言。

借此良好势头，陈静于 2013 年 8 月 8 日新开第二家店（即橙子快捷酒店后龙店）。她认为既然做一行，就爱一行，在这个行业里钻研透，也利用这个平台不断地成就自我，成就他人。目前，橙子酒店走上了连锁加盟的道路，与众多的合作商正在洽谈之中。

八、创业之星——方飞

　　方飞，男，山西大同人，中共党员，2010 年毕业于黄冈职业技术学院交通学院物流200706 班(图 6-3-8)，现在北京自主创办北京暖轩世家地暖装饰设计有限公司。

　　方飞在校期间曾先后担任班长、交通学院团总支学生会副书记等职务，先后荣获"国家励志奖学金"以及"优秀学生干部""三好学生"等荣誉称号。

图 6-3-8　方飞

　　毕业后，方飞先后在博洛尼旗舰装修设计(北京)有限公司担任客服主任、客户服务部经理兼公司内部讲师。2011 年 2 月起自主谋划创业，7 月正式成立了北京暖轩世家地暖装饰设计有限公司，并担任该公司总经理。公司主要为全国各地提供 PE-RT 地面辐射供暖，并为瑞士乔治费歇尔地暖管材做售后服务。公司创办一年来，已获得纯利润 50 万元。

　　对初入职场的方飞来说，北京是一直以来梦寐以求的地方。于是，毕业后他怀着坚定的信念，毅然选择扎根于北京，并且选择了暖通行业，主要经营地暖、中央空调等产品。当时市场情况比较好，前景比较广阔。然而，他初次创业，面临很多问题：项目的选择是不是合理？如何寻求客户？一个个困惑，摆在他的面前。凭借着读书时担任学生干部积累的工作经验，和业余期间的学习和了解，方飞认为，要想创业应从推销自己开始，了解产品知识，了解市场行情，与客户进行有效的沟通，然后再推销自己的产品。就这样，他开始进行资金筹备、执照办理、公司选址、客户渠道开发等工作。大概经过两个月的时间，在他的辛勤努力和亲友的帮助下，公司于 2011 年 7 月 27 日在北京大兴区黄街滨海村成立。公司成立后，他带着团队通过各种途径，寻找客户。经过不断的努力，在 2011 年 9 月，公司拥有了第一个客户，接了第一个利润在 8 000 元左右的单子。之后，公司的业务便一天天地壮大起来。令人难忘的是，在 2011 年 12 月，经过团队的共同努力，一个月就签约了 11 个单子，利润达 80 000 元左右。

　　一分耕耘，一分收获。日复一日，年复一年，从 1 笔业务，到 11 笔业务，再到几十笔业务，公司的利润从几千元到几万元，从几万元到几十万元。目前，公司已步入正轨，

228

发展势头良好，年营业额500余万元。

创业的路充满坎坷，充满艰辛，也充满希望。正如方飞的名字一样：做一只展翅放飞的鹰，在属于自己的天空中展翅翱翔。

九、创业之星——郭学涛

郭学涛，男，1986年出生，中共党员，湖北黄冈人，2008年毕业于黄冈职业技术学院建筑学院装饰200501班。现任黄冈辉宏装饰有限公司总经理（图6-3-9）。

图6-3-9 郭学涛

2008年年初，郭学涛应聘了当地一家知名度很高的装饰公司，顺利地成为一名设计师，这是他人生的重要转折点。上班的第一个月，他就取得签下两单生意的好成绩，在公司的年度业绩排名中勇摘桂冠。2009年，他的个人签单量达到了40单，曾在高峰期创造了一个月连签9单的高业绩，在业界引起了不小的震动。在黄冈市首届"祥云杯"技能大赛中，郭学涛荣获"技术能手"称号，与此同时，他晋升为公司的设计总监。虽然事业发展得比较顺利，但他却并不满足于此。他感到在公司里已经很难再学到新的东西了，于是萌生了创业发展的念头。

2010年7月，在众多朋友的支持下，黄冈大都建筑装饰有限公司正式挂牌成立，郭学涛担任公司总经理。都说"就业难，创业更难"，当他真正做了老板以后，才深深体会到这句话的分量。

刚开业的几个月，市场销量并不乐观，面临着严峻的市场竞争及生存问题。这时，他感到，公司虽有实力，但宣传并不到位，即使服务做得再好，也很难让更多的人知道。于是，他在网上搜集资料，学习其他公司的策划方案，结合本地市场的情况，策划、开展了一系列营销推广活动，公司的业绩有了明显的改善。2011年公司在黄冈本地成功设计了150多套家装，如"古摄影婚纱影楼""寓王城大酒店""广播电视台室内外设计"等，被装饰装修协会评为"黄冈市推荐装饰企业"，公司的年终总产值已经超过了200万元，赢了良好的社会声誉和经济效益。

2015年郭学涛自主创业，成立辉宏装饰有限公司，任公司总经理。公司成立快一年的时间内，签约家装工程30多项，并设计装修了罗田龙鑫山水国际售楼中心，公司产值已达200多万元。

公司现有专业稳定的施工队伍，优秀的工程施工管理人员，理念超前的设计团队，为打造"健康舒适、独具匠心、风格靓丽"的装饰工程提供了强有力的保障。

郭学涛带领他的团队将坚持做到"家家是样板、单单出精品"，坚定走品牌之路，为争创"黄冈市家装服务第一品牌"而努力奋斗！

十、创业之星——胡宝

胡宝，湖北省武穴市人，2008年6月毕业于建筑学院建筑装饰技术专业，现任湖北黄冈圆方装饰工程有限公司总经理（图6-3-10）。2007年年底进装饰企业工作，2010年创办湖北黄冈圆方装饰工程有限公司，专业从事装饰装修的设计与施工。一分耕耘，一分收获，在他的努力下，2011年公司成为黄冈市装饰装修协会会员单位，2012年获得黄冈市装饰装修协会推荐装饰企业，2014年成功入围黄州区政府定点采购单位。胡宝本人也被共青团黄冈市委员会评为"黄冈市青年岗位能手"称号。

图6-3-10　胡宝

2007年年底结束了学院的课堂教学之后，胡宝和三位同学一起到黄州找实习单位。刚去的前几个月，没有工资，天天拿着宣传单跑小区、跑工地、跑商场，很少有机会在办公室学习设计、做预算、商谈客户。久而久之其他同学厌倦了这样的实习，认为学不到想学的经验，纷纷去广州打拼了。只有他毅然留了下来，因为他坚信：没有免费的午餐，也没有白留的汗水。为了自己的事业，他白天跑工地，晚上住在一间不足10平方米的小出租屋里学习AutoCAD、3DMax、Photoshop等制图软件。一分耕耘，一分收获，在胡宝的努力下，也在公司领导的指导下，他终于熟悉了整套的装修流程——谈客户、做设计、做预算，进行施工监管、后期装饰等。也就在这时，他有了创业的强烈愿望。

思路决定出路。在创业愿望的驱使下，在家人朋友的支持和鼓励下，胡宝开始忙碌地

230

筹划了。带着仅有的 5 万元启动资金，2010 年他创办了黄冈市圆方装饰工程有限公司。俗话说得好，万事开头难。在公司成立之初的日子，为了降低运营成本，他身兼数职，跟工地、做设计、抓质量、跑业务，经常晚上熬夜做设计。在这过程中，他始终将"诚信"放在第一位，将客户的满意度作为检验自己工作的唯一标准。在这种经营理念下，公司的回头客越来越多。功夫不负有心人，在他的努力下，公司业绩稳步提升，成立的那年即实现了盈利。居安思危，第二年，他便开始健全公司机构，在原有基础上相继成立了设计部、工程部。这样，各部门各司其职，管理更加规范。2012 年，公司成为黄冈市装饰装修协会会员单位，公司网站顺利上线，同期公司产值突破 500 万元。

十一、创业之星——姜迎涛

姜迎涛，男，中共党员，黄冈职业技术学院机电学院制冷 2001 班学生。现任山东冰河制冷技术有限公司总经理，公司实现年利润 1 000 多万元。

毕业后，姜迎涛先在一家冷库工程公司从事冷库的安装、设备调试、维护维修工作，不断收集市场信息，慢慢积累了经验。后来他发现在制冷行业中，懂专业的人太少了。随着青岛市经济的不断发展，社会对制冷行业专业人才的需求量不断上升。这时他认为创业的时机到了，决定从公司出去，自己创业当老板（图 6-3-11）。

图 6-3-11 姜迎涛

2008 年，姜迎涛放弃公司给他的优厚待遇，毅然决然地辞去了职务，成立了青岛冰河制冷技术有限公司，从事生产、安装，经营各类制冷设备，比如泽尔、汉钟、谷轮、三洋、富士豪机组等，以及承接设计安装拼装式冷库、土建式冷库、冷藏库、冷冻库、速冻库等综合业务，走上了自主创业的道路。

然而，理想与现实难免会存在距离，正像有的人所说的那样"就业难，创业更难"。公司成立之初，也出现了一些难以想象的阻力与困难，姜迎涛不仅遭到了家人及亲友的极力反对，而且还要面对技术、管理、资金等诸多方面的因素制约。可是开弓没有回头箭，勇于突破自我，追求卓越的姜迎涛，一面顶着家里的压力，一面克服所面临的具体困难。

加班加点，刻苦钻研，废寝忘食、通宵达旦是他的常事。功夫不负有心人，有付出就会有回报。在他的苦心经营下，公司很快步入了健康运行的良性轨道。随着公司规模的扩大，2012 年公司更名为山东冰河制冷技术有限公司，年销售额已过千万元，在山东省乃至全国有了一定的影响力。

拓展资料

有志者，事竟成。经过 6 年多的不懈努力和奋斗，2014 年姜迎涛的公司已突破了 3 000 万元的年营业额。目前公司已经成为当地业内名副其实的领头羊，同时还在氟利昂桶泵机组生产领域实现了零的突破。

十二、创业之星——韦苏亮

韦苏亮，男，中共党员，广西忻城县人，2004 年就读于黄冈职业技术学院应用电子专业，现任湖北智能端科技有限公司董事长兼总经理（图 6-3-12）。

在校期间，他获得过"优秀学生干部""优秀共青团员""优秀班级团支书"等荣誉。2004 年 11 月，他光荣地加入了中国共产党。

毕业后，韦苏亮先后创办了武汉广拓时代信息科技有限公司、湖北智能端科技有限公司等公司，取得了一定的经济效益和社会效益，成为湖北省大学生创业的典范标杆。2013 年被聘为湖北省大学生创新创业俱乐部创

图 6-3-12　韦苏亮

业导师，多次参加湖北教育厅及各高校举办的创业实践活动，担任华中科技大学文华学院创业实践基地导师等社会职务。2014 年 6 月，他报名了参加中南民族大学 EMBA 研究生学习。

2006 年 10 月，韦苏亮在毕业前夕，通过学校招聘会，竞聘上了百度东莞分公司的一个工作岗位，这得益于他多年对计算机技术钻研和实践。在百度东莞分公司一年多的历练中，他多次获得嘉奖和提升，很快就成为高级客服经理。2007 年年底，在谷歌华中一家广告代理商的邀请下，他回到了武汉，次年 3 月加入谷歌的某代理公司做了销售工作。韦苏亮有一股不怕吃苦、不肯认输的骨气，连续多月被评为谷歌公司全国营销精英。

2008 年 8 月，他抓住契机开始创业，短短一年时间，公司创业团队人数就达到 33 人。其中一半以上都是他志同道合的同事和行业好友。通过多年的打拼，当年一起创业的同事、好友如今还在公司里任职，只是合作模式变化了，有的变成了股东，有的变成了项目经理。2013 年，他投资 1 200 万元，成立了更大的多元化公司——湖北智能端科技有限

公司。公司旗下拥有驾校、食品、软件、创业培训等子公司。2014年公司自主研发的软件获国家信息产业部认证。2014年投资700万元成立了柳州万拓网络科技有限公司、武汉云盟天下信息科技有限公司，直接带动百余人就业。

十三、创业之星——占四军

占四军，1999年7月在黄冈卫生学校（今黄冈职业技术学院医药卫生学院）医学检验专业毕业，2011年3月获清华大学MBA工商管理硕士学位，2013年9月完成新加坡国立大学主办的现代医院管理高级课程，2014年4月参加上海交通大学医院院长EMBA高级研修班学习（图6-3-13）。

图6-3-13 占四军

2000年，占四军从木子店卫生院离职，与他人共同创立上海颐年生物科技有限公司，并参股50%，担任董事及副总经理，分管销售工作。公司在上海建立了60多家专营店，年产值超过3000万元，获得了哈药集团三精制药系列营养品上海总经销权。公司在职员工仅上海区域就达180余人，正副教授占3%，大专以上学历占70%，中专占20%。与湖北三峡大学护理学院、襄樊职业技术学院、黄冈职业技术学院、麻城卫校共同开设药品营销委托班。

为响应国家医改政策的号召，也出于为家乡效力的想法，占四军和长期合作伙伴受麻城市卫生局招商办邀请筹建的麻城冠瑞医院于2013年3月份正式运营。麻城冠瑞医院的投资建设也成为麻城市卫生局当年的重点招商项目，项目投资1.33亿元，分两期完成。

同时，占四军于2013年5月开始筹建黄冈冠瑞医院。黄冈冠瑞医院是在与黄冈市红十字会医院组建医疗联合体的基础上创建的，是一家集医疗、教学、科研、护理、预防、康复于一体的综合性医院。2013年11月29日开始营业前已完成装修改造、设备更新及添置等投资1000万元，至目前已完成实际投资1500万元。

麻城冠瑞医院和黄冈冠瑞医院正式运营以来，在上级卫生行政部门的大力支持和正确领导下，取得了较好的成绩。

一是积极完成上级交办的各项公益性工作任务。为重大节日、会议、体育运动活动进行现场医疗保障，参与重大突发性事件中伤员救治和转动伤员工作。

二是抽调专业人员深入乡村、社区、街道开展义诊、健康宣传、疾病筛查工作。两年多来共开展义诊500余场次，义诊服务50万人次，发放健康资料60万份，受到当地群众的一致赞扬。

三是服务麻城、黄州、团风乡里，帮群众排忧解难。医院开业以来，每年依法纳税200余万元，为黄冈及麻城安置就业人员240余人，为福利院、孤寡老人、特困户及患者捐款、捐物80余万元。

四是加强医院管理，建立健全医院各项管理制度。全院风气正，人心齐，医院发展出现了良好的态势。

五是在医疗业务管理上建立健全了各项医疗质量、医疗安全管理制度和规程。先后主办了"2014杜鹃之约健康管理论坛""心血管学术交流年会""心血管病学新进展学术交流会""亚心专家健康大讲堂""高血压专管医生——程远植教授健康大讲堂"等专业学术论坛和讲堂。麻城冠瑞医院、黄冈冠瑞医院均与武汉亚洲心脏病医院达成合作意向，聘请十多名武汉亚洲心脏病医院专家教授轮流来麻城、黄冈冠瑞医院坐诊、教学查房、业务培训及疑难病症会诊。开通了武汉亚洲心脏病医院绿色就诊通道，免费为麻城、黄冈心血管疾病患者提前预约手术和远程会诊，并开通双向转诊，大大缩短了接受心脏手术的患者在武汉的住院时间，减轻了患者的经济负担，为黄冈、麻城人民的身心健康和医疗事业的发展做出了应有的贡献。

十四、忠诚朴实的建筑人——刘军

千里之行，始于足下。伟大的事业根源于脚踏实地、坚持不懈地工作。要以全副精神去从事，不避艰苦。在你崭露头角的时候要学会推动你的事业，而不是让你的事业来推动你。

——刘军感言

刘军，男，1979年出生，山东临沂人，2005年毕业于黄冈职业技术学院建筑学院建工200204班。现任湖北山河集团河南分公司副总经理（图6-3-14）。

图6-3-14　刘军

脚踏实地 坚忍上进

在校期间，刘军态度积极，学习工作认真负责。由于表现突出，由学院引荐到山河建设集团有限公司进行为期半年的实习，这是他走出校园迈出的第一步。几个月后，逐渐成熟和踏实的他，正式成为山河集团的一名员工，从事资料员的工作。八年的工作时间，他从资料员开始，历任预算员、技术负责人、栋号负责人、项目副经理，直至现在的项目经理。

执着奋进 成就自我

按当时条件，很多人都相继选择了离开，他执着地选择留下来，以积极上进的心态出色地完成了各项任务，同时对自身专业知识和实践能力有了更深刻的认识和见解。资料员的两年磨砺，造就了他扎实的专业技术知识和丰富的为人处世的经验。他感受最深的是，其实在哪个岗位都一样，关键在于你用什么心态去面对工作。

八年后的现在，山河集团如日中天，在自身的不懈努力下，他也从最初的资料员逐渐成为公司的骨干，最终担任山河集团的项目经理。最让大家感触的是，他从6层房屋开始施工，到12层、18层、30层，至目前的50层，他所做的项目获得的荣誉也越来越多：

（1）2004—2005年，主要施工，畔岛花园108、109、211、212栋，建筑面积：5400平方米。

（2）2005—2006年，主要施工，狮山美庐3号楼，建筑面积：3400平方米。（武汉市黄鹤杯）

（3）2006—2007年，主要施工，百步龙庭101号楼及地下室工程，建筑面积：24500平方米。（湖北省楚天杯）

（4）2007—2008年，主要施工，融侨锦城17号和23号楼，建筑面积：7600平方米。（武汉市结构样板工地）

工作脚踏实地，生活从简节约，待人诚恳热情，这就是刘军。

——同事的评价

十五、从业绩冠军中走出的营销总监——易钊明

生活是个大舞台，既能使人沉沦，也能催人奋进，关键在于你的目标有多大、理想有多远。心有多大，舞台就有多大。

——易钊明感言

易钊明，男，1981年出生，广东茂名人，中共党员，2006年毕业于黄冈职业技术学院商学院金融与保险200301班。现任深圳市聚成企业管理顾问股份有限公司营销总监（图6-3-15）。

融入社会　挑战自我

在校期间，易钊明曾担任班长、院团委活动部部长等职，多次荣获"优秀学生干部"和"优秀团干部"等荣誉称号。因各方面表现突出，2004 年 12 月，易钊明光荣加入中国共产党。

图 6-3-15　易钊明

2006 年毕业后，他先是在一家贸易公司担任总经理助理一职。后来为了挑战自我，又于 2007 年 3 月应聘到国内最大的培训咨询管理公司——深圳市聚成企业管理顾问股份有限公司从事销售工作。

销售冠军　完善自我

努力打拼与辛勤付出，换来的是公司对他的充分肯定和赏识。他先于 2008 年 3 月晋升为公司销售经理，又于 2009 年 3 月晋升为营销总监。在此期间，他稳打稳扎，在业务水平和管理能力方面不断完善自我，多次带领团队获得公司的营销业绩冠军，个人也多次荣获"业绩冠军"和"优秀经理"等荣誉称号。

2010 年 3 月，易钊明受公司委任，正式出任西安聚成企业管理顾问有限公司总经理一职。

在职期间，他带领着西安公司的同事做出了不俗的销售业绩，为公司创造了可观的利润。后因个人原因申请调回了深圳公司，继续担任营销总监。

在公司里，业绩是能力的最好证明。他用一个又一个的业绩冠军，铺垫了他的营销总监之路，令人不得不心服口服。

——公司同事的评价

十六、在平凡的岗位上闪光——武永勤

用虚心与谦谨的态度去生活，用脚踏实地的方式去完成别人认为你完不成的任务，这才是最高的享受。

——武永勤感言

武永勤，男，1987 年出生，湖北红安人，2010 年毕业于黄冈职业技术学院交通学院汽修 200701 班。现为黄冈职业技术学院交通学院汽车实训中心教师（图 6-3-16）。

2007 年暑假武永勤在广州清远万邦鞋厂做暑期兼职；2008 年暑假，他在北京奥运会

图 6-3-16 武永勤

当志愿者；2009 年在湖北三环金通汽车有限公司和武汉统领汽车有限公司实习；2010 年被评为优秀实习指导教师；2010 年荣获湖北省高职院校汽车综合故障诊断技能大赛团体一等奖；2010 年荣获全国高职院校汽车综合故障诊断技能大赛团体二等奖。

在职期间，武永勤参与了《汽车车身电器检修》《汽车底盘系统检修》《汽车电气设备检修》《汽车电控发动机实训指导书》《汽车综合故障诊断实训指导书》《汽车维修技能训练》等教材的编写工作。

奋斗的路上需要长久地坚持、不懈地努力、持久地付出。在黄冈职业技术学院汽车专业这个充满挑战而富有活力的省级专业团队里，他将一步一步迈向成功，更加出色。

——学校领导的评价

十七、雄关漫道真如铁，而今迈步从头越——甄心恒

只要自己努力，脚下的路就属于自己，前方的路也属于自己。现在不是终点，而是人生奋斗的又一起点。路途中机遇与挑战并存，只要保持自信、勇敢、乐观，拥有一颗平常心，就一定能够抓住机遇，战胜困难。

——甄心恒感言

甄心恒，男，1981 年生，河北新乐人，中共党员，生物化工学院生物技术专业 2004 届毕业生。现任河北美术学院副院长（图 6-3-17）。

图 6-3-17 甄心恒

充实的大学生活是迈向成功的基石

2001 年 9 月，甄心恒迈进了黄冈职业技术学院的大门，丰富多彩的大学生活深深地吸引了他。入学后不久，他便加入了院团委，积极参加学院的各项学生活动，担任团委社团部部长，但也从不曾忘记学生的本质——学

习。他认真学习，成绩优秀，曾 2 次荣获学院"特别奖学金"，1 次荣获"优秀学生干部"荣誉称号。因为表现优秀，2003 年他光荣加入中国共产党。

务实的工作作风是事业成功的保障

毕业后，甄心恒顺利地入职河北省一所重点中学——正定一中。在正定一中工作期间，他教过生物课程，做过教研室干事，在每个岗位上都能很好地完成领导交给的各项任务，他所负责教学的班级在年级评比中总是名列前茅。因为成绩出色，一年后被提升为教研室副主任。

2007 年 3 月甄心恒离开正定一中，应聘到石家庄东方美术职业学院。2007 年 3 月—2009 年 12 月，任河北美术学院学生工作处副处长（2007 年 5 月兼任学校团委书记），2010 年 1 月—2012 年 10 月，任河北美术学院办公室主任（2011 年 9 月兼任机关党总支书记、2011 年 11 月兼任招生管理中心主任），2012 年 10 月至今任河北美术学院校长助理、副校长。曾荣获河北省优秀共产党员、河北省委优秀团务工作者、石家庄市新长征突击手、石家庄市志愿者行动先进工作者等荣誉称号。

甄心恒工作踏实，干一行爱一行，钻一行精一行。在任何一个工作岗位上都起到了模范带头作用。

——单位领导的评价

十八、乘助学之风，扬求学之帆，寻创业之梦——李旭芬

李旭芬，女，汉族，湖北红安人，1994 年 1 月 1 日出生，中共党员，黄冈职业技术学院中职护理专业 10 级学生，曾任班长、宿舍管理委员会会长等职。在校期间多次获得学校奖学金，同时获三好学生、优秀学生干部、优秀团员等荣誉称号，并在学校举办的朗诵比赛中斩获亚军。现为香港益生之美生物科技有限公司总经理，也是公司创始人之一（图 6-3-18）。

图 6-3-18　李旭芬

在外漂泊　心智坚韧

2009 年，李旭芬初中毕业。其家庭贫困，父母无法担负起两个孩子的学费，为圆姐姐大学梦，她毅然决定放弃读书机会，外出打工供姐姐求学。年仅 16 岁的她漂泊在外，辛苦谋生，其中艰难可想而知。2010 年 5 月，是一个命运转折点，电话中父亲激动的声音震动着她的心："听人说读中专一年有 1500 块助学金呢，你还是回来读书吧，只有读书才有出息！"在外

漂泊大半年的她，尝遍生活的不易和艰辛，深感没有一技之长，在外面生存是举步维艰。终于，她下定决心，重回校园。

勤奋求学　改变命运

2010年8月，怀着期待兴奋的心情，她报读黄冈职业技术学院中职护理专业。凭借积淀的社会阅历和积极的心态，她当上了班长，开始了来之不易的求学之路。她心里清楚，这次回归学校是多么不容易，更加积极奋进，积攒知识。

饮水思源，她始终铭记着是国家的资助、学校和老师的关心才能继续学业，在学校不断充实自我、实现自我，无论是班级管理、学习、活动、竞赛或者兼职，她都做得有声有色。她最大的理想是用自己所学到的知识来回报社会。

艰难求职　积累经验

虽已考取护士执业资格证，但由于学历不高，李旭芬屡次被大医院拒之门外。几番求职无果后，2013年8月她只身南下广州求职，阴差阳错进了一家化妆品公司——广州欧博尔。得益于学校开设的医学美容选修课，她很快就融入了美容行业，由于表现突出，被任命为大区经理。为提升团队管理能力，她工作之余参加团队管理学习班培训。一边是蒸蒸日上的事业，一边是日渐年迈的父母，2013年12月，她又做了决定：回武汉工作，就近照顾父母。

回武汉后，她担任一家护肤品代理公司的品牌经理。凭借业余学习的管理知识和学校学习的专业医学知识，再加上对品牌运营的独特见解，她迅速在公司崭露头角。她充分运用所学的知识，把握了解市场的机会，看到化妆品市场巨大潜力之后，萌生自己创业的念头。

创业艰辛　一路前行

2015年6月，酝酿良久的她成立了自己的化妆品公司。公司仅80平方米，位于武汉繁华地段，商住两用，白天是办公室，晚上是卧室。起步阶段她承受了种种压力，为节约成本，她亲自深入各个市区、县城跑业务。为节约时间，一日三餐在车上，饼干矿泉水充当干粮。白天忙碌穿梭在各加盟店培训、做活动，晚上加班加点做下一家店的促销方案。

随着各店家的好评反馈，加盟店也渐渐多起来，她开始调整营销模式，完善公司所有项目，确保资金链安全，解决后顾之忧。现在公司已初具规模，态势良好。办公地点迁至武汉最繁华的商圈，总部团队有9人，整体运营状况稳定。如今回想当初创业的艰辛，她更加坚定自己的选择。国家宽松的创业环境、人们生活水平的提升，都让她对美容行业的前景充满信心。

播撒下爱的种子，如今种子已长成大树。2017年2月，她成功入选"国家中等职业教育资助育人百名成才典型"。

她深深感受到，做人一定要懂得感恩。没有国家资助，无法顺利完成学业；没有学校培养，不可能这么快适应工作；没有老师的教导，就不会有科学的生涯规划。感恩国家和学校，在今后的创业中，她一定会不忘初心，一路前行，用正能量回报祖国和家乡。

十九、管理精英——熊金莲

熊金莲，女，1992年出生，湖北省宜都市人，2013年毕业于黄冈职业技术学院商学院酒店管理专业201001班。现任北京眉州东坡集团通州区域总经理。

在校期间，她担任酒店协会副会长和班级团支书，是老师的得力助手。曾获得"优秀学生干部""三好学生"等荣誉称号（图6-3-19）。

2012年12月，熊金莲进入眉州东坡集团实习，从最基层的服务员做起，对工作，任劳任怨；对客人，服务细致周到；对同事，嘘寒问暖。很快她便得到了领导层的垂青，半年之后，升任值班店长，毕业不到三年，从服务员晋升到区域总经理，平均不到半年晋升一次，创造了眉州东坡集团晋升速度的新纪录。

2016年北京通州区商务委联合

图6-3-19 熊金莲

眉州东坡等餐饮企业大力推行早餐示范工程，熊金莲作为眉州东坡通州区域总经理牵头构建了质量保障体系，从收货渠道到制作流程，到用餐环境都制定了严格的规范制度。

在眉州东坡集团，熊金莲已经成了员工的工作标杆，相信在她的带领之下，这个精益求精的餐饮工作团队，将会创造更多的业内佳绩。

二十、敢想敢干 勇于创新——刘军

刘军，男，汉族，1985年12月出生，湖北荆门人。2007年毕业于黄冈职业技术学院机电学院模具200405班。现任深圳市成像通科技有限公司董事、总经理（图6-3-20），公司年产值近3亿元。

立足专业发展 干好本职工作

刘军在校期间担任班级学生干部，工作积极主动，任劳任怨，经常参与组织班级活动、社团活动、志愿服务活动。他学习刻苦认真，勤奋踏实，严谨治学，专业基础扎实，动手能力较强。因表现优异，曾获得"优秀共青团员""优秀学生干部"等荣誉称号。

2007年毕业之际，他参加了学校组织的校园招聘会，凭借过硬的专业知识和良好的综合素质，被深圳赛意法微电子有限公司录用。深圳赛意法微电子有限公司是全球第五大半导体厂商，是世界第一大工业半导体、专用模拟芯片和功率转换芯片制造商。在赛意

图 6-3-20　刘军

法，他被分配到手机摄像头生产车间担任技术员，主要的岗位是手机摄像头内晶圆切割以及担任负责为 Autoline（自动化生产线）提供物料的 FAB（半导体生产厂）基层管理者的助理。初到车间，他不懂车间的相关生产知识和流程，也不懂相关产品性能特征，但他不急不躁，耐心地从操作工开始熟悉业务。经过一段时间的学习与实践，因表现突出，他被晋升为基层管理者。刘军的 FAB 都是为 Autoline 提供物料，Autoline 开线需要同时提供多种材料，缺一不可，所以困难很多，压力很大。然而，他不惧挑战，刻苦钻研，攻坚克难，主动学习所管理区域 FAB 的所有工位，同时跟着其他管理者学习管理知识和经验，最后他完全胜任了基层管理工作，并多次被所在车间予以表扬和奖励。

立足行业市场　尝试产品研发

为了在行业市场追求更高的发展，2009 年 9 月，他来到深圳吉尔星科技有限公司，担任业务经理。深圳吉尔星科技有限公司是以市场销售及产品研发为主，产品类型有手机微型投影仪、便携式和迷你式投影仪、3D 多媒体视屏眼睛等。2010 年 5 月至 10 月，他又到深圳圳鑫科技有限公司担任业务经理，从事市场开发和产品研发。这两份工作对他来说是一个全新的领域，也是一次学习的机会。工作期间，他深入了解市场、分析市场，并建立了更广阔的人脉关系，为以后的创业打下了牢固的基础。

敢想敢干敢闯　勇于创新实践

2010 年 11 月，有志于创业的刘军抓住时机，与人合资创办了深圳市成像通科技有限公司，担任董事、总经理，开始了自主创业之路，实现着自己的创业梦想。深圳市成像通科技有限公司主要从事手机、平板等摄像头的生产及制造。和其他产业一样，整个手机的配套链上也存在着非常激烈的竞争。企业刚起步的时候难免存在一些不太成熟的元素，为减少风险，聪明的他在创业之初，选择从低端产品和市场做起，逐步渗入高端产品和市场。当时，大部分摄像头厂商都在做销售，进入摄像头行业的门槛并不高，因此凭借原有的资源和基础，公司运行得比较顺利。但是当公司发展到要同时应付生产线上的十几个规格时，就遇到了很大的技术难关，经常面临接了太多订单但又交不出货的局面。经过冷静的分析之后，刘军发现摄像头行业的竞争不只是销售的竞争，而更多的还在于内部的管理。如果将内部管理理顺了，按期完成接下的外部订单也就容易了。找到了问题症结所在，凭着一股敢想敢干敢闯的劲头，刘军开始大刀阔斧地改革创新，勇于实践，终于使得公司规模慢慢扩大，各项工作稳步推进，发展势头迅猛，产品也从低端逐步向高端升级，切实提升了市场竞争力。

一路打拼 一路辉煌

一分付出一分回报。到 2017 年，刘军的公司已经拥有了 8 台全自动贴片机生产手机摄像头，员工 300 多名，生产车间厂房占地面积达 4 800 多平方米，公司出货量排行深圳第一，全国第八。目前，公司已经成为印度、印度尼西亚、俄罗斯等国家的主要手机品牌的摄像头的供应商，同时也在为国内 TCL 和联想等几家大型企业做供应。深圳市成像通科技有限公司真正成为深圳乃至全国知名的电子通信企业。

选择比努力重要百倍。对于刚毕业的大学生来说，选择很重要，要找到适合自己、并且自己乐意去从事的职业。在刚开始进入社会工作时可以多选择、多尝试，任何职业都需要一个适应期，只有不断地深入探索工作，才能真正发现它的乐趣以及价值。同时更要学会坚持，坚持就是王道，坚持就是胜利，遇到困难不放弃、不畏惧、不退缩，要勇于克服困难、迎难而上，要勇于坚定信心、乘胜追击。

拓展资料

二十一、机遇与挑战并存 环保与创业并进——江晓

江晓，男，汉族，1983 年 9 月出生，湖北英山人。2006 年毕业于黄冈职业技术学院机电学院机电 200302 班。在校期间担任班级团支部书记，他学习刻苦认真、专业知识扎实、专业技能过硬、综合素质较高，深受领导和老师们的一致好评（图 6-3-21）。现任武汉恒通源环境工程股份有限公司董事长，武汉黄冈商会理事，武汉英山商会副会长，公司实现年利润 800 多万元。

2006 年毕业，江晓刚从学校出来那年，进了广东一家电子厂，做了一名普通员工，因为工厂的上班时间太长，基本没有休息时间，所以他做了两个月就离开了，然后就一直辗转于深圳、广州、上海等多家公司，一路做过技术、销售等工作。后来，他来到了武汉，在武汉找了 20 多天的工作，身上的积蓄花光了，也没有找到满意的，只好进了一家小公司，应聘到武汉水分子环保科技有限公司，专业从事设计、制造、销售水处理设备。当时也没有看工资待遇，只看到上面写着包吃住，就去了。公司很小，加上老板也才十来个人。进公司的第一天，老板就把他们招到一起，给他们讲公司的主营业务、市场前景，等等。也就是从这一天开始，他决定跟他一起干了。公司虽然不大，但他觉

图 6-3-21 江晓

242

得很有自己的发展空间，他凭借着自己的高度责任心和吃苦耐劳精神，干出了一些成绩。仅一年多一点的时间，就从车间普通员工做到了车间主管、销售主管。当时销售部一年的销售额，他一个人就做了三分之一。

2008 年，江晓产生了自己当老板的念头，于是他开始筹建了自己的公司——武汉恒通源环境工程股份有限公司。公司成立于 2008 年 10 月，位于武汉国家级经济技术开发区。目前，拥有一批富有开拓精神的技术骨干人员，具有先进的工艺装备和完善的检测手段，并在实践中建立了一套适应自身发展的管理体制。

刚创业第一年，基本没有盈利，创业的艰辛只有江晓自己才知道，很多事情不是想象的那么简单，但既然开始了，走出了第一步，就不能再回头了，只有勇往直前。起初公司困难重重，但是经过不断地学习、摸索、实践，他终于找到了一套真正适应自身发展的管理模式。

青春如同奔流的江河，一去不回，来不及道别。回首过去，有欢笑也有泪水。路是自己选的，既然选择了，就坚持一步一个脚印踏实地往前走。江晓总是说"别人是帮不了你什么的，什么都要靠自己"。功夫不负有心人，付出了总会有回报的。公司经过几年的发展，取得了一定的成绩，效益也逐年攀升。为了适应新的形势，公司也从开始的传统贸易型、生产型转向技术研发型，和法国欧碧河水务集团等建立了长期合作关系，也和长江大学资源与环境学院建立了联合实验室。经过几年的技术积累，取得了发明专利 2 项，实用新型专利 15 项，公司于 2015 年被评为湖北省高新技术企业、湖北知识产权贯标企业，并于 2015 年在上海股权交易中心成功挂牌，近两年，江晓不断加强学习，经常去其他企业考察调研，羽翼日渐丰满，准备展翅高飞，翱翔蓝天。

正在江晓公司的各项事业蒸蒸日上之时，他也感觉到生态环境正遭受着破坏和污染。他不断学习党的十八大精神，思考着要科学发展、可持续发展。党的十九大报告提出"绿水青山就是金山银山"。他积极响应党和国家的号召，立志环保事业，用爱心奉献社会、回报社会。他希望天是蓝的、山是青的、水是绿的、空气是新鲜的，他希望全人类共同建造我们赖以生存的美好的家园。

拓展资料

选定方向，砥砺前行。世上最重要的事，不在于我们在何处，而在于我们朝着什么方向走。能够成就事业的人，并不见得特别聪颖、能干，只是比别人多了一分决心，即知即行。"危机"两个字，一个意味着危险，另外一个则意味着机会，不要放弃任何一次机遇，也不要放弃任何一次努力。

二十二、就业之星——刘迁

刘迁，男，湖北武汉人，护理学院 2012 级护理专业学生。2015 年 6 月毕业后，同年 9 月考入湖北医药学院护理专业，并获学士学位。2017 年 1 月就职于武汉大学中南医院过敏反应科，2019 年 7 月担任过敏反应科党支部宣传委员（图 6-3-22）。

刘迁工作初期也是中南医院过敏反应科成立之时，凭借扎实的护理技术和专业理论知识，他成为了科室的重点培养对象，医院多次安排他外出进修学习。在同济医院进修三个月，参加北京协和医院第四十二届全国变态反应培训班，到日本参加学术会议等。现已成为欧洲变态反应和临床免疫学会（EAACI）会员；湖北省护理学会、武汉市护理学会会员。在繁忙的工作之余，刘迁也时刻保持个人学习能力提升，先后取得美国心脏协会（AHA）心肺复苏术 BLS 培

图 6-3-22 刘迁

训员证书、国家心理咨询师、国际高级注册心理咨询师、高级妇幼保健员证书、美容师证书。

刘迁日常工作中重要一项就是过敏性疾病科普推广工作，他主动承担科室的"过敏 e 家""中南过敏"等微信公众号中原创过敏知识科普的创作和营运维护工作。多次组织开展过敏疾病预防知识进社区义诊活动，通过"过敏性鼻炎和脱敏治疗""花粉过敏"等专题知识讲座的讲解，让社区居民对过敏有了全新的了解，知道了"过敏"不是一件小事。

工作的三年是刘迁与科室共同成长的三年，他比以前更成熟了，专业认识更深刻，对过敏有了更深入的了解。他的专业学术能力充分地展示了出来，参译著作 2 本、参编书籍 1 本、副主编科普书籍 1 本，发表核心期刊论文 1 篇。

获得成绩的同时，刘迁心系母校，常怀感恩之心，时刻惦记学弟学妹们的成长，2018 年 4 月，他回校为即将毕业的 2015 级毕业生做了"大学生如何学会适应和大学生求职面试技巧"专题报告。将自己在校的学习经历、应聘中南医院求职经验予以分享，提出了宝贵的建议，用自己的行动为护理学院的学子们指引方向。

拓展资料

二十三、脚踏实地提升自我　仰望星空成就人生——王禄

王禄，男，内蒙古呼和浩特市人，1995 年 4 月 25 日出生，医药学院医学检验 201401 班学生，2014 年入学后表现突出，担任班长一职，2015 年担任医药学院团总支副书记，同年加入中国共产党，作为医药学院团总支核心干部，王禄同学带领院学生干部努力为学院、为同学付出，工作扎实，在各项活动中表现出较强的管理能力。在校期间曾获得一次市级荣誉"市级优秀团干"、十余次校级荣誉。

2016 年，他进入内蒙古医科大学附属医院实习，在 PCR、细菌室、临床检验室等岗位表现优异，实习期间认真钻研专业知识，废寝忘食，为了搞清楚检验过程中的先进设备工作原理，经常吃住在医院在科室，受到分管领导一致好评（图 6-3-23）。2018 年通过公开招聘进入内蒙古精神卫生中心工作，并获得内蒙古自治区基因扩增实验室操作证。在该

单位工作期间,本着学校老师健康所系、性命相托的
教导;工作上兢兢业业,放弃一切节假日休息时间,
刻苦钻研临床检验相关知识,2019 年获得内蒙古精
神卫生中心优秀党员并担任第三党支部宣传委员。任
职期间,他参与并完成内蒙古卫生厅科研计划项目:
CYP2D6 基因多态性对利培酮及其代谢物血药浓度的
影响。

为了在专业中达到更高水平,王禄于 2020 年离
职赴美国纽约州立大学奥尔巴尼分校继续深造,主攻
生物学。恰逢新冠肺炎病毒肆虐全球,王禄在美国利
用自己所学的专业知识,积极帮助当地华人和学生,
共同抗击疫情,其乐于助人的态度、专业的防疫建议
赢得当地学校和华人的一致好评。

图 6-3-23 王禄

二十四、初入职场树榜样 稳扎稳打强技能——黄涛

拓展资料

黄涛,男,湖北省仙桃市人,1996 年 9 月生,黄冈职业技术学院医药学
院医学检验 201504 班学生,大学期间担任学院团总支学生会纪保部部长,工
作上一丝不苟,兢兢业业,乐于奉献,获得师生一致好评,曾荣获黄冈职业
技术学院"优秀学生干部""优秀共青团员""优秀青年志愿者"荣誉称号
和造血干细胞捐献证书。

毕业后顺利入职浙江迪安诊断技术股份有限公司武汉分公司,在工作期间,凭借扎实
的专业知识和突出的工作能力深受领导器重;2020 年年初新冠疫情正在肆虐之时,黄涛
毅然放弃年假,收拾行囊,全身心踏上抗疫征程(图 6-3-24)。

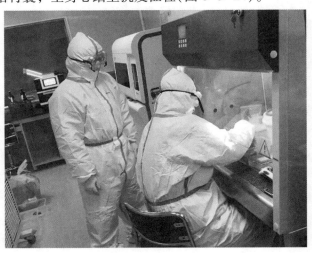

图 6-3-24 黄涛

2月4日接到单位发出的支援武汉号召后，黄涛暂别父母，立刻从家中返回武汉。但在返汉途中由于道路被封，只能由公司工作人员接回，4小时后他又回到了工作岗位上。大家都在战斗，只有回到战场，他才算安心。在科室，为了节约本就不多的口罩和防护服，他选择少喝水，避免常上厕所。只要防护服没有明显的破损，他能一套装备撑一天。医疗防护服穿脱一次需要近半小时，为了将时间全部用在病人身上，黄涛8个小时不吃不喝，护目镜泛满水珠，手汗湿到皮肤发皱。由于检验所的标本主要来自武汉各大医院的确诊患者，标本的前期处理是整个检验过程中最危险的工序之一，黄涛专业扎实，每个环节都小心翼翼。开箱必须在生物安全柜里进行，混在液体当中的就是从患者鼻咽部采集到的上皮细胞，里面可能含有新冠病毒，而且从样本罐中取出时，容易产生气溶胶污染，气溶胶是比飞沫更微小的粒子，借助空气传播，也是这次疫情需要高度重视的传播方式。在整个标本前处理过程中，黄涛都处于被污染的环境中，即便如此，他依然迎难而上，不惧风险，夜以继日地坚守在科室，全力检测受感染的病患，加班加点、不分昼夜，与时间赛跑，与病毒搏击。这份勇气，来自日常积累而成的过硬的专业素质，更来自医者仁心的职业信念。扶危渡厄，本乃医者担当。

2月10日，检验所下发通知征集援鄂人员，黄涛义无反顾地报了名，也想过有危险，但是作为一名医护人员，这时候应该要冲在前面。2月17日，他带上换洗衣物就直接从武汉奔赴荆门，在钟祥市人民医院支援核酸检测工作。在荆门援助期间，由于仪器设备的缺少以及患者的样本量的加大，他每天工作时长超过10个小时。实验过程中，由于生物安全因素，双手必须悬空操作实验，黄涛经常保持这种姿势四五个小时，每次出实验室胳膊早已僵硬动不了，脱下防护服，里面的衣服可以拧出水来。相比这些，想到能够更快地让患者得到治疗，他认为所做的都是值得的。作为临床医生的眼睛，检验过程丝毫不能出错，守住了病毒的检测，才能使患者更好地得到治疗。

作为抗疫工作的核心力量，哪怕有随时被感染的风险，黄涛都咬牙坚持。他从未忘记医务工作者肩上救死扶伤的重任，所以和千千万万勇敢请战的医务人员一样，只要患者需要，他将永不缺席。

第七章

人文黄冈

　　黄冈历史悠久、文化灿烂、文明昌盛，在政治、经济、教育、科技、医药、宗教、文学、学术、戏曲等各个方面都做出了举世瞩目的卓越成就，发生了数不胜数的重大历史事件，涌现出一大批可歌可泣的历史人物，为文明进步做出了重要贡献，永载青史流传久远。

　　黄冈山清水秀，美丽富饶，北部大别山区群山耸峙，中部丘陵起伏，南部平原沃野。苏东坡在《念奴娇·赤壁怀古》中赞誉此地"江山如画"。得天独厚的地理环境和自然生态，为黄冈创造悠久的历史和灿烂的文化提供了保障。

拓展资料

一、得天独厚的山水

　　黄冈市位于湖北省东部（所以有"鄂东"之称），大别山南麓，长江中游北岸，地处鄂豫皖赣交界之地，北接河南、东连安徽，南望江西，与湖北省武汉市、孝感市、鄂州市、黄石市为邻（图 7-0-1）。全市地理坐标在东经 114°25′~116°08′，北纬 29°45′~31°35′。

　　目前，黄冈市辖黄州区、团风县、浠水县、蕲春县、黄梅县、罗田县、英山县、红安县、麻城市、武穴市、龙感湖管理区，全域面积 17 446.61 平方千米，占湖北省总面积的 9.4%。

图 7-0-1　黄冈的山

黄冈地势北高南低，由西北向东南逐渐倾斜，大致可分为东北部山区、中部丘陵区，西南部平原区三种地貌轮廓。

东北部以山区为主，大别山是我国著名的大山脉，长江、淮河两大水系的分水岭，山脉脊柱位于罗田、英山，海拔 1 000 米以上的山峰有 90 余座，其中，主峰天堂寨海拔1 729米，为大别山脉最高峰。罗田、英山、红安、麻城地处大别山腹地，山雄壑幽，重峦叠嶂，山峦连绵，岭谷相间。

中部以丘陵地区为主，风光雄奇峻秀的山地，低山丘陵外缘的垄岗地貌呈现出河谷冲积平川与丘峦平行错落景观，地势开阔平缓，地形高低起伏，谷宽丘广，山水相间，冲、垄、塝、畈犬牙交错。

西南部以平原湖区为主，属江汉平原向东伸延部分，长江中游平原组成之一，地势坦荡低平，河港交织，湖泊密布，土地肥沃。

黄冈境内江河水系及湖泊水库众多，水资源充足，是著名的江河之域，百湖之地，鱼米之乡。

长江自西向东流经黄冈市南部边缘，经过团风、黄州、浠水、蕲春、武穴、黄梅六市县区，境内长度215.5 千米，贯通东西，沿途接纳倒水、举水、巴水、浠水、蕲水和华阳河水系及其支流，是黄冈最重要的河流。

自西北至东南的倒水、举水、巴水、浠水、蕲水和华阳河六大水系都发源于大别山区，共接纳大小支流 3 700 多条，大小河流纵横交错，百派千支，自北向南汇入长江，构成以长江为轴的向心水系。

长江沿江平原与沿河低丘处湖泊众多，是古云梦泽和古彭蠡泽的遗存，现有湖泊近两百个，这些湖泊多属浅平宽广型，冬浅夏盈，水涨湖阔，水退滩现。

水库、塘堰、港汊遍布黄冈各地，星罗棋布。全市建成各类水库 1 005 座，它们在灌溉、防洪、发电、养鱼、航运、供水等方面发挥了重要作用。

二、生态与资源

黄冈属亚热带大陆性季风气候区，大别山是中国南北气候分区的关键地带。

这里气温随季风转换而变化，冬冷夏热，冬干夏湿，雨热同季，季节变化明显。气候湿润，雨量丰沛。东北部山区因大别山脉抬升阻挡气流，是长江流域暴雨中心之一。

黄冈地处中纬度，光照充足，为人类活动、农作物生长和动植物生存提供了有利条件。

黄冈市植被属北亚热带向暖温带过渡性植被类型，森林资源丰富，全市森林覆盖率为32.4%。山区植被垂直变化明显，形成常绿、落叶阔叶混交林带、落叶阔叶与温带常绿针叶林带、山地矮林与常绿灌木丛带 3 个垂直植被带景观，植物资源丰富，是我国杜鹃科属最集中连片的生长地之一，以麻城龟山和英山天马山最为丰富。麻城龟山的古杜鹃群落，分布最集中、保护最完好，堪称"华中一绝"。

黄冈动物和水产资源丰富，家养畜禽有猪、牛、羊、鸡、鸭、鹅、兔等，野生动物有野猪、刺猬、狐狸、野兔、黄羊、松鼠、麻雀、斑鸠、鹰、绿毛龟、穿山甲等。沿江的团风、黄州、浠水、蕲春、武穴、黄梅等县市区，有"水乡泽国""鱼米之乡"等誉称。

黄冈许多动植物成为具有黄冈特色的土特产。"蚕吐丝、蜂酿蜜、树结油"有"大别山三宝"之誉，蕲龟、蕲蛇、蕲竹、蕲艾称为"蕲春四宝"。黄州的萝卜，浠水的油菜、巴河藕，英山的茶叶、蚕茧，麻城的福白菊，武穴的佛手山药，蕲春的蕲艾、中药材，红安的红薯、花生、老君眉茶，罗田的板栗、甜柿、茯苓、金银花，黄梅的青虾、团风苦荆茶，等等，都是远近闻名的名优特色产品。

三、大别山地质公园

黄冈大别山地质公园位于大别山腹地南麓，地处湖北省东北部。它是研究中国造山带地质学的宝库，拥有距今28亿年的古老造山带根物质，发育了与板块俯冲、碰撞相关的高压、超高压变质岩，展现了完美的构造活动形迹和丰富的岩浆活动产物（图7-0-2）。

作为一条地学内涵丰富的造山带，它古老而又典型的地质遗迹，反映了自28亿年前的新太古以来多次构造运动及多期变质变形作用，造就了复杂的地层序列、岩石组合和构造变形，具有全球对比意义，是全球研究造山带和大陆动力学的经典地区之一。

大别山以其地质遗迹的典型性、稀有性、系统性和完整性，成为国内外罕见的研究造山带地质学的天然博物馆。

黄冈大别山地质公园主峰地貌景观主要以形成于距今2亿年到6 500万年间的花岗岩地貌为特色，它们往往组成奇峰峻岭，此外，水流侵蚀地貌也比较多，常形成幽深的峡谷、宽谷等地貌。

图7-0-2 大别山地质

由于华北板块和扬子板块的碰撞造山，形成了秦岭—大别山中央造山带，同时伴随有花岗岩的广泛侵入和上隆，为后来隆升、剥蚀而形成的独特的大别山花岗岩峰峦景观、雄伟壮阔的山岳地貌提供了物质基础。

黄冈大别山花岗岩地貌丰富，峰峰奇特，山山有别。主要地貌类型有以薄刀峰、龟峰山为代表的高山峰岭、深切峡谷花岗岩地貌，和以天堂寨、天台山为代表的花岗岩石柱、峰林群等地貌。

250

大别山自上亿年前在造山运动作用下，就形成了现在的山体基本轮廓，基本保持温暖湿润的气候，因此，在第四纪冰川期间，大别山成为很多植物的避难所，保存了较多的古老孑遗植物和特有种属。

黄冈大别山地区地形地貌复杂，气候温和，是中国南北生物分区的关键地带、中原地区的物种资源库和生物基因库，山区森林覆盖率达到75%以上，森林群落保存完好，基本保持自然状态，作为"植物标本库"，有40多种珍稀植物。这里空气清新，是几乎没有被污染的"天然氧吧"。

一方水土养一方人。优越的自然山水孕育了丰富的人文风情，大别山地区人文底蕴深厚，地灵人杰，具有丰富的历史文化。

四、文化与自然环境的关系

黄冈名山胜水为黄冈文化奠定了基础，哺育了黄冈文化。

黄冈北部有大别山脉横亘，阻隔着黄冈与大别山北中原地域的联系，南有长江奔腾，限制了古人过往长江的随意性。江山阻隔的自然地域环境，让交通条件简陋的古人出行不便，活动范围不广，导致文化系统在一定时期和范围内呈现封闭性和独特性。这在民俗文化现象的差异显得突出，有"十里不同风，百里不同俗"之说（图7-0-3）。

黄冈名山胜水众多，它们都以其独特品位，哺育着黄冈的文化。古往今来，人们对黄冈山水情有独钟，赞美之辞，俯拾即是。北宋文学家苏东坡在麻城北部山区作《梅花》诗："春来幽谷水潺潺，的砾梅花草棘间。一夜东风吹石裂，半随飞雪渡关山。"

文化通过对山水自然景观的"江山如画"般的赞美和认同，让黄冈山水扬名古今中外。

黄州城的自然景观引来唐代大诗人杜牧、北宋文学家王禹偁、苏辙等古今文人墨客的赞美。他们通过优美的诗词文赋对黄州地域景观进行文化定格，抒发文化认同。苏东坡在《念奴娇·赤壁怀古》中以"江山如画"四个字对黄州地域景观进行画龙点睛般浓缩，黄州城自然地理环境顿时有了美学品味、人文意蕴，与文化成为相辅相成的关系。

图7-0-3　黄冈的水

遗爱湖是黄冈市区的城中湖，黄冈在建设以东坡文化为主题的黄州遗爱湖风景区时，通过景区命名、科学布局、景观营造等方式，构建遗爱清风、临皋春晓、东坡问稼、一蓑烟雨、琴岛望月、红梅傲雪、幽兰芳径、江柳摇村、大洲竹影、水韵荷香、霜叶松风、平湖归雁12个景区，让遗爱湖特有的人文与自然相结合，让遗爱湖风景区凝聚了东坡文化的精华要旨，提供了东坡文化的展示空间，提升了黄州文化名城的品位，营建了东坡文化的氛围。

自然环境影响人们对文化的拓展，而文化则影响人们对自然的认识。可见，自然环境与文化活动是相辅相成的。黄冈江山如画，风光宜人，哺育出灿烂的文化，而文化的拓展与弘扬，又使黄冈盛景美名远播。

第一节　石器时代至先秦历史文化

黄冈良好的自然生态和社会环境，孕育出悠久的远古文明。这里的史前文化遗址遗物众多，内涵丰富，谱系完整，多元交融，奠定了黄冈文明的基础。商周春秋战国时期的文化辉煌灿烂，扬越文化和荆楚文化在此交相辉映，楚文化占据主体地位后大放异彩，同时，商周文化也打下深深的中原文化烙印。

一、石器时代的原始文化

黄冈地处江汉文化区与江淮文化区交汇地带，是湖北地域四大新石器时代遗址集中地之一，文化属性开放通达、兼容并蓄、多姿多彩，形成多元文化交汇融合的局面。

（一）旧石器、新石器时代

距今万年以前的旧石器时代，是人类文明的初始时期。那时的原始先民们能制造打制石器，学会了用火，以采集和渔猎为主要生活手段，并创造出最原始的艺术品。黄梅县张山旧石器时代遗址，距今约一万年以上，是目前所认知的黄冈地域人类留下的最早栖息繁衍遗迹遗物，是黄冈史前原始文化的源头。

距今 10 000 万~4 000 年，人类文明进入新石器时代，先民们垒土为室，构木为巢，群落聚居，以狩猎采集为主，产生了农业和畜牧业，并使用磨制石器，能够制造陶器和纺织品。

以麻城后岗新石器时代早期文化遗址为标志，黄冈地域先民们陆续进入新石器时代。目前已发掘的新石器时代文化遗址遗迹约百余处，主要分布在倒水、举水、巴水、浠水、蕲水和华阳河水系六大自然地域，代表性遗址有：举水流域的栗山岗遗址和金罗家遗址、巴水流域的黄州螺蛳山遗址、蕲水流域的易家山遗址、华阳河水系的鼓山遗址，以及黄梅龙感湖塞墩、陆墩、窑墩遗址，都是具有代表性的新石器时代文化遗址。就时期而言，黄冈新石器时代具有代表性的遗址中，早期主要有麻城后岗遗址；中期主要有黄州螺蛳山遗址，黄梅龙感湖塞墩、陆墩、窑墩遗址，武穴鼓山遗址；晚期主要有麻城栗山岗遗址、梅家墩遗址、罗田庙山岗遗址。

一般来说，遗址所在之处，基本上是先民们曾经生活栖息过的群落聚居点，如武穴四望镇鼓山遗址发掘出新石器时代墓葬200余座，这批墓葬排列密集，分布有序，为研究黄冈乃至长江中下游地区新石器时代的墓葬特征、文化分期、区系类型等问题提供了不可多得的科学资料，遗址出土陶器、石器、玉器随葬品千余件，石刀、石铲、石锛等大量石器生产工具，表明武穴地区在新石器时代就已开始水稻种植历史。

黄冈处于吴头楚尾，江淮之间，原始文化属性呈现复杂多元、兼容并蓄、开放通达的多元文化特征。文化面貌虽然纷繁，却并不杂乱无章，而是各有侧重。大致以巴水为界线，巴水以东的浠水、蕲水及华阳河流域的原始文化受长江下游古越原始文化影响强烈些，而在巴水以西的巴水、举水、倒水流域原始文化受江汉平原原始文化影响强烈些，且又有其地域特点。

（二）黄州螺蛳山新石器时代文化遗址

黄州螺蛳山遗址位于湖北省黄冈市黄州区堵城镇堵城村，距黄州城区北约12公里，发现于1956年10月，历经三次科学发掘，出土大量随葬器物（图7-1-1）。其中属于生产工具的有石刀、石钺、石锛、石凿、石镞、陶纺轮、骨锥等器物；属于日常生活用具的陶器有鼎、杯、罐、碗、甑、豆、簋、壶、盘等器物；属于装饰品的主要有石枕、石臂环、陶球、彩陶饼、陶环、玉环等器物。

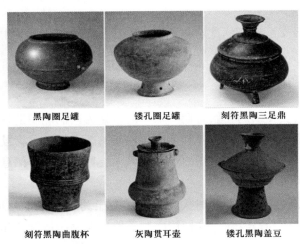

黑陶圈足罐　　镂孔圈足罐　　刻符黑陶三足鼎

刻符黑陶曲腹杯　　灰陶贯耳壶　　镂孔黑陶盖豆

螺蛳山遗址出土的陶器（现藏黄冈市博物馆）

图 7-1-1

遗址遗物中，无论是石器、陶器，还是玉器，都不乏史前艺术代表作，特别是遗址中存在汉字起源时的最原始形态，这主要表现在出土的一件黑陶折腹杯的上腹部有纵横交错的刻道，构成菱形网格纹，考古人员说道："结合其他墓葬出土较多的鱼咽齿、咽骨、鱼骨骼等，我们推测此种网格纹可能是一种刻划符号，应是'网'字的祖形。"

黄州螺蛳山遗址新石器时代文化遗址距今6 000~4 000年，相当于大溪文化中晚期至屈家岭文化早期，地处江汉文化区与江淮文化区交汇区，独特的地理位置与环境，使这里的史前文化多元交融，是一处文化复合型的遗存，具有复杂性、多样性和独特性。就其文化谱系而言，属于屈家岭文化谱系中的九大类型之一，历史与考古学界称之为"屈家岭文化螺蛳山类型"，在中国新石器时代文化中占有一定地位。

黄州螺蛳山新石器时代遗址谱系完整，丰富多彩，艺术璀璨。缤纷的彩陶艺术、玉石装饰品、最早的石枕，等等，无不彰显这里原始文化艺术的繁荣，奠定了黄冈文明时代的基础。

（三）长江流域第一龙

位于黄梅县白湖乡张城村焦墩遗址出土的焦墩卵石摆塑龙，发现于焦墩遗址大溪文化层堆积底部的红烧土上，它是在预先铺好的红烧土台面上，用色彩各异、大小不一（5~8厘米）的河卵石按照构思设计好的图案精心摆塑而成。石龙全长7米，躯干长4.46米，高2.26米。其头西尾东，鹿头、鱼尾、蛇身、兽爪，龙首高昂，张口吐舌，单角上扬，尾端上卷，背部有立鳍，腹部有四足。颗颗卵石象层层鳞片，鳞光闪闪，布局合理，有密有稀。龙身呈波浪起伏状，恰似一条正在腾飞的巨龙（图7-1-2）。

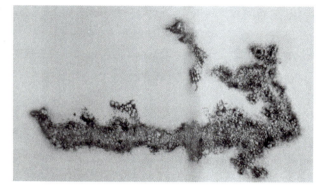

图7-1-2　焦墩卵石摆塑龙

焦墩卵石摆塑龙距今约6 000年，是迄今中国发现时代较早，形象较为成熟，形体较大的龙形图案之一，是长江流域发现的早期龙形象，被称之为"长江流域第一龙"，显示了黄冈历史文化的悠久与灿烂。

二、商朝西周时代的文化融合

商朝西周到春秋战国时期，扬越文化、荆楚文化等多元文化因素交汇融合，使黄冈文明绚丽多彩，艺术丰富灿烂。

（一）毛家嘴遗址古越木构建筑

商朝西周时期，黄冈生活着三苗人和扬越人，他们在此生息繁衍，建造着三苗之地、扬越家园，并播撒着文明曙光。黄梅龙感湖陆墩遗址、塞墩遗址、蕲春毛家嘴遗址和罗田庙岗山遗址具有越文化特征。

蕲春毛家咀西周建筑遗址面积约3万平方米，是一处规模较大的木构干栏式建筑，并发现堆存粮食的遗迹。还出土了陶器、铜器、骨器和漆木器以及卜骨、卜甲等。

蕲春毛家咀遗址西周木构建筑是长江中下游地区建筑的代表之一，是古越人居住的干栏式建筑代表之作，也是干栏式建筑在河姆渡时代以后在我国南方的又一次面世，是我国周代建筑考古的一个重大发现，对于研究西周社会和我国西周古代建筑均具有重要意义。湖北省社会科学院编撰的《湖北简史》认为它"从建筑规模和共存遗物来看，属西周早期奴隶主占有的一群建筑物"。

（二）蕲春新屋垸青铜器窖藏

晚商西周时期，黄冈地域的土著居民虽以扬越人为主，但地处中原的商周王朝已开始

254 对大别山以南进行统治，建筑遗存有两处，一处是红安金盆遗址的半地穴式房屋建筑遗迹及西周墓葬。另一处是蕲春毛家咀西周木构建筑西侧新屋塆出土的一批晚商至西周早期青铜器窖藏，其中的晚商青铜盂方鼎、青铜酉方鼎、青铜宠方鼎，具有典型殷墟风格，是商

末周初武王灭商后，商王室贵族南逃到湖北蕲春时携带的器物。盂方鼎内有 8 个字："盂将文帝母日辛尊"，大意是：盂，为祭祀自己祖先"日辛"这个人，制作了青铜宝器。考古学者认为这是商纣王的兄弟为祭祀他的母亲而制作的青铜宝器（图 7-1-3）。这批青铜器属殷商王室的重器，整器造型庄重，体态稳健，铸制精良、保存完好，表现了商周时代高超的青铜制造工艺，是难得的青铜艺术珍品，是中原文化与黄冈先

图 7-1-3　盂方鼎

秦文化交流融合的物证，是早期黄冈移民文化的实物例证。

三、春秋战国时期的楚文化

到了春秋战国时期，黄冈成为楚国的疆域，楚人进入黄冈地域，楚文化逐渐占据主导地位，形成独具特色的"鄂东楚文化"。

（一）吴楚柏举之战

孙武、伍子胥是我国古代著名军事家，孙武还是军事经典著作《孙子兵法》的作者。孙武、伍子胥两人曾联合指挥吴军，发动柏举（今麻城境内）之战，大败楚军。

吴国于春秋晚期勃兴于南方，与强大的楚国长期兵戎相见。吴王阖闾即位以后，起用伍子胥、孙武等杰出人才，励精图治，整军经武，积极从事争霸大业。这时，西方的强楚，就成了吴国争霸的最大障碍。

公元前 506 年，吴王阖闾和谋臣武将孙武、伍子胥等，倾全国之师，对楚军进行战略奇袭，挺进到汉水东岸。楚军在令尹囊瓦等人率领下仓促出征，尾随吴军于小别至大别（今大别山脉）间，数次交战皆失利。

伍子胥、孙武等见楚军已陷入完全被动的困境，决定同楚军进行战略决战。十一月十九日，吴军在柏举列阵迎战楚军。阖闾弟夫概主动发起攻击，率领自己的五千部属奋勇进攻囊瓦的军队，楚军一触即溃，阵势大乱，阖闾见夫概部突击成功，乃乘机以主力，投入交战，扩张战果，大胜楚军。

楚军主力在柏举决战遭重创后狼狈向西溃逃，全线崩溃，吴军及时实施战略追击，长驱直入，五战五胜，于十一月二十九日，一举攻陷郢都。柏举之战遂以吴军的胜利而告终结。

柏举之战是春秋末期一次规模宏大、影响深远的大战，范文澜在《中国通史简编》中称它为"东周时期第一个大战争"。吴军一举战胜强敌楚军，给长期称雄的楚国以空前创伤，从而使吴国声威大振，为吴国进一步争霸中原奠定了坚实的基础。同时，柏举之战，孙武、伍子胥以3万兵力，击败20万楚军，创造了中国战争史上以少胜多、快速取胜的著名战例，在中国战争史上占有重要地位。

（二）邾城遗址

商周时期，黄州地域已是中原王朝的南疆，三苗之民、扬越之人和楚国势力此起彼伏，楚越文化在此地相得益彰，形成多元交融之势，为邾城城池的崛起、黄州邾城文化的萌芽奠定了良好基础（图7-1-4）。

楚人于春秋早期入据鄂东地域时，只是占据几个城池或居民点，黄州邾城地域是其中之一。春秋中晚期，这里已隶属于楚国的坤舆。战国中后期，楚国的势力受到秦国严重挑战，屡次迁都，楚国的核心区域转移到江淮流域。楚国将其境内地域具体分为东楚、西楚、南楚，合称"三楚"，黄州邾城地域属于南楚之地。

邾城城池在春秋时期就已存在，到战国时期，城池已具有一定规模。战国后期，楚国对此地关注程度加大，开发力度加大，成为贵族重要居住地之一。因而，在邾城遗址附近出土了大量精美的战国中后期文物。如在今黄州城区禹王办事处附近已考古发现楚国墓葬数百

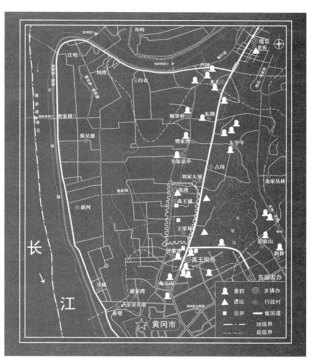

图 7-1-4　邾城遗址分布图

座，出土了青铜器、陶器、铁器、漆木器、玉石料器等众多文物。其中堵城国儿冲楚国墓葬群出土铜剑、铜戈、铜镞、铜削刀、车軎、铜鼎、铜马衔等青铜器58件，禹王罗汉山楚墓出土铜鼎、铜壶、铜戈、铜戈尊、铜马衔等青铜器13件，堵城芦冲楚墓中出土随葬品223件。

256

(三) 邾国君民南迁

战国后期，邾国(位于今山东邹城一带)君民从邾国南迁至黄州邾城，也就是现在的黄州区禹王街道办事处的禹王城遗址地域，是黄冈历史上早期有组织移民。

古邾国是西周初年著名古国之一，战国时也称"邹国"，是中国历史上春秋战国时代诸侯国。它的文化成就比较高，与鲁国合称"邹鲁之邦"，儒家的代表人物之一孟子就是邹国人。

公元前 255 年，楚国军队北伐，灭亡了鲁国和邾国，把邾国末代国君及部分贵族从山东迁到今黄州区禹王街道办事处境内的古城池处居住。邾国君民到此后，在原有城池基础上，筑城建屋，扩大规模，史书上因此将这座城池称为"邾城"。

由于邾国是春秋战国时的诸侯国，以崇尚礼仪、文化渊厚而博得天下尊重，有"邹鲁之邦"的盛誉，虽然亡国，但其国君仍为天下关注，而他所居的邾城又规模较大，所以在战国后期，邾城声名显赫，是当时长江中游著名的大城邑。这从禹王曹家岗楚墓中出土文物中可见一斑。该墓葬出土陶器、铜器、漆木器、竹器、石器等随葬品 74 件，其中铜鼎、铜敦、铜壶、铜盒等青铜礼器就有 37 件，出土的七枚竹简上发现文字 33 字，内容为遣策(丧葬活动中记录随葬物品的清单)，该竹简被誉为"鄂东第一简"。

第二节 秦汉至宋元历史文化

秦汉至南北朝时期的黄冈文化，异彩纷呈。不仅有衡山王、蕲春侯的王侯之都，邾城、蕲春城的坚固城池，罗州城汉墓、对面墩汉墓的文物魅力，还有"五水蛮"蛮族风情流光溢彩，更有赤壁战场、"不越雷池"成语、鲍照《登大雷岸与妹书》等文化流芳百世。隋唐宋元时期的蕲、黄二州，其人物，其人文，高峰耸峙，屡惊世人。如黄梅的佛教禅宗、黄州的东坡文化、蕲口的茶业贸易，如禅宗四祖五祖、程颢程颐、毕昇，如余玠、徐寿辉，如杜牧、王禹偁、韩琦、张文潜，如《赤壁》、二赋一词、《黄州新建小竹楼记》《黄州快哉亭记》，等等，皆在青史有载，传颂不绝。

一、两汉四大王侯之国

今黄冈地域在两汉时期相继存在四大王侯之国，即楚汉相争中吴芮的衡山王国和英布的九江王国，西汉刘勃刘赐的衡山王国，东汉初期的蕲春侯国。

(一) 楚汉相争中吴芮的衡山王国

秦始皇统一六国后，在全国实行郡县制，境内北部属南郡，东部属九江郡。不久，朝廷设置衡山郡，郡城设在邾城，此时邾城的政治地位相当于当代的省会城市。

秦末农民大起义，推翻了残暴的秦王朝，楚汉相争，项羽与刘邦浴血拼杀，造就衡山王吴芮这位乱世豪杰。

吴芮是秦朝番邑县令，陈胜、吴广反秦，吴芮起兵响应，立下战功。秦亡后，公元前206年二月，项羽自立为西楚霸王，分封反秦功臣及旧贵族十八人为王，吴芮因立有战功，又不断接济资助诸侯兵马，故被项羽封为衡山王，衡山王即天下十八王之一。

衡山王国的国都邾城就是秦朝衡山郡的郡城，遗址在今黄冈市北郊禹王办事处。衡山王国辖境相当于今湖北省黄冈市、河南省信阳市、安徽省六安市三市的范围。

吴芮的衡山王国存在时间不长，据《汉书·高帝纪》记载，吴芮在被封为衡山王后不久，又被"项羽侵夺之地"，也就是被项羽废了。

项羽败亡后，吴芮转而投奔刘邦，与韩信等人上表称臣，拥戴刘邦为帝，成为西汉开国元勋。刘邦登上帝位后，颁诏嘉奖吴芮："故衡山王吴芮，从百粤之兵，佐诸侯，诛暴秦，有大功；诸侯立以为王，项羽侵夺之地，谓之番君。其以芮为长沙王。"就这样，汉高祖五年（前202年），刘邦封吴芮为长沙王，并将都城由邾城远迁长沙（今湖南省长沙市）。著名的长沙马王堆墓葬就是他的后人的墓葬。

（二）楚汉相争中英布的九江王国

英布是汉初著名将领，为消灭秦王朝立下汗马功劳。公元前206年，项羽分封诸王，其中英布为九江王，建九江王国。九江王国疆域在皖鄂赣豫交界处，今黄梅、武穴、英山诸地，皆为九江王国辖地。英布还在今黄梅县内筑城，称九江城，遗址在今黄梅蔡山古城村。项羽战败身亡，英布投靠刘邦，与韩信、彭越并称汉初三大名将。汉高祖四年（前203年），英布改封为淮南王，九江王国遂消失。英布死后遗体分尸而葬。头葬六安祖茔，身葬湖北英山，在江西鄱阳县的仅是纪念性的墓冢。

（三）西汉刘勃到刘赐的衡山王国

西汉文帝十六年（前164年），朝廷封皇室子弟安阳侯刘勃为衡山王，建立衡山王国，以邾城为王都，刘勃成为西汉首位衡山王。汉景帝四年（前153年），吴楚七国反叛平定，刘勃以忠贞守信改任掌管济水以北的地区。庐江王刘赐则被北迁为衡山王，统管长江以北地区，成为继任的衡山王，仍以邾城为王都。

衡山王刘赐在衡山王国极不安分，劣迹斑斑，不仅多次侵夺他人田产，毁坏他人坟墓辟为田地，而且附和淮南王刘安谋反，约定共同制造谋反的器具。刘安谋反失败后，朝廷深究，汉武帝元狩元年（前122年）冬，衡山王畏罪自杀，所有参与衡山王谋反事之人皆满门杀尽，衡山国废为衡山郡，次年，再废衡山郡，立邾县。

（四）传国三世的蕲春侯国

陈俊，字子昭，东汉开国功臣，建武十三年（37年），受封为祝阿侯，为东汉初年著名的"云台二十八将"之一。他逝世后，朝廷于建武二十三年（47年）封其子陈浮为蕲春侯，置蕲春侯国，领蕲春县地，蕲春侯国国都在今之蕲春县漕河镇。

258

　　陈浮去世后，其子陈专诸继承爵位。陈专诸去世后，其子陈笃继承爵位。蕲春侯国传三世，至陈笃时撤销。

　　对于陈浮封蕲春侯，蕲春侯国传国三世之史实，《后汉书》记载颇详。另外，在蕲春陈家大地（即今蕲春火车站内）东汉墓葬中出土了一件有铭文的漆盘随葬品，考古专家对其进行研究后认为，漆盘的"主人可能是蕲春侯国的官吏"（《罗州城与汉墓》），也证实了蕲春侯国的存在。

二、对面墩汉墓和罗州城汉墓

　　两汉时，今黄冈地域存在有王侯、郡、县三级行政层次，社会经济发展基本上能与时俱进，同时，由于当时社会普遍重厚葬，所以，古墓多，文物盛，艺术性高，是黄冈汉墓文物艺术的突出特点，以对面墩汉墓和罗州城汉墓具有代表性。

（一）黄州对面墩汉墓

　　黄州邾城在秦朝是衡山郡城，长江中游地方政治中心之一。秦汉之际，是衡山王吴芮的王城，西汉前期，是皇室子弟、衡山王刘勃、刘赐的王都，衡山王废除后，邾城长期为邾县县城，到了三国两晋时，是长江流域著名军事重镇，公元 339 年，后赵军队攻打邾城，守城的晋军战死殆尽，邾城沦陷并被摧毁，但遗址至今尚存（图 7-2-1）。

　　黄州邾城周围出土了许多汉代墓葬，对面墩汉墓是其中的大型墓葬。墓葬出土金、铜、玉、铁、青瓷和陶器等文物 141 件。墓室独特的"无梁殿"及"圆攒尖小平顶"墓室结构、完好的保存状态、多姿多彩的墓砖花纹，体现了鄂东地区汉代先民、邾城工匠高超的建筑水平和艺术修养，作为东汉时期留下来的建筑，是东汉地方贵族墓葬建筑的代表，对于研究东汉建筑史、丧葬制度、官职制度具有重要意义，而且具有重要的保护利用价值。

（二）罗州城汉墓

　　汉高祖六年（前 201 年），西汉朝廷设立蕲春县，县境辖地包括今之蕲春、浠水、罗田、英山及武穴西部（积布矶以西）。蕲春县城在今蕲春县漕河镇侧罗州城遗址处。蕲春侯国传国三世撤销后，复为蕲春县，蕲春城仍为县城。

　　考古专家对汉代蕲春县城进行过系统科学考

图 7-2-1　黄州对面墩汉墓及其平面图

古发掘。据《罗州城与汉墓》记载，汉代的蕲春县城城池总面积约 15 万平方米，城垣呈现不规则方形，不少地段至今仍有城垣遗存耸立。《蕲春罗州城——2001 年发掘报告》认为："罗州城内汉代文化堆积的发现为汉蕲春县治的地望在罗州城内的观点提供了新的依据。罗州城内外汉代文化因素与湖北汉水以东、包括整个鄂东及鄂东南地区与湘北洞庭湖地区一起，似乎形成了一个区域性的汉代文化圈。罗州城的文化堆积在战国至西汉早期，以楚文化因素为主；随着西汉社会大一统局面的推进，自西汉中期开始即以西汉时代的共有文化为主，楚文化因素开始减弱，吴越文化因素也在罗州城内出现。进入西汉晚期至东汉中期，西汉、东汉时代共有文化进一步加强，楚文化因素大为削弱，吴越文化依然小范围地存在。"

三、五水蛮民

汉晋南北朝时期著名少数民族五水蛮的主体生活于大别山区的倒水、举水、巴水、浠水、蕲水流域，兴起于东汉，发展于三国两晋，鼎盛于南北朝，同化于隋唐。

五水蛮是巴人后裔。巴人是我国先秦民族之一，生活于今之重庆与鄂西地域。东汉建武二十三年（47 年），巴人造反，东汉朝廷派兵镇压，造反平息后，朝廷为了实施分而治之策略，将参与造反的 7 000 余巴人迁徙到江夏郡，并以大别山区的倒水、举水、巴水、浠水、蕲水五水流域为其主要安置地。这样，黄冈地域产生了最早的五水蛮民。

东汉永元十四年（102 年），巴人再次造反，东汉朝廷派兵镇压，造反平息后，朝廷又将大批参与叛乱的巴人迁徙到五水流域。此后，又有大批巴人因各种原因进入五水流域。

西汉到东汉时期，江夏郡五水流域地处大别山区，地广人稀，土著居民较少，大批巴人涌入后，落籍生根，生息繁衍，逐渐形成独立的少数民族，在东汉至南北朝时期，其名称有五水蛮、豫部蛮民、江夏蛮、西阳蛮、新蔡蛮、弋阳西山蛮等多种称呼。

大别山区五水流域山清水秀，气候适宜，物产富饶，五水蛮民生活于此，以种植水稻、茶等作物为主，辛勤劳作。巴河是他们的重要生活地之一，人们就以"巴"命名这条河流。

五水蛮民具有较强的凝聚力和向心力，长期保持着自己的风俗习惯，并有异于中原习俗，尤其是秉承了巴人的性格，以剽悍、勇猛、尚武闻名，他们披荆斩棘，攻城略地，逐渐成为五水流域的主导力量。

到了东晋至南北朝时，群聚山区的五水蛮的地域迅速扩展，力量迅速扩充，影响迅速扩大。朝廷为了加强统治和管理，专门设置了统治五水蛮地域的特殊政权机构——左郡左县，但没有达到预期效果，就派军队实行武力镇压，使巴水、浠水、蕲水流域的五水蛮元气大伤。再封官许愿，对五水蛮首领进行笼络。

五水蛮在武力高压态势和封官赐爵的怀柔政策中，力量逐渐削弱，影响力逐渐减小，最后与周边民族融合。唐代文学家杜牧任黄州刺史，在回顾这段历史时，有"古有夷风，今尽华俗"的点评。

千百年以后，五水流域仍以巴河、上巴河、下巴河、巴驿等地名方式，告诉后人，巴人后裔五水蛮曾在此存在过，生活过。

四、文化初兴

自秦汉至南北朝，黄冈文化初兴。相继出现了具有文学色彩的铜镜铭文、成语、故事传说、文学作品，鲍照及其《登大雷岸与妹书》则是此期文化的最大亮点。

（一）罗州城汉墓铜镜铭文

由于岁月流逝，秦汉时期能够以书籍形式流传至今的文学作品已是凤毛麟角，查阅现存文学典籍，还没有发现秦汉时期可确认出自黄冈地域的文学作品。值得庆幸的是，考古工作者在对蕲春县罗州城汉墓遗址进行系统发掘时，出土了一批带有铭文的铜镜文物，这些铜镜铭文具有一定的文学色彩，真实地反映了两汉时期民众普遍的思想情感，与文学史上流传至今的两汉文学作品有异曲同工之妙，且没有进行过任何修正，更具原生态，属于可以确认的黄州地域早期文学作品。现摘录部分铭文如下。

悉思曾，愿见忠，君不悦，相思愿毋绝。

这是蕲春县鳡鱼咀西汉墓出土的蟠螭纹铜镜铭文，它反映了男女双方的相思之深，忠贞之烈。

内清以昭明，光象夫日月，心忽扬忠，雍塞而不泄。

这是蕲春县付家山西汉墓出土的昭明镜铭文，它反映了持镜人的光明磊落境界。

尚方作竟真大巧，上有仙人不知老。渴饮玉泉饥食枣，浮游天下敖四海，寿如金石乌园。

这是蕲春县陈家大地东汉墓出土的规矩四灵铜镜铭文，它反映了人们羡慕神仙，追求长生的世风。

常乐未央，长毋相忘。

这是蕲春县鳡鱼咀西汉墓出土的规矩草叶纹铜镜铭文，他反映了人们之间的真诚感情和祝福。

青盖作竟四夷服，多贺国家人民息，胡虏殄灭天下复，风雨时节五谷熟，长保二亲得天力。

这是蕲春县对面山东汉墓出土的变形四叶兽首铜镜铭文，它反映了持镜人对天下兴亡、百姓安康、国家强盛、天下一统的愿望。

（二）成语“不越雷池”的来源

两晋南北朝时产生了一些故事与传说。佛教故事白龟渡江发端于黄州赤壁，成为佛教说唱文学的重要内容。“不越雷池一步”成语发端于今黄梅县龙感湖一带，成为使用频率较高的成语，雷池因此名垂史册。

成语“不越雷池”来源于东晋庾亮的《报温峤书》，其事发端于今黄梅县龙感湖一带。今黄梅、武穴及安徽望江等长江中游地域，在商周春秋战国时，是浩瀚的彭蠡古泽，随着岁月变迁，沧桑巨变，到汉代，彭蠡古泽萎缩，遗留下许多沼泽、湖泊，雷池就是其中之一。古雷池完全形成于三国两晋时，向东流入长江。其主体部分在今龙感湖一带。它外控九江至南京长江水上要道，内扼黄梅宿松太湖等内河航道之咽喉，军事战略地位重要。东晋初年，朝廷在此设大雷戍，布防重兵把守。江州刺史温峤统率晋军的主力就驻防在雷池腹地。公元 327 年，苏峻、祖约发动叛乱，进攻京都建康（今南京市），驻守雷池的温峤想领兵东下救援京都。宰相庾亮知道这个消息后，立刻写信给温峤，要求他驻守雷池原地，千万不要离开，信中有一句道："我忧西陲过于历阳，足下无过雷池一步也。"因为庾亮忧虑镇守"西陲"的大将陶侃也趁机发动叛乱，需要提防戒备，所以有信中之语。"不越雷池一步"这个成语原意是要温峤坐镇防地，不要领兵越过雷池到京都去。现在这个成语的含义发生了变化，指做事不敢逾越一定的界限或范围，是人们熟悉，使用频率较高的成语。雷池因此名垂史册。

（三）鲍照及其《登大雷岸与妹书》

鲍照（约 414—466 年），南北朝刘宋著名文学家，是有明确记载的最早在黄冈地域进行文学创作的文学家。

刘宋大明五年（461 年），鲍照任前军参军（故有鲍参军之称），赴战略要地——寻阳故城、大雷戍（均在今黄梅县境近）任职，他乘船自荆州顺江东下，至大雷岸（在今黄梅县东南沿江一带）舍舟登岸，给他妹妹鲍令晖写了封家信，后人定名为《登大雷岸与妹书》，详述了他在旅途中从五洲（在今浠水县巴河镇）到九派（即今江西省九江市，与黄梅县隔江相守）之间所见所闻所感的大自然雄奇瑰丽的景色，抒发了他对大自然的感受。如："东顾五洲之隔，西眺九派之分；窥地门之绝景，望天际之孤云，长图大念，隐心者久矣！南则积山万状，负气争高，含霞饮景。"这封《登大雷岸与妹书》家书是文学史上著名作品，尊为山水文学鼻祖。鲍照足迹遍及黄梅、武穴地域，如今武穴市太平山有鲍照读书台，相传即为他读书遗址。他因卷入皇室争斗之中而遇害，其墓在今黄梅县城。

五、蕲黄二州的历史演进

隋朝建立后，规范地方行政机构，在今黄冈地域设蕲州、黄州。公元 598 年，朝廷合并南安县、齐安县为黄冈县，改齐昌县为蕲春县，新蔡县为黄梅县，梁安县为木兰县，信安县为麻城县。自此，黄冈县、麻城县、黄梅县的名称正式确定。黄州辖黄冈县、木兰县、黄陂县、麻城县四县，蕲州辖蕲春县、蕲水县、浠水县、黄梅县四县，奠定了蕲黄之地的基本格局。

天宝元年（742 年），唐朝改黄州为齐安郡，蕲州为蕲春郡，改兰溪县为蕲水县，改永宁县为广济县。16 年后，复为黄州、蕲州。

唐代的蕲州先辖蕲春、蕲水、罗田、黄梅、浠水五县，后屡有变更，主要辖蕲春、蕲水、广济、黄梅四县。蕲州土地肥沃，物产丰饶，交通便利，人烟稠密，属于富庶之地。《新唐书·地理志》评定蕲州为上等州。黄梅是中国禅文化的发源地，全国六座禅宗祖庭，该县独占两座。驰名中外的千年古刹四祖寺、五祖寺分别坐落于黄梅境内西山和东山。禅宗六位祖师中，四祖道信（今武穴人）、五祖弘忍（今黄梅人）、六祖慧能都曾在黄梅县修行并传承衣钵。

唐代的黄州辖黄冈、黄陂、麻城三县，有部分处于大别山区，是江淮间贫僻之地，旧、新《唐书》都把它列为下等州。州城先在今武汉市新洲区，唐末迁至今黄冈市区。

唐代的蕲、黄二州是我国重要的产茶区，在陆羽《茶经》和《旧唐书》《新唐书》都有记载，奠定了蕲、黄二州茶业在唐代茶业中的地位。蕲州的蕲门团黄茶和黄州的松罗茶都是史籍有记载的名茶，浠水县兰溪的"天下第三泉"誉满全国。

毗卢塔位于黄梅县大河镇四祖寺西侧，建造于唐永徽二年（651年），是佛教禅宗四祖道信禅师墓塔，又名慈云塔、真身塔。由砖石砌成，仿木结构，亭阁式，单层塔，塔基平面四方形，有双层须弥座，顶作四注式覆莲塔刹，四角攒尖顶。该塔是第五批全国重点文物保护单位。

柏子塔位于麻城市闫家河镇柏子塔村九龙山。公元783年，唐朝虚应禅师主持修建此塔。仿木结构，重檐楼阁式砖塔（图7-2-2），古时有柏树生在塔顶，每年立秋午时，塔四周无影，故称"柏子秋阴"。该塔是第六批全国重点文物保护单位。

图7-2-2 麻城柏子塔

晚唐五代时，蕲、黄二州经历战乱，唐末农民军领袖王仙芝战死黄梅。

到了宋代，黄冈地域仍为黄州、蕲州两州共治。北宋时，蕲州属望州，州城在罗州城（今蕲春县漕河镇侧），辖蕲春、蕲水、广济、黄梅、罗田五县。南宋蕲州州治先在罗州城，宋末，受蒙古军队入侵所迫，州治迁至今蕲州镇。黄州在宋代仍因地僻民贫而被定为下州，辖黄冈、麻城、黄陂三县。辖黄冈、麻城、黄陂三县（图7-2-3）。

宋末，因抗蒙需要，1270年，朝廷分蕲水县地，设置英山县。

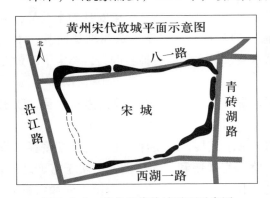

图7-2-3 黄州宋代故城平面示意图

两宋时期，蕲黄二州的农业得到开发。土地面积增加，主要种植稻麦粮食作物，水利大兴，民众在田地周围筑起堤岸，内以围田，外以围水，称为圩（围）田。蕲黄茶叶生产与贸易经济活动在全国占有举足轻重的地位。位于蕲州蕲春县的蕲口以茶业贸易为主，是长江中游贸易中心城市之一。

南宋时，蕲、黄二州地处与金、蒙对峙的国防前线，境内大别山区的军事要隘和长江天堑是南宋抵御金兵蒙军侵犯的天然屏障。

所以，南宋朝廷将黄州和蕲州明确为军事州和防御州建制，派重兵驻守。岳飞曾在此指挥作战，蕲州军民在罗州城保卫战中视死如归，广济余玠抗蒙治蜀保卫社稷，这些都名垂青史。作为两军交战的重要战场，残酷的战争给蕲黄地域造成严重伤害，广济县、罗田县都曾因战乱被废，黄梅县治、麻城县治都曾被迫迁徙。

宋代蕲黄二州的教育与文化也得到了较大提高，活字印刷术发明者毕昇安葬于蕲州蕲水县故乡（其墓在今英山县草盘镇）；程朱理学创建人程颢、程颐出生于黄州黄陂县，也就是现在的红安县二程乡；王禹偁、苏东坡等文豪在此达到了文学创作的高潮。本土文化名人崛起，在江西诗派中占有重要地位，潘大临的"满城风雨近重阳"诗句轰动全国。

郑公塔又名椿山塔，位于武穴市郑公塔镇东太白湖滨，始建于五代后晋天福年间（936～941年），明成化三年（1467年），对它进行了重修。该塔由石基、砖身、铜顶三部分组成，塔身与地面有倾斜，是第七批全国重点文物保护单位。

高塔寺塔俗称乱石塔，又名百尺，位于黄梅县，始建于北宋天禧四年（1020年）。八角形，共十三层，多层密檐式，仿木结构，全部用青灰砖筑砌而成，是湖北省文物保护单位。

元朝末期，罗田人徐寿辉领导反元起义，建立天完国，在蕲水县城（今浠水县城）即位称皇帝。天完国崛起于蕲黄，雄兵百万，称雄江汉，横扫江淮，席卷东南，使元朝在南方的统治受到沉重打击。

六、毕昇和庞安时

在宋代文化史上，毕昇和庞安时都十分突出，毕昇的活字印刷术推动了人类文明进程，而一介平民庞安时以其医术名入《宋史》。

（一）活字印刷术发明者毕昇

毕昇（972—1051年），北宋淮南路蕲州蕲水县（其故里今属英山县）人，平民布衣出身，于北宋庆历年间发明胶泥活字印刷术。北宋著名的科学家沈括在《梦溪笔谈》中记载了毕昇的发明过程和情况。

印刷术、指南针、火药和造纸术，被誉为我国古代的四大发明。其中活字印刷术的发明，是印刷史上的一次伟大革命，开创了印刷史的新纪元，对推动人类文明的进程发挥了重要作用，为我国文化经济的发展开辟了广阔的道路。它传播到朝鲜、日本、以及欧洲各国后，对世界文化都产生了深远的影响。

毕昇是世人公认的中国古代四大发明之一的活字印刷术发明者。他于1052年逝世后，葬于蕲水县故乡（今英山县草盘镇），今有墓碑被发现（图7-2-4）。

图7-2-4 英山毕昇墓碑

（二）宋代名医庞安时

庞安时（1042—1099 年），北宋蕲州蕲水县（今浠水县）麻桥人，出生于行医世家。年轻时开始行医，熟读医书，医术高明，深受世人敬重，被誉为"北宋医王"。

他以善治伤寒病而闻名江淮，对东汉医学家张仲景的医著作《伤寒论》研究很深，著有《伤寒总病论》，是毕生医治伤寒临床实践的总结。书中包括伤寒与温病两方面的内容，论述和发挥了外感热病的发病、分类、临床治疗。他强调人体正气在伤寒发病中的决定性作用。

他医德高尚，不仅为病人精心治病，而且为病人提供食宿，并亲自调理粥饭及药物，病人健康后送回家。

庞安时虽有耳聋，但医名满天下，且文学修养较高，他与苏东坡、黄庭坚、张文潜等文豪关系十分密切。苏东坡曾与他同游清泉寺，并作词纪念。

七、一代名相韩琦读书安国寺

北宋天圣年间（1023—1031 年），韩琦之兄韩琚任黄州知州。他励精图治，将黄州治理得井井有条，上下称颂。韩琦云："余兄天圣中，尝任齐安守。兄才无不宜，吏治敦可偶。"是时，韩琦因父母新丧，家中无以栖身，便由安阳赴黄州投靠其兄。韩琚见弟聪明颖慧，可堪造就，就在安国寺寻一安静之处，让他闭门苦读诗书，期冀日后大展宏图。

韩琦在安国寺中"白昼青灯，风雨无怠"，读书勤奋，竟至感天地，动神灵。《宋人轶事汇编》中记载了一个美丽传说：在一个风雨交加、电闪雷鸣之夜。韩琦伴着青灯黄卷，正全神贯注地读书。突然，两个精灵化作衣冠高髻、容装艳丽的女子飘然而至。在韩琦的前后或搔首弄姿，妖媚迷人，或装神扮鬼，恐怖悚然。但韩琦泰然处之，手不释卷，心不离书，毫不理会。两精灵见其读书之心如此之诚，皆心悦钦佩，临行前道明真相："我俩现在既不是人，也不是神仙鬼魅，而是楚国的灵、均二人。当屈原大夫投江自尽后，我俩也随之投江。后来屈原升天为神仙，而我俩则化作精灵，四处游荡。听说你是一位坐怀不乱、处变不惊的有德君子，特来打扰试之，果然所言非虚。据此，你可为社稷之栋梁。"

苦读之余，韩琦遍览黄州山水名胜。一次，他游览黄州四大名楼之一的涵晖楼，为眼前如诗如画的大好风光所折服，欣然写道："临江三四楼，次第压城首。山光拂轩楹，波景撼窗牖。原鹡款集中，万景皆吾有。"

韩琦在黄州安国寺读书，使其成为才华横溢的饱学之士，治国韬略，尽悉心中。后来果然金榜题名，进士及第，成为一代名相，社稷重臣。自此黄州安国寺名噪江淮。清《黄冈县志》称韩琦："黄人思其德，为立祠于读书处。"

黄州本属僻陋之郡，皆因王禹偁、韩琦、苏轼三人相继或任职于斯，或读书于此，使世人对黄州刮目相看。黄州城的名声越来越大，正如南宋理学奠基人朱熹所称："齐安在江淮间最为穷僻，而国朝以来，各卿贤大夫多辱居之。如王翰林、韩忠献、苏文忠，邦人至今乐称。……何哉？盖王公之文章、韩公之勋业，皆以振耀于一时。"

八、唐宋文豪

杜牧、王禹偁、二程（程颢、程颐）、苏辙、张耒等唐宋文豪在蕲黄三州的作为和作品，让黄冈迎来了人文繁盛的第一个时期。

（一）晚唐著名诗人杜牧

杜牧（803—约852年）在晚唐会昌年间，曾任黄州刺史。他履职尽责，为民办实事。

杜牧（图7-2-5）是晚唐著名诗人，博古通今，才气横溢，任黄州刺史期间创作了许多优秀诗文。

杜牧喜作咏史诗。如《赤壁》《兰溪》《题木兰庙》《云梦泽》等都作于黄州，都脍炙人口。尤其是《赤壁》诗千古传颂："折戟沉沙铁未削，自将磨洗认前朝。东风不与周郎便，铜雀春深锁二乔。"

杜牧在黄州的写景抒情之作，历来为人们传颂。如《齐安郡后池绝句》《齐安郡中偶题二首》《题齐安城楼》《齐安郡晚秋》等等，都是唐诗佳作。杜牧有七绝《清明》诗："清明时节雨纷纷，路上行人欲断魂。借问酒家何处有？牧童遥指

图7-2-5　杜牧像

杏花村。"此诗是我国歌咏清明节令的佳作。此诗写作地点众说纷纭，一说是湖北麻城歧亭镇杏花村。

（二）"王黄州"王禹偁

王禹偁（954—1001年），北宋初期文坛领袖，杰出文学家（图7-2-6），晚年任黄州知州，文学史尊称为"王黄州"。

他任黄州知州时，组织修缮黄州城垣、月波楼，建造竹楼、无愠斋、睡足轩等建筑，增添黄州城胜景，改变黄州市容市貌。1001年改任蕲州知州，仅月余，因病逝世。

王禹偁任职黄州时，作诗较多，其中《月波楼咏怀》较有名气。最为文学史赞赏的是他为了庆贺竹楼告竣而作的散文《黄州新建小竹楼记》。

王禹偁是继杜牧之后第二位在全国有广泛影响的黄州官员，黄州时期的文学创作是他一生中最后一个创作高峰期。

图7-2-6　王禹偁像

266

（三）创建程朱理学的"二程"

程颢、程颐兄弟俩合称"二程"，是北宋著名理学家，"程朱理学"的主要创建者。

"二程"祖籍河南洛阳伊川，其父曾任黄陂县尉。程颢、程颐相继于宋仁宗明道元年（1032年）和明道二年（1033年）出生在黄州黄陂县滠源乡。黄陂县滠源乡在明朝嘉靖四十二年建立黄安县时划属黄安县，因此，他俩的出生地和成长地约在今之红安县二程乡。

程颢、程颐在学术上以儒家伦理思想为基础，吸收佛、道的某些思想素养，经过改造，建立起来一个比传统儒学更加精致、更加严密、更富思辨色彩的哲学思想体系，终成一代理学大师，并经过四传弟子朱熹的集大成，形成"程朱理学"，成为南宋、元、明、清诸朝代的正统思想。

南宋绍熙三年（1192年），黄州州学建立二程先生祠，"立二夫子之祠于学宫"，朱熹作《黄州州学二程先生祠记》，考究程颢、程颐在黄州的出生及生活情况，纠正了社会上的一些讹传，并对二程先生的理论进行了介绍和推崇。

（四）苏辙作《黄州快哉亭记》

苏辙是苏轼的弟弟，北宋著名文学家。

元丰三年（1080年），苏轼因乌台诗案贬为黄州团练副使，生活初定后，苏辙送苏轼的家人到黄州团聚。苏辙在黄州期间，游览了山水风光，名胜景物，有《赤壁怀古》等诗作。此后，在与苏东坡的交往过程中，有《次韵南堂五首》等诗作。

元丰六年（1083年），黄州临皋亭旁建了一座亭子，苏轼命名为"快哉亭"，苏辙则创作了《黄州快哉亭记》。苏辙是唐宋散文八大家之一，他的散文很多，但论到成就、影响与名气，首推这篇《黄州快哉亭记》。

（五）"苏门四学士"之一张文潜

张耒，字文潜，号柯山，北宋著名诗人，"苏门四学士"之一。

他曾三居黄州城，创作了许多享誉诗史的诗歌。如讴歌黄州的山水风光的《黄州春谣五首》，饱含离别之情的《别黄州》，等等。

张文潜的黄州岁月十分坎坷，尤其是对在黄州柯山居住时期刻骨铭心，为了纪念这段不可磨灭的人生经历，他自号柯山，并将自己的诗文集命名为《柯山集》。

九、东坡文化

苏轼（1037—1101年），字子瞻，号东坡居士，眉州眉山（今四川省眉山市）人，北宋著名政治家、文学家（图7-2-7），于诗、词、文、赋、画、书诸方面都卓然超群，自成流派，为我国的文化发展和繁荣做出了杰出贡献。北宋元丰三年（1080年）到七年（1084年），苏轼谪居黄州，他居定惠院，迁临皋亭，筑雪堂，躬耕东坡，交朋结友，"扁舟草

拓展资料

履，放浪山水间"，与黄州结下了深厚情感，留下约 740 余篇诗词文赋，形成了他的文学创作巅峰，使黄州时期成为他一生中丰富多彩、刻骨铭心的岁月。正如他在《自题金山画像》一诗中写道"问汝平生功业，黄州惠州儋州"。

（一）苏东坡的黄州生活

苏轼因"乌台诗案"入狱，被贬为黄州团练副使，但不得签书公事，实际上是流放黄州。

苏东坡于元丰三年（1080 年）初到达黄州。他在黄州生活期间，居住的地方有四处。其中，定惠院与临皋亭两处是黄州官府分配给他的居室，雪堂是他亲手修建的，属他在黄州置办的产业，南堂也是他修筑的，作养生之用的房屋。

苏东坡在黄州生活比较困难，为了解决衣食不足的生活困境，他争取到黄州城东坡故营地数十亩，率家人垦荒辟壤，躬耕其中，耕田犁地，播麦种豆，修塘打井，成了一个地道的自食其力的农夫。躬耕东坡，使他对耕垦之劳有了真切的体验，对农夫田老之苦有了真切的感受，他曾写《东坡八首》，作为他耕田劳作的实录。为了纪念躬耕东坡的难忘岁月，他自号"东坡居士"，从此以后，"苏东坡"之名流传天下。

苏东坡在黄州的生活比较清贫，难得山珍海味享受，但他却因地制宜，独创了不少具有乡土风味的美味佳肴。苏东坡在黄州首创的食谱菜谱中，流传至今百余种。以东坡肉、东坡饼最有名，如他有首《炖肉歌》："净洗锅，少著水，柴头罨焰烟不起，待它自熟莫催它，火候足时它自美。黄州好猪肉，价贱如泥土。富者不肯吃，贫者不解煮。早晨起来打两碗，饱得自家君莫管。"就是著名的黄州"东坡肉"的正宗做法。后人对苏东坡在黄州所创的食谱进行系统整理，从而在社会上逐渐形成"东坡菜"系列。

图 7-2-7　苏轼像

苏东坡在黄州生活期间，与黄州城的老百姓交往密切，黄州的农夫、樵夫、渔民、商贩、医生、道士、和尚、读书人，都能成为他的朋友，相互之间可以闲话家常，侃说桑麻，谈古论今，诗酒风流，其中与之交往较多、感情较深的有隐士陈季常、名医庞安时、和尚继莲、秀才潘大临、黄州知州徐君猷等人。

苏东坡居黄期间，因为朝廷禁令限制，使他远离官场和政务。闲居无事，就移情于山水之中，"得罪以来，深自闭塞，扁舟草履，放浪山水间，与渔樵杂处，往往为醉人所推骂，辄自喜渐不为人识"。苏东坡游览山水的行踪，大致是以黄州城为中心，以与黄州城相邻之麻城、蕲水、武昌三县为范围展开，其外延也触及罗田、蕲春、黄梅及江南之大冶诸地。

但大部分时光都是在黄州城内度过，他邀约情趣相投的朋友，流连于赤壁、四大名楼（竹楼、月波楼、栖霞楼、涵晖楼）、四望亭、快哉亭、君子泉、黄泥坂等地，吟诗作词，休闲娱乐。而最令苏东坡心往神驰的胜地是赤壁，他登临赤壁无数次，其中元丰五年（1082年）七月至十月之间，他三游赤壁，分别写下了《赤壁赋》《后赤壁赋》和《念奴娇·赤壁怀古》这二赋一词，达到了苏东坡文学创作的巅峰，也使赤壁胜景名垂千古。

北宋黄州城有安国寺、乾明寺、承天寺、天庆观等佛寺道观，苏东坡在黄州时，经常到这些地方参禅悟道，净化身心，求得精神慰藉。

苏东坡居黄四年又两个月，与黄州民众结下深厚情谊。元丰七年（1084年）四月一日，他奉命离开黄州时，在雪堂留别邻里乡亲时，饱蘸深情，写下了《满庭芳·归去来兮》，道出了他对黄州与黄州百姓的深厚感情。

（二）苏东坡的黄州文学成就

元丰五年（1082年）七月十六日，苏东坡与客泛舟游于黄州赤壁之下，作《赤壁赋》，一般称为前《赤壁赋》，是散文赋的代表作，对传统赋体既有继承也有创新，把深邃哲理与诗意境界有机地融为一体，把理性的哲学思辨以高妙的艺术手法写出来，从而把情、景、理三者交织一体。

苏东坡作《赤壁赋》后的三个月，即十月十五日，再游赤壁，作后《赤壁赋》，它与《赤壁赋》互为关联，却又各有千秋，前赋写秋，光风霁月，字字秋色；后赋写冬，木枯石瘦，句句冬景，两者是诗词史上的双璧。

苏东坡在黄州作词约70首，主要有《卜算子·黄州定惠院寓居作》《西江月·黄州中秋》《满庭芳·蜗角虚名》《念奴娇·中秋》《临江仙·夜归临皋》《定风波·莫听穿林打叶声》《鹧鸪天·林断山明竹隐墙》《西江月·照野瀰瀰浅浪》《浣溪沙·山下兰芽短浸溪》《水龙吟·小舟横截春江》《满庭芳·三十三年》《满庭芳·归去来兮》等。苏东坡的黄州词作在内容上包罗万象，举凡怀古、讽时、悼亡、送别、咏史、宴游、述怀、戏谑、山水景物等等，无不可歌之咏之，饱含着对黄州山川大地的热爱和旖旎风光的深情，表达了他对朋友的真情实感，是他心灵世界和生活际遇的流露。在艺术风格登峰造极，或豪放，或清旷，或清幽，或婉约。

苏东坡在黄州开创豪放词风，达到了他在词作上的巅峰。古今公认苏东坡词最杰出的代表作是《念奴娇·赤壁怀古》：

大江东去，浪淘尽，千古风流人物。故垒西边，人道是，三国周郎赤壁。乱石穿空，惊涛拍岸，卷起千堆雪。江山如画，一时多少豪杰。遥想公瑾当年，小乔初嫁了，雄姿英发。羽扇纶巾，谈笑间，樯橹灰飞烟灭。故国神游，多情应笑我，早生华发。人生如梦，一尊还酹江月。

这首词表现了旷达的胸怀、宽广的境界和豪放的风格，撼动着古往今来读者的心灵，让人获得强烈的美感。

苏东坡另外一首词代表作《定风波·莫听穿林打叶声》：

三月七日，沙湖道中遇雨，雨具先去，同行皆狼狈，余独不觉。已而遂晴，故作此词。

莫听穿林打叶声，何妨吟啸且徐行。竹杖芒鞋轻胜马，谁怕？一蓑烟雨任平生。

料峭春风吹酒醒，微冷，山头斜照却相迎。回首向来萧瑟处，归去，也无风雨也无晴。

此词中的"沙湖"，就是黄冈职业技术学院所在地南湖一带。

它是词人在险恶人生环境和坎坷人生旅程中依旧保持坦荡、乐观人生态度的写照。从词中能深深体会到他那旷达的胸怀、开朗的性格和超脱的人生观，体会到什么是旷达、清逸境界。

黄州是苏东坡诗歌创作的重要时期。苏东坡在黄州所作的诗约两百多首，主要有：《初到黄州》《海棠》《东坡》《鱼蛮子》《定惠院月夜偶出》《次韵孔毅父久旱已而甚雨三首》《李委吹笛》《又一首答二犹子与王郎见和》《次韵答子由》《岐亭道上见梅花》《东坡八首》《晓至巴河迎子由》等。其诗取材广泛，有复杂心态的宣泄，与朋友的纪事或酬和，对山水花卉的情有独钟，对黄州城景致的咏诵，还有对渔樵农夫艰辛苦楚情状的描写。他把自己的思想情绪、言谈容貌、生活情趣、人生经验、审美观点，都流诸笔端，溶于诗情，信手拈来，皆为佳品。从而使他的黄州诗歌淡雅冲远，清新清丽，排宕通畅，各具特色，各领风骚。

苏东坡在黄州时期的散文约三百多篇，包括了文章、书信、小品等，主要有《记承天寺夜游》《方山子传》《记酿酒》《临皋闲题》《书临皋亭》《书韩魏公黄州诗后》《与李端叔书》等。

苏东坡是散文唐宋八大家之一，黄州时期是他创作的高峰期，他的黄州文章随物赋形，千变万化，别出心裁地将事物精到传神之点凸现出来，做到诗情画意与玄思哲理融合，极具魅力。也常常抒情写意，如话家常，却饶有情致。又擅长写景状物，侃侃道来，如话家常，却件件是精品。

《记承天寺夜游》是苏东坡在黄州最有代表性的散文：

元丰六年十月十二日夜，解衣欲睡，月色入户，欣然起行。念无与为乐者，遂至承天寺寻张怀民。怀民亦未寝，相与步于中庭，庭下如积水空明，水中藻、荇交横，盖竹柏影也。何夜无月？何处无竹柏？但少闲人如吾两人者耳。

这篇美文佳作融记事、写景、抒情于一体，清新隽永、凝练含蓄，在我国乃至世界文学史上都具有崇高地位。

（三）苏东坡在黄州时期的书法

宋代书法艺术以苏轼、黄庭坚、米芾、蔡襄为代表，号称"四大家"。而这"四大家"中，又以苏轼的书法最佳。苏东坡的书法气韵俊逸、真趣烂漫，自成一体，独创一格，称为"苏体"。黄庭坚赞誉和推崇苏东坡的书法："至于笔圆而意胜，挟以文章妙天地，忠义贯日月之气，本朝善书，自当推为第一。"

苏东坡贬居黄州城期间，精研书法，创作了"天下第三行书"《黄州寒食诗帖》、"宋人文字俱以此为极则"的《赤壁赋》、草书精品《念奴娇·赤壁怀古》等大量书法精品，呈现出发愤抒情、平淡天真、萧散简远等鲜明特色，标志着苏体书法的成熟。在苏东坡一生的书学活动中，在宋人书法中乃至在中国古代书法史中都占有重要地位，诚如明代董其昌在《前赤壁赋卷》跋语所言："东坡先生此赋，楚骚之一变也；此书，《兰亭》之一变也。宋人文字俱以此为极则。"

苏东坡的《黄州寒食诗帖》写于元丰五年（1082年）的寒食节，此帖以行书为根本，偶间草书，用笔变化多端，完美地体现出苏体书法的真谛和精髓，以一种独有的方式传达了苏东坡书法的美学精神，实现了他那"短长肥瘦各有度，玉环飞燕谁敢憎"的书法理论（图7-2-8）。黄庭坚在此帖题跋中鉴赏说："东坡此诗似李太白，犹恐太白有未到处。此书兼颜鲁公、杨太师、李西台笔意，试使东坡复为之，未必及此。他日东坡或见此书，应笑我于无佛处称尊也。"

图7-2-8　苏轼《黄州寒食诗帖》手迹

中国历史上最负盛名的行书有三：一是东晋王羲之的《兰亭序》，二是唐朝颜真卿的《祭侄稿》，三是北宋苏东坡的《黄州寒食诗帖》。其中《黄州寒食诗帖》因成书于晋唐之后的北宋，位列第三，所以，史称"天下第三行书"。

十、岳飞屯兵守蕲黄

绍兴元年以后，宋金两国沿大散关至淮河一线对峙。蕲黄二州处于保卫南宋的国防前线，为朝廷密切关注。绍兴四年（1134年），岳飞任江南西路、舒蕲州制置使兼黄（州）复（州）汉阳（军）德安（府）制置使，率岳家军主力驻防蕲黄地域。岳飞多次亲临黄州蕲州，部署宋军抗金方案，并采取移民、屯田等各项措施，加强这一带的抗金实力。

绍兴十一年（1141年）正月，金兵大举南犯，渡淮陷庐州，江淮军情告急。二月，岳飞会兵蕲黄，亲率岳家军自黄州出发，经罗田翻越大别山，赴庐州抗击金军。此年十一月，宋金签订绍兴和议，议定宋金东以淮水中流，西以大散关为界。至此，宋金南北对峙的局面最后确立。此后，蕲黄二州仍一如既往地处于宋金对峙的国防前线，保护着南宋半壁江山。

据史料记载，当年岳飞被害于风波亭之后，岳飞四子岳霆、五子岳震为避灭门之祸逃至黄梅县聂家湾（今属黄梅大河镇）避难，并世代繁衍生息。宋孝宗时，岳飞冤案得到平反昭雪，岳震封朝奉大夫，岳霆封朝散大夫，但兄弟俩不愿为官，分别在此娶妻生子，终老黄梅。兄弟俩死后，被宋理宗分别追封为缉忠侯和赞忠侯。黄梅县大河杨梅岭现存岳震、岳霆二人墓。如今，祭"岳坟"（岳震、岳霆墓）、拜"岳穆古枫"、打"岳家拳"、赏"岳体"书法、吃"油炸桧"（油条）、唱《满江红》，这成了黄梅县岳飞后人的特殊"胎记"。

十一、罗州城保卫战

南宋嘉定十四年（1221年）初，金军南下蕲黄，其主力直趋豫鄂要隘麻城五关，攻陷黄州城后，三月初七，金军移黄州之师入蕲，合兵十万，直扑蕲州州城——罗州城，日夜强攻，战无虚日。

蕲州知州李诚之、通判秦钜等率数千宋兵在罗州城积极备战。二月二十二日，金兵扎营城郊白云山，二十八日，直逼罗州城下，开始攻城，但屡战屡败，金兵"谋益巧，攻益力"，以麦秆填塞城壕，以鹅车洞子作掩体，以对搭云梯攻城，挖地道攻城，诸法想尽，守城宋军则针锋相对，射火箭烧麦秆，发火牛烧鹅车，抛火把烧云梯，熏硫黄毁地道，金兵诸法皆败。在罗州城战斗最激烈的时候，李诚之、秦钜以"修城聚粮，团结民兵"之策御敌，城内无论老孺妇幼，皆参战守城，蕲黄义士纷纷采取各种途径入城，协助守城。从初七日至十五日的9天中，阻挡了金军强大攻势，即便金兵动用了当时最先进的火炮轰城，也无济于事。

南宋朝廷得悉金军南侵蕲黄，出师救援，但宋兵援师畏敌如鼠，竟擅自逃出城门，金兵得以乘虚入城。李诚之、秦钜率全城军民逐巷抵抗，逐屋争夺，军民战死殆尽。李诚之、秦钜皆英勇阵亡，罗州城毁为废墟。《宋史·宁宗纪》记载："乙亥，金人陷蕲州，知州事李诚之及其家人官属皆死之。"

此次战事是金国最后一次大规模侵宋战争，也是宋室南渡后在长江中游最大规模的有组织抗金战争。李诚之、秦钜率罗州城数千军民，抵抗十万金兵二十余日，有效地遏制了金军南侵攻势。罗州城失陷后，南宋朝廷再派大军从东西两方面驰援蕲黄，金兵已是强弩之末，在宋军强大攻势下，仓皇败回金境。蕲州、黄州迅速得以光复。

十二、"江西填湖广"移民潮

"江西填湖广"与"湖广填四川"是长江流域两大移民高潮，在我国移民史上赫赫有名。黄冈地域是"江西填湖广"移民大迁徙落籍定居的重点地域。

南宋时期，黄冈地域首次出现"江西填湖广"移民潮。当时，蕲州和黄州（简称"蕲黄"）处于国防前线，战乱频繁，加之天灾人祸，土著民众或死或逃，人口呈现下降趋势。为了改变这种状态，朝廷两次大规模组织江西民众迁居蕲州和黄州，黄冈首次出现"江西填湖广"移民潮。岳飞在任江南西路、舒蕲州制置使兼黄复汉德安制置使时，就曾大量组织江西民众迁入蕲黄定居。

元末明初，"江西填湖广"移民形成第二次高潮。元朝末年，罗田人徐寿辉等发动反元起义，建立天完国，与元朝军队在此反复作战，民众死亡逃散，蕲黄地域人口空虚，田地荒芜，但到了朱元璋的军队攻占蕲黄后，蕲黄战事结束，社会得到安宁，而此后数年，朱元璋的军队与陈友谅的军队在江西争雄，江西鄱阳湖一带成为双方战场，迫使深受战祸之害无法生存的江西民众逃离家园，外迁到一江之隔的蕲黄之地。明朝建立后，朝廷制定移民政策，鼓励江西民众大规模迁居湖广，特别是到蕲黄一带定居垦荒，从而使洪武年间，江西民众迁居落籍湖广又形成高潮。

明朝末年，形成"江西填湖广"移民第三次高潮。其原因主要是明末长期战乱和水旱蝗震等自然灾害，迫使大批江西民众北逃到蕲黄并落籍定居。波阳瓦屑坝是重要的移民聚散地和出发地之一。

"江西填湖广"给鄂东地域带来的变化不仅仅是人口的变迁，还有文化教育的兴盛。宋代以前，江西是唐宋文化精华之区，而蕲黄二州土著文人不多，文化氛围不浓，社会地位不显。大量来自人文发达地区的江西民众迁居黄冈后，蕲黄文风为之一振，自明代始，黄州府学校众多，文化兴盛，人才济济，成为荆楚文化高地的中心。

十三、徐寿辉创立天完国

元朝晚期，罗田人徐寿辉与彭莹玉、邹普胜等人通过传播民间秘密宗教白莲教，在蕲黄地域组织反元力量，至正十一年（1351年）八月，他们在大别山主峰天堂寨举起反元义旗，徐寿辉在蕲水县城（即今浠水县城）清泉寺称帝，将国号定为"天完"（"天"是"大"字上加一横，"完"是"元"字上安宝盖，"天完"就是压倒"大元"的意思），年号"治平"，以蕲水城为都城。

天完国是元末群雄中最早建立政权实体的反元力量。天完军以蕲黄为中心，东征西讨，开疆拓域，打击元朝统治。在短短两年多的时间里，崛起于蕲黄，雄兵百万，称雄江汉，横扫江淮，席卷东南，掌控湖广、江西、江浙、河南、福建诸省广大地域，使元朝在南方的统治受到沉重打击。元军倾全力反扑，天完军严重受挫，国都蕲水城失陷，徐寿辉突围至黄梅山中潜伏。不久，全国反元斗争形势大变，天完军经过修整恢复，力量逐渐壮大，遂重整旗鼓，挥师再战，开疆拓土，兵多地广，基本上摧毁了元朝在其地域内的统治力量，但其部将倪文俊、陈友谅相继渐生取而代之心。陈友谅掌握天完国权柄后，于天定二年（1360年）弑君夺权，天完国亡于内讧。

第三节　明清时期历史文化

明代的湖北是继先秦、两汉三国之后人文历史的又一高峰，荆楚文化重心由荆襄之地向黄州转移。黄州府科甲鼎盛，教育发达，著述浩繁，著名小说与黄州府结缘，思想学术领一时之风骚，李时珍的《本草纲目》与李贽在黄安麻城的惊世骇俗之论名动天下，成为湖北文化的奇峰。人们把黄州文化的勃兴，称之为"楚风东渐"。清代黄州府的文化承明代文绪而发扬光大，始终走在前列，处于领军地位，黄州文才之众，文风之炽，为世人艳羡，故而乾隆年间黄州知府禹殿鳌艳羡："黄冈人文甲天下，弦歌之声，十室而五。"清代学者、蕲州陈诗在所著《湖北通志·人物志序》中评说："唯楚有才，黄郡实当其半。"

一、明清时期黄州的社会与人文

明朝初期，朝廷改革地方行政机构，蕲州归属黄州府后，黄州府辖黄冈、麻城、黄陂、罗田、蕲水、蕲州、广济、黄梅八个州县，蕲黄二州成为完整统一体，结束了近千年间两州（郡）分治局面，史称"蕲黄合一"。后来也有调整，明嘉靖年间增设黄安县，清雍正年间把黄陂县划出，所以，清代的黄州府辖黄冈、麻城、黄安、罗田、蕲水、蕲州、广济、黄梅八个州县，称"黄州八属"，英山县在明清时期均属安徽。

清王朝在政权机构设置上最大的特点是"清沿明制"，对明朝的地方政区及设置大致沿袭，变动不大。所以，清初黄州府属县仍如明朝，辖州一县七，即蕲州、黄冈县、麻城县、黄安县、罗田县、蕲水县、广济县、黄梅县，这便是历史上十分有名的"蕲黄八属"。

明朝成立之初，将"高筑墙"确定为基本国策，要求各地修筑城池，因之，各府、州、县城一般都将城墙修筑和修缮作为要务，从而形成了大规模、有组织、以砖城为主的修筑城墙高潮。黄州府各州县城在此背景下，也形成了修筑城墙的高潮。有明一代，除广济县城只有城垣而无城墙外，其余各州县城皆修筑有砖砌城墙，部分实力强盛的镇也建有坚固的城池。这些城墙不仅在战争时期发挥了一定的御敌护城作用，而且在和平年代充分发挥了其社会、经济、生活功能，成为当地政治、经济、军事、文化中心。

明朝的黄州府是湖广上等州府，各方面全面崛起振兴。土地得到充分开发，农作物生产取得长足进步，是湖广重要的产粮区，农作物以稻类为主，麦类、粟类、麻类、蔬类、果类同时并存，品种越来越多。精耕细作等生产技术，使粮食产量保持上升增长趋势，基本上满足了人口增加后对食物的需求，为"湖广熟，天下足"打下坚实基础。另外，在教育上，官学书院发达，各地读书声琅琅，科举考试中进士的人数居湖广行省之首；在移民上，江西填湖广和湖广填四川两大移民潮，改善了人口结构和素质。如此等等，数不胜数。

明朝在蕲州建荆王府，有宫室府第数十座，皇室藩王荆宪王世系宗亲在此生活，传承十代。内设王府机构，长篇神话小说《西游记》的作者吴承恩曾任荆王府的纪善所纪善，负责王室礼仪教化。荆王府历时 198 年，明末毁于战火。

湖北人文历史上有三个黄金鼎盛时期，第一个鼎盛时期是先秦时期，以荆州为中心，第二个鼎盛时期是两汉三国时期，以荆州、襄樊为中心，第三个鼎盛时期是明朝，以黄州府为中心，史称"楚风东渐"。

明代，荆楚文化重心由荆襄之地向黄州转移，黄州府文化勃兴，文化阵容宏大，创作繁荣，体裁和题材广泛，诗、词、文、赋、笔记小说、论文诗话、散曲等各种体裁一应俱全，文学社团兴盛，学者、诗人、文人众多。黄冈的王廷陈是弘治、正德年间诗坛"前七子"代表作家之一；黄冈的许潮的杂剧是明清文人杂剧的代表；麻城毛钰龙是明代女诗人；麻城的刘侗是晚明著名文学流派竟陵派的重要成员，他与于奕合撰的《帝京景物略》是竟陵派的代表作品；原籍罗田的何景明是文坛"前七子"领袖；黄梅的瞿九思，蕲春的顾问、顾阙，黄安的耿定向等一批学者在家乡讲学，促进了文风盛行。

明代的部分文学名著与蕲黄有着各种联系。《三国演义》作者罗贯中在书中将赤壁大战设定于黄州赤壁；《西游记》作者吴承恩曾任蕲州荆王府纪善之职；《水浒传》作者施耐庵塑造的水泊梁山好汉中，号称地阔星摩云金翅的欧鹏定位为黄州人；麻城人杨定见将《水浒传》各种版本汇集于李贽居住的麻城龙湖书舍，供李贽评点，并作序和出版李贽评点的稿本；《金瓶梅》传播与刊刻中，麻城著名藏书家刘承禧功不可没；"三言"编者冯梦龙两次到黄安、麻城讲学。

明朝黄州府人才济济，著述繁多，学术灿烂，著名文学流派学术社团都有蕲黄人士出现，而李时珍编著《本草纲目》，成为中国古代医药的"百科全书"，李贽寓居麻城、黄安的思想和论著，并促成麻城、黄安成为晚明全国学术中心，这些都在历史上打下深深烙印。

清代黄州府处于典型的自给自足的小农经济环境之中，封建土地所有制占统治地位。农村土地产权归私人所有，土地占有者分两种情况：一种是地主，他们占有大部分耕地，是封建土地所有制的既得利益者；另一种是自耕农，占有少量土地，自耕自种，自食其力，自给自足，以维护生活生存。农村土地实行自由买卖。成熟的自给自足自然经济，更让黄州府处于全国经济发展前列。

土地得到进一步开发，农作物耕种面积扩大，耕种技术提高，作物种类增加，经济实力处于全省领先水平。乾隆年间著名方志学家章学诚在《湖北通志检存稿·食货考》中对于黄州府的经济状况生动描述道："黄州地多膏腴，黄冈俗勤蚕桑，又喜种藕，清漪红蕖，夏秋之交芬馥袭人，澄藕作粉，辄获倍利。蕲水风俗，略同麻城，多收翠雀，又种烟苗。蕲州亦多种莲，兼资耕获。黄安出铅锡工，罗田多栗园，广济以花绒山药为生。黄梅接壤江西，贸易相通。"乾隆五十四年《黄州府志·厢镇》也说："兹邑土广齿繁，四民杂处，比于城市，达于乡曲，闾阎相接，熙然盛矣。"

明清时期，宗法制度达到鼎盛，以宗族祠堂为中心的宗族组织在民间普遍建立，黄冈县是宗族势力较盛的地区之一，特别是清中后期，宗族呈现规模化、制度化、组织化局面。这种情况在黄州城郊乡村中表现极为明显。

二、明代的教育兴盛

古代的学校分官学和私学，主要有儒学、书院、私塾等类型，它们在黄冈教育发展过程中发挥了不可替代的作用。

官学即地方官办学校，府、州、县官府办的官学分别称为府学、州学、县学，又由于官学以儒学教育为主，所以又称"儒学"。学宫是它的学校建筑主体(图7-3-1)。

明初洪武年间，黄州府相继设置有黄州府学、蕲州州学、黄冈县学、蕲水县学、广济县学、黄梅县学、麻城县学、罗田县学、黄陂县学、黄安县学，英山县也设有县学。这些学校的格局大致相同，建筑都比较好。蕲水县的儒学规模至今保存完整，黄冈县、麻城县、罗田县的儒学学宫也得到保存。

由于儒学是官办学校，所以，府、州、县官府都设置了教官，管理学校教育，学生招录以秀才为主，称为"生员"，招录的学生名额是固定的，学习内容分礼、射、书、数四科，以儒家经典和宋明理学著作为主，还有应

图 7-3-1　浠水文庙棂星门

付科举考试的"时文"之类。实际上，因强调科举入仕，八股取士之法已成为教学指挥棒，学校成为学生应县试、府试、院试、乡试、会试的研习场所，把大量精力投入到教习八股范文、培养学生参加科举考试的能力和水平上了。

书院是中国古代社会独特的教育组织形式。黄冈的书院兴起于北宋，发展于明清，至清末退出历史舞台。它的创办者或为私人，或为官府，一般选山林名胜之地为院址，注重邀请名人学者来校讲学，教学方法主要有研习学问，相互切磋、集众讲解，以研习儒家著作为主，也议论时政，教学内容与形式比官学相对要自由些，从而弥补了官学的不足，成为传播程朱理学和阳明心学的重要场所，促进了黄冈古代社会教育普及和文化传播，培养了一批人才。

黄州府明代可考书院达四十余座：黄冈县的问津书院，蕲州的阳明书院、崇正书院，黄安的天台书院，广济县江汉书院，麻城县的道峰书院，黄梅县的调梅书院都是名声在外。综观明代黄州府的书院，主要向两个方向发展：一方面，黄州之地，毗邻江西，阳明心学浸染尤深；而顾问、顾阙、耿定向、瞿九思诸辈以书院为讲学之地，领袖群伦，众望所归，因而黄州府书院讲学之风盛行，如冯天驭在蕲州城建阳明书院，顾问、顾阙讲学蕲州阳明书院、崇正书院，如李贽讲学黄麻，耿定向讲学黄安天窝书院、天台书院，瞿九思

276

讲学江汉书院，皆为中国思想史学术史之盛事。另一方面，书院和科举关系趋于密切，或"书院官学化"，缺乏独立性，与官学区别不大，或以促使学子科举取胜为目标，学术探讨氛围淡薄。

明朝，正式科举考试仍为乡试、会试、殿试，但在正式科举考试之前尚有"童生试"。黄州府学子参加科举考试的成绩居荆楚之冠，全国前列。整个明代 276 年间，黄州府的黄冈县、蕲水县、蕲州、广济县、黄梅县、罗田县、麻城县、黄安县、黄陂县中进士 321 人，为湖广行省之冠，另有英山县 6 人。其中麻城县进士人数在湖广州县中名列第一。表 7-3-1 是明朝黄州府的科举考试中进士人数与湖北各府进士统计表：

表 7-3-1　明朝黄州府科举进士人数与湖北各府进士

府	洪武—成化 （1368—1487）	弘治—崇祯 （1488—1644）	合计
武昌府	61	171	232
汉阳府	7	36	43
黄州府	45	276	321
德安府	20	88	108
承天府	21	126	147
荆州府	52	138	190
襄阳府	25	43	68
郧阳府	1	9	10
小计	232	887	1119

三、李时珍及其《本草纲目》

黄冈是中医药文化发源地之一。"鄂东四大名医"庞安时、李时珍、万密斋、杨际泰享誉古今，他们的医技、医著对祖国医学做出了巨大贡献，为人类留下巨大财富。同时，他们高尚的医德，良好的医风，堪称后世医者楷模。

李时珍（1518—1593 年），明朝蕲州（今蕲春县）人，我国杰出医学家、药学家，世界文化史上伟大的自然科学家（图 7-3-2、图 7-3-3）。

他出身医药世家，年轻时开始行医，医术日益精湛，在楚王府、皇宫做过医官。辞职回家乡后，一面行医，一面从事著述。在多年临床实践中，发现古代本草医书存在不少问题和失误，认为有必要对以前本草医书进行修改和补充，重新

图 7-3-2　李时珍像

整理和补充本草医书，纠正前人在医药学上的谬误，决心编纂一部完善的药物学本草医书。为了实现这一宏愿，他开始了读万卷书、行万里路的过程。

他"读万卷书"，阅读了大量医药书籍及各种著作，提高了他的医学知识水平，促进医术进步；又"行万里路"，走遍大江南北，实地考察，跋山涉水，采方问药，亲历实践，广收博采。他对证药物，采集标本，研究药性，并参考已有医书，对药物加以鉴别考证，在此基础上，专心著述，对本草学进行全面的整理总结，历时 27 年，编成医药巨著《本草纲目》。

图 7-3-3　蕲春李时珍墓

《本草纲目》约 190 万字，共 52 卷，分为 16 部、60 类，收录药物 1 892 种，其中新药 374 种，收集医方 11 096 个，书中还绘制 1 111 幅精美插图，方剂 11 096 首（其中 8 000 余首是李时珍自己收集和拟定的）。它创立先进的药物分类法，科学地论述药物知识，纠正了一些反科学的看法，丰富了世界科学知识宝库，保存了大量的古代医药文献和民俗学史料。

这部医药学巨著集中国古代药物之大成，是对 16 世纪以前中医药学的系统总结，是明代最负盛名的综合性本草药物著作，也是中国古代药物学发展的巅峰之作，被誉为"东方药物巨典"。它不仅在中国科技史上占有崇高的地位，而且在世界科技史上，同样占有极其重要的地位。其成就与价值，在国内外产生着深远的影响。自 1596 年金陵本《本草纲目》刊行问世以来，其科技文化影响已传播到亚、欧、美等多国，并先后被翻译成日、朝、英、法、德、俄、拉丁等多国文字语言。1951 年，李时珍被世界和平理事会尊崇为世界文化名人，他也成为被联合国纪念的世界十大杰出科学家之一。

四、名医万密斋和杨济泰

万密斋（1488—1580 年），明代罗田县人（图 7-3-4）。出生于行医世家，年轻时有志于医学，治学严谨，刻苦钻研《素问》《难经》，深研《脉经》，攻读本草等医学书籍，经过长期的临证实践，勤于总结临床经验，医学造诣深厚，对儿科、妇科、内科及养生之学研究精深，尤精于切脉、望色，不少疑难病经他诊断，便能明确辨症。

他医术高明，行医足迹遍及黄州府各地，行医不拘泥守旧，注重具体分析病情，灵活运用古方。他写的诊断书，言简意明，所开药方，药少而疗效好，治愈病者不计其数，创造了不少起死回生的奇迹，因而被当时民众称为"神医"。

他医德高尚，在行医中身体力行，对患者不论贫富贵贱，一视同仁。施医赠药，又痛斥庸医误人，深受民众爱戴。

图 7-3-4　万密斋像

万密斋是杰出的临证医学家，对儿科、妇科、内科杂病有精深研究。诊断精于切脉、望色，诊治经验丰富，以儿科蜚声于世，发明的"万氏牛清心丸"至今仍是治小儿急惊风的良药。

万密斋在数十年行医过程中，十分注重总结并整理祖辈和自己的临床实践经验，勤于笔耕，著述浩繁，尤其对于临证医学的贡献巨大。他将毕生精研的医学理论和丰富的临证实践，汇编成书，分册刊行，后人汇集为《万密斋医学全书》，涉及儿、妇、内、外诸科及优生优育各方面，是中国古代规模仅次于《本草纲目》的一部医学全书。

杨济泰，清代广济县（今武穴市）人，一代名医，擅长内科、外科、妇科、儿科，对内伤杂病及温热症更有独到之处，临诊能知常达变，选方灵活，又重视辨证施治，随症立法，对症下药，疑难病患者经他调治，大多痊愈。他结合前贤见解，汇集家传经验和自身近 50 余年之临床实践，编成《医学述要》一书，从理论到临证，内容丰富，创见甚广，被称为清代中医学的百科全书。晚年痛心英国殖民者利用鸦片毒品侵害中国，民众深受鸦片之害，研究出戒鸦片毒脱瘾药方"济泰片"。民间留下"南有林则徐断绝毒源，北有杨济泰解除病根"的口碑。

五、《西游记》作者吴承恩与荆府纪善

《西游记》的作者是明代淮阴人吴承恩。他的挚友、晚辈吴国荣在《射阳先生存稿跋》（吴承恩自号"射阳"）介绍吴承恩生平时说他"是以有荆府纪善之补"，明确指出吴承恩的最后官职是"荆府纪善"。而且，出土的吴承恩棺木上有"荆府纪善射阳吴公灵柩"字样。结合历史记载和出土文物证明，证明吴承恩确有"荆府纪善"之任。

荆府即位于蕲州城的荆宪王府。明朝，除皇帝嫡子继承皇帝位外，其余的皇子和亲族都封为亲王（藩王）。朱瞻堈是明太祖曾孙、仁宗第 6 子，以亲王身份被封为荆王。正统十年（1445 年），朱瞻堈将荆王府从建昌（江西省南城县）迁至蕲州城，至崇祯十六年（1643 年）正月，张献忠部在蕲州屠城。荆王府历时 198 年，传承十代。对于荆王府的王室世系和王府历史，《明史》述之甚详（图 7-3-5）。

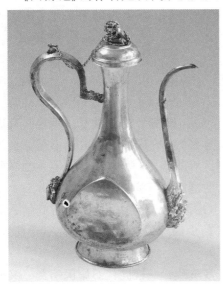

图 7-3-5　荆王府金酒壶

荆王府内设"长史司，辖审理所，典膳所、纪善所"（《明史·职官志四》）等王府机构，其中纪善作为王府属员，职责是"掌讽导礼法，开喻古谊，及国家恩义大节，以诏王善"，有如王府教师。吴承恩于嘉靖四十五年（1566年）出任长兴县丞，隆庆元年被诬下狱，冤白获释后，于隆庆二年至三年间（1668—1669年），以补授荆府纪善结案。

《西游记》中的诸多城池景象、众多地名、乡风民俗、方言俚语，可以在蕲州找到踪迹。如书中第八十八回、第八十八回及以后的众多章节中分别写了麒麟山、凤凰山、狮子山、狮子洞、豹头山、虎口洞、竹节山、火焰山、平顶山、白鸡山、玉华府、宝林寺等众多地名，皆可从明嘉靖《蕲州志》等众多蕲州地方文献典籍中找到同名同景之地。

分析相关文献记载可知，吴承恩任"荆府纪善"时，正在继续创作《西游记》。具体而言，吴承恩在去荆王府任职前，《西游记》只写到第八十七回。吴承恩去荆王府任职后，继续创作《西游记》后十三回，尤其是《西游记》第八十八回、第八十九回关于玉华王府的章节，则是以荆王府为模特进行创作的。

六、寓居黄安麻城的思想家李贽

李贽（1527—1602年），号卓吾，福建泉州人。明代著名思想家。寓居黄安、麻城近二十年。

李贽（图7-3-6）先是应好友耿定理之邀，携家眷到耿定理家乡黄安县，寓居4年，讲学论道，探讨学问，教授子弟，批阅史册，潜心读书，著书立说。又与耿定理、耿定向、周柳塘（思久）、周友山等好友朝夕相处，研讨学问，讲习不倦。

耿定理逝世后，因与其兄耿定向因学术见解不同，常有学术争议，李贽便迁居麻城讲学。

李贽在黄安、麻城二十年间，完成了《焚书》《藏书》《续藏书》等著作，形成了独立的思想体系，其见解同传统的儒道学说相对立。他主张个性解放，思想自由，蔑视传统，批判权威，否认儒家正统地位，打破孔孟之道及其宋明理学的垄断地位。李贽寓居黄安麻城时，博学深思，讲学著述，抨击道学，不随俗见，自标异端，名动天

图7-3-6 李贽像

下，在当时社会上引起强烈反响。他的思想理论对后世个性解放、追求思想自由思潮的形成具有重要的启蒙作用。

七、刘侗及其《帝京景物略》

竟陵派以倡导"幽深孤峭"风格，主张文学创作应抒写"性灵"，反对拟古之风而驰

名明代文坛，是中国文学史上著名文学流派，而最能代表竟陵体语言风格的作家和作品是刘侗及其著作《帝京景物略》。

刘侗（约 1593—约 1636 年），字同人，麻城县人。崇祯七年（1634 年）中进士，后选任吴县知县，赴任途中逝于扬州。

刘侗出生于麻城世家名门，自幼研习儒家经典，"治举子业，耻剽窃文章"，在晚明文坛，以擅长写《春秋》制义时文著称，清初文学大家王夫之誉之："《春秋》则刘同人及路君朝阳，逸群遒上，庶几不负明经之目。"（《夕堂永日绪论外编》第五十二则），其为文反对拘囿格套，主张彻底摆脱摹拟，自抒己意，文风冷峻，词句短奇，笔势峻促，锋颖刻锐，结构谨严，深得竟陵派精髓，成为竟陵派代表作家之一。《四库全书总目》评价道："侗本楚人，多染竟陵之习，其文皆幺弦侧调，惟以纤诡相矜。"（《钦定四库全书》卷 77）

刘侗在北京居住时，与于奕正相识，两人的文体文风均属竟陵派，又情趣相投，遂合撰《帝京景物略》著作，主要记述北京地区的山川园林、庵庙寺观、桥台泉潭、岁时风俗。其书由于奕正搜求事迹，刘侗撰写成文。两人著述时，坚守"事有不典不经，侗不敢笔；辞有不达，奕正未尝辄许也"原则，写作态度十分认真，"成斯编也良苦，景一未详，裹粮宿舂；事一未详，发箧细括；语一未详，逢襟捉问；字一未详，动色执争。历春徂冬，铢铢緉緉而帙成"（《帝京景物略·略例》），故记述的北京风物有较高的资料价值。其书风格冷峻，语言奇僻古雅，较好体现了竟陵派幽深孤峭的语体风格，是竟陵派最成功的散文作品集之一。

作为竟陵派重要成员，刘侗作诗追求"艰涩隐晦"风格，刻意雕字琢句，语言诘屈奇险。如他同友人金卜公同游石险（在今白莲河水库），有寄题石壁诗：高泉激危石，一拳弗得遒。白日流其巅，古今故浑浑。薪者行复歌，游人去来垒。寄题壁间字，会令坐骨润。

八、湖广填四川移民潮

主要存在于元末明初和明末清初两个时期的"湖广填四川"移民潮，对四川的政治、经济、文化、生活等各方面都产生重要而深刻的影响，在我国移民史上占有重要地位。其中，麻城移民在"湖广填四川"移民潮中占居关键地位，并导致川蜀民众多认为自己的根在湖广黄州、麻城、孝感乡的文化现象。

四川又称"巴蜀"，有"天府之国"的美誉，在经历了南宋末年宋蒙之战、元末明初明氏大夏政权与朱元璋明军之战、明末清初张献忠据蜀三次大规模战争后，人口锐减，使四川有足够广袤的地理空间容纳众多人口，具备了接纳大规模移民的条件。

元朝末年，元军与天完军在蕲黄交战，大批难民迁往四川。当时，徐寿辉的部将明玉珍率部西征川蜀，他的部属以随州和黄州府民众为主体。1371 年，明朝军队攻入四川，明氏旧部被收编后，主要在川蜀就地安置。

明朝末年，麻城是张献忠农民军的根据地，有许多麻城人参加了张献忠的部队，张献忠曾在麻城一次性招收 5.7 万人参军，称为"新营选勇"。张献忠率部入川，这 5.7 万人全部随军入川，张献忠败后，这些来自麻城的士卒大都落籍四川，遍及云贵，势力强大。

清初，清政府鉴于四川破坏严重，人口损耗殆尽，制定了从湖广大批移民四川的政策，鼓励外省移民入川垦荒，大批以湖广民众为主的移民"奉旨入蜀"，导致"湖广填四川"的名声就出来了。这其中，麻城籍移民又占突出地位。

落籍巴蜀的麻城祖籍的移民，多数被记载为"湖北麻城孝感乡"。孝感乡是明朝前期麻城四乡之一，范围大致在现在的麻城市白果镇北部、铁门岗乡、歧亭镇、宋埠镇、中馆驿镇、顺河集镇南部、南湖街道办事处、龙池桥街道办事处南部、鼓楼街道办事处南部，以及今红安县的城关镇、两道桥乡、杏花乡南部、桃花乡、叶河乡、永家河镇、八里和太平两乡镇的河东部分。明朝中期以后，孝感乡被裁撤，但仍记录在四川移民的宗谱中。

迁徙落籍四川的麻城移民，通过口口相传、宗谱记载、"麻乡约"联系等方式，让生后人都记住了自己的根在湖广黄州麻城。四川、重庆仍保存有很多"湖广会馆""黄州会馆""齐安公所"等文化遗迹，四川、重庆人纷纷来到麻城寻根问祖，麻城则建立了移民文化园，纪念"湖广填四川"麻城移民。

九、清代黄州的崇文重教氛围

清代，黄州府民众崇文重教，教育氛围浓郁，官学、书院、私塾林立，进士、举人中试者众多，造就了状元刘子壮、陈沆；探花陈銮、帅承瀛等蟾宫夺冠的科举成功人士，令世人对黄州充满敬意。

（一）官学书院与私塾

清代黄州府的地方官学，有黄州府学、蕲州州学、黄冈县学、蕲水县学、广济县学、黄梅县学、麻城县学、罗田县学、黄陂县学、黄安县学，另外英山县也有县学，统称为"儒学"。并于乡间置社学。府、州、县儒学，由官府配置教官，府设教授，州设学正，县设教谕各一员，各学均设训导，员额不定，教官的任务不在于教书，而是"严束生徒，按季考课"，"务立课程，令其时至学宫，而加考试"。

县学儒生称为"生员"（即秀才），分为附学生、增广生、廪膳生三等。生员主要是学习儒家经典和宋明理学著作，有《御纂经解》《性理大全》《资治通鉴纲目》《大学衍义》《历代名臣奏议》《文章正宗》《四书》《五经》，等等。还有应付科举考试的"时文"之类。生员考试分岁考和科考，岁考每年一次，科考两年1次。

书院是明清时期黄冈教育的生力军，其教学与学术活动，为黄冈教育作出了重要贡献。清代可考书院也是四十多所书院中，黄州府的河东书院、黄冈县的问津书院、蕲水县的蕲阳书院、蕲州的麟山书院、黄梅县的调梅书院、广济县的沧浪书院、罗田县的古塔书院、麻城县的万松书院、黄安县的萃英书院能以及英山县的凌云书院都有一定的知名度。总的来说，清代的书院已成为官学的一种形式，书院与科举考试的联系更为密切。

私塾是私学的一种，是各地私人办理的学校，有学馆、家塾、义塾等。明清两朝，黄州府的老百姓尊师重教，读书识字、求学上进蔚然成风，私塾作为学校制度的重要组成部分，以启蒙教育和初级教育为主，教师一般为一人，采取个别教学，教材没有定规，《三字经》《百家姓》等都是教材内容，学习年限无明确规定。私塾遍及鄂东大地，集镇乡村无处不在，各地都有读书郎，处处都有读书声，成为城乡基础教育的主要场所。

（二）科举之盛

清代科举制度大体沿袭明制，黄州府的科举达到极盛，进士、举人比例均居全省之冠。整个清朝，湖北全省中进士 1 620 人（不含英山），黄州府占 21.3%。科举之盛独占鳌头（表 7-3-2）。

表 7-3-2 清代湖北各州县科举进士举人人数

州县	进士数	文进士	武进士	举人数	文举人	武举人	进士举人总数
黄冈县	145	133	12	717	565	152	862
蕲水县	60	54	6	353	275	78	415
罗田县	14	14		83	75	8	97
麻城县	45	42	3	262	189	73	307
黄安县	45	41	4	208	173	35	253
广济县	27	23	4	136	98	38	163
黄梅县	24	22	2	180	159	21	204
蕲州	31	24	7	181	138	43	207
英山县	17	17		52	44	8	69
合计	403	366	37	2172	456	1716	2575

黄州府科举盛况，是黄州人文鼎盛、文化教育发达、人才济济的重要基础和标志，奠定了黄州作为文化之区的地位，赢得了古今赞誉。

黄冈教育名师众多，他们传道、授业、解惑，兢兢业业，教学有方，用心血和汗水启蒙、教诲学子，使学子们茁壮成长、成才，造就了闻名古今的黄冈教育。如金德嘉是清代广济县人，康熙二十一年考中会试第一名，当时人称为"金会元"。他才华横溢，著作等身，是一代硕儒，曾主讲广济龙坪江汉书院。陈诗是清代蕲州人，进士，教书育人长达22 年之久，桃李满园，堪称一代名师，状元陈沆、探花陈銮都是他培育出来的学生。晚清罗田进士周锡恩，曾任黄州经古书院山长、罗田义川书院教习，倡导新学，培育新人，呕心沥血，开启黄州近代维新变革的先河。

（三）状元与探花

清朝，黄州府在科举教育中产生过两位状元、三位探花。其时，湖北全省只有三位状元，黄州占其二，可见黄州教育之鼎盛、文风之昌炽。

刘子壮（1609—1652 年），黄冈县堵城雅淡洲人。顺治六年（1649 年）参加清朝顺治皇

帝主持的殿试，在《殿试策》中提出汉满一家、
重农薄税、省兵利民等建议，抒发"平昔有
济世安民之志"，荣登状元。他是清朝开国文
豪之一。

　　陈沆（1785—1826 年），蕲水县（今浠水
县）巴河镇人（图 7-3-7）。嘉庆二十四年
（1819 年）参加清嘉庆皇帝主持的殿试，中状
元。他是一位博学多才的诗人和学者，对古
赋颇有研究，为清代"古赋七大家"之一。
诗作思深虑远，清苍幽峭，自成一家，与龚
自珍、魏源并立。《诗比兴笺》是比兴诗选注
学术著作，对汉唐之诗从社会内容、作者心
境意图等方面都进行了独到研究。《近思录补
注》对研究理学思想有一定学术价值，受到当
时学术界的重视。他于道光六年病逝，归葬
于巴河望天湖调军山。

陈沆像（根据《清代学者像传》）

图 7-3-7　陈沆像

　　帅承瀛（1766—1840 年），黄梅人。嘉庆元年（1796 年）参加殿试，中探花，官至浙江
巡抚。他锄奸除弊，兴利举废，是一代名臣。

　　陈銮（1786—1839 年），蕲州人，后迁居江夏，嘉庆二十五年（1820 年）参加殿试，中
探花，官至两江总督，是道光朝名臣。

十、清代文化名家名流

　　清代黄冈文学名家众多。广济县的张仁熙是明末清初学者、诗人，著述甚富，著作有
《藕湾全集》等。广济县的理学家、诗人刘醇骥和有"楚栋之杰"之称的张仁熙，创立
"长风山社"，振兴蕲黄学风；广济金德嘉诗文俱佳，博学多才，蕲春卢綋以诗记史，颇
具价值；黄梅喻文鏊致力诗文，长于诗论；蕲水陈曾寿是晚清宋诗派代表诗人之一。这其
中，以杜濬、顾景星和曹本荣是其中的佼佼者。杨济泰则是清代名医。

　　杜濬（1611—1687 年），原名诏先，字于皇，号茶村，黄州城人。明朝覆亡后，隐
居南京鸡鸣山，并改名为"杜濬"。因不愿效力清廷，绝意仕进，寄情于诗文之间，是
清初著名遗民诗人。诗学杜甫，五律尤佳，多寓兴亡之感，如《古树》道："松知秦历
短，柏感汉恩深。用尽风霜力，难移草木心。"他名满天下，现存《变雅堂诗集》《变雅
堂文集》。

　　顾景星（1621—1687 年），字赤方，号黄公，蕲州人，清初著名文化学者。他学识
渊博，著述宏丰，于义理、考据、辞章、经济、小学等无所不能，于琴、棋、书、画、
算、数等无所不晓。《四库全书存目提要》誉之为"记诵渊博，才气尤纵横不羁；诗文
雄赡，亦为一时之霸才"。据统计，著述共有 430 卷之多，如《黄公说字》《白茅堂集》，

284

等等。

曹本荣(1621—1664年),字木欣,号厚庵,学者称为"文靖先生",黄冈县人。顺治六年(1649年)进士,历任翰林院庶吉士、翰林院侍讲学士、国史院侍读学士等职。编纂儒学经典《易经通注》,开清朝编纂《周易》之先河,还编著有《五大儒语》《王罗择编》《周张精义》《居要录》《奏议稽询》及《古文辑略》等著作。

十一、黄州赤壁建筑与《景苏园帖》

明末,黄州赤壁建筑在战火中付之一炬。清初,黄州赤壁在宋荦、于成龙、贾铉等名宦文士倡导下,通过恢复、增修赤壁建筑,使赤壁名胜形成规模,又成为名胜之区,天下人士流连之所。于成龙被康熙帝称为"天下第一廉吏",他在康熙八年至十七年(1669—1678年)间,先后任黄州同知、黄州知府、江防道道台等职,组织人力物力,修建了二赋堂及其他赤壁建筑,并亲自榜书"二赋堂",后人于赤壁内建于清端公祠以祀之。

咸丰年间,太平军与清军在黄州城反复作战争夺,硝烟过后,赤壁建筑尽皆瓦砾。同治七年(1868年),原太平军将领、后归顺清军的黄冈人刘维桢斥巨资,率所部将士重修赤壁,基本上形成了现在所见的东坡赤壁主体建筑格局。光绪《黄州府志》记述"顿复旧观"后的赤壁道:"石级绕山麓右旋,上有门,榜曰:'东坡赤壁',门内左为万卷堂,高楼翼然,下为苏文忠公祠,右为二赋堂,由堂后石级左旋上,为酹江亭,有平台曰:'玩月台',再上为于清端公祠。由二赋堂右转为坡仙亭、御书亭、碑亭,缘石级下为睡仙亭,再下临白龟渚,曰:'放龟亭'。"

杨守敬(1839—1915年),清末历史地理学家,金石书法家。他于光绪十年(1884年)任黄冈县教谕,此后寓居黄州城15年。他鉴于流传于世的苏东坡书法法帖的缺陷和不足,与黄冈知县杨寿昌合作,重辑苏东坡书法墨迹,力求造就一种最佳的苏体书帖。他从自己收藏的22种涉及苏东坡的苏体书帖、苏东坡手卷、宋代碑文拓片中,纵观抉择,择其优者,精选出70件苏书精品,聘请镌刻名家镌刻,共计126块石刻,全部镶嵌于景苏园内的墙壁上。因此,此苏书法帖命名为"景苏园帖"。《景苏园帖》集苏书精华之大成,几乎囊括传世苏东坡书法的所有精品,是苏体书帖最佳之作,是当今世上保存最完好、数量最多、精选最当的苏体书帖。

十二、四戏同源

京剧、汉剧、楚剧、黄梅戏四大戏曲都与黄冈有着重要关系,它们分别起源于黄冈,并走出黄冈,面向全国,成为中国当代著名戏剧种类。这一重要戏曲文化现象称之为"四戏同源",而罗田余氏世家则是京剧史上的传奇。另外。哦呵腔、东腔、高腔、文曲在蕲黄土生土长。一个区域开创、发源、引出八个大小剧种,在全国少见。可见,黄冈是戏曲之乡。

（一）黄梅戏起源地

黄梅戏由黄梅采茶戏发展而来。明清时期，每年春茶采摘季节，黄梅县青年男女上山采茶，以采茶歌、采茶调相互唱和，黄梅樵歌畈腔采茶调兴盛，争相传唱，蔚然成风。采茶调吸收民间音乐和戏曲声腔，逐步形成黄梅采茶戏这一民间小戏。

清代，黄梅采茶戏由"三小"（小生、小旦、小丑）发展到"三打七唱"，传统剧目、唱腔、舞台表演形式的原始积累基本形成。黄梅戏传统剧目有"三十六大本、七十二小曲"之说，可考剧目有二百多出。著名艺人有邢绣娘、罗运保、龚三齐和余海先等。

一代黄梅戏宗师邢绣娘为黄梅戏的传播和发展作出了突出贡献。邢绣娘（1749—1818 年），本名邢秀莲，1749 年出生于湖北省黄冈市黄梅县孔垄镇邢大墩，是黄梅戏的开山鼻祖。邢绣娘是清乾隆年间鄂赣皖三省黄梅戏代表人物，也是黄梅戏从民间小戏发展成高台大戏的奠基人。相传她曾经四次为乾隆皇帝献艺，并获得了"黄梅名伶"的御赐墨宝。邢绣娘从小与兄嫂一起出门卖唱，因扮相俊俏，唱腔甜美，出道不久便赢得了"不要钱，不要家，要听绣娘唱采茶"的美誉。她以扮演《蔡鸣凤辞店》中的卖饭女、《上天台》中的祝英台、《白扇记》中胡金莲等小旦而闻名。又相继获得"北方梆子有二，黄梅调子无双"和"不接京城大戏王，愿请黄梅邢绣娘"等美誉。嘉庆二十三年（1818 年），邢绣娘逝世，时年 69 岁。

黄梅戏在黄梅起源，却在安徽盛行，主要是因为清朝乾隆至道光年间，黄梅多水灾，灾民们在长江沿岸皖南、赣东北城镇乡村逃荒时，以唱黄梅采茶戏糊口谋生，黄梅采茶戏随之流播安徽。民国时期，黄梅采茶调与安徽安庆方言及民间艺术相结合，形成了全国闻名的地方戏曲黄梅戏。近几十年来，湖北省努力"把黄梅戏请回娘家"，取得较好成效。

（二）楚剧亲缘

黄冈戏曲历史悠久。北宋苏东坡在《书鸡鸣歌》中记载了他在黄州所见所闻的鸡鸣歌，也就是山歌，特点是自编自唱，旋律婉转，多次重复。这种如鸡鸣般的山歌与明清时期的哦呵腔、东路花鼓戏和黄梅采茶戏等的声腔特征比较相似。可以说，宋代黄州山歌上承汉晋鸡鸣歌遗韵，下启黄冈戏曲之先河。

楚剧是由黄州府的哦呵腔、西路花鼓戏与黄陂孝感的语言、音乐相结合而形成的剧种。清朝道光年间，黄州府罗田、黄冈、蕲水、黄安、麻城等地农民插秧或种茶时流行畈腔、哦呵腔，是楚剧源头之一。以后，哦呵腔在民间表演艺术和民众自娱自乐活动中得到发展。清朝晚期，哦呵腔流传到黄安、黄陂、孝感一带，与当地方言及音乐、民间说唱等融合，演变成"黄陂腔、孝感调"的黄孝花鼓戏，是黄冈普通民众喜爱的戏曲，也称"西路子花鼓戏"，并进入汉口演出，以折子戏为主。1926 年，黄孝花鼓戏定名楚剧，楚剧成为湖北的代表性剧种之一。

当代，红安的楚剧、荡腔锣鼓都被列入湖北省非物质文化保护遗产名录。

286

（三）汉剧二黄腔

汉剧是湖北古老的地方剧种之一，初名楚调、汉调，亦称黄腔、乱弹，俗称"二黄"，是湖北重要的地方戏曲剧种，也是中国最古老的剧种之一。

明清时期，黄州府乡村盛行栽秧锣鼓和薅草锣鼓，爱唱"薅秧歌"。"薅秧歌"是汉剧源头之一。"薅秧歌"中的"蕲水调"比较出名，它经邻县黄冈、黄安楚调艺人的演唱，变成了"二黄腔"，并迅速向各地传播。黄冈的"二黄腔"以民间表演艺术为主，每逢喜庆佳节，迎神赛会，便成为民众自娱自乐活动。

汉剧声腔属"皮黄腔"腔系，以西皮腔和二黄腔为主体。"二黄"形成于鄂东之黄冈、黄安（一说黄陂）地域。清朝乾隆年间，安徽望江人檀萃在著作《滇南集古诗》记录："二黄出于黄冈黄安，起之甚近，犹西曲也。"明确说"二黄"出自黄冈黄安。二黄腔成熟后，向两个方向发展，一个方向是留在黄州府本地传播，保持原生态，融入东路子花鼓戏中。另一个方向是走出黄冈，到襄樊入武昌，与西皮腔结合，形成汉调戏班。

嘉庆、道光年间，余三胜等汉调艺人先后到北京，与徽班搭台，与徽调融合，造就了清代的代表性戏剧。因形成于北京，故名京戏，又因以西皮及二黄为主要唱腔，故名皮黄戏。

汉剧在中国戏曲史上占有重要历史地位。它为我国最大剧种——京剧的形成和发展奠定了基础。汉调属皮黄腔系剧种，对其他"皮黄"剧种的形成和发展，产生了一定的影响。

（四）京剧"罗田三余"

晚清至民国期间的罗田人余三胜、余紫云、余叔岩祖孙三代，是京剧的主要开创者、开拓者和完善者，世称京剧"罗田三余"。

图 7-3-8　余叔岩戏装

余三胜（1802—1866 年），幼学汉戏，工老生，先是著名的汉调艺人，清嘉庆道光年间赴天津、北京，加入徽班，唱老生。他将徽调和汉调结合，迅速脱颖而出，成为四大徽班之一春台班的台柱，蜚声梨园。同治二年（1863 年）入广和成班，唱京戏，成为京剧创始人之一。他在开创京剧过程中，注入了大量的黄冈元素（图 7-3-8）。

余三胜嗓音醇厚，声调优美，表演细腻。他与程长庚、张二奎并称老生三杰或梨园三鼎甲。

余紫云（1855—1899 年），余三胜之子，清末著名京剧旦角演员，"同光十三绝"之一。他工青衣、花旦，将京剧青衣、花旦的声腔和表演发展到极致，尊为"青衣泰斗"，又在旦角表演上承上启下，成为梅派艺术的先声。

余叔岩（1890—1943 年），余三胜之孙，余紫云之子。京剧繁盛时期著名老生演员，继承谭派艺术并有较大发展，成为余三胜"汉派"和谭鑫培"谭派"的主要传人，并在此基础上逐渐形成自己的艺术风格，创立了影响深远的"余派"。

民国年间，京剧成为全国性的剧种，他与马连良、高庆奎、言菊朋等京剧老生演员并称为"四大须生"。又与旦行的梅兰芳、武生行的杨小楼合称"三大贤"。

第四节　近现代历史文化

近百年风云激荡的社会大变革中，黄冈顺应时代潮流，走在时代前列，创造出举世瞩目的成就。在政治、经济、军事、教育、学术、文学、艺术各方面出现人才"井喷"现象，这些功业卓著的黄冈籍大家硕儒展现出时代英杰的风范，对中国乃至世界的历史进程产生了影响，对推动人类社会的发展和文明进步做出了贡献。

一、近现代教育转型

清朝晚期，黄州在政治、经济、军事、文化、民生等各个方面进行变革，逐渐向近代社会转型，教育首当其冲。

清朝末年，在洋务派的推动下，国内形成出洋留学热潮。黄州府各州县因经济实力雄厚，文风昌盛，故在湖北的留学生中处于前列。

黄州府最早的留学生是黄梅人石美玉。1880 年，7 岁的石美玉来到美国，读小学、中学、大学，获医学博士学位，后归国行医。她也是我国最早的女留学生。

黄州府在清末可考的留学生达 97 人，以留学日本居多。他们留学国外，眼界大开纷纷探索富国强兵的救国之道，如余诚、程明超、彭汉遗、屈佩兰等人，后来成为辛亥革命的先驱；如汤化龙、汤芗铭、居正、孔庚、郭泰祺、田桐、方觉慧等人，后来成为民国政府重要人物；如石美玉、李四光、黄季刚等，成为科技、学术、医学方面栋梁之材。

程明超（1880—1947 年），黄冈县人，光绪二十八年（1902 年）留学日本东京弘文书院和京都帝国大学，与孙中山等革命党人交往甚密。传统的科举制度虽已于光绪三十一年正式废止，但是清末各新式学堂的毕业考试，仍仿照科举形式给予科举出身资格。光绪三十四年（1908 年），他回国参加朝廷举行的殿试，获一甲第三名，赐探花，授翰林院编修，人称"洋探花"。宣统二年任资政院钦选硕学通儒议员。民国成立时期，他任南京临时总统府秘书，北京政府评政院评事，两湖巡阅使公署机要处长等职。他工骈体文，擅长书法，有"东亚草圣"之誉。

维新变革已深入人心，成为社会潮流。故而晚清罗田进士周锡恩任黄州经古书院山长时，倡导新学，培育新人，开启黄州近代维新变革的先河。

科举制度历经千余年，到了清末，弊端尽现，无法适应新形势。1904 年，清政府决定废除科举制度，推行新式学堂制度。此后，黄州各地大力推广学堂教育，兴办学堂热潮。在小学教育方面，各县成立小学堂达数百所，在中学教育方面，成立黄州府中学堂(图 7-4-1)，还有师范学堂、实业学堂、女子学堂，等等。

新式学堂逐步采用新式教学课程和教学方法。如初等小学堂的必修课有修身、中国文学、算术、历史、地理、格致、体操、读经讲经等八门。高等小学堂还加图画课。各中学堂的课程主要有修身、读经、算学、中国文学、外国语、历史、地理、博物、体操、图画等。

到了民国时期，各小学堂、中学堂改为小学、中学，学校教育实现完全转型。

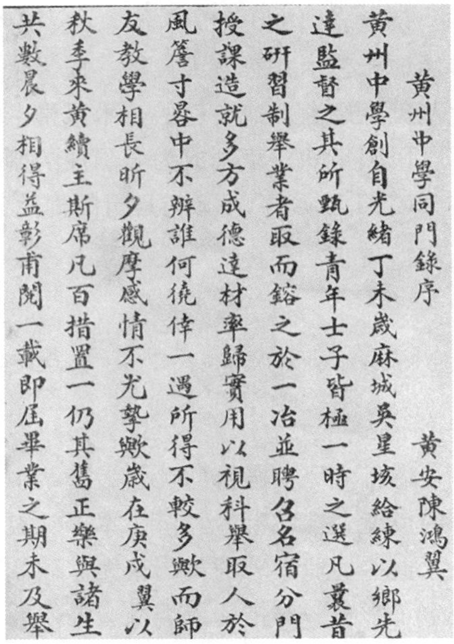

黄州中學同門錄序

黄安陳鴻翼

黄州中學創自光緒丁未歲麻城吳星垓給諫以鄉先達監督之其所甄錄青年士子皆極一時之選凡叢昔之研習制舉業者取而鎔之於一冶並聘名宿分門授課造就多方成德達材率歸實用以視科舉取人於風簷寸晷中不辨誰何徒倖一遇所得不較多歟而師友教學相長昕夕觀摩感情不尤摯歟歲在庚戌翼以秋季來黄續主斯席凡百措置一仍其舊正樂與諸生共數晨夕相得益彰甫閱一載即屆畢業之期未及舉

图 7-4-1　黄州府中学堂同学录序

1904 年，黄州府河东书院停办，改为黄州府中学堂，又曾改为黄州府师范学堂，但不久改回黄州府中学堂。1911 年辛亥革命，推翻清王朝统治，建立“中华民国”。黄州府中学堂停办，代之以启黄中学，后又经历了湖北省立第六中学、湖北省立第二高级中学、湖北省立黄冈高级中学等校名变迁。中华人民共和国成立后，更名为黄冈中学。至今，已成为全国著名中学，被誉为“普通中学的一面旗帜”。

二、近现代黄冈文学大家

20 世纪以来，黄冈文风炽盛，出现了一批享誉文坛的黄冈籍著名文学家和文艺评论家。他们走在文学大军前列，领袖群伦，以灵巧之思，或妙笔生花，或批评指点，记时代精神，写人情世态，状世俗风貌，展时代风采，为我国文学事业做出重要贡献。

（一）诗人学者民主斗士闻一多

闻一多(1899—1946 年)，浠水县人(图 7-4-2)。

图 7-4-2　闻一多

著名新诗诗人。1922 年赴美留学后，闻一多对新文学特别是新诗产生浓厚兴趣，他创作的第一部诗集《红烛》，把强烈的民族意识和民族气质和唯美主义的形式典范地结合在一起。第二部诗集《死水》，表现出深沉的爱国主义激情。又提出创造新诗格律的音乐美、绘画美、建筑美“三美”主张，开创了新诗格律体流派。

闻一多也是著名文化学者。他在南京中央大学、武汉大学、清华大学等大学教书后，致力于古典文学和中国古代文化研究，思想敏锐，知识渊博，成为一位学贯中西、博古通

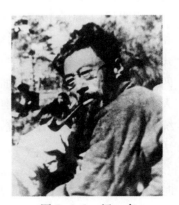

今的大家，整理研究《周易》《诗经》《庄子》《楚辞》等古籍，有《岑嘉州系年考证》等学术著作，在中国现代学术思想史上占有重要地位。此外，他在美术、戏剧、书法、篆刻等方面也造诣颇深。

抗日战争结束后，闻一多积极参加民主运动。1946 年 7 月 15 日，他在云南大学参加李公朴追悼会时，发表《最后一次的演讲》，回家途中被国民党特务暗杀，为民主自由而英勇献身。1949 年，毛泽东在《别了，司徒雷登》一文中赞扬了闻一多"拍案而起，横眉怒对国民党的手枪"的精神，提出："我们应当写闻一多颂、写朱自清颂，他们表现了我们民族的英雄气概。"

（二）京派小说代表作家废名

废名（1901—1967 年），原名冯文炳，黄梅县人（图 7-4-3）。

废名于 1022 年至 1929 年就读于北京大学，毕业后留在北京大学国文系任教，1952 年后在吉林大学任教。

废名是 20 世纪 30 年代京派小说著名作家，有长篇小说《桥》《莫须有先生传》《莫须有先生坐飞机以后》等作品，《竹林的故事》等小说集。

废名小说以"散文化"闻名，他融西方现代小说技法和中国古典诗文笔调于一炉，文辞简约幽深，兼具平淡朴讷和生辣奇僻之美，这种独特的创作风格被誉为"废名风"，对其后的沈从文等京派作家产生了一定影响。他在文学创作中的探索性、实验性、前卫意识及个性化色彩，在文学史上具有重要意义和价值。

废名的文章绝大部分是以家乡黄梅的人、事、自然、风俗作背景，把艺术理想与人生理想都浓缩于那浓得化不开的乡土情结上。

图 7-4-3 废名

（三）文艺理论批评家胡风

胡风（1902—1985 年），原名张光人，蕲春县人（图 7-4-4）。

胡风早年留学日本，回国参加左翼文艺运动，提出"民族革命战争的大众文学"口号，抗日战争期间编辑《七月》文学刊物、《七月诗丛》和《七月文丛》丛书，对于"七月派"的青年作家和诗人的成长和发展起到积极作用。

胡风是一位受五四新文化运动熏陶，接受马克思主义文艺思想和鲁迅文艺思想影响，20 世纪在三四十年代革命斗争和文艺实践中成长起来的文艺理论家。他的理论活动涉及面相当广泛，对于革命文学运动实践提出来的一些重要理论课题，如现

图 7-4-4 胡风

实主义、"五四"新文学的传统和鲁迅精神等进行了多方面探讨，提出了独特见解。

1954 年后，胡风遭到错误批判。1980 年平反，恢复名誉。

（四）翻译家文学家叶君健

叶君健（1914—1999 年），红安县人。

叶君健于 20 世纪 40 年代在英国剑桥大学研究欧洲文学时，用英语创作长篇小说《山村》，被英国书会评为年度英国最佳小说。50 年代后，任《中国文学》（英文版）副主编，为中国读者翻译介绍了许多国家的文学作品，其中最负盛名的当属他精心翻译、编注的《安徒生童话全集》，已经成为我国几代读者心中宝贵的精神财富。

（五）编辑大家秦兆阳

秦兆阳（1916—1994 年），黄冈县人。他长期从事文学编辑工作，历任《人民文学》副主编，《文艺报》执行编委，人民文学出版社副总编兼《当代》杂志主编等，发现和挖掘了一批优秀作家和作品。

他又是著名作家，创作有长篇小说《大地》《在田野上，前进！》，中篇小说《女儿的信》，短篇小说集《平原上》《幸福》《农村散记》，童话《小燕子万里飞行记》，散文集《黄山失魂记》《风尘漫记》等。

三、近现代学术名流

近现代百年间，鄂东学术名流飚涌，英才辈出，群星璀璨，史称"惟楚有才，鄂东为最"。独特的人文群体和名人资源，构筑一道令人叹为观止的亮丽文化奇观，造就了黄冈深厚的文化底蕴。

（一）方志学家王葆心

王葆心（1867—1944 年），罗田县人。

王葆心曾任北京图书馆总纂等职，执教于国立武汉大学，1932 年兼任湖北通志馆筹备主任，与甘鹏云等共同主编《湖北文征》，独任元明两代编纂。1934 年任《湖北通志》总纂，1937 年退居罗田，任罗田县志馆馆长，主纂《罗田县志》。

王葆心是我国近现代著名学者，他勤学勤思，广综博采，以国学为主导，主张义理、考据、词章三者并重，毕生著述达百余种。于方志学致力尤深，撰写的《方志学发微》集方志学之大成，是近现代方志学的开山之作。

王葆心熟悉湖北地方文献，搜遗辑轶的湖北地方文史著述甚多，如《湖北革命实录》《蕲黄四十八寨纪事》《续汉口丛谈》《湖北文征》《天完志略》等百余种。

中华人民共和国成立后，罗田县人民政府重修王葆心墓，董必武题写"楚国以为宝，今人失所师"联语，以表墓门。

（二）创建"新唯识论"的哲学家熊十力

熊十力（1885—1968 年），黄冈县上巴河（今属团风县）人。

熊十力年轻时参加武昌首义，辛亥革命后，致力于学术研究，著有《新唯识论》《十力语要》《原儒》《体用论》《明心篇》《乾坤衍》等著作，形成"新唯识论"哲学体系。

熊十力是我国现代哲学史上具有原创力、影响力的哲学家之一，新唯识论创始人（图 7-4-5）。他对传统儒学作较彻底反思，并吞吐百家，融汇儒佛，独创思辨缜密的中国化哲学——新唯识论。其主要的哲学观点是：体用不二、心物不二、能质不二、天人不二。

熊十力面对西方学术冲击、中国儒学价值系统崩坏的局面，重建儒学本体论，重建人的道德自我，重建中国文化的主体性，成为现代新儒学思潮的核心人物之一。

图 7-4-5　熊十力

（三）章黄学派创建人黄侃

黄侃（1886—1935 年），字季刚，蕲春县人（图 7-4-6）。

黄侃在清末留学日本，参加同盟会，开展反清革命活动。

黄侃留学时拜章太炎为师，在中国传统学问上功底深厚，见解独到，经、史、子、集、儒、玄、文、史各个方面都有深厚造诣，尤其在传统"小学"的音韵、文字、训诂方面更有卓越成就。建立了古声韵系统，即古音学体系，建立训诂学理论体系，对中国古代文学理论有深入研究。

黄侃是近现代国学大师，著名的文字学家、训诂学家和音韵学家，与章太炎并创"章黄学派"，成为传统语言文字学的承前启后人。

图 7-4-6　黄侃

（四）国学大师汤用彤

汤用彤（1893—1964 年），黄梅县人。

汤用彤留学美国，回国后相继任教于南京东南大学、南开大学、中央大学、北京大学、西南联合大学等校。

他是著名哲学史家、佛教史家，对中国文化、印度文化和欧美文化都有深厚造诣，研究成果涉及哲学、美学、文学、宗教等诸多领域，是现代中国学术史上少数几位能会通中西、接通华梵、熔铸古今的国学大师之一。

汤用彤对佛教史的研究深入细致而又高屋建瓴，理清了中国从汉魏到隋唐的佛教传入、发展、变化的基本状态，对佛教内部问题进行了细致研究。其学术著作如《汉魏两晋南北朝佛教史》《印度哲学史略》《魏晋玄学论稿》等都是国内外学术界公认的经典著作。

（五）经济学家王亚南

王亚南（1901—1969 年），黄冈县（今团风县）人。

王亚南与郭大力在合译李嘉图的《经济学及赋税之原理》、亚当·斯密的《国富论》等西方古典经济学经典著作的基础上，经过不懈努力，翻译并出版德文本《资本论》，这对马克思主义在中国的传播产生巨大影响，是对中国无产阶级革命事业的重大贡献。

王亚南是著名经济学家，有《中国经济原论》《中国官僚政治研究》《〈资本论〉研究》《中国地主封建制度论纲》等学术著作，倡导建立"中国经济学"，开创了中国经济史研究的一个学派。

（六）发展经济学创始人张培刚

张培刚，1913 年出生，红安县人。在哈佛大学留学时，深入学习和研究当时世界最前沿的经济学理论。回国后任武汉大学教授、经济系主任。1948 年任联合国亚洲及远东经济委员会顾问。中华人民共和国成立后，任武汉大学校委会常委兼经济系主任，代理法学院院长。1952 年后任华中工学院社会科学部主任、经济研究所所长。晚年任华中科技大学经济学院名誉院长。

他在哈佛大学期间撰写的《农业与工业化》，是世界范围内第一部以农业国的工业化问题为主题的专著，被誉为发展经济学的奠基之作。他是世界上最早从历史上和理论上比较系统地探讨农业国工业化问题的经济学家，被誉为"发展经济学的创始人"。

四、地质学家李四光

李四光（1889—1971 年），黄冈县回龙镇（今属团风县）人，蒙古族。我国著名地质学家，地质力学创立者，中国现代地球科学和地质工作的主要领导人和奠基人之一，新中国成立后第一批杰出的科学家和为新中国发展做出卓越贡献的元勋，2009 年当选为 100 位新中国成立以来感动中国人物之一（图 7-4-7）。

他在年轻时年留学日本并加入中国同盟会，1911 年参加辛亥革命武昌首义，次年留学英国学地质，回国后任北京大学地质系教授，新中国成立后，任国务院地质部部长等职。

李四光是中国地质学的先驱之一，长期从事古生物学、冰川学和地质力学的研究，在鉴定古生物蜒科化石、发现中国第四纪冰川和创立地质力学诸多方面建立了卓越的功勋。

李四光运用力学观点研究地壳运动及其与矿产分布的规律，建立了新的边缘学科"地质力学"和"构造体系"概念。毕生倡导以力学观点研究地质构造的发生、发展及组合的规律，认为各种构造形迹是地应力活动的结果，建立了"构造体系"概念。1947 年出席第 18 届国际地质大会，第一次应用他创立的地质力学理论，作了题为《新华夏海之起源》的学术报告，引起了强烈反响。从此，创建了地质力学学派。

李四光以力学观点研究地壳运动现象，探索地质运动与矿产分布规律，利用新华夏构造体系的特点，分析了我国的地质条件，说明中国的陆地一定有石油，提出新华夏构造体系三个沉降带有广阔找油远景的认识，从理论上推翻了中国贫油的结论，肯定中国具有良好的储油条件。我国地质工作者和石油工作者根据他的建议，在松辽平原、华北平原开始了大规模的石油普查勘探工作，从 20 世纪 50 年代后期至 60 年代，相继找到了大庆油田、大港油田、胜利油田、华北油田等大油田，在

图 7-4-7　李四光

国家建设急需能源的时候，为中国石油工业建立和发展做出了特殊贡献，立下了不朽功勋。

李四光主要著作有《地球表面形象变迁的主因》《中国地质学》《冰期之庐山》《地质力学概论》及文集《天文、地质、古生物》等。

五、理论物理学家彭桓武

彭桓武（1915—2007 年），麻城人，著名理论物理学家，中国氢弹之父，"两弹一星功勋奖章"获得者。

他于 1938 年留学英国，1947 年回国，1955 年当选为中国科学院学部委员，中国科学院近代物理研究所创办人之一，曾任中国科学院理论物理所所长等职。

他是新中国理论物理发展的创始人和领导者，是我国核物理理论，中子物理理论，以及核爆炸理论等理论的奠基人。从 20 世纪 50 年代中期开始，他响应国家的召唤，义无反顾地投身到独立自主研制"两弹一星"事业中，参与和领导了我国原子能物理、核潜艇、原子弹、氢弹以及战略核武器的理论研究和设计工作。他和他的合作者们，在当时国家经济、技术基础薄弱和工作条件十分艰苦的情况下，自力更生，发愤图强，用较少的投入和较短的时间，突破了各种尖端技术，研制成功我国第一座重水反应堆，研制核潜艇动力堆，领导原子弹理论设计研究，突破氢弹原理理论，为我国原子弹、氢弹爆炸成功作出重要贡献。

他在中子物理、辐射流体力学、凝聚态物理、爆轰物理等多个学科领域取得了重要成果，为中国核事业培养了一批优秀人才。1999 年获中共中央、国务院和中央军委授予的"两弹一星功勋奖章"荣誉。

六、黄冈籍"两院"院士

1955 年，"中国科学院学部"成立，中国科学院产生第一批院士，原称"中国科学院学部委员"。1993 年 10 月改为中国科学院院士，是中国大陆最优秀的科学精英和学术权威。中国工程院成立于 1993 年，中国工程院院士是国家设立的工程科学技术方面的最高学术称号，为终身荣誉。黄冈籍"两院"院士除李四光、汤用彤、王亚南、彭桓武四位外，到 2019 年为止还有以下多位院士：

汤佩松（1903—2001），浠水县人，植物生理学家。1955 年当选为中国科学院学部委员，1998 年被授予中国科学院首批资深院士。

李林（1923—2002），女，团风县回龙山人，蒙古族，李四光之女，著名材料学、超导物理学家。1980 年当选为中国科学院院士。

胡英（1934—　），英山县人，著名化学工程学、物理化学家。1993 年当选为中国科学院院士。

闻玉梅（1934—　），女，浠水县人，病原微生物研究专家。1999 年当选中国工程院院士。

闻立时（1936—2010），浠水县人，复合材料专家，太阳能科技泰斗。1999 年当选为中国工程院院士。

霍裕平（1937—　），黄冈县人，理论物理学家。1993 年当选为中国科学院院士。

朱英国（1939—2017），罗田县人，植物遗传学专家和水稻生物学家。2005 年当选为中国工程院院士。

喻树迅（1953—　），麻城市，棉花遗传育种专家。2011 年当选中国工程院院士。

彭建兵（1953—　），麻城市人，工程地质与灾害地质研究专家。2019 年当选中国科学院院士。

桂建芳（1956—　），黄梅县人，鱼类遗传育种学专家。2013 年当选中国科学院院士。

瞿金平（1957—　），黄梅县人，高分子材料成型加工技术与装备及其理论研究专家。2011 年当选为中国工程院院士。

南策文（1962—　），浠水县人，材料科学专家。2011 年当选为中国科学院院士。

邓运华（1963—　），红安县人，能源与矿业工程专家。2015 年当选中国工程院院士。

王秋良（1965—　），浠水县人。超导磁体与强磁场应用领域专家。2019 年当选为中国科学院院士。

骆清铭（1966—　），蕲春县人，生物影像学家。2019 年当选中国科学院院士。

第五节　黄冈革命文化

黄冈具有光荣革命传统，在中国共产党历史上占有重要地位。革命战争年代，大别山红旗不倒，黄冈人民为求真理求解放，前赴后继，不屈不挠，浴血奋斗，为中国革命做出了贡献。黄冈是中国革命文化播种地，英雄辈出，将星闪耀，形成特色鲜明、内涵丰富的革命文化，并成为黄冈文化的重要组成部分。

一、大别山红旗不倒

黄冈是中国共产党创建活动和人员最活跃的地域之一。在俄国十月革命的影响和五四运动的推动下，以董必武、陈潭秋为代表的具有初步共产主义思想的鄂东籍知识分子，在黄冈各地传播马克思主义，开展革命活动，培养和发展了一批早期的革命者和共产党员。1920年8月，武汉共产党早期组织"共产党武汉支部"成立，出席会议成员7人，由此而产生湖北最早的共产党员，这7人中，鄂东籍占5位，他们是董必武（黄安县人）、陈潭秋（黄冈县人）、包惠僧（黄冈县人）、张国恩（黄安县人）和赵子健（黄安县人）。在他们的影响下，黄冈县八斗垸浚新学校成立"马克思学说研究会"。中共一大前夕，由恽代英、林育南等人发起、在回龙山成立的"共存社"，是当时中国农村唯一的具有共产主义性质的革命团体。

1921年7月，中国共产党第一次全国代表大会在上海和浙江嘉兴举行，宣告中国共产党成立，这是中国历史上开天辟地的重大事件。出席中共一大的代表共有13人，这其中，董必武、陈潭秋、包惠僧三位代表都是黄冈人，他们与其他代表一道共同完成了创建中国共产党的伟大历史使命，为中国共产党的诞生作出了突出和特殊的贡献。

1922年春，陈潭秋、林育南、萧人鹄、胡亮寅等人在黄冈县陈策楼建立了黄冈最早的中共地下党组织——陈策楼小组，次年发展为党支部，是湖北省最早建立的党组织之一。大革命时期，黄冈各地农民运动，在中国共产党的领导下，发展迅猛，到1927年6月，黄冈、黄安、罗田、黄梅、麻城、蕲水6县成立了农民协会，共有会员55.7万人，占当时湖北全省农协会员的五分之一。蓬勃兴起的农民运动，对农村土豪劣绅进行了坚决斗争，在黄冈乃至全省后来的革命斗争中产生了巨大而深远的影响。

中国共产党成立后，董必武、陈潭秋、林育南、张浩等黄冈籍中共早期党员，相继成长为湖北乃至全国革命斗争的领导人，为中国革命做出了重要贡献。

1927年11月爆发的"黄麻起义"，是继八一南昌起义、湘赣边界秋收起义之后，中国共产党领导的又一次著名的武装起义，在大别山地区竖起了通过武装斗争建立工农革命政权的旗帜。从1927年到1930年，创建了以大别山为中心的鄂豫皖革命根据地，它在极盛时期，建立起包括红安、麻城、黄冈、罗田、蕲春、广济、黄梅、红山（英山）8县在内以及陂安南、陂孝北、河口、五星等边县（区）在内的 26 个县的革命政权，拥有黄安、商城、霍邱、英山、罗田 5 座县城，总面积达 4 万多平方公里，人口 350 多万，是土地革命战争时期我党领导创建的仅次于中央苏区的第二大革命根据地，黄冈则是这块红色根据地的发源地和中心区域（图 7-5-1）。

图 7-5-1　红安烈士陵园

黄冈是人民军队的重要诞生地之一。黄麻起义中建立的中国工农革命军鄂东军，是黄冈第一支革命军队。土地革命时期，红一军、红十五军、红四方面军、红二十五军和红二十八军相继在这里诞生、重组和整编。从黄冈走出的三支主力红军（红四方面军、红二十五军和红二十八军）在革命战争中作出了巨大贡献。

1931 年 11 月 7 日，中国工农红军第四方面军在黄安县七里坪组成，徐向前任总指挥，下辖红四军和红二十五军，总兵力共约 3 万余人。红四方面军的成立，标志着在中国共产党的领导下，鄂豫皖根据地革命武装斗争发展到了一个新的阶段，标志着鄂豫皖红军日益强大和成熟，并进入一个新的发展阶段。在中国共产党发展史上和中国军事史上都占有重要地位。历时 43 天、歼敌 1.5 万、第二次攻占黄安县城的黄安战役，是红四方面军的第一个大胜仗。

抗日战争时期，鄂东抗日民主根据地是鄂豫边区的重要组成部分，是新四军鄂豫挺进纵队和新四军第五师浴血奋战之地。英山县是国共合作模范县，新四军四支队、独立游击第五大队（简称五大队）、新四军游击第六大队、新四军五师十四旅这四支抗日武装都是从黄冈走出，新四军五师以鄂东为战略基地，东进鄂皖边，发展游击区，建立根据地，进行着艰苦卓绝的斗争，开创了鄂皖边根据地建设新局面。

解放战争时期，中原军区鄂东独立第二旅的"中原突围"苦战；刘邓大军挺进大别山，实施战略展开，连克团风、浠水、英山、广济（梅川）、武穴等城镇，取得蕲春高山铺大捷；黄冈党组织带领军民在艰苦环境中坚持反"扫荡"斗争；渡江战役中第四野战军开辟团风至武穴的第二战场，解放鄂东全境，等等，这些重大事件都发生在这里，成为党史军史的华丽篇章。

抗日战争胜利后，国民党反动派密集准备内战，1945 年 9 月开始，国民党先后调集 30 余万军队包围中原解放区部队（当时中原解放区的武装力量约 6 万人），实行封锁，制造事端。1946 年 6 月，蒋介石下令进攻中原解放区，为了打乱国民党军的军事部署，起到战略牵制的作用，中原军区部队遵照中共中央"生存第一，胜利第二"的指示，主力分左右两路向西突围。中原军区部队在军区司令员李先念、政委郑位三、军区副司令员王树声、王震的指挥下，6 月 26 日开始奇迹般地从湖北、河南、安徽 3 省边界地区杀出重围，冲破国民党军队一道道防线，粉碎其一次次围追堵截。右路部队进入陕南，在秦岭以东，伏牛山以西，陇海路以南，汉水以北的广大地区创建游击根据地。左路部队主力在长江以北，大巴山以东，汉水以南，以武当山为中心地区创建游击根据地。中原突围，揭开了解放战争的序幕。中原军区部队突破国民党军的重重包围和堵截，胜利完成了战略转移任务，保存了力量，牵制了国民党军大量兵力，从战略上有力地策应了华北、华东解放区部队的作战。

　　1947 年 8 月，刘伯承、邓小平率领晋冀鲁豫野战军一纵、二纵、三纵、六纵 4 个纵队 12.4 万人（史称刘邓大军），强渡黄河，挺进大别山。1947 年 10 月 26 日到 27 日，刘伯承、邓小平指挥刘邓大军主力，在蕲春、广济交界的蕲春高山铺地区歼灭国民党军12600 余人，取得高山铺大捷，提高了大军在无后方依托和山地条件下的作战信心。刘邓大军挺进大别山，开展外线作战，将战争引向国民党统治区，建立了大别山革命根据地，开辟了中原战场，揭开解放战争转入战略反攻的序幕，加快了中国人民解放战争进程。同时为淮海决战乃至整个解放战争胜利奠定了良好基础。

　　解放战争三大战役结束后，解放军迅速展开“百万雄师过大江”的渡江战役。渡江战役分两大战场，一是在西起湖口、东至江阴的战线上强渡长江，二是第四野战军于1949 年 5 月 14 日，在武汉以东团风至武穴 200 多里的战线上南渡长江。它是解放战争期间渡江战役的重要组成部分，在“打过长江去，解放全中国”中具有重要地位和作用。

　　从 1922 年到全国解放，黄冈地区的党组织活动从未间断，革命旗帜始终在大别山区飘扬。从 1927 年黄麻起义到全国胜利，黄冈地区革命武装斗争从未间断；从 1928 年建立柴山堡革命根据地到中华人民共和国成立，革命根据地活动从未间断。黄冈在湖北最先创立党支部，首先点燃革命火种，为后来创建鄂豫皖革命根据地起到了先导和榜样作用。

　　在革命岁月中，黄冈人民前仆后继，不屈不挠，英勇奋斗，先后有 44 万人为革命壮烈牺牲或惨遭敌人杀害。著名的中共早期领导人陈潭秋、林育南、张浩等也都先后为革命捐躯。它是一座巍巍丰碑，耸立在红色中国的大地上。

二、黄冈革命历史上的优秀共产党人

1. 董必武（1886—1975 年）

红安县人。董必武于 1911 年参加辛亥革命，1914 年留学日本，毕业于私立日本大学法律专业，参加孙中山创建的中华革命党，后从事反袁活动，参加护法运动，又创办武汉中学。

　　他于 1920 年与陈潭秋、包惠僧等创立武汉共产主义小组，1921 年 7 月出席中国共产党第一次全国代表大会，是中国共产党的创始者之一。

　　1922 年后，他任中共湖北省委委员、湖北省国民党工作委员会主任、国民党中央候补委员等职。1932 年后在江西中央革命根据地，历任中共中央党校校长、最高法院院长

298

等职。抗日战争时期任陕甘宁苏维埃政府主席，是中国共产党同国民党谈判代表之一。1945 年代表解放区参加旧金山联合国制宪会议。后任中共中央财经部长，华北局书记，华北人民政府主席等职。1949 年 6 月参与制定《共同纲领》，主持起草《中央人民政府组织法》，是中华人民共和国开国元勋。

中华人民共和国成立后，他任中央财经委员会主任，政务院副总理，政务院政法委员会主任，最高人民法院院长，中共中央监察委员会书记。参与制定《中华人民共和国宪法》。1959 年当选中华人民共和国副主席，1968 年 10 月 31 日至 1972 年 2 月 23 日以国家副主席代行国家主席职权，1972 年 2 月 24 日至 1975 年 1 月 17 日，任中华人民共和国代主席。1975 年任第四届全国人大常委会副委员长。是中共六届中央委员，七、八、九届中央政治局委员，十届中央政治局常委，是党和国家重要领导人之一。

1975 年 3 月 5 日，他作《九十初度》，总结毕生革命生涯：九十光阴瞬息过，吾生多难感蹉跎。五朝弊政皆亲历，一代新规要渐磨。彻底革心兼革面，随人治岭与治河。遵从马列无不胜，深信前途会伐柯。

2. 陈潭秋（1896—1943 年）

黄冈县陈策楼（今黄州区）人。1920 年和董必武等人创建武汉共产主义小组，次年 7 月参加中共一大，是中国共产党创始人之一。

1923 年参与组织京汉铁路"二七"大罢工，后赴安源任中共安源地委委员，1925 年出席中共四大，任中共湖北执委会组织部部长兼武昌地委书记，国民党省党部组织部部长。1927 年出席中共五大，当选中央候选委员，后任江西省委书记、顺直省委（北方局）组织部长、满洲省委书记、福建省委书记。1930 年补选为中央委员，1934 年后任中华苏维埃共和国临时政府执行委员，粮食人民委员（即粮食部长）。中央红军长征时留任中央苏区分局委员，领导开展游击战争。1935 年参加共产国际第七次代表大会，留驻共产国际。1939 年奉命回国，任中共中央驻新疆代表和八路军驻新疆办事处负责人。1942 年 9 月被新疆军阀盛世才监禁，次年 9 月 27 日遭杀害。由于消息隔绝，在中共七大上仍被选为中央委员。

3. 张浩（1897—1942 年）

原名林毓英，化名张浩（图 7-5-2）。黄冈县回龙山人，1922 年加入中国共产党，开展工运活动，1924 年赴莫斯科共产主义劳动大学学习。1926 年回国后任上海沪西区区委书记、中共满洲省委书记、全国总工会常委兼海员工会总书记，是中共六届三中全会候补中央委员。1933 年赴苏联参加国际职工代表大会，担任中国总工会驻赤色职工国际代表、中共中央驻共产国际代表团成员。

1935 年出席共产国际第七次代表大会，奉共产国际之命回国，向中共中央传达共产国际七大会议精神，为抗日民族统一战线奠定理论基础，在中共中央与张国焘的斗争中发挥重要的作用，关键时刻避免了中国共产党的分裂。

图 7-5-2　张浩

他在中共六届六中全会上补选为中央委员。抗日战争爆发后，任八路军一二九师首任政委，1938 年因病回到延安，1942 年 3 月 6 日逝世。公祭时，毛泽东、朱德、任弼时、徐特立等亲自执佛、扶棺。毛泽东为其写下挽词："忠心为国，虽死犹荣。"

4. 李先念（1909—1992 年）

红安县人。李先念于 1927 年加入中国共产党，参加黄麻起义，在土地革命时任黄安县苏维埃政府主席；红四方面军第十一师政治委员；红三十军政治委员；中华苏维埃共和国中央执行委员等职，参加了鄂豫皖革命根据地三次反"会剿"战斗；创建川陕革命根据地等。长征中率领第四方面军先头部队同第一方面军会师。

1936 年至 1937 年任西路军军政委员会委员，西路军失败后率余部抵达新疆，到达延安。

抗日战争期间，任新四军豫鄂挺进纵队司令员，任新四军第五师师长兼政治委员，创建的豫鄂边区抗日根据地。1946 年 6 月，指挥部队成功突围，史称"中原突围"。

中华人民共和国成立后，历任中共湖北省委书记；湖北省政府主席；国务院副总理兼财政部部长；中央政治局委员等职。为结束十年动乱作出了重大贡献。改革开放后任中共中央政治局常委、副主席；中央军委常委等职，1983 年 6 月，在六届全国人大一次会议上当选为中华人民共和国主席。1988 年 4 月，在全国政协七届一次会议上当选为主席。

他是党和国家第二代领导集体的重要成员，参与制定了一系列重大决策，开创了改革开放的新局面。

5. 王树声（1905—1974 年）

原名王宏信，湖北麻城市乘马岗人。无产阶级革命家，军事家，军械装备建设和军事科学研究事业的奠基人和领导人。1926 年加入中国共产党，参与创建了麻城县第一支农民武装，1927 年参与领导麻城暴动和黄麻起义。1928 年后历任中国工农红军团长、副师长兼团长、师长、红四方面军副总指挥兼第 31 军军长、西路军副总指挥兼第 9 军军长等职。他英勇善战，战功显赫，为创建鄂豫皖、川陕革命根据地和红四方面军建立了不朽的功勋。1955 年被授予大将军衔。是第一届全国人民代表大会代表，第一、二、三届国防委员会委员，中国共产党第八、九、十届中央委员。1974 年 1 月 7 日病逝于北京。

6. 林育南（1898—1931 年）

黄冈县（今团风）人，长期从事中国工人运动，历任中国劳动组合书记部武汉分部主任、湖北全省工团联合会秘书主任、社会主义青年团中央宣传主任、湖北全省总工会宣传主任、中华全国总工会秘书长、中共湖北省委代理书记、全国苏维埃中央准备委员会秘书长等职。1921 年 7 月 16 日，与恽代英等成立共产主义性质的革命团体——共存社。中共一大后，恽代英、林育南宣布解散共存社，加入中国共产党，成为职业革命家。1927 年 5 月，在中共五大上当选为候补中央委员。1931 年 1 月 17 日被捕，同年 2 月 7 日林育南与何孟雄等 24 位共产党员与革命者，在上海龙华英勇就义，时年 33 岁。

7. 吴焕先（1907—1935 年）

黄冈黄安紫云区（今属河南省新县）人。鄂豫陕苏区创建人之一，中国工农军杰出指挥员（图 7-5-3）。1926 年加入中国共产党。1927 年，率领黄安县紫云区农民赤卫军参加

300

"黄麻起义"。土地革命时期，历任中共鄂豫皖特委委员，中国工农红军第4军12师政治部主任，红四方面军第25军73师政治委员，参加了鄂豫皖革命根据地1-4次反围剿斗争。1932年10月，红四方面军主力西征转战以后，留在鄂豫皖革命根据地坚持游击斗争，任鄂东北游击总司令。重建红25军后，任军长、政治委员。1934年4月，红25军、红28军合编为红25军，任政治委员，被誉为"红二十五军魂"。后率红25军长征，曾代理鄂豫陕省委书记。1935年8月21日，他在甘肃泾川四坡村战斗中牺牲。随后，红二十五军在军长徐海东、政治委员程子华的率领下，在吴焕先政委牺牲后的20多天与陕北红军会师。红二十五军是到达陕北的第一支红军队伍，毛泽东同志曾高度评价"红二十五军远征为中国革命立了大功！"2009年9月，吴焕先被评为100位为新中国成立作出突出贡献的英雄模范之一。

图7-5-3　吴焕先

三、两百个将军同一个故乡

在中国革命战争年代的枪林弹雨中，黄冈子弟用鲜血和生命铸就了可歌可泣的英雄群体。产生了3位中国人民解放军军事家，占人民解放军军事家总人数的8.3%。从这里走出了一大批人民解放军军事将领，在1955年至1965年间，中国人民解放军共向1614名军事将领授予少将以上军衔。其中，授衔的黄冈籍军事将领有100名（表7-5-1）。

表7-5-1　1955年至1965年授衔的黄冈地区籍军事将领情况

县属	元帅	大将	上将	中将	少将	合计	说明
黄冈县	1				1	2	1. 另有原黄冈地区籍的开国将军31名（其中上将1名、中将4名、少将26名，后因多次行政区划调整而籍贯变更，未收录入此表。
麻城县		1	2	5	18	26	
红安县			6	11	44	61	
广济县				1	4	5	
黄梅县					4	4	2. 黄冈县行政区划后调整为黄州区和团风县。广济县后更名为武穴市。
英山县					1	1	
蕲春县					1	1	
总计	1	1	8	17	73	100	

"小小黄安，人人好汉。铜锣一响，四十八万。男将打仗，女将送饭。"这首脍炙人口的民谣在黄冈妇孺皆知，它让人感受到革命先辈当年的风采。红安的红色历史和开国将军尤

其令人注目。这里爆发了"黄麻起义",建立了鄂豫皖边区第一个工农政权——黄安县农民政府,成立了鄂豫皖边区第一支革命军队——中国工农革命军鄂东军,它是红四方面军最初的来源和建军的起点。抗日战争和解放时期,它又成为鄂豫皖抗日民主根据地和中原解放区的主要区域。七里坪有"红色摇篮"赞誉。从1923—1949年的26年间,有14万黄安儿女献出了宝贵生命。为了纪念这块曾被革命先烈鲜血浸染的红色土地在中国革命斗争史中的辉煌历程,国务院于1952年决定正式将黄安更名为红安。

红安县在1955—1965年间正式授衔的将军有61名,是全国开国将帅授衔人数最多的县,在全国十大将军县中名列第一,被称为"中国第一将军县"。同时,到1988年第二次授衔前,红安还有140多位相当于省军级(含享受同等待遇)以上的干部,这些高级干部过去也是驰骋沙场、指挥千军万马的将领,因为转业地方等各方面原因没有授衔,这61位正式授衔的将军和140多位省军级干部共计两百多人,所以,徐向前元帅在1985年为反映红安将军事迹的报告文学题写了一个响亮的篇名:《两百个将军同一个故乡》(图7-5-4)。

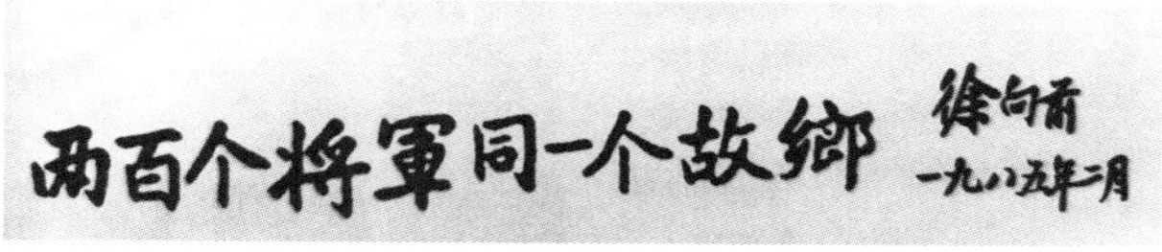

图 7-5-4

大将王树声,上将郭天民、王建安、周纯全、韩先楚、王宏坤、陈再道、陈锡联,中将王近山、秦基伟、胡奇才、李天焕、刘飞、刘昌毅、徐斌洲、徐深吉、詹才芳、张仁初、张天云、王必成、李成芳、张才千、周希汉、鲍先志、陈康,少将王诚汉、刘华清等黄冈籍开国将帅,在战争年代,为理想为革命抛头颅、洒热血、不甘屈服,东征西讨,浴血奋战,从枪林弹雨中拼杀出来的,经历了血与火的战争洗礼,为中国革命的胜利和共和国的诞生立下赫赫战功,成长为缔造共和国的一代名将,在中国革命史上谱写了名垂青史的篇章,也为自己留下光彩照人的传奇名将形象。

麻城乘马岗则是中国第一将军乡。在20世纪二三十年代,王幼安、王树声等一批青年投身革命,当时的乘马岗区先后有2万多人参加红军或地方革命武装,大将王树声、上将王宏坤、许世友、陈再道,中将王必成、李成芳、张才千等14位共和国开国将军和二十多位未授衔的省军级领导都出生于此。一个乡镇走出这么多开国将军,全国罕见。

中共中央军委确定的解放军36位军事家中,有11位与黄冈关系深厚,其中,李先念、王树声、林彪3位军事家是黄冈籍,还有邓小平、刘伯承、徐向前、徐海东、陈赓、许继慎、蔡申熙、曾中生8位军事家曾在黄冈战斗过,他们都在黄冈的革命历史上抹下了浓墨重彩。

参考文献

［1］ 本书编写组．思想道德修养与法律基础（2018 年版）［M］．北京：高等教育出版社，2018.
［2］ 杨东平．大学精神［M］．沈阳：辽海出版社，2000.
［3］ 崔益虎，郭万牛．大学新生导航［M］．长沙：国防科技大学出版社，2015.
［4］ 李振华．法律基础知识［M］．北京：中国金融出版社，2011.
［5］ 季明．培育和践行社会主义核心价值观学习读本［M］．北京：人民日报出版社，2014.
［6］ 郭建宁．社会主义核心价值观基本内容释义［M］．北京：人民出版社，2014.
［7］ 段鑫星，程婧．大学生心理危机干预［M］．北京：科学出版社，2006.
［8］ 桂希恩．青春要设防——与大学生谈艾滋病［M］．武汉：湖北科学技术出版社，2007.
［9］ 中国计划生育协会．成长之道——青春健康人生技能培训指南［M］．北京：中国人口出版社，2012.
［10］ 刘学周．艾滋病防治知识普及读本［M］．北京：科学普及出版社，2007.
［11］ 庄坤玉．艾滋病预防控制培训教材［M］．北京：军事医学科学出版社，2004.
［12］ 肖丽珍，罗建文．现代商务礼仪［M］．北京：中国铁道出版社，2012.
［13］ 范礼．大学生礼仪修养［M］．北京：中国铁道出版社，2017.
［14］ 史智鹏，张龙飞．黄州简史［M］．武汉：华中师范大学出版社，2010.
［15］ 黄正林．黄冈文化简史［M］．武汉：湖北人民出版社，2016.
［16］ 史智鹏，黄州城通史［M］．武汉：湖北人民出版社，2016.
［17］ 颜宏启．中共黄冈历史党员干部读本［M］．北京：中共党史出版社，2010.
［18］ 颜宏启，中国共产党黄冈历史（第一卷）［M］．北京：中共党史出版社，2013.
［19］ 龚强华．中国共产党湖北志［M］．北京：中央文献出版社，2008.
［20］ 刘焕彬，陈中文．大学精神的塑造及其在高校发展中的作用［J］．黑龙江高教研究，2004(10).
［21］ 王体正，宋韧．大学精神推动大学发展［N］．光明日报，2007-1-14.
［22］ 陈国锋．培育、建设大学精神的若干思考［J］．思想政治工作研究，2005(3).

304

［23］解卫东，邓周平，等．现代大学精神的反思与建构［J］．江苏大学学报（高教研究版），2005（4）．

［24］张强忠，李成恩．论大学理念与大学精神［J］．大连理工大学学报（社科版），2006（4）．

［25］生云龙．高校实现"教学与科研统一"理念的提出与应用［J］．清华大学教育研究，2005（8）．

［26］李峻．当代大学生违法犯罪的心理动因及对策研究［J］．教育与职业，2006（8）．

［27］郑春雨．大学生犯罪的心理分析及应对措施［J］．石家庄学院学报，2008（5）．

［28］贾二会．关于大学生犯罪心理及安全教育的思考［J］．山西政法管理干部学院学报，2007（4）．

［29］张晓娟．当代大学生的违法犯罪现状及预防策略［J］．牡丹江教育学院学报，2010（2）．

［30］万晨旭．大学生违法犯罪成因及其预防对策的研究［J］．科技创新与应用，2013（1）．

［31］封利强．当代大学生违法犯罪的特点、原因与对策研究［J］．法律教育网，2009（8）．

［32］张亚丽，陈秋生．高等职业教育的八大特征［J］．现代教育科学，2014（10）．

［33］郭建宁．充分认识培育和践行社会主义核心价值观的重大意义［N］．人民日报，2013-1-30．

［34］高晶莹．新时代推进社会主义核心价值观建设的重大意义［N］．甘肃日报，2018-07-03．

［35］王楚平．黄冈在中国现代革命史上的地位．黄冈政府网，2020（4）．